高等财经院校"十二五"精品系列教材

# 财 政 学

郝书辰 岳 军 主编 朱德云 赵 宇 李 森 副主编

## Public Finance

经济科学出版社
Economic Science Press

图书在版编目（CIP）数据

财政学/郝书辰，岳军主编．—北京：经济科学出版社，2013.7（2018.1重印）
高等财经院校"十二五"精品系列教材
ISBN 978 – 7 – 5141 – 3180 – 2

Ⅰ.①财… Ⅱ.①郝…②岳… Ⅲ.①财政学－高等学校－教材 Ⅳ.①F810

中国版本图书馆 CIP 数据核字（2013）第 171612 号

责任编辑：柳　敏　李一心
责任校对：杨　海
版式设计：齐　杰
责任印制：李　鹏

## 财 政 学

郝书辰　岳　军　主　编
朱德云　赵　宇　李　森　副主编

经济科学出版社出版、发行　新华书店经销
社址：北京市海淀区阜成路甲 28 号　邮编：100142
总编部电话：010 – 88191217　发行部电话：010 – 88191522
网址：www.esp.com.cn
电子邮件：esp@esp.com.cn
天猫网店：经济科学出版社旗舰店
网址：http：//jjkxcbs.tmall.com
北京密兴印刷有限公司印装
710×1000　16 开　21 印张　370000 字
2013 年 7 月第 1 版　2018 年 1 月第 5 次印刷
印数：15501—19500 册
ISBN 978 – 7 – 5141 – 3180 – 2　定价：33.00 元
（图书出现印装问题，本社负责调换。电话：010 – 88191502）
（版权所有　翻印必究）

# 总　序

　　大学是研究和传授科学的殿堂，是教育新人成长的世界，是个体之间富有生命的交往，是学术勃发的世界。* 大学的本质在于把一群优秀的年轻人聚集一起，让他们的创新得以实现、才智得以施展、心灵得以涤荡，产生使他们终身受益的智慧。

　　大学要以人才培养和科学研究为己任，大学教育的意义在于它能够给人们一种精神资源，这一资源可以帮助学子们应对各种挑战，并发展和完善学子们的人格与才智，使他们经过大学的熏陶，学会思考、学会反省、学会做人。一所大学要培养出具有健全人格、自我发展能力、国际视野和竞争意识的人才，教材是实现培养目标的关键环节。没有优秀的教材，不可能有高质量的人才培养，不可能产生一流或特色鲜明的大学。大学教材应该是对学生学习的引领、探索的导向、心智的启迪。一本好的教材，既是教师的得力助手，又是学生的良师益友。

　　目前，中国的大学教育已从"精英型教育"走向"平民化教育"，上大学不再是少数人的专利。在这种情况下，如何保证教学质量的稳定与提升？教材建设的功能愈显重要。

　　为了全面提高教育教学质量，培养社会需要的、具有人文精神和科学素养的本科人才，山东财经大学启动了"十二五"精品教材建设工程。本工程以重点学科（专业）为基础，以精品课程教材建设为目标，集中全校优秀师资力量，编撰了高等财经院校"十二五"精品系

---

\* 雅斯贝尔斯著，邹进译：《什么是教育》，生活·读书·新知三联书店1991年版，第150页。

列教材。

本系列教材在编写中体现了以下特点：

1. 质量与特色并行。本系列教材从选题、立项，到编写、出版，每个环节都坚持"精品为先、质量第一、特色鲜明"的原则。严把质量关口，突出财经特色，树立品牌意识，建设精品教材。

2. 教学与科研相长。教材建设要充分体现科学研究的成果，科学研究要为教学实践服务，两者相得益彰，互为补充，共同提高。本系列教材汇集各领域最新教学与科研成果，对其进行提炼、吸收，体现了教学、科研相结合，有助于培养具有创新精神的大学生。

3. 借鉴与创新并举。任何一门学科都会随着时代的进步而不断发展。因此，本系列教材编写中始终坚持"借鉴与创新结合"的理念，舍其糟粕，取其精华。在中国经济改革实践基础上进行创新与探索，充分展示当今社会发展的新理论、新方法、新成果。

本系列教材是山东财经大学教学质量与教学改革建设的重要内容之一，适用于经济学、管理学及相关学科的本科教学。它凝聚了众多教授、专家多年教学的经验和心血，是大家共同合作的结晶。我们期望摆在读者面前的是一套优秀的精品教材。当然，由于我们的经验存在欠缺，教材中难免有不足之处，衷心期盼专家、学者及广大读者给予批评指正，以便再版时修改、完善。

山东财经大学教材建设委员会
2012 年 6 月

# 前　言

　　山东财经大学财政学专业是教育部高等学校特色专业建设点和山东省教学改革试点专业，财政学教材建设是特色专业和改革试点专业建设的一项重要内容。

　　多年来，财政学任课教师，吸收了国内财政学教学研究的最新成果，进一步丰富、完善了财政理论，并借鉴了西方公共部门经济学的逻辑框架和分析方法，总结我国财政实践及财政体制改革的经验，编写了一系列财政学教材，产生了比较理想的效果。在此基础上，我们编写了这本新的财政学教材，以适应财政学教学的需求及近年来财政理论的新发展。

　　本教材是山东省精品课程《财政学》建设成果之一。根据教育部教材改革精神和山东财经大学教材建设要求，在教材编写中，我们广泛吸取了财政理论研究成果，特别是加大了公共产品理论内容，引入了公共选择理论，注重历史方法和逻辑方法的结合，阐明财政理论的形成、发展和研究方法。教材编写中博采众长，集思广益，力图有所创新，但我们深知一项创新是很艰难的，一部好教材的推出需要经过长期的积累和教学体验。

　　本教材基本结构和形式变化并不大，只是在原理表达、数据资料上有所调整，如将国家与政府在表述中区分开来，突出公共需求的内容，也不再按照"市场失灵—政府干预"的逻辑关系作为教材的出发点，而是从政府及其职能实现为起点，阐释财政存在的原因。这可能是本教材的一个突出特点。

　　本教材各章的写作分工如下：第一章、第二章：岳军；第三章、第八章：朱德云；第四章、第七章：宫晓霞；第五章、第六章：赵宇；第九章：曲顺兰；第十章：郝书辰；第十一章、第十三章：曹文；第十二章：孟庆平；第十四章、第十五章：李森。

　　本教材在编写过程中，参考了本专业领域的各种教材、专著及论文，在此对

# 财 政 学

这些作者深表谢意！同时也感谢为本教材得以顺利出版而付出辛勤努力的出版社的编辑老师们！

鉴于水平及能力所限，本教材可能存在不准确及错误之处，敬请批评指正！

**编者**

# 目　　录

第一章　导论 ……………………………………………………………… 1
　　学习目标 …………………………………………………………… 1
　　学习重点与难点 …………………………………………………… 1
　　第一节　财政的存在及发展 ……………………………………… 1
　　第二节　财政理论的演变 ………………………………………… 4
　　第三节　财政学研究的对象、内容及方法 …………………… 10
　　本章主要名词概念 ………………………………………………… 12
　　本章小结 …………………………………………………………… 12
　　本章习题 …………………………………………………………… 12

第二章　公共产品 ……………………………………………………… 13
　　学习目标 …………………………………………………………… 13
　　学习重点与难点 …………………………………………………… 13
　　第一节　公共需求 ………………………………………………… 13
　　第二节　公共产品原理 …………………………………………… 17
　　第三节　公共选择 ………………………………………………… 29
　　本章主要名词概念 ………………………………………………… 37
　　本章小结 …………………………………………………………… 37
　　本章习题 …………………………………………………………… 38

第三章　政府职能与财政职能 ………………………………………… 39
　　学习目标 …………………………………………………………… 39
　　学习重点与难点 …………………………………………………… 39
　　第一节　政府职能 ………………………………………………… 39

第二节　财政职能 ······················································· 44
　　本章主要名词概念 ······················································· 55
　　本章小结 ··································································· 55
　　本章习题 ··································································· 56

## 第四章　财政支出原理 ··················································· 57

　　学习目标 ··································································· 57
　　学习重点与难点 ·························································· 57
　　第一节　财政支出分类 ················································· 57
　　第二节　财政支出规模 ················································· 60
　　第三节　财政支出结构 ················································· 70
　　第四节　财政支出绩效评价 ··········································· 74
　　本章主要名词概念 ······················································· 78
　　本章小结 ··································································· 78
　　本章习题 ··································································· 78

## 第五章　购买性支出 ······················································· 80

　　学习目标 ··································································· 80
　　学习重点与难点 ·························································· 80
　　第一节　行政管理支出 ················································· 80
　　第二节　教科文卫支出 ················································· 86
　　第三节　农业支出 ······················································· 96
　　本章主要名词概念 ······················································· 99
　　本章小结 ··································································· 99
　　本章习题 ··································································· 100

## 第六章　转移性支出 ······················································· 101

　　学习目标 ··································································· 101
　　学习重点与难点 ·························································· 101
　　第一节　社会保障支出 ················································· 101
　　第二节　财政补贴 ······················································· 111
　　本章主要名词概念 ······················································· 119
　　本章小结 ··································································· 120

本章习题 ·················································· 120

## 第七章  财政收入原理 ·································· 121

    学习目标 ·················································· 121
    学习重点与难点 ·········································· 121
    第一节  财政收入分类 ································· 121
    第二节  财政收入规模 ································· 124
    第三节  财政收入结构 ································· 134
    本章主要名词概念 ······································ 137
    本章小结 ·················································· 137
    本章习题 ·················································· 137

## 第八章  税收原理 ········································· 138

    学习目标 ·················································· 138
    学习重点与难点 ·········································· 138
    第一节  税收概述 ······································· 138
    第二节  税收负担 ······································· 145
    第三节  税负转嫁与归宿 ····························· 151
    第四节  税收效应 ······································· 155
    本章主要名词概念 ······································ 158
    本章小结 ·················································· 158
    本章习题 ·················································· 159

## 第九章  税收制度 ········································· 160

    学习目标 ·················································· 160
    学习重点与难点 ·········································· 160
    第一节  税收制度概述 ································· 160
    第二节  商品税 ·········································· 164
    第三节  所得税 ·········································· 173
    第四节  其他类税收 ··································· 177
    本章主要名词概念 ······································ 185
    本章小结 ·················································· 185
    本章习题 ·················································· 186

## 第十章　非税收入 ····· 187

　　学习目标 ····· 187
　　学习重点与难点 ····· 187
　　第一节　非税收入概述 ····· 187
　　第二节　国有资产收益 ····· 192
　　第三节　其他形式的非税收入 ····· 198
　　本章主要名词概念 ····· 203
　　本章小结 ····· 203
　　本章习题 ····· 204

## 第十一章　国债 ····· 205

　　学习目标 ····· 205
　　学习重点与难点 ····· 205
　　第一节　国债原理 ····· 205
　　第二节　国债规模与结构 ····· 209
　　第三节　国债负担与效应 ····· 215
　　第四节　国债制度 ····· 217
　　本章主要名词概念 ····· 222
　　本章小结 ····· 222
　　本章习题 ····· 223

## 第十二章　政府预算 ····· 224

　　学习目标 ····· 224
　　学习重点与难点 ····· 224
　　第一节　政府预算概述 ····· 224
　　第二节　政府预算管理 ····· 229
　　第三节　我国预算管理改革 ····· 237
　　本章主要名词概念 ····· 240
　　本章小结 ····· 241
　　本章习题 ····· 241

## 第十三章　财政平衡 ····· 242

　　学习目标 ····· 242

学习重点与难点 ·········································· 242
　　第一节　财政平衡 ·········································· 242
　　第二节　财政赤字 ·········································· 250
　　第三节　财政风险 ·········································· 255
　　本章主要名词概念 ·········································· 263
　　本章小结 ·················································· 264
　　本章习题 ·················································· 264

## 第十四章　财政体制 ·········································· 265

　　学习目标 ·················································· 265
　　学习重点与难点 ·········································· 265
　　第一节　财政体制概述 ······································ 265
　　第二节　政府间财政分权的一般原理 ·························· 273
　　第三节　我国财政体制的沿革 ································ 280
　　本章主要名词概念 ·········································· 292
　　本章小结 ·················································· 292
　　本章习题 ·················································· 292

## 第十五章　财政政策 ·········································· 294

　　学习目标 ·················································· 294
　　学习重点与难点 ·········································· 294
　　第一节　财政政策概述 ······································ 294
　　第二节　财政政策调控机理 ·································· 308
　　第三节　财政政策与货币政策的协调配合 ······················ 314
　　第四节　我国的财政政策实践 ································ 318
　　本章主要名词概念 ·········································· 322
　　本章小结 ·················································· 323
　　本章习题 ·················································· 323

# 第一章 导 论

**学习目标**

1. 理解财政的概念、财政产生的原因和发展脉络；
2. 了解国家与政府的区别，国家、政府与财政的关系；
3. 掌握财政理论发展主流思想及代表性观点；
4. 熟悉我国财政理论发展的历史；
5. 阐明财政学的研究对象和方法。

**学习重点与难点**

理解财政的概念、财政存在的原因和发展脉络；认识国家与政府的区别，以及国家、政府与财政的关系。

## 第一节 财政的存在及发展

### 一、财政的含义

财政是政府为满足公共需要，凭借国家权力集中部分社会剩余产品（价值）进行的分配活动，是政府实现其职能的重要工具。

财政的概念可以从以下几个方面来理解：

（1）财政是政府凭借国家权力进行的分配活动。国家与政府无论概念上还是本质上都不同。从广义的角度，国家是指拥有共同的语言、文化、种族或者历史的社会群体。在社会科学和人文地理范畴，国家是指被人民、文化、语言、地理区别出来的领土，一个领地或者邦国的人民。从狭义的角度，国家是一定范围内的人群所形成的共同体。国家往往包含了政治、法律、文化、宗教等内容，甚至还包含了意识形态的含义。因此，国家是一个范围宽广、内容抽象的概念。政府是国家的行政机关或执行机关。政府是与国家相伴而生的，财政是政府活动的产物。只是在国家出现之后，有了政府才产生了财政，政府凭借国家力量参与了剩余产品的分配，才产生了财政分配。国家是财政存在的必要条件。

(2) 财政是为了满足社会公共需要而进行的经济活动。社会公共需要是客观存在的，为满足社会公共需要，政府必须履行相应的职能，并成为公共产品的提供者，财政则成为政府职能实现及其公共产品提供的价值承担者，具体表现在：一是为政府行政职能的需要提供资金，如行政管理、国防、外交等支出；二是为政府经济职能的需要提供资金支持，如铁路、公路、民航、电力等支出；三是为政府社会职能的需要提供资金支持，如文化教育、社会救济、养老保障等支出。

(3) 财政是政府实现其职能的重要工具。政府职能的实现需要大量的人力、物力和财力支持，财政为政府职能实现提供了价值支持和物质保障，特别是政府制定的公共政策，只有财政预算的匹配才能实施。财政的公共性决定了财政必然以公共利益的最大化为目标，财政目标与政府职能是同一的，政府提供的公共产品和公共服务往往成为财政的主要任务。财政还关系到社会公平和社会稳定，财政通过再分配机制确定了公共利益的边界，财政是公共领域中利益边界划分最有效的制度安排。

## 二、财政一词的演变

财政一词最早起源于西欧，时间可追溯到 13～15 世纪，拉丁文 finis 是指结算支付期限的意思，后来演变为 finare，则有支付款项、裁定款项或罚款支付的含义。到 16 世纪末，法国政治家波丹将法语 finances 作为财政一词使用，认为财政是"国家的神经"，随后逐步泛指国家及其他公共团体的理财。中国古代一般采用国用、国计、邦计、度支、理财等词语。日本自 1868 年明治维新以后，从西欧各国引用 finance 一词，吸收中国早已分开使用的"财"和"政"二字的含义，创造了"财政"一词，并于 1903 年传入中国，逐步取代以前的各种名称，确立了财政的概念。美国政府相应机构的英文用词为"Department of Treasury"，本来的意思是金库或国库，也译为财政部。据考证，清朝光绪二十四年，即 1898 年，在戊戌变法"明定国是"诏书中有"改革财政，实行国家预算"的条文，这是在政府文献中最初启用"财政"一词。"财政"一词的使用，是当时维新派在西洋文化思想指导下，间接从日本"引进"的。孙中山先生在辛亥革命时期，宣传三民主义，曾多次使用"财政"一词。民国政府成立时，主管国家收支的机构命名为财政部。20世纪40年代中华书局出版的《辞海》对"财政"一词作如下解释：财政谓理财之政，即国家或公共团体以维持其生存发达之目的，而获得收入、支出经费之经济行为也。显然，这种解释与英文public finance概念是一致的。"财政"一词在中文词汇中的应用也已经有100多年的历史。

## 三、财政的存在及发展

### (一) 财政存在的基础

现实社会中，人们的需求是多方面的，除了私人需求外，还有公共需求，如人们对教育、道路、公园、公安和消防的需求。由于公共需求的不可分割性和集体消费的性质，很难划分或分摊人们消费公共产品或服务的成本，私人和企业不愿意生产和提供这类产品，市场难以满足其需求，这就需要政府介入提供这类产品和服务，这些产品和服务的成本需要通过税收的方式来筹集。因此，公共需要离不开财政活动，财政因公共需求而存在。

随着社会的发展和经济的增长，人们对公共需求越来越关心。原因在于公共需求直接影响到人们的私人需求，政府在满足社会公共需求过程中提供了大量的公共产品，人们往往从公共产品的消费中获得大量收益，从而减少了私人或企业的生产成本，例如，由于政府建设了高等级的公路，为私人或企业生产和运输提供便利，从而降低了其生产的成本。从宏观上看，也提高了整个社会的效率。

其实，现实生活中存在着各种公共需求，这些公共需求需要由政府提供公共产品来满足：维护国家安全和维持社会秩序；建设、发展科教文卫等公共事业；兴建发电站、水库、港口、码头和桥梁等基础设施；以及保障老弱病残者的基本生活和救济失业者和灾民等，这些事情是除政府以外的其他任何社会组织和团体不能做也无力做的。市场经济由于其自身的缺陷，不能有效地提供这些产品，从而不能满足全社会的公共需求，需要政府干预，进而需要财政制度来做出安排。2008年美国爆发金融危机，美国政府动用7 000亿美元的财政资金去救市，西方国家也相继抛出一揽子的财政救市计划。我国政府启动4万亿元的公共投资，以拉动内需，及时地阻止了金融危机的蔓延。这些事例验证了政府要履行职能，满足公共需求，维护公共安全，调控宏观经济，就离不开财政的道理。

### (二) 财政的发展

财政发展是指财政的收入、支出规模、结构、政策及体制的进步和变化。这种进步和变化是整体推进的，是经济社会发展的必然结果。

财政的发展表现为财政收入和支出规模持续的扩大和增长。财政是随着经济的发展而不断发展的，财政发展最直接的表现是财政收入和财政支出规模的不断扩大。一是从世界各国发展的实践看，特别是发达国家以及发展中国家财政收入和支出规模呈现持续增长和不断扩大态势，财政发展的轨迹非常明显。二是从理论上讲，从古典经济理论到现代经济理论，都阐释了财政发展的规律，就是财政发展源于经济发展，反过来说财政的发展又是经济发展的推动力。

财政发展表现为一定时期内，财政结构的不断调整和优化。在长期的经济和社会的发展中，私人需求和公共需求并不是一成不变的。一是私人需求结构的变化从根本上拉动了产业结构的变化，进而拉动经济结构的变化；私人需求结构调整的变化带动了公共需求结构的变化，从而带动了各类公共产品（服务）供给结构的变化。二是人们需求结构的变化、产业结构的变化以及经济结构的变化与财政结构的变化和调整是密不可分的。上述各类结构的调整与变化是财政结构变化的基础，只要这些结构发生变化，财政结构必然要调整和变化。从根本上讲，财政结构的调整是主动的，是以需求结构、经济结构为导向的，是为经济发展服务的。当然财政结构这种调整和变化是向着高层次和优化方向发展，事实上，一个社会只要不停止消费，财政结构及与此相联系的各类结构变化就不会停止。

财政制度的变迁是一国财政发展的重要标志。制度经济学原理告诉我们，财政制度的变迁是一种制度创新，当一种制度成本非常高，效率非常低的时候，就意味着一种新的制度可能替代旧的制度，从而推动经济社会的发展。财政制度的变迁和改革是经济发展的推动力之一，如我国自 1978 年以来进行的经济体制改革，都伴随着财政制度的创新。财政制度的变迁、创新表明了财政的发展和变化。

## 第二节　财政理论的演变

### 一、古典财政理论

#### （一）古典财政思想源流

在古希腊、古罗马以及西欧中世纪，有一些思想家在论述政治经济问题时，表达了对财政问题的见解，但把财政作为专门问题来探讨，则是在 15 世纪末期以后，随着资本主义的产生和发展而出现的。1776年，英国经济学家亚当·斯密在《国民财富的性质和原因的研究》（以下简称《国富论》）一书中比较完整地阐述了财政理论，从而创立了资产阶级古典经济学派的财政学。1936年，英国经济学家凯恩斯的《就业、利息和货币通论》（以下简称《通论》），是当代资产阶级财政理论形成的标志。

在斯密以前，重商主义者认为对外贸易是财富的真正源泉，只有通过出口才能获得更多的金银财富，因而主张在财政政策的支持下发展对外贸易。英国的托马斯·曼主张减免出口商品的税收，以增强出口商品在国际市场上的竞争力，强调保护关税的作用。法国国王路易十四的财政大臣柯尔贝尔推行了一套重商主义的财政政策，采取关税保护措施，在国外加强经济扩张和对殖民地的掠夺，以增加国库收入，在国内则统一全国的税率，以利于商品的流通。

重农学派强调只有农业才是创造财富的源泉。重农学派的创始人、法国经济学家魁奈主张只对土地的纯产品直接征税，由占有"纯产品"的地主阶级负担全部税赋，同时废除重商主义者实行的禁止粮食出口和压低粮价的政策，主张自由输出粮食，发展资本主义性质的大农业。

英国古典政治经济学诞生于17世纪中叶至19世纪30年代初，反映了英国资产阶级的主流经济思想。古典政治经济学的代表人物威廉·配第，由于他所处的时代是产业资本替代商业资本在社会经济生活中占据主要地位的时期，他逐渐摆脱重商主义的影响，从生产领域入手，对资本主义生产的内部联系作了考察，提出了劳动价值论的基本观点。他的财政思想和财政政策主张是：按国家的职责把财政支出分为军事、行政、司法、宗教、教育社会事业和公共土木六个项目。认为财政支出应以提高国家的生产率，振兴产业为目标，主张削减前四项支出。在税收方面，他认为政府的税收应做到公平合理，对纳税人一视同仁，税收负担要相对固定，避免临时加税。他还主张用单一国内消费税来取代其他税种，以利于资产阶级加速积累的过程。

## （二）代表人物及主要观点

斯密是古典政治经济学派的代表人物，他的《国富论》一书标志着古典政治经济学理论体系的确立和资产阶级财政学的形成。其主要理论观点是：

（1）主张应尽量限制君主的职权范围，扩大私人经济活动领域。认为政府像守夜人一样，主要是防止外来的侵略、维护内在的治安和保护资产阶级财产不受侵犯。与此相适应，政府的财政开支也要压缩到最低限度。

（2）在赋税问题上，他提出以地租、利润、工资三种收入作为划分税收的依据，并提出著名的赋税平等、确定、便利和征收费用最省四原则。

（3）对公债持否定态度，认为巨额的公债有可能破坏国家财政秩序。

英国经济学家大卫·李嘉图于1871年出版了著名的《政治经济学及赋税原理》（又称《赋税论》）。在赋税问题上，李嘉图和斯密的观点有所不同，李嘉图认为税收对现有资本有损害，因而他反对对资本的课税，"因为征收这种赋税，就会损害维持劳动的基金，因而也就会减少国家将来的生产。"而斯密认为税收是非生产性支出，对现有资本并无损害。在公债问题上，李嘉图则与斯密一样持否定态度，认为举债是将生产性资本转向非生产性消费，影响资本积累。斯密和李嘉图的财政思想都反映了当时的资本主义生产方式，也体现了资产阶级剥削雇佣劳动，追求利润最大化的要求。

在19世纪初，庸俗经济学致力于解释古典政治经济学，发展其中的庸俗因素。其主要代表人物有法国的萨伊和英国的马尔萨斯。萨伊反对劳动价值论，认为劳动、资本和自然力（土地等）协同创造产品，提供效用，从而协同创造价值。他反对古典政治经济学派对生产劳动与非生产劳动的划分，提出生产不是创造物质，而是"创造效用"的论点，断言资本主义政府活动也是生产性的。马尔萨斯则认为利润从交换中产生，国家的财政支出是商品销售和实现利润的重要条件。从根本上否定了古典政治经济学关于国家支出属于非生产性消费，并尽可能限制其规模的论点。

## 二、现代财政理论

### （一）凯恩斯理论

1929年世界范围的经济危机爆发后，世界经济陷入长期萧条状态，凯恩斯发表了《通论》，提出了一套"医治"危机、强化政府职能的新的理论和政策措施。凯恩斯在其《通论》一书中阐述的经济思想，引起了西方各国的重视并以此理论为依据推出相应的财政政策。许多资产阶级经济学家加入凯恩斯学派，并对《通论》加以补充和发展，形成了凯恩斯主义。其主要代表人物包括美国的汉森、萨缪尔森，英国的罗宾逊、斯拉法等人。他们的主要财政观点和政策主张是：

（1）实行刺激经济的财政政策。凯恩斯认为经济危机是由于有效需求不足即消费需求和投资需求不足引起的，要消除经济危机，必须刺激有效需求。因此，政府必须扩大财政支出，大量发行公债，推行财政赤字政策。汉森则把财政赤字政策和经济周期联系起来，认为在萧条时期，政府应推行赤字预算的政策，以弥补有效需求不足；在繁荣时期，应推行预算盈余的政策，以减少有效需求。这种旨在调节有效需求以熨平经济波动的政策，被称为补偿性财政政策。

（2）把税收作为调节社会经济的重要手段。凯恩斯认为国家应通过改变租税体系，限定利率或其他方法，引导和刺激消费需求。后凯恩斯主义者还把税收和投资联系起来，根据国家干预经济的需要，实行增税或减税，以缓和经济衰退。汉森主张利用快速折旧鼓励企业投资。

（3）用发行公债的办法来弥补财政赤字。认为通过举债，可以扩大政府购买支出，兴办和扩大公共投资，以刺激私人消费需求，增加就业，摆脱经济危机。

### （二）供给学派理论

供给学派是20世纪70年代美国兴起的一个经济学派，与凯恩斯的观点相反，在需求与供给中强调供给的方面，认为需求会自动地适应供给。其代表人物为拉弗、罗伯茨等人。供给学派反对凯恩斯的赤字财政政策，主张减税以刺激经济增长。认为必须减少政府对经济活动的干预，更多地依靠市场自动调节机制，主要措施有削减政府支出，特别是社会福利支出，减少政府对各种私营企业的管制。

### （三）货币学派理论

货币学派起始于20世纪50年代，主要代表人物是美国芝加哥大学教授M.弗里德曼。他以经济自由主义主张而闻名，倡导消费者的自由选择和生产者自由竞争，极力反对政府干预经济。主张从压缩财政支出入手，控制通货膨胀；反对用减税和扩大政府开支等扩张性财政政策来刺激经济；主张以单一规则的货币政策代替凯恩斯主义的财政、金融政策。

## 三、马克思主义财政理论

马克思和恩格斯用辩证唯物主义和历史唯物主义的观点考察资本主义的生产方式，第一次论述了社会主义财政理论。

马克思、恩格斯认为，资产阶级国家的本质特征是和人民大众的公共权力相分离的，并且在政治上占统治地位的资产阶级，为了维护本阶级的利益和现有的经济制度，要镇压被剥削、被压迫者的反抗，就需要有财政，需要有捐税。马克思在《新的财政把戏或格莱斯顿和辩士》（1853）一文中指出："国家存在的经济体现就是捐税"①。马克思、恩格斯认为财政是国家干预经济的重要手段,国家就是通过保护关税、贸易自由、好的或坏的财政制度发生作用的。因此,财政是一种以国家(政府)为主体的分配关系。

马克思、恩格斯认为,一定的生产决定一定的消费、分配、交换和这些不同要素相互间的关系。在任何生产方式下,生产和分配都是统一的,生产决定分配,分配反作用于生产。社会再生产包括生产关系再生产和社会物质生产的再生产。财政分配已深入到物质再生产的资金供给过程,直接调节生产发展规模和增长速度,也直接制约着社会生产结构。原因:一是积累是扩大再生产的源泉,生产发展的规模和速度,归根结底取决于社会积累集聚的规模和速度,而社会主义积累的很大一部分,是通过财政分配形成的,并且通过参与对企业纯收入的分配,又间接地制约企业积累的形成,使财政在很大程度上决定了生产的规模和速度;二是在国民经济运行过程中,生产决定分配,分配也反作用于生产。从动态上看未来的生产结构状况,都是社会积累使用方向,即投资结构反作用于生产的结果,所以通过财政分配对积累使用方向的调整,结合运用各种经济杠杆对企业积累使用的调节,就可以对社会再生产的规模和生产结构发挥积极的制约作用。

马克思在《哥达纲领批判》中揭示了共产主义社会再生产过程中社会总产品分配的原理,指出社会总产品在劳动者个人分配之前,应进行社会扣除,扣除可归纳为补偿基金、积累基金、消费基金(社会公共消费基金加上个人消费基金的统称)。在社会主义国家,社会产品分配主要表现为三大基金的分配,是按社会主义基本经济规律的要求有计划和按比例进行分配的。社会主义国家财政对各项基金的形成和使用,对社会再生产发挥着重要的调控作用。

## 四、中国财政理论

### (一)财政理论形成

从中华人民共和国成立到1956年社会主义改造基本完成,中国完成了国民经济的恢复工作,实现了财政经济状况的基本好转,确立了全民所有制和集体所有制两种公有制的经济基础,并在财政经济工作实践基础上,发展了社会主义财政理论和理财思想。1956年毛泽东在《论十大关系》一文中,提出安排国民经济计划和国家预算要以农轻重为序,要改进中央和地方的财政管理体制,改进国

---

① 《马克思恩格斯全集》第7卷,人民出版社1972年版,第339页。

家和企业、事业单位财务管理体制，兼顾国家、生产单位和个人三方面的利益，更多地发挥地方和企业的积极性。1956年周恩来提出在制订财政收入计划时必须考虑经济发展的可能性，不能搞过高过大的拨款和投资计划的观点。1957年陈云在《建设规模要和国力相适应》一文中提出用坚持财政、信贷、物资三大平衡来防止经济建设规模超过国力的观点，被经济理论界称之为"国力论"。这一系列论点和论述，成为创建中国社会主义财政学的指导思想。

1958年后，国民经济经历了"大跃进"的挫折，顺利完成了国民经济调整任务，纠正了比例失调，重新走上有计划按比例发展轨道的发展道路，中国财政界总结正反两方面的经验，对财政在宏观经济中的调控职能进行了深入的研究，形成了比较稳定的中国社会主义财政理论框架，即"本质、职能、作用、收入、支出、平衡和管理"，简称"收支平管"。

### （二）财政理论发展

1976年"文化大革命"结束后，中断了十年的中国财政理论研究逐步展开。1978年年底，中国共产党第十一届三中全会重新确立了马克思主义实事求是的路线，对于正确总结社会主义财政经济工作中正反两方面的经验，纠正"左"的思想和错误，起了决定性的作用。在中国共产党的历次会议决议和邓小平等党和国家领导人的讲话中，围绕建设具有中国特色的社会主义，实现社会主义制度自我完善和发展生产力，阐述和发展了一系列科学的理论观点。1979年中国财政学会的成立进一步推动了财政理论研究工作的发展，出现了社会主义财政理论建设繁荣发展的新局面。理论研究的深化、创新和繁荣表现在如下几个方面：

（1）财政改革理论和方向的研究建立在发展社会主义市场经济的理论和社会主义初级阶段理论的基础上，为从更高的理论层次探讨财政理论打下了基础，反映了中国社会主义财政学同政治经济学紧密结合的趋势。

（2）在财政与经济的关系上，从财政对经济的反作用的研究，深入到财政分配结构与经济结构相互关系的研究，认为经济结构决定分配结构，分配结构及其调整，决定着经济结构的调整与变化，财政是分配结构的基本调节器，从而成为调整经济结构的基本手段；在总量平衡和结构平衡的相互关系方面，总量平衡应以经济结构平衡为基础；调整分配结构，实现经济结构的合理化必须在国力范围内进行等观点。

（3）对于财政在国民经济分配中的主导地位的研究，由过去侧重于财政收入占国民收入比重方面进行论证，提高到财政对三大基金即补偿基金、积累基金、消费基金的形成、分配和使用起着主导作用的分析，从而更深入地阐明了财政在分配领域和宏观调控上制约着所有分配的杠杆作用，并作用于微观，影响和调节微观经济。

同时，在综合财政理论、国债理论、财政投资信用理论、财政效果理论等领域也取得了一些新的研究成果，所有这些都充实了财政学的内容。中国财政学界对社会主义财政学的研究对象存在着"国家分配论"、"货币关系体系论"、"再生产资金运动论"、"社会共同需要论"、"剩余产品分配论"、"价值分配论"等多种学派。80年代以来，这些学派先后出版了各自的学术专著，以不同的观点、从不同的角度设计了自己的财政学结构和体系，具有新的特点和进展。毋庸置疑，随着中国市场经济的发展和财政体制改革的深入，中国的社会主义财政学将在不断地探索中取得新的发展。

## 第三节 财政学研究的对象、内容及方法

### 一、财政学的研究对象

任何一门学科都有自己特定的研究对象和领域，不同的学科可以从其研究对象和研究领域加以区分。每一个学科都有其自己的特征、规律、范畴和方法。但随着现代科学的发展，不同学科的研究对象和研究领域也可能是相同的，可以称之为学科协同或交叉。财政学的研究对象是财政的分配活动及由此产生的分配关系。财政的分配活动主要通过财政的初次分配和再分配体现，财政的分配关系主要体现了政府、企业、个人之间的经济分配关系。

### 二、财政学的研究内容

财政学的研究内容是财政活动，财政活动具体化为财政的收入和支出。财政收支均由若干项目构成，各收支项目得以成立的根据是什么，各有什么特点，它们如何影响国民经济的运行，财政收支的平衡或不平衡怎样影响总供给和总需求的平衡关系，如此等等，都是财政学要研究的主要内容。政府在自己的收入和支出活动中，必须形成某些规则，并依据这些规则做出某些制度上的安排。例如，税制体系如何设置，如何发挥税收的收入功能和经济调节功能，支出管理制度如何制定，如何加强管理，提高支出效益，中央与地方的收支怎样划分，如何向公民反映

国家财政活动，公民如何行使其对财政的监督权，都是财政学要研究的内容。

### 三、财政学的研究方法

#### （一）跨学科研究方法

财政学是一门跨经济学、政治学、管理学的交叉学科。运用多学科的理论、方法从整体上对财政学科进行综合研究的方法，也称"交叉研究法"。科学发展运动的规律表明，科学在高度分化中又高度综合，往往会形成一个统一的整体。跨学科研究方法强调各种研究方法的相互借鉴与渗透，是现代学科发展的必然趋势，跨学科研究的最终目的是为了达到知识和技术的复用和创新。

财政学作为经济学的分支，主要研究政府的经济作用，包括：（1）资源配置——提供公共产品；（2）经济稳定——需求与供给管理；（3）收入分配——"劫富济贫"。财政学作为政治学的分支，研究财政决策的政治基础，包括：（1）财政预算与公共政策的契合度；（2）财政预算的政治程序决定；（3）财政作为一种政策工具对政治的影响；（4）财政分配中公共选择与受托责任。财政学作为管理学的分支，研究如何监控公共资源，包括：（1）流入公共组织；（2）在公共组织内部流动；（3）流出公共组织；（4）政府预算的执行和政府财务资源管理。

#### （二）历史研究方法

历史研究方法力图按照事物发展的顺序和历史事实来说明问题，历史研究方法要求有一定的史实为依据，真实客观地反映历史事件的本来面目，反对解释历史的随意性和主观性，并要求不能停留在历史现象的表面，而是要对历史变动的深层原因和规律做出解释。

#### （三）逻辑研究方法

逻辑研究方法就是按照事物或事理的内部联系，运用综合、演绎、归纳比较等方法来分析事物的发展过程、内部联系及顺序。事物的内部联系包括因果关系、层递关系、主次关系、总分关系、并列关系等。分析事物或事理的方法则指由浅入深、由具体到抽象，等等。

西方经济学研究中强调重视逻辑体系构建，方法上讲究数量化和精细化。这一特征在财政理论中表现得尤为突出，但缺少的是历史视角的分析。然而在关注像中国这样的大国的财政问题时，历史分析方法更是不可或缺的。马克思主义很重视历史方法和逻辑方法的统一。从经济学方法论的规律看,每一次的抽象演绎法与历史归纳法的大融合都会形成一个经济学繁荣发展的时期。由于对纯粹逻辑和优美数学形式的偏好,主流经济学总是向抽象化和形式化的方向偏离,这种偏离总会催生出新的历史方法和两种方法的融合,从而迎来经济学新的繁荣时期。可以看到,历史方法在经济学中的地位是不言而喻的,两种方法相结合无疑是经济学发展的需要。

财政学的研究方法还有规范分析和实证分析等方法。

## 本章主要名词概念

财政　　　财政分配　　　剩余产品　　　财政发展　　　政府
凯恩斯理论　货币学派理论　跨学科方法　　逻辑方法　　　国力论

## 本章小结

1. 财政是政府为满足公共需要,凭借国家权力集中部分社会剩余产品(价值)进行的分配活动,是政府实现其职能的重要工具。财政一词最早起源于西欧,时间可追溯到13~15世纪、日本1868年明治维新以后。"财政"一词在中文词汇中的应用也已经有100多年的历史。财政因公共需求而存在。财政发展是指财政的收入、支出规模、结构、政策及体制的进步和变化。这种进步和变化是整体推进的,是经济社会发展的必然结果。财政体制的变迁是一国财政发展的重要标志。

2. 财政理论的演变主要从古典财政理论、现代财政理论、马克思主义财政理论及中国财政理论几个方面进行论述,分别介绍了其流派和主要观点。现代财政理论中主要介绍了凯恩斯理论、供给学派理论、货币学派理论。

3. 财政学的研究对象是财政的分配活动及由此产生的分配关系。财政的分配活动主要是通过财政的初次分配和再分配体现的,财政的分配关系主要体现了政府、企业、个人之间的经济分配关系。财政学的研究内容是财政活动,财政活动具体化为财政的收入和支出。财政学是一门跨经济学、政治学、管理学的交叉学科。因此,主要采用跨学科研究方法、历史研究方法和逻辑研究方法。

## 本章习题

1. 财政与国家、政府的关系。
2. 财政存在的基础是什么?财政的发展表现在哪些方面?
3. 分别论述古典财政理论和现代财政理论的主要流派和观点。
4. 财政学的研究对象和方法与其他学科有何不同?

# 第二章 公共产品

> **学习目标**
>
> 1. 理解私人产品和公共产品的概念、特征及类型;
> 2. 了解公共产品供给的市场失灵及政府提供的原理;
> 3. 掌握公共产品基本理论和公共选择理论;
> 4. 熟悉"免费搭车"、"林达尔均衡"及其应用;
> 5. 阐明公共产品供给与需求均衡原理。
>
> **学习重点与难点**
>
> 正确理解公共产品的概念,能够运用公共产品的原理;掌握公共产品供给的市场失灵及政府提供的原理。

## 第一节 公共需求

### 一、私人需求与公共需求

#### (一) 需求的分类

人类社会的需求尽管五花八门,但从最终需求来看无非是两类需求:一类是私人的个别需求,一类是社会的公共需求。恩格斯将人的需求分为对生存资料的需求、对发展资料的需求以及对享受资料的需求。美国心理学家马斯洛提出了著名的需求层次论：即由低到高分为生理需求、安全需求、社交需求、尊重需求以及成就需求。对财政学的研究而言，最为主要的分类方法是按照满足需求的方式或手段的不同，将其分为私人需求和公共需求，私人需求是指作为个体的社会成员的物质、文化、精神生活的需求；公共需求是指作为群体的社会成员的物质、文化、精神生活的需求。

美国著名财政学家马斯格雷夫在研究财政职能时曾明确提出要区分公共需要与私人需要。他说："以资源利用的决定为转移并以私人需要与公共需要之间的区别为基础。这种区别是我们所关心的，因为这是财政职能的核心。"[①]

马克思在谈到社会产品的分配方式时曾提出"一般社会需要"[②]的概念："在任何一种社会生产（例如，自然发生的印度公社的社会生产，或秘鲁人的多半是人为发展起来的共产主义的社会生产）中，总是能够区分劳动的两个部分，一个部分的产品直接由生产者及其家属用于个人的消费，另一个部分即始终是剩余劳动的那个部分的产品，总是用来满足一般的社会需要，而不问这种剩余产品怎样分配，也不问谁执行这种社会需要的代表的职责。"马克思在这里将社会产品分为"个人需要"和"社会需要"两个部分，为经济分析提供了一种科学的研究方法。

## （二）私人需求

私人需求主要是指作为个体的人所产生的自身需求。私人需求是个体为了维持生理、生活等所产生的、不依赖于他人而独立存在的需要。

私人需求的含义包括：
（1）主体是个人、家庭或单个经济主体；
（2）客体是私人产品或服务；
（3）满足形式是分别消费，单独受益。

由于人们的偏好不同，因此私人需求的差异性比较大。私人需求是最基本的社会需求，也是最主要的社会需求。一个社会中的私人需求是每一个社会成员可以个别享用的需要，因此对其他社会成员的消费有排他性。在市场经济条件下，社会成员满足自身的私人需求是要付出代价（如购买或付费）的，必须按照市场等价交换原则进行。满足私人需求一般是由市场机制完成的，各类市场主体（企业或私人部门）按照市场需求与产品供给关系，确定生产人们需求的各类私人产品，不断地推出成千上万的各式各样的产品，从而不断满足人们千差万别的私人

---

① ［美］马斯格雷夫：《比较财政分析》，上海人民出版社1996年版，第4页。
② 马克思：《资本论》第3卷，人民出版社1975年版。

需求。

### （三）公共需求

公共需求是一定数量的个人需求的集合，是公众作为一个整体时所产生的需求。这一定义有三层含义：

（1）公共需求并非是一种抽象的需求，而是由个人组成的集团所具有的真实需要；

（2）这种需求并非是单个人的需求或少数人的需求，而是在一定区域范围内多数人的需求；

（3）公共需求是一种集合需求，但并不是私人需求的简单加总，其表达机制形成更加困难。

公共需求是社会公众在生产、生活和工作中的共同需要，它不是普通意义上的人人有份的个人需求或个别需求的数学加总，而是就整个社会而言，为了维持社会经济生活，为了维持社会再生产的正常运行，也为了维护市场经济的正常秩序，必须由政府集中执行和组织的社会职能的需要。公共需求是每一个社会成员可以无差别地共同享用的需要，一个或一些社会成员享用并不排斥其他社会成员享用。社会成员享用社会公共需求也要付出代价（如缴费或付费），但这里的规则不是等价交换原则，各社会成员的付出与其所得是不对称的，不能说谁多付出就多享用，少付出就少享用，不付出就不得享用。

## 二、公共需求的特征

公共需求的特征表现在：
(1) 公共需求满足的受益外在性；
(2) 公共需求的整体性（不可分割性）；
(3) 公共需求的满足（公共消费）和相应的成本消耗，对个体讲是不对称的和不相等的；
(4) 公共需求比私人需求具有相对的稳定性，但也是不断调整和变化的。

满足发展中不断增长的公共需求，是一个社会的经济基石。从经济发展规律观察，一个国家或地区经济的发展，首先是围绕着微观经济主体的私人需求发展的，当私人的基本需要得到满足以后，经济发展就会产生大部分生存群体的共同需求，这些共同需求随着私人需求不同程度的满足而逐渐形成，比如生存的需要、安全的需要、教育的需要，于是满足公共需求的公共产品供给问题出现了。

而且，公共需求得以满足又为私人产品进入更高层次发展创造了条件，同时，又进而形成了社会公众的更高层次的公共需求。现代经济正是在私人需求和公共需求的追赶互动、交替互融中以螺旋上升态势发展起来的。诸如在温饱问题基本解决后的"集体行动"，是新一轮的公共需求的一次满足过程，也促使公共产品供给规模不断扩大和速度不断加快。因此，作为社会产品生产、分配、交换和消费循环过程的经济，其稳定发展总是伴随着公共产品和私人产品的协调发展过程，是私人需求和公共需求不断协调满足的过程。所以，从经济角度认识的社会首先是一个稳定发展的社会，只有经济的充分发展，才能为社会和谐奠定丰富的物质基础，唯有经济的充分发展，才能为和谐社会构造社会进步的动力基础。构建和谐社会是经济发展到一定阶段提出的，私人产品和公共产品的极大丰富是其重要保障，私人需求和公共需求的极大满足是其主要特征。国际经验说明，一国的人均GDP从1 000美元向3 000美元过渡的时期，正是该国公共需求快速扩张的时期。

## 三、公共需求的层次

人类社会的存在和发展被分为生存型、发展型和享受型三个层次，因此我们可以把公共产品分为：满足生存的公共需求、满足发展的公共需求与满足享受的公共需求。

**1. 满足生存的公共需求**

满足生存的公共需求是指维护社会正常运行和个人基本存在的公共需求，是关乎国计民生的，是最基本的共同需要，覆盖范围广，利益共享程度高，强调消费机会的平等性和供给的公平性。如公共安全、基础教育、公共卫生、社会保障、社会救济以及基本的基础设施建设等公共需求，是人民群众最关心、最直接的需求。满足生存的公共需求是公共需求中最基础、最重要的一部分，具有广泛性、普遍性、公平性和保障性。

**2. 满足发展的公共需求**

满足发展的公共需求是指为了保障和促进经济社会顺畅运行和发展的公共需求，可能并不属于社会的基本需求范围，但对经济社会发展起到重要的作用，需求具有针对性，是一定范围的利益共享，如扶持某种产业发展的政策。只有生产力得到发展，政治、经济、文化和社会得到全方位的发展，才能真正解决人民群众全方位的公共需求。

**3. 满足享受的公共需求**

满足享受的公共需求是需求层次较高的公共需求，这类公共需求更侧重促进社会完善和个人发展，关乎发展权利，例如高等教育、保健等公共福利。公共需求的范围和主体，随着经济社会发展的程度也在发生变化，例如，当原始社会不发达时，显然以满足衣食住行等最基本的生存需要为主。当经济社会比较发达时，社会的共同利益需要也丰富起来，公共需求的范围也逐步扩大，满足发展的公共需求就会向满足享受的公共需求转化。

三种类型的公共需求可以在同一时期提供，而且三种类型的公共需求处在相对变动之中。一般来说，在经济社会处于较低发展阶段时，满足生存的公共需求被供给的程度相对较高，同时满足发展的公共需求也应有较多的供给，而满足享受的公共需求相对供给较少；当经济社会发展较好时，满足发展的公共需求供给程度相对较高，满足生产和享受的公共需求也应当有一定量的供给；当经济社会发展到较高阶段时，满足享受的公共需求应当被大量供给，满足发展的公共需求供给能力也不断增强，满足生产的公共需求所占比重相对下降并保持在一定水平。

## 第二节 公共产品原理

### 一、公共产品的含义、分类及特征

#### （一）私人产品与公共产品

**1. 私人产品**

私人产品与公共产品是相对应的。用于满足私人个别需要的产品，称为私人产品，如面包。私人产品可以通过市场机制向社会提供，满足作为个体的社会成员私人需要。

私人产品用数学公式表示为：

$$X_j = \sum_{i=1}^{n} X_j^i$$

上述公式的基本含义：某种私人产品的总量（$X_j$）是 n 个消费者所拥有或消费该产品数量的总和。

私人产品需求是水平相加，消费者购买的价格是相同的，不同的是产品的购买量。私人产品需求总量，等于所有消费者拥有或消费的该商品数的总和，这意味着私人产品有可加性、可分性。

**2. 公共产品**

公共产品是用于满足公共需求的产品。用数学公式表示：

$$X_{n+j} = X_{n+j}^i$$

上述公式的基本含义：任何一个消费者所能消费或支配的公共产品数量（$X_{n+j}$）就是该公共产品的总和。

萨缪尔森把公共产品定义为"集体消费品"。这类公共产品具有这样一个共同点：每个人的消费并不减少其他人对该公共产品的消费。与一般情形相比，这里的"消费"一词包含了更广的内涵。它不仅意味着一个人的消费不减少其他人的消费，而且还允许别人的消费是以其他的形式进行的。然而，对定义是可以做出不同理解的。

萨缪尔森最初给公共产品下的定义是，公共产品必须是由集团中所有成员均等消费的产品，如果集体中的任何一个成员可以得到一个单位，那么该集团中的每一个其他成员也必须可以得到一个单位。在所有公共产品的定义中，这个定义是非常严格和十分精密的。按照这个定义，公共产品的"量"只是一种理论抽象，消费了多少公共产品是人们无法确定的，但所有人都可以均等地消费公共产品，获得公共产品所带来的收益。

从广义的角度讲，公共产品的内涵是十分宽泛的，凡是与公共利益和行为有关的产品和服务都可视为是公共产品，如斯蒂格利茨认为，政府本身的活动就是一种公共产品。这里不但包含了有形的公共产品，如公共基础设施、公共工程等，还包括了法律、法规和制度，如社会保障制度、产权制度及对道德风险的控制和对创新的保护制度等无形的公共产品。公共产品的概念使用是十分广泛的，但多数论者均未对其内涵给予具体的说明，以至于所有概念相同，但所指含义大相径庭。所以，对公共产品内涵的界定十分重要。

### （二）公共产品的含义

对于公共产品的含义，我们可以从以下几个方面来理解：

（1）每个人消费相同数量的公共产品，可能给出不同的消费评价。例如国防，在其他条件相同的情况下，那些十分担心外敌侵略的人，与觉得比较安全的人相比，他们把国防的价值看得更高。

（2）公共产品的分类不是绝对的，它取决于市场条件和技术状况。以灯塔提供的服务为例。一旦信号灯亮了，一艘船只利用它指引航向不会影响其他船只利用它，而且也不能排除某一特定船只利用该信号。在这种情况下，灯塔是一种纯公共产品。但是，假定发明了一种人为干扰装置，如果过往船只不购买一种特殊的接收器，它们就不能获得灯塔信号。在这种情况下，非排他性条件不再满足，灯塔也不再是一种纯公共产品。

（3）私人产品不一定只由私人部门提供。政府提供了很多具有竞争性和排他性的物品，这类物品成为公共提供的私人产品。医疗服务和住房就是两个时常由公共提供的私人产品的例子。同样，公共产品也可能由私人提供（比如，个人捐钱维持公共绿地）。总之，"私人产品"和"公共产品"，并不意味着这些物品具体由哪一部门提供。

（4）一种物品的公共提供并不一定意味着这种物品也由公共部门生产。以垃圾回收为例。有些社区自己提供这项服务——公共部门的管理者购买垃圾车，雇佣工人，安排日程。在其他社区，地方政府雇佣私人企业来做这项工作，本身并不组织生产。在美国，大约有37%的国防服务、23%的图书馆、48%的公交服务由私人企业承包。中国的公共产品市场化供给程度也正在逐步提高。

### （三）公共产品的特征

**1. 效用的不可分割性**

效用的不可分割性是指公共产品或服务向整个社会共同提供，具有共同受益或联合消费的特点。其效用为整个社会的成员所共享，而不能将其分割成若干部分。公共产品通常没有一定的计量单位，消费者消费公共产品一般不能自主选择消费的数量，而通常是所有的消费者都消费同样数量的公共产品。

私人产品的效用则是可分割的，它可以被分割为许多能够买卖的单位，而且，其效用只对为其付款的人提供，或说是谁付款谁受益。

**2. 消费的非竞争性**

消费的非竞争性是指某一个人或厂商对公共产品或服务的享用，不排斥、妨碍其他人和厂商对其的同时享用，也不会因此而减少其他人或厂商享用该种公共物品和服务的数量和质量。

私人产品在消费上具有竞争性。所谓竞争性是指某一个消费者消费了某一私人产品就排除了其他消费者消费该产品的可能，或者至少是影响该消费者消费该产品的数量和质量。

**3. 受益的非排他性**

受益的非排他性是指在技术上没有办法将拒绝为之付款的个人或厂商排除在公共产品或服务的受益范围之外。任何消费者都可以不付任何代价消费该产品，对公共产品的提供者而言，其无法将拒绝付款者排除在消费范围之外，或者虽然可以排他，但由于排他成本过高以致在经济上不可行，从而最终无法排他。

私人产品在受益上是必须具有排他性的（参见表2-1）。

表2-1　　　　　　　　　　各类产品的特征

|  | 非竞争性 | 非排他性 | 现实中的例子 |
| --- | --- | --- | --- |
| 私人产品 |  |  | 市场交易的各种商品 |
| 准公共产品 | ★ |  | 教育、医疗、交通等 |
| 公共资源 |  | ★ | 森林、空气、矿藏等 |
| 纯公共产品 | ★ | ★ | 国防、法律、灯塔等 |

以面包和广播节目为例理解竞争性和非竞争性，以及排他性和非排他性。

一个面包和一个广播节目，它们的一个区别在于：前者如果被我吃了，别人就不能吃，而后者在被我听的同时，别人也可以听。

用经济学的术语来表达：一个广播节目一旦被播出，增加一个人的消费所增加的成本等于零，但面包却不同，一个面包生产出来，一个人消费了，再增加一个人消费，你必须再生产一个面包（增加成本）。简而言之，一个物品被生产出来，如果增加其消费的边际成本大于零，则这个物品具有竞争性，如果增加其消费的边际成本等于零，则这个物品不具有竞争性，或者称具有"非竞争性"。

一个面包和一个广播节目的另一个区别在于：面包生产出来之后，你可以排除他人消费，比如，谁付费你就给谁消费，不付费的人被排除在外，不能吃这个面包；但一个广播节目播出之后，你没有办法排除别人消费，至少在目前的科学技术水平下是如此。

经济学上把这样的一种特性称之为排他性：没有办法排除他人消费，或者说，排除他人消费的成本非常大以至于排除别人消费不划算。面包具有排他性，而广播节目没有排他性，又称其为具有"非排他性"。

公共产品特征的确定方法如图2-1所示。

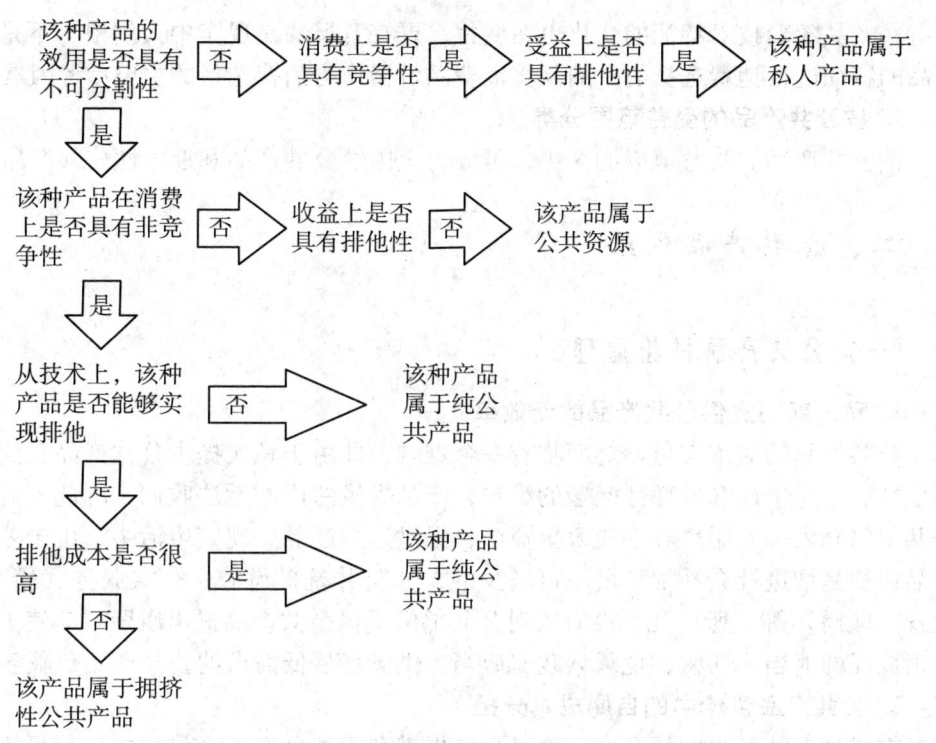

图 2-1 公共产品特征的确定方法

## （四）公共产品的分类

**1. 按照公共产品的形态分类**

一般而言，公共产品的种类可分为：（1）实物类（公路、公园、公共水利、公益设施等）；（2）社会类（公共教育、公共医疗、社会福利、国防等）；（3）制度类（公共安全、法律、交通规则、行政管理等）；（4）文化类（文化、艺术、宗教等）。实物类公共产品及其他类型中所包含的实物性资产或基础设施，是公共产品整体效用实现的物质技术基础，是公共产品形成和存在的不可或缺的成分。

**2. 按照公共产品的特征分类**

比较普遍的划分方法是按照公共产品的特征进行的，一类是纯公共产品，具有非竞争性和非排他性；与公共产品具有截然相反特征，即消费上具有竞争性和排他性，是私人产品；还有一类产品则是或者具有消费上的非竞争性，或者具有非排他性的产品，只要拥有纯公共产品两个特征之一的，称之为混合产品。显然，这样的划分方法是为了更有利于人们区别不同产品，但也带了不少麻烦，因为有些产品随着技术特征的变化也在变化，更有意思的是现实中人们根本不是以产品的特征进行消费选择的，而是将消费品价格作为消费选择的主要参考因素。

**3. 按公共产品的受益范围分类**

按公共产品的受益范围的大小，可分为全国性公共产品和地方性公共产品。

## 二、公共产品供给

### (一) 公共产品供给原理

**1. 私人部门提供公共产品的无效率**

公共产品的成本支付始终面临着一个难题，即由于私人提供公共产品受到非排他性、非竞争性和外部性问题的影响，产品提供的成本无法收回，因此，需要公共部门介入——用税收手段筹集资金，提供这类产品。现实生活中，由于公共产品往往是增进社会性福利所不可缺少的，如公共基础设施、公共服务（警察、教育、广播）等，所以几乎没有人对公共部门提供公共产品提出质疑，即使主张自由放任的亚当·斯密，也承认政府应当提供满足最低需求的公共产品和服务。

**2. 公共产品供给中的自愿成本分担**

在成员人数较少的社会中，通过自愿捐献和成本分担的合作方式，有可能使社会上公共产品或服务的供给量达到最佳水平，如社区雇佣保安，该社区成员往往容易达成成本分担的协议。但是在更大公共领域内达成协议的成本非常高，甚至是不可能的。

**3. 林达尔均衡和免费搭车问题**

"林达尔均衡"含义是，若每个社会成员都按照其所获得的公共产品的边际效益的大小，来捐献自己应当分担的公共产品的资金费用，则公共产品的供给量可以达到具有效率的最佳水平（参见图 2-2）。

"免费搭车者"是对那些寻求不付出任何代价而又得到效益的一类人的形象说法。公共产品的共同消费性，导致现实中往往会出现"搭便车（free rider）"问题。据说，搭便车的说法来源于早期的美国西部。当时西部盗马贼横行，牧主们自发出钱组织骑兵队巡逻，盗马贼就大大减少了。于是，部分牧主开始不愿意出钱养骑兵队，接着更多的牧主不愿意出钱，骑兵队只好解散，结果贼又来了。牧主不愿意出钱而又想要享受免费的骑士服务（free riders），就是 free riding 行为。这种行为在其他地方也很盛行，只是用了不同的表达方式而已，而"free riding"是最流行的说法。"rider"既可以作"骑士"解，也可以译为"搭车"、

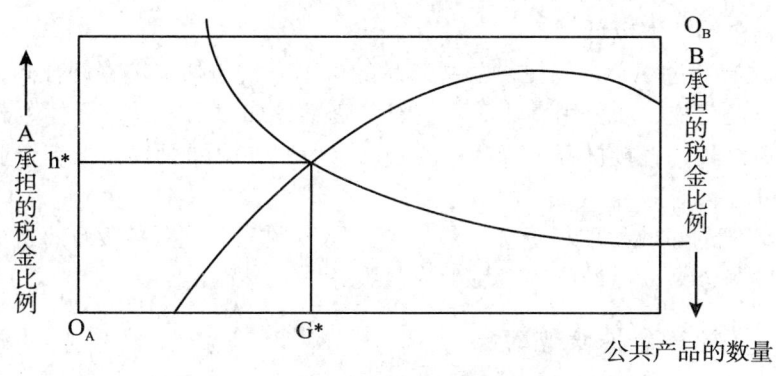

图2-2 林达尔均衡

"搭便车"、"免费搭车"、"白搭车"等含义,后来,人们就用"搭便车"问题来概括人人都不想为公共产品付出成本,而又要享受公共产品的好处的现象,其结果会导致公共产品成本支付的困难,因此公共产品不能被市场充分有效的提供。

## (二)公共产品供给的层次

公共产品的提供呈现出分层次的特点,即依据公共产品效应覆盖范围的大小,可以将其分为全国性公共产品和地方性公共产品;地方性公共产品,还可以依据效应覆盖区域的大小,再进一步细分为不同层次的地方性公共产品。此外,国际财政论者认为,还存在着国际性公共产品,即由于国际间联系更为紧密,一种跨国的层次更高的公共产品出现了,如国际性教育、安全等。公共产品的层次性,归根到底就是如何处理中央政府与地方政府关系的问题,主要涉及的是在中央与地方之间,如何划分支出责任和税权问题。受益范围遍及全国的公共产品由中央政府提供,而受益范围主要是地方的公共产品,则由相应层次的地方政府共同提供,这符合公共产品供给的基本原则。

## (三)政府提供公共产品的基本方式

政府提供公共产品的方式有以下几种:

(1)政府直接组织(公共企业)生产公共产品。这种方式存在的弊端:①没有私人部门与之竞争,处于垄断地位,从而导致垄断带来的种种弊端;②没有利润动机的激励,导致生产低效率;③部门利益及地位竞争,导致预算膨胀和失衡,损害公共部门效率。人们普遍认为,国有企业存在上述弊端,特别是生产公共产品过程中的效率较低。

（2）政府通过私营部门提供公共产品的基本方式包括：①签订合同，政府购买；②授予经营权，如公用事业等；③经济资助，如津贴补助、无偿赠款、优惠贷款、减免税收、直接投资，等等；④政府参股，如收购股权、国有企业经营权转让；⑤社会自愿服务。

（3）政府通过收税取得资金，然后通过财政预算拨款向各级政府机关、事业单位等供应资金，以提供公共产品和公共服务。

### （四）公共产品供给效率

公共产品的供给效率是指供给主体在提供公共产品中效率的高低程度，是衡量供给主体是否最有效地使用社会资源以满足居民的愿望和需要的重要指标。公共产品供给效率主要取决于供给制度，即政府供给方式、市场供给方式的选择等。

对于公共产品供给效率，早在200多年前亚当·斯密就曾经系统地比较了公共工程不同提供方式的影响。斯密认为，公共设施作为商业服务的基本条件，应当根据商业利益的高低配套提供。如果在很多人需要的地方建造，就有较高的效率。这类设施供给的效率是由它的利用率决定的，而其利用效率往往取决于人们对其使用情况的预测。在这方面，私人往往比政府有更好的经济效率的判断和预测能力，从而可以使这类公共设施的供给效率得到保证。相反，如果由政府来提供，就可能与实际的需要不符合，或者发生浪费，甚至某些官员可能为了个人偏好而置公共利益于不顾。为了说明公共设施可以由私人提供，并且运行良好，他还举了欧洲一些地方的运河或水闸由私人经营而运行良好的例子。

现代经济学对公共产品供给效率的研究是从私人产品与公共产品的均衡开始的。萨缪尔森、马斯格雷夫、科斯、布坎南等人分别从不同角度对公共产品供给的效率进行了分析。但是在萨缪尔森以前，还没有人提出能够严格区分私人产品和公共产品特征的严格定义。萨缪尔森表述了公共产品的局部均衡和包括公共产品与私人产品在内的一般均衡，使边际效用理论在公共产品最优配置中得到了彻底运用，使得诸如征税效率、公平分配和效率的兼顾等问题的研究得以继续，为进一步的理论发展奠定了基础。

## 三、公共产品理论的形成和发展

### （一）公共产品理论的早期思想

英国学者霍布斯（1588~1679），在1657年完成的著作《利维坦》中提出了社会契约论和利益赋税论,他的"利维坦国家模型"被看作是国家干预的思想渊源。他还认为,国家就是一大群人相互订立契约,每人都对他的行为授权,把大家的人格统一为一个人格,以便使他能按其认为有利于大家的和平与共同防卫的方式运用全体力量和手段,这些都是公共产品理论的早期思想的萌芽。

随霍布斯之后,威廉·配第(1623~1687)在《赋税论》中集中讨论了公共经费问题和公共支出问题。休谟(1711~1776)对这一问题的涉及较为深入一步。他在《人性论》中写道:两个邻人达成协议,共同在一片平地上排水,但在1 000人之间却难以达成同样的协议,因为每个人都企图坐享其成。因此,他认为,某些对每个人都有益的事情,只能通过集体行动或者政府参与来完成。休谟的这些分析包括了公共产品理论的基本内容:(1)在自利的个人之间存在某些共同消费的产品。(2)这类新产品提供中的坐享其成心理及其可能性。(3)这种心理只能由政府参与才能有效克服。休谟在他关于政治学和伦理学的著作中提到有关公共新产品的内容,但他本人并没有有意识地针对这一问题作深入的研究。

总的来看,早期的学者都只是在他们的政治学、哲学著作中涉及公共产品问题,因为公共产品与国家、政府有直接关系。但这一时期还没有人将公共产品的问题单独明确地提出来,也不可能从经济学的角度提出系统的公共产品理论。

### (二) 公共产品理论的初步形成

1776年亚当·斯密(1723~1790)在《国富论》中谈到君主必须执行三个职责和功能:(1)保护本国社会的安全。(2)保护人民在社会中的安全。(3)建立并维护某些公共机关和公共工程。他指出了国家存在的必要性,并且明确地将公共支出与市场失效联系起来。约翰·穆勒(1806~1873)以灯塔为例,提出了由于难以收取服务费用和无法排斥他人受益,导致了灯塔提供的市场机制的失灵问题。灯塔案例的提出在公共产品理论形成和发展中具有重大意义,之后一些著名经济学家将其作为公共产品政府提供或市场提供的经典案例。

古典经济学家信奉的是自由放任的经济学说,但他们也注意到了政府必须履行某些职责,必须向社会提供某些产品和服务,同时他们还触及了公共产品在受益方面的不可排他性和"免费搭车"问题。因此,这些研究标志着公共产品理论的初步形成,但从总体上看,还没有形成完整的理论体系。

### (三) 公共产品理论的建立和发展

19世纪中后期,历史学派兴起,强调统一的民族、语言、风俗习惯和宗教信仰等因素在经济生活中的重要性,这就突出了国家作为一个整体的至高地位。加上资本主义经济开始出现较激烈的社会矛盾和经济的周期性波动，人们自然想到利用国家来介入经济活动。在这方面，康德考察了国家的生产性功能，黑格尔则将国家视为"非物质资本"，市民社会必须以国家的存在为前提，狄策尔（1829～1890）提出了国家具有生产性的观念，沙夫勒（1831～1890）提出了公共需要和私人需要应该等比例地予以满足。史泰因（1813～1890）则提出："课税潜力创造课税，课税创造公共服务，公共服务又创造课税潜力"的结论。

这一时期对公共产品理论发展贡献最大的是19世纪国家社会主义思想的主要代表瓦格纳，他比较了公共经济与私人经济的异同，明确提出：（1）公共经济是一个经济组织，它的主体是代表国家的政府；（2）公共经济为国家提供安全，完成国家赋予的任务，特别是生产无形产品；（3）公共经济部门由大量的政府雇员组成。在明确了公共经济的实质之后，瓦格纳提出了公共经济活动的三个原则。因此，瓦格纳第一次明确提出了公共产品理论并进行了系统分析，对公共产品理论发展做出了开拓性贡献。

历史学派和国家社会主义者的财政思想是建立在国家对社会经济发展起决定作用观念上的，因而他们仍然不可能完成正式建立以市场失效为分析起点的公共产品理论进一步发展的任务。

19世纪80年代经济学领域的边际革命对财政学产生了重要的影响。边际学派认为，商品包括私人产品和公共产品，运用边际效用的理论，可以将公共产品的提供和分配与私人产品进行对比，从而发展了公共产品的基本理论。这些理论包括：公共需要的性质和特征；为满足公共需要所需的公共产品的性质；公共产品的定价以及确定公共产品理论分析的重要工具，有力地推动了公共产品理论的发展。1883年意大利人帕塔罗尼在《公共支出的分配原则》一文中肯定了边际效用理论的意义，他指出在确定预算时，必须把边际效用的概念运用到各项支出的决定中，可以根据最大效用原则，安排支出以满足公众对公共产品的需要。另一位意大利人马佐拉在解释公共产品价格的形成时，系统地表达了他的理论。他提出，公共产品是对私人产品的补充，公共产品不同于私有产品的一个重要特征，是公共产品消费的不可分割性，而这种不可分割性源于公共产品需求的统一性。马佐拉提出的不可分割性，正是现代公共产品理论两个基本概念"非竞争性"和"非排他性"的思想渊源。此外，马佐拉还论述了公共产品与私人产品价格的区别。19世纪后期财政学家爱弥尔·萨克斯分析了公共需要的特征。他把公共需要分为两类：一类反映某些利益集团的特殊需要，另一类是纯公共需要，后者是公共需要的核心。1883年，潘塔莱奥尼（1857～1924）提出关于各项公共支出应当按边际效用进行比较，1883年马尔科在对资源稀缺约束的生产性活动的分析中涉及了公共产品理论的内容。

奥意学者说明了公共需要和公共产品的某些特征和特质，他们的逻辑框架是：个人是组成社会的基础，个人利益和国家利益的结合是政府工作的出发点。在马佐拉那里，公共产品是对私人产品的补充，公共产品满足个人需要，所以私人需要和公共需要趋于一致。萨克斯认为当权者实际上是按经济原则办事的服务员，而人民是主宰，如果服务者的工作偏离了目标，人们会表示不满。显然，这种自由主义的国家观，是公共产品理论的基础。瑞典学派的代表人物威克赛尔（1851~1926）不同意马佐拉关于"不论政府征税多么不公平，它都会随着公众的愿望而变得合理和公正"的推断。他坚持公共服务（公共产品）的范围和规模并不是取决于个人，而是取决于社会各阶层和利益体之间的协商的观点。因此，威克赛尔将政治过程引入公共经济的分析当中，提出了"接近一致"原则。源于他的政治决策的思想，威克赛尔主张将公共产品带给人们的好处与个体为公共产品的生产所作出的贡献相结合，因而将公平问题引入公共产品论中。他在这一问题上主张利益说，即课税上的"受益原则"，反对"同等牺牲说"（支付能力原则）。但是威克赛尔"受益原则"也存在一个难题，即如何确定个人由公共支出得到的收益大小，因为个人可能会隐藏其对公共服务的偏好，产生"免费搭车"问题。

1919年产生的林达尔均衡是公共产品理论最早的成果之一，林达尔认为公共产品价格并非取决于某些政治选择机制和强制性税收，恰恰相反，每个人都面临着根据自己意愿确定的价格，并均可按照这种价格购买公共产品总量。处于均衡状态时，这些价格使每个人需要的公用产品量相同，并与应该提供的公共产品量保持一致。因为每个人购买并消费了公共产品的总产量，按照这些价格的供给恰好就是各个个人支付价格的总和。林达尔均衡使人们对公共产品的供给水平问题取得了一致，即分摊的成本与边际效益是成比例的。总之，林达尔均衡指个人对公共产品的供给水平以及它们之间的成本分配进行讨价还价，并实现讨价还价的均衡。

1954年、1955年萨缪尔森分别发表的《公共支出的纯粹理论》和《公共支出的理论的图式探讨》提出并部分地解决了公共产品理论的一些核心问题，如如何用分析的方法定义集体消费产品，怎样描述生产公共产品所需资源的最佳配置的特征。他在"公共支出的纯粹理论"一文中将公共产品定义为这样一种产品：每一个人对这种产品的消费并不减少任何他人也对这种产品的消费。这一描述成为经济学关于纯粹的公共产品的经典定义。1956年，蒂布特（C. M. Tibout）发表了论文"一个地方支出的纯理论",他指出,一些公共产品只有居住在特定地区的人才能享用,因此个人可以通过迁居来选择其他消费的公共产品,即所谓的"用脚投票"。

公共产品理论在这一阶段得到了巨大的发展。边际效用理论的引入使得公共产品的研究摆脱了过去抽象的演绎方法,使得公共产品理论建立在了经济学分析基础之上,而瑞典学者将政治程序引入到公共产品的研究领域,这一步不仅仅是研究领域的简单变化,实际上开创了当代公共选择理论的先河,因而具有重要的承前启后的作用。

### (四) 公共产品理论的新发展

布坎南在1965年的"俱乐部的经济理论"中首次对非纯公共产品(准公共产品)进行了讨论,公共产品的概念得以拓宽,认为只要是集体或社会团体决定,为了某种原因通过集体组织提供的物品或服务,便是公共产品。1969年,萨缪尔森对林达尔均衡理论提出了批评,指出:因为每个人都有将其真正边际支付愿望予以支付的共同契机,所以林达尔均衡产生的公共产品供给均衡水平将会远低于最优水平。

1973年,桑德莫(A. Sandom)发表了"公共产品与消费技术"。着重从消费技术角度研究了混合产品(准公共产品)。

博弈论和信息经济学都是当今经济学的前沿理论,公共产品理论在不断吸收这些现代研究理论成果与方法的基础上得到进一步发展。从理论上讲,政府可以通过财政手段按照社会福利最大化确定税收然后用税收收入提供公共产品,况且人们有"搭便车"动机,隐瞒自己的公共产品消费偏好,产生了"信息不对称",美国经济学家格罗夫斯等人为了解决这个问题,试图通过"诱导人说真话"来解决人们的公共产品消费偏好不真实问题。从赫尔维茨的"激励相容"不可能性定理出发,按纳什均衡原则建立了一个经济机制,以解决"搭便车"问题,几乎同时克拉克也提出了一种说真话机制即克拉克税,也叫克-格税。在博弈论方面,泰勒、沃德、罗伯英曼讨论的公共产品博弈模型、斗鸡博弈模型丰富了不完全信息博弈的内容。

综观公共产品理论的发展历程,大致呈现了四个特点:(1) 对公共产品的最初研究出现在政治学、社会学、伦理学的著作中,公共产品只是作为政治学研究的一个附属物出现的。边际革命发生后,人们开始从经济学的角度研究公共产品问题。历史的发展往往会出现惊人地相似,300多年后,现代公共产品理论又与政治学走在了一起。(2) 对于公共产品供给中的效率问题研究比较深入,而对于其公平问题的研究相对滞后，这也是现代公共产品理论进一步发展与公共选择理论阐述的原因。(3) 在融合和吸收现代经济学和管理学及社会学等研究成果的基础上，公共产品理论不断得到深化，不断增加新的元素，不断形成新的增长源，从而使公共经济学理论与时俱进，生机勃发。(4) 在经历了长期的发展之后，公共产品理论不仅仅成为经济学家们研究的学术成果，而且正在走向现实，面向现实，正成为现实公共经济问题解决的工具。以中国为例，公共产品理论对中国改革的实践有很强的解释力和借鉴意义。中国经过30多年的改革开放，市场经济体制日益完善，政府调控经济的能力也很强，经济高速发展、社会不断进步，然而我们却仍然面临着"什么是政府应该管的，什么是应该由市场机制解决的"，"如何才能合理界定市场与政府的关系"等一系列的重大问题，这些问题也正是公共产品理论所必然涉及的内容。从广义上讲"制度"、"政策"也是公共产品，在中国过渡转型时期，运用公共产品理论分析制度变迁，分析市场与政府两种资源配置方式，尤其是对政府行为边界及其公共产品供给进行研究有很强的现实意义。实质上经济和政治改革作为一个制度变迁过程本身就是公共选择的结果。从这些方面看，公共产品理论仍有继续丰富和发展的巨大空间。

## 第三节 公 共 选 择

### 一、公共选择理论

#### （一）公共选择的定义

公共选择就是通过集体行动和政治过程来决定公共产品的需求、供给和产量。它是对资源配置的非市场选择，即政府选择。公共选择理论的研究内容是政治市场上的主体（选民、利益集团、政党、官员和政治家）的行为和政治市场的运行。

**1. 市场决策与政治决策**

这两种决策在决策主体、方式、特点等方面有不同特点（参见表2-2）。

表 2-2　　　　　　　　　　　市场决策与政治决策

| | 市场决策 | 政治决策 |
|---|---|---|
| 决策主体 | 居民、厂商 | 选民、政治家、官僚 |
| 人性假定 | 经济人 | 经济人 |
| 决策方式 | 基于市场机制，个别决策 | 选出政治家、政党决策 |
| 偏好显示 | 真实性 | 不真实性 |
| 决策特点 | 决策在前，偏好加总在后 | 偏好加总在前，决策在后 |

**2. 政治市场与公共选择**

政治市场有三类主体或参与者：选民、政治家和官员。选民是手中握有选票并可以自由选择的需求者，政治家和官员是供给者，供给各种政策、法制秩序、公共产品等。选民（voters）是政治过程结果的消费者。政治市场上选民有三种方法来进行活动：投票、直接参与某项政治活动、通过能够影响立法机构的活动、集团来影响立法。政治家（politicians）是政府中被选举出来的官员，包括各级政府主要官员以及立法机构成员。官员（bureaucrats）是在各级政府部门工作的，被选举出来的政治家直接或间接任命的人员。政治市场的均衡是选民、政治家和官员按一定的规则就公共产品的供给量及相应的成本分摊（税收）达成协议。

### （二）公共选择理论的形成和发展

公共选择理论（public choice theory）是介于经济学与政治学之间的新的交叉学科。它以新古典经济学的基本假设（尤其是理性人假设）、原理和方法作为分析工具，来研究政治市场上的主体（选民、利益集团、政党官员和政治家）行为和政治市场的运行。美国马里兰大学教授丹斯·缪勒给公共选择理论下的定义常常被西方学者引用："公共选择理论被定义为非市场决策的经济研究，或者可以简单地定义为把经济应用于政治科学。公共选择的方法仍然是经济学的方法。"

自20世纪40年代以来，经济学家和社会学家开始关注公共选择问题，试图通过政治程序解释个人真实偏好的难题，为此进行了大量研究。这一问题的研究促进了公共产品理论的新发展。威克塞尔对这一问题进行了初步研究，1948年布莱克提出了多数裁定制投票的"中间投票者定理"，即中间投票人的需求决定投票的结果。1951年，阿罗论述了没有哪一种投票规则能尽如人意，不能保证每一个民主社会能作出前后一致决策的"阿罗不可能定理"。1957年唐斯提出选民的"理性麻木"现象。1962年，布坎南和塔洛克合著了《一致的计算》一书，对公共选择理论加以系统和深化。此后，塔洛克、唐斯、尼斯卡宁等人就政府官员行为与动机进行了大量深入的研究。所有这些研究不仅丰富和完善了社会选择理论，而且使得作为经济学的社会产品论与政治程序紧密结合起来，以实现公共产品的最佳供应。

70年代以后，公共产品理论的新发展方向之一就是公共选择理论，它成为现代微观经济学的重要突破。公共选择理论主要用经济学来分析、研究政府对公共产品的决策和选择，即非市场决策，公共选择的方式可以有公民投票、直接民主、代议制民主、集权式决策等，公共选择理论把政府本身理解为负责履行公共产品生产的特殊部门。这种理论与公共产品理论最大的区别同时也是其优点就是它不再把公共产品理论看成是一个社会福利函数的最优化问题，而是将其还原为一个社会利益冲突问题。公共选择理论利用现代经济学的逻辑和方法来研究集体选择，这正是公共选择理论是经济学而不是政治学的原因。公共选择的基础是建立在个人理性和个人选择基础上的。

在公共产品理论的发展中，人们发现公共产品需求表达和显示成了一个难题，公共选择理论试图通过政治程序来解决这个问题，于是将公共产品理论的研究由经济市场转入了政治市场，这种转换遇到了一个难题，即经济人假设在政治市场能否成立？现在理论界占主流地位的观点并没有对此作出令人信服的论证。相反，由经济人假设可以推出"政府失灵"的结论，因为政府也是由具有个人利益最大化的经济人组成的。不难看出，由经济人假设推出的两个失灵是相互矛盾的，因为失灵的政府不可能干预失灵的市场。这使得新古典经济学流派陷入了一种自相矛盾之中，显然其中的逻辑和方法都出了问题。

公共选择理论由于研究视角向政治领域的延伸，对利益集团及其利益关系进行了探讨，但并没有把利益冲突及矛盾对社会经济的影响纳入分析框架之中。坚持方法论的个体主义，在遇到个人需求偏好缺失与公共选择的矛盾无法解决的情况下，把经济问题上升为通过"政治程序"解决，这既是公共选择理论的贡献，也是公共选择面临困境的选择。但问题到此并没有结束，如何把经济问题和政治问题置于一个合理的分析框架内，把两者有机地统一起来，则需要引入新的分析框架。

尽管公共选择理论的思想渊源可以追溯到18世纪和19世纪，但是，一般认为公共选择理论产生于20世纪中期。公共选择理论在这一时期诞生，与当时的时代背景是密切相关的。在20世纪30年代，由于西方市场经济的"萧条"，对市场经济制度的不满情绪广为传播,西方经济学领域兴起了福利经济学和凯恩斯经济学,为国家干预经济提供了理论基础,美国等一些国家逐渐加强了政府对经济市场的干预。第二次世界大战爆发后,由于战时需要,大多数国家的产品和服务有三分之一甚至二分之一以上都是由政府分配,而不是通过市场来分配的。然而,当时的主流经济学家的注意力仍集中于对市场层面的解释和说明,没有人关注政治——集体决策(political-collective decision making)。在政治科学领域,情况也大致如此。此时,迫切需要一种建立在可证伪的前提假设基础之上的理论来解释日渐重要的政治——集体决策。公共选择理论就是在这样的时代背景下应运而生的。

### (三) 公共选择理论的方法

公共选择理论采用经济学的分析工具和方法来分析政治,是"政治的经济学"。它在方法论上有三个基本特征:理性经济人假设;方法论上的个人主义;作为交易的政治。

**1. 理性经济人假设**

经济人假设是西方经济学的基本假设。在经济市场上,经济当事人都从自己的偏好或效用函数出发,在交易中最大限度地追求自己的利益。即在经济市场中,个人都是利己的、追求自身利益最大化的人,或者说,是理性的效用最大化者。

公共选择理论家把经济学中的经济人假设和经济学分析方法扩展到政治领域,开创了公共选择理论(这或许是所谓的"经济学帝国主义"的由来)。公共选择理论认为,同样的人在社会的经济活动和政治活动中不大可能有两种完全不同的行为动机;同一个人在两种场合受两种不同的动机支配并追求不同的目标是不可理解的,在逻辑上是自相矛盾的。因此,"假定市场背景下的个人,运用他所拥有的能力(在市场规则的限制下)最大化自己的财富,那么也必须假设,在相应的政治背景下,个人也会以完全同样的方式运用自己的能力(在政治规则的限制下)"。

经济人是理性的效用最大化者,经济人的理性体现在他在选择自己的行为或进行决策时,都会进行理性计算以使自己的行为选择最大化他的期望效用。经济人所做的选择必然是理性的选择。故经济人假设在很多公共选择理论文献中又被称为"理性经济人"假设、"理性人"假设和"理性选择"假设。

**2. 方法论上的个人主义**

公共选择理论方法论上的个人主义,体现在它们对社会秩序和个人行为的看法以及对政府和政治的见解上。在公共选择理论家看来，个人只是社会秩序的基本组成单位，而政府只是个人相互作用的制度复合体，个人通过制度复合体做出集体决策，来实现他们相互期望的集体目标，同时也通过制度复合体开展与私人活动相对立的集体活动。公共选择理论把个人作为分析的基本单位，把社会存在看作是个人之间的相互作用，认为应当根据个人来解释社会和政治，而不是根据社会来解释个人。布坎南曾经把他的公共选择理论看作是"政治过程的个人主义理论"。但是公共选择理论对政治程序的解释，只是一种逻辑推理，与主流经济学一样，在分析框架方面面临着难以克服的缺陷。

方法论上的个人主义是一种假设，独立的个人被认为在他们的私人行动和他们的社会行动中都有自己独立的目标。个体的人是一个社会集团的成员，在这个社会集团里，集体的行动由一组规则指导。个人根据他们自己的利益采取行动，个人的有目的性是一切社会行为的起因。

### 3. 交易的政治过程

公共选择理论特别推崇古典经济学对市场的分析。亚当·斯密在《国民财富的性质和原因的研究》中论述了由于劳动分工而产生了市场交换，在经济市场中交易双方都是有利己心的"经济人"，他们都是为了自己的利益最大化而进行交易；然而，经济市场上这样的经济主体之间受各自利己心支配的交易活动却被一只"看不见的手"所牵引而达到一种均衡状态。因此，经济学的主题是研究个人的交易倾向、交易过程和个人在自由交易中自发产生的秩序。

公共选择理论把经济学中的理性经济人假设移植到政治领域，并将经济市场上的交易分析扩展到政治领域（或称为"政治市场"），把人们在政治领域的相互作用过程视作"政治上的交易"，认为，政治过程和经济过程一样，其基础是交易动机、交易行为，是利益的交换。经济学揭示了在充分竞争的经济市场上大量交易的双方在"看不见的手"的指引下能达到竞争均衡，这是一种理想化的市场秩序，它是帕累托最优的。公共选择理论探讨的是，在政治市场上交易各方（即政治市场上相互作用的个体）的效用最大化的理性行为选择是什么，他们的理性行为在一定的民主决策规则下能否达到"竞争均衡"，这种均衡是否符合"好社会"的要求，以及对于合适的民主决策规则的选择等一系列问题。公共选择理论认为，政治上的交易过程远比通过有序的市场体系进行的经济交易更为复杂。其一，基本的政治上的交易，即在自我确立的宪政秩序之下的理性契约，必然先于任何有意义的经济上的互动而存在。经济交易总是在一定的法律和制度结构中进行的。其二，经济市场上的交易往往只包含交易伙伴两方；而政治上的交易，即使是在界定明确并且发挥作用的法律秩序之内，也必定将相关共同体的全体成员都卷入其中。

### （四）集体偏好的表达方式

公共选择是一种非市场的集体选择，寻求如何从个人偏好得出一个集体的偏好。由公共选择所做出的决策或选择应达到社会整体效用的最大化或促使社会资源配置效率的不断提高。

集体的偏好表达是在法律和道德规范的约束下，运用自身的各种权利展示自己需求的活动和过程。表达方式：（1）习惯或宗教法典；（2）独裁者；（3）集中计划；（4）公众投票。集体偏好表达最主要的方式是由公民投票，它是现代民主社会公共选择最主要的方式。包括两种具体形式：直接民主（全体公民参与决策）和间接民主（代议制：选举代表参与决策）。

集体偏好表达缺陷主要在于：它不能完全满足某些基本假定，这些假定包括信息充分、个人不会隐瞒自己真实的偏好、政治家和公务员都是中立的、不会出现双峰偏好等。

**1. 投票规则**

（1）一致规则：是指在决定某公共产品的提供量时，全体当事人必须要一致同意投赞成票之后才能定案。因此，按照全体一致规则决定议案，就可以照顾每一个当事人的利益，达到帕累托最优。

（2）多数投票规则：一致规则很难实现，客观上就需要某些不要求一致规则的投票制度，如多数投票规则。在该规则下，只要一半以上的投票者赞成某一提案，就会获得通过。如欧盟理事会采用"有效多数"表决机制：即总票数为321票，有效多数为232票，并能够代表一半以上的成员国。

**2. 最优多数性规则与交易成本**

多数性规则进行优选的交易过程中存在抉择成本（行政管理、劝说、谈判、机会）和外部成本（对反对者带来的负外在效应）两类交易成本。在公共选择过程中，如果有一种多数性规则是成本最低的规则，那么它同时也就是最优多数规则。最优的多数就是抉择成本（D）与外部成本（E）之和最小的那个多数，在图 2-3 中就是由曲线（D+E）最低点所对应的赞成率 $N^*$。

**3. "投票悖论"**

多数投票规则可能产生一个问题——就是在所有可供选择的方案中，没有一个方案能够获得多数票。如表 2-3 所列的颜色选择结果就出现了投票循环问题，使得在三个人的投票选择中没有获胜者。

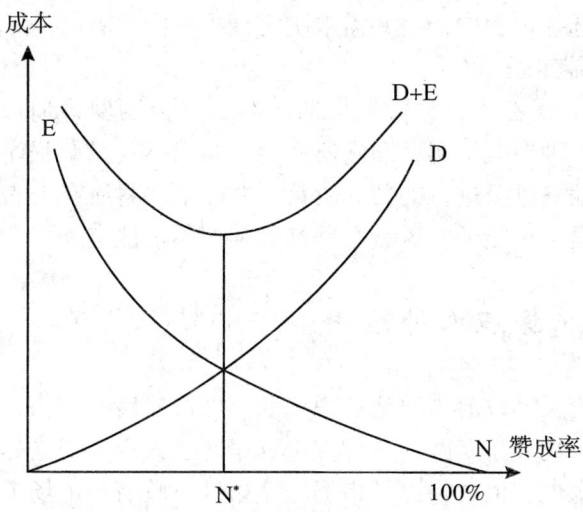

图 2-3 最优多数性规则与交易成本

表 2-3　　　　　　　　　一个投票循环问题

| 投票者 \ 颜色 | 红 | 黄 | 蓝 |
|---|---|---|---|
| A | 1 | 0 | 1 |
| B | 1 | 1 | 0 |
| C | 0 | 1 | 1 |
| 得分合计 | 2 | 2 | 2 |

**4. 偏好与"峰"**

所谓"峰"是指投票人效用曲线上的一个点，该点所有相邻点的效用都低于它，即由此点向任何方向的偏离，都意味着他的效用减少。如果在投票者的效用曲线上只出现一个峰值，则称为单峰偏好；如果曲线上存在有两个（或两个以上的）峰值，则称为双峰（或多峰）偏好。在单峰偏好条件下，如果对备选方案进行两两表决，就能产生一个最优的决策结果。

**5. 中间投票者定理**

中间投票者（或中位选民）是其偏好在所有投票人的偏好中居于中间位置的投票人，称之为中间投票者。中间投票者定理是如果所有投票人的偏好是单峰的，那么在多数投票规则下，投票的结果是中间投票者获胜。这表明在遵循多数投票规则的公共选择过程中，公共需求决定于中间投票者的偏好。

**6. 阿罗不可能定理**

1951年，美国著名经济学家肯尼斯·约瑟夫·阿罗（Kenneth J. Arrow）提出，要寻找这样一种决策机制，即它所产生的结果不受投票程序的影响，同时又不限制投票人的偏好以及进行的独立决策，并能最终将所有个人的偏好转换成一种社会的偏好，是不可能的。这就是著名的阿罗不可能定理。

## 二、公共选择理论的应用

公共选择理论及其政府失败论是现代西方经济发展的产物，是对西方市场经济发展中政府与市场关系实践的一种理论反思。公共选择理论尽管有它特殊的政治经济背景和局限性，但也指出了市场经济条件下政府与市场关系的某些共性问题，指出了政府干预的限度和政府失败的表现和原因，以及寻求公共选择法制化和民主化的思路。因此，公共选择理论对于我国建立和完善社会主义市场经济制度的过程中处理政府与市场的关系，协调政治体制和经济体制的关系，转变政府的经济职能，避免政府干预的失效，具有一定的启迪意义。

（1）对合理解决政府与市场关系具有指导意义。公共选择理论认为，市场会失灵，需要政府的干预或调节，然而政府在履行经济职能时，并不总能起到弥补市场失灵的作用，市场不能解决好的问题，政府也不一定能解决得好；市场存在失灵，政府机制本身也不是完美无缺和无所不能的，也存在政府干预的失败。因此，在建立和完善社会主义市场经济体制过程中，必须把握好政府干预的限度、范围和内容。基本思路应是，政府干预是弥补市场机制的失灵，而不是取代市场机制，特别是要避免习惯于用计划经济手段来管理市场经济。

（2）对政治体制及行政体制的改革具有借鉴意义。按公共选择理论的思路，经济过程与政治过程是相互联结的，政治体制与经济体制是不可分的，要求二者的改革进程相互协调，政治体制改革的滞后将制约经济体制改革的深化，对财政体制的影响尤为明显。因此，政治及行政体制的改革，是改革和完善经济体制和财政体制的重要前提。

（3）对实现公共决策（政府决策）的法制化和民主化具有重要的实践意义。公共选择理论强调立宪改革，注重宪法、法律、规则的建设尤其是公共决策规则的改革。在向市场经济的过渡中，必须加强法制建设，特别是注意公共决策的法制化，将公共决策的制定和执行纳入法制化的轨道，优化公共政策制定和执行系统，完善决策体制和决策规则，提高政策制定和执行的质量。

# 第二章 公共产品

(4) 对在政府决策过程中，正视政府行为的"经济人"特征具有借鉴意义。社会主义国家的政府是代表广大人民群众的根本利益的，政府工作人员应是人民公仆，必须全心全意为人民服务。但也不应回避或忽视政府部门及其工作人员对自身利益的追求，应该承认其合理的自利动机，把理想与利益有机地结合起来，这样才可调动起积极性，抑制寻租及腐败。同时，导致政府机构低效率的一个原因是没有降低成本的激励因素，缺乏经济效益的审计。根据公共选择理论，可以用经济方法对政府的行为特别是公共开支项目进行损益分析，以此评价项目的净收益及政府官员的政绩。

## 本章主要名词概念

公共需求　　公共产品　　私人产品　　免费搭车　　林达尔均衡
市场失灵　　政府失灵　　投票悖论　　公共选择

## 本章小结

1. 人类社会的需求尽管五花八门，但从最终需求来看无非是两类需求：一类是私人的个别需求，一类是社会的公共需求。人类社会存在和发展被分为生存型、发展型和享受型三个层次，因此我们可以把公共需求分为：满足生存的公共需求、满足发展的公共需求与满足享受的公共需求。

2. 公共产品是用于满足公共需求的产品。公共产品必须是由集团中所有成员均等消费的产品，如果集体中的任何一个成员可以得到一个单位，那么该集团中的每一个其他成员也必须可以得到一个单位。三个基本特征：消费的非竞争性，效用的不可分割性，受益的非排他性。比较普遍的划分方法是按照公共产品的特征进行的，一类是纯公共产品，一类是混合产品，但也存在私人部门提供公共产品的无效率、公共产品供给中存在自愿成本分担的特例。林达尔均衡和免费搭车可以很好地解释公共产品消费的效率特征。

3. 公共产品理论形成和发展中，早期的学者都只是在他们的政治学、哲学著作中涉及公共产品问题，因为公共产品与国家、政府有直接关系。但这一时期还没有人将公共产品的问题单独明确地提出来，也不可能从经济学的角度提出系统的公共产品理论。古典经济学家信奉的是自由放任的经济学说，但他们也注意到了政府必须履行某些职责，必须向社会提供某些产品和服务，同时他们还触及了公共产品在受益方面的不可排他性和"免费搭车"问题。因此，这些研究标志着公共产品理论的初步形成。边际效用理论的引入使得公共产品的研究摆脱了过去抽象的演绎方法，使得公共产品理论建立在了经济学分析基础之上。综观公共产品理论的发展历程，大致呈现了四个特点。

4. 公共选择就是通过集体行动和政治过程来决定公共产品的需求、供给和产量。公共选择理论（public choice theory）是介于经济学与政治学之间的新的交叉学科。它以新古典经济学的基本假设（尤其是理性人假设）、原理和方法作为分析工具，来研究政治市场上的主体（选民、利益集团、政党官员和政治家）行为和政治市场的运行。公共选择是一种非市场的集体选择，寻求如何从个人偏好得出一个集体的偏好。由公共选择所做出的决策或选择应达到社会整体效用的最大化或促使社会资源配置效率的不断提高。公共选择理论对我国财政法制化和民主化有借鉴意义。

## 本章习题

1. 私人需求与公共需求的关系。
2. 公共产品的内涵及特征。
3. 公共产品供给效率的意义。
4. 公共产品理论形成过程及主要观点。
5. 公共选择及其理论和方法。

# 第三章　政府职能与财政职能

## 学习目标

1. 了解政府职能的含义、内容以及政府职能的转变；
2. 理解财政职能的含义及其决定因素；
3. 熟悉财政优化资源配置职能的含义、内容及其实现；
4. 熟悉财政调节收入分配含义、内容及其实现；
5. 熟悉财政稳定经济增长职能的含义、内容及其实现；
6. 掌握财政自动调节机制是如何发挥作用的。

## 学习重点与难点

正确理解政府职能和财政职能的含义；熟悉社会主义市场经济体制下财政的优化资源配置、调节收入分配和稳定经济增长三大职能的含义、内容及其实现。

## 第一节　政府职能

### 一、政府职能的含义

所谓职能，是事物所具有的职责和功能。政府职能，亦称行政职能，是政府行政机关依法对社会公共事务进行管理时应承担的职责和所具有的功能。政府职能决定了政府活动的基本内容和方向，决定了政府活动的范围和行为方式，以及与此相关的政府机构的规模和设置。

政府职能是政府职责与功能的统一。政府职责和功能是两个不同的概念。前者是政府应承担的基本职责和任务，解决政府"应该干什么"的问题；后者是指政府所具有的基本能力，即说明政府"能干什么"的问题。在职责和功能二者的关系中，功能是起决定作用的因素。

政府职能包括以下四层含义：（1）政府职能的实施主体是政府机构；（2）政府职能的主要内容是管理国家和社会公共事务；（3）政府职能的实施手段主要是依法行政；（4）政府职能是完整统一的体系。

## 二、政府职能的内容

政府通常具有政治、经济、文化和社会四大职能。

### （一）政治职能

政治职能，亦称统治职能，政治职能是指政府为维护国家统治阶级的利益，对外保护国家安全，对内维持社会秩序的职责和功能。我国政府的政治职能主要包括：

（1）军事保卫，即维护国家独立和主权完整、保卫国防安全、防御外来侵略。

（2）外交，即通过政府的外交活动，促进本国与世界其他各国正常的政治、经济往来，建立睦邻友好关系，促进国与国之间互惠互利，反对强权政治，维护世界和平等。

（3）治安，即维持国家内部社会秩序，镇压叛国和危害社会安全的活动，保障人民的政治权利和生命财产安全，维护宪法和法律尊严。

（4）民主政治建设，即通过政府活动，推进国家政权完善和民主政治发展。

### （二）经济职能

经济职能是指政府为国家经济的发展，对社会经济生活进行管理的职责和功能。随着我国计划经济体制向社会主义市场经济体制的转变，我国政府的经济职能主要包括：

（1）宏观调控，即政府通过制定和运用财政税收政策和货币政策，对整个国民经济运行进行间接的、宏观的调控。

（2）提供公共产品和服务。近年来的政府改革使得公共产品和公共服务的提供机制更为灵活，政府不再是唯一的公共产品和公共服务的直接提供者，但保证公共物品的有效提供依然是政府不可推卸的责任之一。特别是纯公共产品，由于其消费的非排他性和非竞争性，只能通过政府机制向社会提供。

（3）市场监管，即政府为确保市场运行畅通、保证公平竞争和公平交易、维护企业合法权益而对企业和市场所进行的管理和监督。

### （三）文化职能

文化职能是指政府为满足人民日益增长的文化生活的需要，依法对文化事业实施管理的职责和功能。它是加强社会主义精神文明，促进经济与社会协调发展的重要保证。我国政府的文化职能主要有以下四类：

（1）发展科学技术，即政府通过制定科学技术发展战略，加强对重大科技工作的宏观调控，做好科技规划和预测等工作，重视基础性、高技术及其产业化研究。

（2）发展教育，即政府通过制定社会教育发展战略，优化教育结构，加快教育体制改革，逐步形成政府办学与社会办学相结合的新体制。

（3）发展文化事业，即政府通过制定各种方针、政策、法规等，引导整个社会文学艺术、广播影视、新闻出版和哲学社会科学研究等各项事业健康繁荣地发展。

（4）发展卫生体育，即政府制定各种方针、政策、法规等，引导全社会卫生体育事业的发展。

### （四）社会职能

社会职能，即指除政治、经济、文化职能以外政府必须承担的其他职责和功能。政府的社会职能主要有：

（1）调节社会分配，即政府为保证社会公平、缩小地区发展差距和个人收入差距，运用各种手段来调节社会分配，以提高社会的整体福利水平，最终实现共同富裕。

（2）保护生态环境和自然资源，即政府通过各种手段，对因经济发展、人口膨胀等因素所造成的环境恶化、自然资源破坏等进行恢复、治理、监督、控制，从而促进经济的可持续发展。

（3）促进社会化服务体系建立，即政府通过制定法律法规、政策扶持等措施，促进社会自我管理能力的不断提高。

（4）提高人口质量，实行计划生育。计划生育，是我国的一项基本国策，也是关系到国家长远发展的一件大事，因此我国政府必须加强对计划生育工作的管理，包括计划生育的法制建设、方针、政策的制定，规划组织计划生育科学研究，加强计划生育的宣传、咨询和技术服务工作。

## 三、我国政府职能的转变

政府职能是政府管理活动的核心,决定着政府管理的方向。作为一种上层建筑,政府职能必然会随着政治、经济、文化、科技的发展而发展。1978年党的十一届三中全会召开,标志着我国进入了改革开放的新时期。1988年我国政府机构改革首次提出转变政府职能之后,1998年的国务院机构改革,2008年的大部委制改革,以及2003年25个组成部门的国务院机构改革,都把政府职能转变作为改革的关键点和突破口。随着市场经济体制改革的不断推进,转变政府职能的要求日益迫切。

### (一) 我国转变政府职能的必然性和必要性

1. 政府职能转变是社会主义市场经济体制发展的必然要求。随着我国市场经济体制的建立和不断完善,市场在资源配置中的基础性作用明显增强。在这种社会历史条件下,政府的作用范围、方式等必然发生变化。

2. 中国日益融入国际社会,对政府职能提出了新的挑战。我国于2001年正式加入WTO,之后,加入二十国集团、举办"博鳌亚洲论坛"等国际性组织表明中国以更加开放、更加负责任的态度融入国际社会。因此,我国政府职能的转变必须适应新的国际环境,在行政管理体制、方式和观念上符合时代的要求。

3. 政府职能转变是机构改革的前提和基础。不能把机构改革当作是政府机构简单的撤减、合并,要以行政职能转变为重点。行政职能是政府机构设置和机构改革的重要依据。我国经历的数次机构改革难以走出精简——膨胀——再精简——再膨胀的怪圈,重要原因之一在于忽视了政府职能的调整,把机构改革看作是政府机构简单的撤减、合并。

4. 政府职能转变是提升政府能力的保证。只有切实转变政府职能,将政府不该管、管不了也管不好的事情转交给企业、社会组织和市场,才能形成"小政府、大社会","小政府、大服务","小政府、大保障"的格局,从而提高政府的行政能力和服务能力。

### (二) 我国政府职能转变的主要内容

**1. 从全能型政府向有限政府转变**

传统的行政管理是政府对社会实行全方位、多层次、宽领域的统揽一切的直接管理,政府代替市场、代替社会、代替企业,政府部门通过计划、行政控制、微观管理、政治强制等手段直接管理社会和企业，政府无所不包，无所不管，这种全能型政府所带来的后果我们有着深切的体会。改革开放30多年来，我国一直致力于转变这种全能型政府的模式，成就有目共睹，问题依然不少，我国将彻底摆脱计划经济的羁绊。按照行政体制改革的目标，今后我国的政府职能应当转变到经济调节、市场监管、社会管理和公共服务上来，在公共设施和基础设施建设、环境资源保护、发展科学教育文化事业、公共福利和保障、国家安全、法制建设等方面发挥政府应当发挥的作用。凡是市场、社会、企业和公民能自我调节、自我管理的事，政府就不必介入。同时政府要积极培育社会中介组织，提高社会与公民的自治能力，形成政府与社会的良性互动。

**2. 从微观经济管理向宏观调控转变**

随着我国社会主义市场经济体制的初步建立，市场在资源配置中的基础性作用日益得到体现。世贸组织规则体系也是以市场经济为基础的，其最终目的是要求各成员国政府按照市场经济规则运作，以促进贸易自由和经济自由，这就要求我国进一步减少对市场和企业的直接干预和微观管理，从真正意义上实行政企分开，把本来属于企业的权力毫无保留地、实实在在地归还给企业，使企业真正成为参与国内外市场竞争的主体。同时，政府要通过宏观经济政策调控经济的发展，培育和完善市场体系，完善和规范市场运行规划，从而促进经济的长久健康发展。

**3. 从市场参与者到市场秩序的维护者转变**

维护市场秩序是市场经济条件下政府最为基本的职能之一。目前，我国还存在着地方保护、行业垄断、有法不依、执法不严等阻碍市场经济发展的问题，这就要求政府要从对市场的直接干预者转变到市场规则的制定者和监督者，从侧重市场准入转向全面规范市场主体、维护市场秩序上来。尤其是要加强市场经济的法制建设，建立健全市场经济中的各种基本经济关系的法规（如财产法、企业法、公司法、银行法、破产法等），规定市场活动和市场主体行为方面的法规（如合同法、外贸法、证券交易法、产权法、反不正当竞争法等），规定解决特定经济行为方面的法规（如会计法、审计法、成本法、工资法等）。同时，取消关税壁垒、打破垄断，规范补贴，从而为企业创设一个统一、公正的市场运行环境。

**4. 从管制型政府向服务型政府转变**

所谓服务型政府，是在公民本位、社会本位理念的指导下，在整个社会民主秩序的框架下，通过法定程序，按照公民意志组建起来的以公民服务为宗旨并承担着服务责任的政府。随着经济全球化的推进，政府对社会的管理方式必将产生重大变革，我们必须从观念上到行动上弱化权力意识，强化服务意识。为市场、企业、社会乃至公民提供优质服务。我国政府要切实转变工作方式和工作作风，推行政务公开制度，改革行政审批制度，建立依法行政制度，规范政府行为，提高行政效率，进一步提高政府机关按国际通行规则办事的能力。

总之，转变政府职能的关键在于政府要处理好市场经济条件下与市场、企业、社会、公民之间关系，同时作为市场竞争规则的制定者和市场秩序的维护者、财产权的保障者、宏观经济的调控者、公共服务的提供者、收入及财产的再分配者、良好国际环境的维护者等多重身份和复合角色要充分发挥其应有的作用。而在经济全球化的背景和潮流下，政府具体的作用方式将更趋多样化、市场化、民主化和更加贴近公民的实际需要。

## 第二节 财政职能

### 一、财政职能概述

#### （一）财政职能的含义

财政职能是财政职责与功能的统一。前者是财政作为政府经济行为应承担的基本职责和任务，它是政府职能顺利实现对财政活动的要求，解决财政"应该干什么"的问题；后者是指财政所具有的基本能力，即说明财政"能干什么"的问题。财政职能的实现过程，是政府按照其职能正常实现的要求，把握和运用财政固有职责和功能的过程。

#### （二）财政职能的决定因素

财政职能是财政本质的具体表现，它具有一定的客观性，反映了财政本质的客观要求；财政职能又具有演进性，即在不同历史时期，不同社会经济条件下，财政职能及职能实现方式也不相同。这种因客观条件不同而引起的职能变化，主要是由相应条件下政府职能的变化决定的。即是说，决定财政职能及其实现方式的因素是政府职能及其实现方式。

财政是政府的经济行为，财政职能本身便是政府职能的重要组成部分。因此，一定时期财政职能范围及职能实现方式总是随政府职能的变化而变化的；同时，也只有围绕政府职能顺利实现的要求来界定财政职能并选择职能实现方式，才能收到良好的财政行为效果。

### （三）我国财政职能理论的发展

合理界定财政职能是财政理论要解决的重要问题。从我国财政理论的发展来看，在不同的历史时期，财政学理论对财政职能界定的角度不同，其所表述的财政职能的含义也不一样。我国传统财政学将财政职能界定为分配、调节和监督，并且认为，分配是财政的基本职能，监督寓于分配之中，调节是分配职能的派生。随着经济体制改革的不断深化，社会主义市场经济体制已作为我国经济改革的目标模式被确定下来。经济体制改革要求转换政府职能，财政职能也必须发生相应转换。正是在这种历史变革的过程中，我国财政职能问题才成为理论研究的热点。尽管在很多基本理论问题上至今尚未形成共识，但在继承我国财政理论合理内涵的基础上，借鉴西方市场经济国家财政职能理论的科学成分，形成与我国社会主义市场经济本质要求相适应的财政职能理论，是理论研究的共同思路和目标。在这一思路和目标的指导及规范下，经过多年的研究和探索，目前占主导地位的观点是将财政职能总结和归纳为优化资源配置、调节收入分配、稳定经济增长三大职能，并以此取代传统分配、调节、监督三职能理论。这种新三职能对老三职能的取代，丰富和发展了我国财政职能理论，因而具有一定的合理性和必然性。

## 二、优化资源配置职能

### （一）优化资源配置职能的含义

经济学所说的"资源"一词和我们日常生活中理解的"资源"具有不同的含义。我们平时理解的"资源"通常指自然资源。包括森林、矿藏、野生动物、草场、水资源等。而经济学所说的资源，比上述资源的含义要广，除了上述自然资源外，还包括其他一切人、财、物资源，一般指生产要素。这里所说的资源，指经济学意义上的资源。经济学中通常将资源分为人力资源和非人力资源。人力资源是指劳动力资源。非人力资源是指除人力资源以外的其他一切资源，可分为自然资源和人造资源。自然资源是指所有可以用于生产和生活的未经过任何加工的自然资源。如土地、森林、水力资源、矿产资源及其他野生动植物资源等。自然资源的特点是天然的，没有经过人力加工。而人造资源，又称人造的生产要素，如科学技术、厂房、机器设备、工具、器具及其他一切社会产品。在任何时期内,资源的数量总是有限的,而人类对资源的需求却是无限的,这在客观上要求人类必须有效地运用这些资源。这就是经济学所说的资源配置问题。通常我们讲的"优化资源配置"就是指上述意义上的合理安排资源,提高资源的使用效率,这是经济学研究的核心问题。

不同的经济体制下资源配置的机制是不同的。在计划经济体制下,政府是资源配置的主体,与之相适应,政府计划配置起主导作用,计划配置取代了市场配置。市场经济体制下,资源配置的机制不外乎两个,即市场配置和政府配置。前者是指依靠价值规律和供求关系配置资源的流向、流量和分布。后者指政府对经济运行中的资源进行直接干预,进而影响资源的流向和流量,以达到符合意愿的资源配置结果。在市场经济条件下,资源配置的主要机制是市场机制,政府机制则起补充和辅助作用。

市场经济条件下,市场配置资源是有效率的,可以说迄今为止还没有比市场更有效率的资源配置机制。正因为如此,我们才强调以市场为主导,发挥市场对资源配置的基础性作用。但仅凭市场的作用,资源配置结果却不可能达到所谓"帕累托最优"的状态,因为在资源配置过程中存在着广泛的市场失效领域。正是这种市场失效的存在要求政府介入资源配置过程,弥补市场功能缺陷,承担起那些市场不能或不宜承担的资源配置任务。这就决定了政府必须承担部分资源配置的职责。可见,市场配置并不排斥政府配置,恰恰相反,只有市场配置与政府配置相结合,才能达到优化资源配置的目标。

政府的资源配置职责要具体化解到政府财政的资源配置职能中去。因为财政是政府占有和支配社会经济资源的主要手段。政府所承担的资源配置职能又是通过组织财政收入和安排财政支出等财政分配行为来实现的。组织财政收入是政府对社会资源的占有过程;安排财政支出是政府对其所占有的社会经济资源在各种用途间的分配和组合,它是资源配置职能的实现环节。正是收支两个环节的有机统一,构成了财政配置资源的完整过程。

综上所述,财政优化资源配置职能,是指财政作为政府的一种分配手段,通过财政分配活动,将社会资源按照实现政府职能的要求,合理地配置于社会经济的各环节,使其得以充分而有效利用的职责和功能。财政在资源配置中的基本职责是实现资源配置的合理和有效,使资源配置结果处于优化状态。因此,优化资源配置是财政在资源配置方面所具有的功能和职责的统一,它是财政的基本职能。

### (二) 优化资源配置职能的内容

政府财政所承担的优化资源配置职能是为弥补市场在资源配置方面的缺陷而

存在的，其基本前提和要求是尽可能不对市场机制作用的有效性产生消极影响。因此，财政在资源配置方面的活动空间应主要是市场失效的领域。其内容主要有以下几个方面。

**1. 将资源配置于公共部门**

将资源配置于公共部门，以提供社会所需要的公共产品和公共服务，是财政优化资源配置职能的首要内容。公共产品是与私人产品相对应的概念，是满足作为群体的社会成员的公共需要的产品。由于所有的公共产品都不同程度地具有效用的不可分割性、消费的非竞争性和非排他性等特征，这一方面使其生产成本无法通过市场交易来回收，所以追求利润最大化的生产者不可能向社会提供公共产品；另一方面，理性的消费者都寄希望于别人付费购买公共产品，而自己"免费搭车"。因此，公共产品的生产和公共服务的提供，是市场失灵的领域，其任务只能落到国家身上。将资源配置于社会公共部门，从而为社会提供公共产品和公共服务，也就成为财政优化资源配置职能的首要内容。财政的资源配置范围主要包括：行政管理、国防等政府各职能部门和文化、教育、科学、卫生等各事业单位。

**2. 将资源配置于非竞争性产品和行业**

市场经济是竞争性经济，竞争机制是市场机制的重要组成部分，因此，经由市场配置资源的产品和行业都应该具备有效竞争的条件。而在现实生活中，有一些产品和行业却存在规模效益递增的情况，即生产规模越大，产品的边际生产成本越低，边际收益率越高。这就使市场竞争本身产生出垄断或自然垄断倾向；此外，有一些行业和产品天然存在竞争失效的问题，即独家经营能取得较多家竞争性经营更好的经济效益。上述垄断或自然垄断倾向符合市场追求利润最大化的法则，但又反过来抑制市场竞争，妨碍市场效率在更大范围内提高。可见，对这些产品和行业，市场存在资源配置无效或低效的缺陷，这种缺陷应该通过政府对资源进行直接配置或间接引导和干预来弥补，进而决定它是政府财政资源配置职能的另一重要内容。

**3. 将资源配置于高新技术产业**

高新技术产业如新材料、新能源、生物工程、海洋开发、宇宙飞行等是推动经济快速发展的先导性产业，它有投资大、研究开发初期风险大，预期收益不确定等特点，因而为企业和个人无力或不愿投资，这就要求政府承担起对这些行业的投资责任。

**4. 将资源配置于基础产业和部门**

农业、原材料、交通运输、能源等行业是国民经济的基础性产业，其发展是整个国民经济发展的前提,但这些产业具有投资大、建设周期长、投资回收相对缓慢的特点,因而其投资不可能完全经由市场形成,而必须借助于政府财政力量来实现。财政通过直接投资或给予补贴等方式将资源直接或间接地配置于基础产业和部门,可以协调基础产业与加工业之间的资源配置比例,进而提高资源配置的宏观效益。

### (三)优化资源配置职能的实现

**1. 通过财政收支,实现对资源的直接或间接配置**

财政是为政府实现社会管理职能服务的。它主要承担向政府公共部门配置资源,向社会提供公共产品的责任。而这种责任的履行是通过筹集财政收入和安排财政支出来实现的。

筹集财政收入是财政以国家政治权力为依托,以税收为主要手段,通过强制性征收,将一部分国民收入集中起来,为政府配置资源提供物质前提的过程。它是政府对资源的占有过程,是政府财政配置资源的初始环节。在这个环节中,政府财政一方面筹集到了资金,为直接配置社会资源创造了条件;另一方面,由于组织财政收入的过程可能对经济行为产生影响,比如调节性税率的高低可能对资源流向产生影响,因此,组织收入的过程也成为政府间接配置资源的过程。

安排财政支出是政府将集中起来的财政收入再分配到各公共事业部门,由它们向社会提供公共产品的过程。表现为国家对社会资源的直接配置,是财政配置公共产品的实现环节。在这个环节,通过财政支出,一是以直接拨款的方式为政府职能部门和事业单位提供经费,将资源配置于无法由市场配置的公共部门;二是通过投资形成国有资本金,将资源配置于国有经济部门。这类资源配置的范围主要是那些难以通过市场获取平均利润,或缺乏其他公平竞争条件而不能由市场配置,但又为国民经济协调发展所必需的基础性产业;具有垄断或自然垄断倾向而不宜由市场配置资源的产业和具有天然垄断特性而应由国家直接控制的军工、邮电、铁路等行业和部门;具有较大投资风险的新兴产业。国家以直接配置资源的方式来促进这些产业和部门的发展,以保证资源在国民经济各部门之间的合理配置,并以此来促进国民经济协调发展。

**2. 通过参股、控股及调控企业利润的分配规模和顺序,来制约企业国有资产的配置方向和比例,实现对资源的间接配置**

政府参与国有企业利润分配的依据是双重的,一方面政府可以凭借国家政治权利,以税收形式参与企业利润分配;另一方面政府又可以凭借国家生产资料所有权,以利润上缴形式参与企业利润分配。因此,政府可以通过对企业上缴所得税税率和利润上缴比例的控制，制约企业税后留利规模，进而制约国有企业资产的配置方向和比例。这种方式是以市场为中介，以利益调整为手段，对企业行为施以影响来进行的。它适宜于那些能通过市场进行的国有资产配置过程。

**3. 通过发行国债进行资源配置**

国债在弥补财政赤字和筹集建设资金的过程中，客观上发挥着影响国民收入分配比例、控制社会总供求关系、配置资源的功能。具体表现为，发行国债是将国民收入分配中个人或企业所得部分转移到国家手中，增加政府可支配财力。债务收入的使用方向不同，将对国民收入分配结构及资源配置方向产生不同的影响，进而实现着政府财政的资源配置职能。同时，发行国债可以调动闲置资金，使社会资源得以充分利用，这也是优化资源配置的一个重要方面。在国内资源紧缺而不能满足生产发展需要时，发行外债可以使国外资源流入国内，从而起到直接配置资源的作用。

## 三、调节收入分配职能

### （一）调节收入分配职能的含义

市场经济条件下，个人收入的最终形成要经过两个环节：一是微观层次的市场分配环节；二是宏观层次的社会分配环节。市场分配是在各生产经营单位及其内部进行的分配，它以效率为准则，以利益主体为社会提供生产要素的数量和质量为依据。在市场经济体制下，初次分配是由市场价格形成的要素分配，即各种收入首先是以要素的投入为依据，由市场价格决定，要素投入与要素收入相对称。各阶层居民的收入分为劳动收入和非劳动收入。劳动收入包括工资、薪金、奖金、津贴、补贴等；非劳动收入包括财产租赁收入、财产转让收入、投资收入（包括股息、利息、红利、企业留利等）、特许权使用费、劳务报酬等。由于现实生活中客观存在的人们劳动能力、财产占有量等方面的差异，加之受就业机会不均等、竞争条件不公平等因素的影响，人们通过市场获取的收入份额会存在不正常悬殊。一些丧失劳动能力或失去就业机会的人甚至无法从市场分配中获取维持其基本生存需要的收入份额，从而出现收入分配不公现象。这种现象为市场本身所难以消除，因而必须借助于政府为主体的社会性分配来协调，从而使协调收入分配成为政府财政的一项重要职能。宏观层次的社会分配是建立在市场分配基础上的调节性分配。它以政府为主体，以社会公平为准则，其目的是通过政府对收入分配的调节来缓解市场分配不公及其引起的一系列矛盾，进而协调社会分配关系，以求得社会经济在良好的社会经济环境中稳步发展。

财政调节收入分配职能，是指财政作为政府为主体的分配活动，按照社会公平的原则要求，改变和调整个人收入的市场分配结果，以缩小收入差距，协调各种利益分配关系，促进社会稳定和经济发展的职责和功能。

### （二）调节收入分配职能的基本内容

显然，财政的调节收入分配职能也是为弥补市场分配的缺陷而存在的，它是对市场分配结果的调节和修正。其内容主要包括以下几个方面。

**1. 调节个人之间的收入分配关系**

如前所述，在社会主义市场经济条件下，市场机制对个人收入的分配尽管能体现效率准则的要求，极大地调动劳动者的积极性，但却难以兼顾社会公平。由于人们所拥有的财产不同，劳动能力不同，就业机会、竞争条件存在差异，市场分配的结果会形成投资者与劳动者之间、劳动者之间，以及就业者与失业者、有劳动能力与无劳动能力者之间收入份额的悬殊。这种悬殊不利于社会经济的稳步发展，又为市场机制本身所难以克服，因而需要政府财政来协调，从而使对个人收入分配关系的协调成为财政调节收入分配职能的首要内容。

**2. 调节部门及产业间的收入分配关系**

现代市场经济是以社会分工为基础的专业化协作经济。各部门、各产业之间相互依存，客观上存在着一定的比例要求，并相互制约。但在现实生活中，由于各部门、各产业的特点不同，会引起其经营成本及利润率的差距。有些产业和部门会因其所具有的投入小、产出多的客观优势而从市场分配中获取较多的收入；有些产业和部门则会由于其天然存在的投资大、见效慢等特点而出现要素投入与所获报酬不对称的情况。按照市场法则，资源将流入收益率较高的部门和产业，进而破坏部门或产业间客观存在的比例关系。为了促进国民经济按比例健康发展，必须调节各部门和产业的利益水平，从而使调节部门及产业的收入分配关系成为财政调节收入分配职能的重要内容。

**3. 调节地区间的收入分配关系**

地区间的均衡发展是经济发展和社会进步的重要标志。在市场经济条件下，按照要素投入与要素报酬对等的原则，经济条件不同的地区之间会形成收入分配不均等的情况，进而导致居住在不同地区的社会成员所享受的个人福利和社会福利悬殊，使生产要素流向收入高的地区，加剧地区间经济和社会发展的差距。这种差距的存在不符合资源优化配置、社会共同进步、人类福利普遍提高的要求。

而缩小差距的要求市场机制又难以满足，因而必须借助于政府的力量，通过财政的调节收入分配职能来实现。

### (三) 调节收入分配职能的实现

财政对收入分配的协调过程侧重于体现社会公平的要求，其着眼点是将社会成员的收入差距控制在社会可以接受的限度内。它是收入分配在市场效率优先的前提下，兼顾公平的具体实现。

一般而言，调节收入差距主要从两方面入手，一是限制过高收入；二是提高低收入或无收入者的收入水平。具体而言，其实现途径主要包括：

(1) 通过累进所得税和社会保障制度来缩小个人间的收入差距，调节个人之间的分配关系。

累进所得税可以通过对不同收入设计等级不同的税率来使高收入者承担较多的税负，进而缩小市场分配中所形成的社会成员之间的收入差距，起到减少高收入者实际可支配收入份额的作用；社会保障制度通过对低收入和无收入者实施基本的生活保障，它实际上发挥着增加低收入，相应提高其消费水平的作用。可见，实施超额累进税制和社会保障制度是政府调节个人收入分配，缩小收入差距的重要手段。

(2) 通过对不同产品加征调节性税种等差别税制，来调节不同产品及行业的盈利水平，贯彻国家的产业政策，调节不同产品和行业间的收入分配关系。

(3) 通过中央对地方实行转移性支付制度，调节不同地区间的收入差距，促进区域经济均衡发展。

转移支付制度是与分税制伴行的利益调节制度。世界各国都把建立规范的转移支付制度，增加对欠发达地区的政府间转移支付补助，作为实施区域政策的重要手段。我国1994年实行分税制后，在中央与地方财力的初次分配中，中央政府相对集中了较多的财力，地方财力因不足又要履行其事权和职能，需要中央政府采取转移性支付的办法，再分配给地方，以实现地方财力与事权的最终统一。这就是说在现行分税制条件下，转移性支付制度，是调节各级财政分配关系，传导中央政府调控意图，保证区域间社会经济发展的重要手段。因此，设计科学、规范的转移性支付制度，有助于调节地区之间的分配关系，促进区域经济协调发展。

此外，还可以通过财政投资、财政补贴等形式来增加鼓励性产业和产品的资源流入量，以增强其积累能力，均衡因收入分配差异而导致的积累能力差距。

## 四、稳定经济增长职能

### (一) 稳定经济增长职能的含义

**1. 充分就业**

它是指凡是符合就业年龄,具有劳动能力和劳动意愿的劳动者都有工作机会和工作岗位的社会经济现象。由于一定时期由社会物质资料总量和结构决定的生产和服务规模、结构总是难以消化和平衡劳动人口可能提供的劳动能力,因此,失业便成为一种现代社会普遍存在的现象。同时,由于失业给失业者带来了生活上的困难和精神上的磨难,成为一定时期经济衰退的重要表现和社会关系波动的重要原因。因此,当今世界上各国政府都将降低失业率,实现充分就业当作重要的社会和经济目标。

**2. 物价稳定**

商品价格是商品价值的货币表现,它由商品价值和市场供求关系决定。在商品价值既定的情况下,商品价格的变动反映一定时期市场上商品供求的对比关系,从整个社会来看,这种关系则集中反映了一定时期经济运行的均衡程度。如果一定时期社会的物价总水平是相对稳定的,则说明供求总量是基本适应的,经济运行也处于稳定增长的状态。反之,如果一定时期物价水平处于急剧波动的状态,则说明商品供求之间出现了不均衡的情况,经济运行也处于不均衡状态。因而,保持物价的基本稳定既是经济稳定增长的标志之一,也成为一国政府宏观调控的另一个主要目标。但应注意的是,物价稳定不是冻结物价,而是保持物价的相对稳定。在市场经济条件下,物价不发生变化是不可能的,这早被中外经济实践所证实。

**3. 国际收支平衡**

国际收支平衡是指一定时期一国的国际收支大体均等。由于一国的国际收支同国内收支是密切地联系在一起的,国际收支不平衡一般同时意味着国内收支也不平衡。因此,经济稳定政策必须考虑到政策的国际协调这一复杂问题,要求国际收支不出现大的逆差和顺差。

**4. 适度的经济增长率**

适度的增长率指的是经济增长的速度必须以一定的资源保障为条件,保持适度的速度和节奏,不宜大起大落,忽快忽慢。如果经济增长速度过慢或者超越了客观条件的制约,要么会因为资源利用不充分而出现消费品供给制约,要么会因为资源相对短缺而出现投资品供给制约，而这都会导致国民经济比例失调和资源配置效率下降，最终使国民经济增幅下降。

在市场经济条件下，经济增长的周期性波动是客观存在的。这是因为在市场经济条件下，微观经济主体追求利润最大化的动机，为经济增长提供了微观动力。但是市场机制天然存在的调节滞后、盲目及视点狭窄等局限又使市场调节本身难以反映和把握经济增长的合理节奏，其结果要么因为总需求与总供给之间总量不平衡，造成经济运行总量失衡；要么因为总需求与总供给之间结构不平衡，造成经济运行结构失衡，进而产生萧条——高涨——再萧条的经济运行周期性波动，并在这种波动中以极大的资源浪费来实现经济均衡。为了弥补市场在稳定经济发展方面的缺陷，政府必须借助于各种财政变量与各种经济变量的有机关联去影响社会供求关系，调节和控制经济发展的速度和节奏，使其在增长中保持稳定和协调，从而使稳定经济增长成为政府财政的重要职能之一。

综上所述，财政稳定经济增长职能，是通过政府运用税收、国债、转移性支出、投资等财政变量与其他经济变量的有机关联和相互影响，来调节和控制社会需求的总量和结构，使之与社会供给相适应，促使经济增长过程持续稳定的。

## (二) 稳定经济增长职能的内容

由于宏观经济运行中的矛盾都集中表现为社会总供求总量和结构的矛盾，因此，财政稳定经济增长职能的内容主要包括以下两个方面。

**1. 调节社会总供求关系，实现经济总量平衡**

实现经济总量平衡，就是要熨平经济波动，消除经济过热和萧条的不正常状况，使经济增长保持稳定和持续的状态。因此，财政对经济增长过程的稳定和协调就是要在总需求大于总供给，经济发展过热时，抑制社会总需求，以减缓经济增长速度，使经济增长速度保持在资源条件可能的限度内；而在总需求小于总供给，经济萧条、市场疲软时，要刺激社会总需求，以调动闲置资源，推动经济增长。这种通过调节社会总供求关系，进而对经济总量和速度的调节，是稳定经济增长职能的首要内容。

**2. 调节供求结构，实现经济结构平衡**

经济总量平衡往往要以经济结构平衡为前提，因为这两者之间存在着密切的内在关联。经济结构平衡可以创造出适宜于经济发展的供给品，从而为经济总量平衡提供良好的供给条件；同时，经济结构平衡本身便意味着社会需求与供给之间的相互适应，这也是经济总量平衡的重要标志和表现。反过来说，经济结构失衡会导致供给结构相对需求结构的不适应，这经常成为经济波动的重要诱因。

要实现经济结构平衡，应着重解决两个方面的问题，一方面解决社会需求结构中消费需求过旺，投资需求不足，并进而引起社会供给结构中消费品供给不足，投资品供给过剩的问题；另一方面要解决社会需求结构中消费需求不足，投资需求过旺，并进而引起社会供给结构中消费品供给过剩，投资品供给不足的情况。可见，政府对经济过程的调节和控制离不开对经济结构的调整和优化，因此，调节供求结构，实现经济结构平衡便成为政府财政稳定经济增长职能的重要内容。

### （三）稳定经济增长职能的实现

经济波动的原因往往归结于社会供给和需求在总量和结构之间的矛盾。需求过旺、供给不足是经济过热的直接诱因和集中表现；需求不足、供给过剩则导致经济萧条和市场疲软。因此，熨平经济波动，稳定经济增长的关键是调节和控制社会总供求总量和结构。

**1. 实现供求总量均衡**

财政收支作为经济变量是政府调控社会供求关系的重要手段，其稳定经济增长的职能也是通过对社会需求的收缩或扩张来实现的。财政对社会需求进而对经济增长速度的调节机制主要有两种，即自动调节机制和相机调节机制。

（1）自动调节机制。自动调节机制是利用累进所得税和转移性支出对经济发展的"自动稳定器"功能来调节社会需求的机制。累进所得税的调节机理是：通过累进所得税建立起税收收入与纳税人收入的正向关联，当经济过热、纳税人收入增加、社会需求趋于过旺时，较高的等级税率和边际税率可以自动地将纳税人收入的增长部分较多地转移到国家手中，以增强国家对社会需求的控制力度，相对弱化纳税人需求的增长，从而扼制或降低社会需求膨胀及其可能推动的经济过快增长；而在经济萧条、社会需求趋于萎缩时，纳税人收入减少，相应的等级税率自动降低，从而将收入的较多部分留给个人和企业，以维持其必要的消费需求和投资需求，抑制经济下滑的速度。转移性支出的调节机理是：经济萧条、就业岗位减少、个人收入减少、社会需求趋于萎缩时，接受社会救济、享受失业保险等转移性支出的人员自动增多，政府财政的转移支付相应增加，从而可以促进社会需求，抑制经济衰退；而在经济过热、个人收入增加、社会需求趋于过旺时，接受救济、享受社会保险的人数减少，政府财政的转移性支出自动减少，从而可以抑制社会需求，推动经济增长。

（2）相机调节机制。相机调节机制是根据社会供求矛盾的具体表现，灵活选择财政政策手段及实现方式，调节社会供求关系，稳定经济增长的机制。这种机制的运作在理论上可概括为以下情况：一是在社会需求大于供给，经济发展过热时，选择增收减支的紧缩性财政政策，通过增收来抑制企业和个人的收入增长，相应抑制其购买力；通过减支来抑制政府需求，从而达到收缩社会需求、稳定经济增长速度的目的。二是在社会需求小于供给，经济处于萧条状态时，选择减收增支的扩张性财政政策，一方面通过减收来刺激财政以外的需求，另一方面，通过增支来增加政府需求，其结果是刺激社会有效需求，使经济尽快复苏。三是在社会需求与供给大致均衡，经济增长处于持续稳定的状态时，应选择均衡性的财政政策，使当年财政收支大体相当，以维持既定的社会供求对比状态，保持经济的稳定增长。

**2. 实现供求结构均衡**

与实现供求总量均衡单纯依靠财政政策不同，实现供求结构均衡，则要靠财政政策和货币政策二者之间的协调配合。

(1) 解决消费不足，投资需求过旺问题。一般而言，在社会需求结构中消费需求不足而投资需求过旺，并进而引起社会供给结构中消费品供给过剩而投资品供给不足的情况下，应充分发挥财政政策在分配环节能有效改善积累与消费比例的优势，选择松财政、紧货币的配合模式，即通过财政减税让利等措施来增加企业及个人的需求，增加其对消费品的购买力，通过扩大政府财政用于社会消费方面的支出来扩大政府的消费需求，同时通过货币政策措施紧缩投资需求。这种松财政引起的赤字要靠缩小信贷规模等紧缩性货币政策措施来弥补。

(2) 解决消费过旺，投资需求不足问题。在社会需求结构中消费需求过旺而投资需求不足，并进而引起社会供给结构中消费品供给不足而投资品供给过剩的情况下，则应选择紧财政、松货币的配合模式，即通过扩大信贷规模等货币政策措施来刺激投资需求，同时通过财政措施紧缩消费需求。信贷规模扩大引起的银行收支差额要靠紧缩性财政形成的结余来弥补。

## 本章主要名词概念

政府职能　　财政职能　　优化资源配置职能　　调节收入分配职能
稳定经济增长职能　　自动调节机制　　相机调节机制

## 本章小结

1. 政府职能，是政府行政机关依法对社会公共事务进行管理时应承担的职责和所具有的功能。政府通常具有政治、经济、文化和社会四大职能。市场经济体制改革的不断推进，要求转变政府职能，即从全能型政府向有限政府转变；从微观经济管理向宏观调控转变；从市场参与者到市场秩序的维护者转变；从管制型政府向服务型政府转变。

2. 财政职能是财政职责与功能的统一。决定财政职能及其实现方式的因素是政府职能及其实现方式。随着政府职能的转变，财政职能由传统的分配、调节和监督三大职能转变为市场经济条件的优化资源配置、调节收入分配、稳定经济增长三大职能。

3. 财政的优化资源配置职能主要是通过财政收支集中分配一部分经济资源，用于提供公共品和公共服务，满足社会的公共需要。

4. 财政的调节收入分配职能主要是通过财政收支，对市场分配的结果加以调节，把社会成员之间的收入分配差距控制在社会绝大多数人所能接受的范围内，以维护社会公平、公正和社会稳定。

5. 财政的稳定经济增长职能主要是政府根据市场经济运行中的波动程度以及主要的经济参数，通过调整财政的收支总量和结构以及通过设定内在的稳定机制，来调节社会总需求的总量与结构，使之与社会总供给的总量与结构相适应，以促进经济持续、稳定、协调发展。

## 本章习题

1. 政府职能的含义、内容及其转变。
2. 财政优化资源配置职能的含义、内容及其实现。
3. 财政调节收入分配含义、内容及其实现。
4. 财政稳定经济增长职能的含义、内容及其实现。
5. 财政的自动调节机制是如何发挥作用的？

# 第四章 财政支出原理

> **学习目标**
>
> 1. 了解财政支出规模、财政支出结构和财政支出绩效评价的含义;
> 2. 理解财政支出规模的衡量指标;
> 3. 掌握财政支出规模和财政支出结构的影响因素,财政支出规模增长理论,财政支出绩效的评价方法及评价指标;
> 4. 熟悉我国财政支出结构的优化。
>
> **学习重点与难点**
>
> 理解财政支出规模和财政支出结构的影响因素以及财政支出规模增长理论;熟悉财政支出规模的衡量指标;掌握我国财政支出结构的优化思路,财政支出绩效的评价方法及评价指标。

## 第一节 财政支出分类

### 一、按财政支出的经济性质分类

#### (一) 购买性支出

购买性支出是指政府为了执行各种政府职能,用于购买商品和服务的支出。这类支出主要包括两大部分:一是购买进行日常政务活动所需的商品和服务支出,如国防、教育、卫生、行政管理等;二是政府用于各种公共投资的支出。

购买性支出是财政付出资金,购得商品和服务,并运用这些商品和服务履行政府的职能。政府如同企业和个人等其他市场经济主体一样,在购买性支出中从事的是等价交换的市场活动。在购买性支出活动中,政府直接以商品和服务的需求者、购买者的身份出现在市场上,通过支出使政府掌握的公共资金与微观经济主体提供的商品和服务相交换,直接增加当期的社会购买力,并由政府直接占有商品和服务,直接影响就业、生产和社会总需求。

### (二) 转移性支出

转移性支出是指政府单方面地将一部分资金的所有权转让给他人所形成的支出,包括财政补贴支出、社会保障支出、国债利息支出等。转移性支出不是对商品和服务的直接购买,而主要是为实现公平而采取的单方面的价值转移。政府将资金转移给居民和其他受益者时并未得到任何补偿。

从财政支出对资源配置的影响看,转移性支出与购买性支出不同,它并不形成新的社会产品价值,而只是把市场经济中形成的收入分配格局重新加以调整,不会增加经济总量,对经济的影响是间接的。从经济分析的意义看,购买性支出和转移性支出对经济运行的影响是不同的。在财政支出规模一定的情况下,当购买性支出在财政支出总额中占有较大比例时,财政活动对生产和就业的直接影响就大,执行资源配置的功能就强;当转移性支出在财政支出总额中占有较大比例时,财政活动对收入分配的影响就大,执行收入再分配的功能就强些。

转移性支出占财政支出总额的比重,各个国家有所不同。一般来说,在经济发达国家,由于政府较少直接参与生产活动,财政收入比较充裕,财政职能侧重于收入分配和经济稳定,因而,转移性支出占财政支出总额的比重较大,往往同购买性支出平分秋色。在发展中国家,由于政府较多地直接参与生产活动,财政收入相对匮乏,购买性支出占财政支出总额的比重较大。

## 二、按财政支出的功能分类

### (一) 一般公共服务支出

一般公共服务支出是指政府用于提供基本公共管理与服务的支出。主要包括人大事务、政协事务、发展与改革事务、统计信息事务、财政事务、税收事务、审计事务、海关事务、人事事务、纪检监察事务、民主党派事务、群众团体事务等方面的支出。

### (二) 外交支出

外交支出是指政府外交事务支出。主要包括外交管理事务、驻外机构、对外援助、国际组织、对外合作与交流等方面的支出。

### (三) 国防支出

国防支出是指政府用于国防方面的支出。主要包括现役部队及国防后备力量、国防动员等方面的支出。

### (四) 公共安全支出

公共安全支出是指政府用于维护社会公共安全方面的支出。主要包括武装警察、公安、国家安全、检察、法院、司法等方面的支出。

### (五) 教育支出

教育支出是指政府教育事务支出。主要包括教育管理事务、普通教育、职业教育、成人教育、广播电视教育、留学教育等方面的支出。

### (六) 科学技术支出

科学技术支出是指用于科学技术方面的支出。主要包括科学技术管理事务、基础研究、应用研究、技术研究与开发、社会科学、科学技术普及、科技交流与合作等。

### (七) 文化教育与传媒支出

文化教育与传媒支出是指政府在文化、文物、体育、广播影视、新闻出版等方面的支出。

### (八) 社会保障支出

社会保障支出主要包括社会保障和就业管理事务、民政管理事务、财政对社会保险基金的补助、补充全国社会保障基金、行政事业单位离退休、企业改革补助、就业补助、抚恤、退役安置、社会福利、残疾人事业、城乡居民最低生活保障、自然灾害生活救助、红十字事务等。

除上述类别之外，还包括医疗卫生、环境保护、城乡社区事务、农林水事务、交通运输、工业商业金融等事务类别。

## 三、按财政支出的用途分类

### (一) 补偿性支出

补偿性支出是指用于补偿生产中已消耗掉的物质资料方面的支出，如企业更新改造支出和挖潜改造支出等。

### (二) 积累性支出

积累性支出是指用于扩大再生产的各项支出,包括基本建设支出、增拨企业流动资金支出、支援农村生产支出及国家物资储备支出等。

### (三) 消费性支出

消费性支出是指用于社会和个人消费方面的支出,包括国防、行政、文教科卫、抚恤和社会福利救济等方面的支出。

## 四、按财政支出的管理权限分类

### (一) 中央财政支出

按照分税制财政管理体制的规定,是指由中央预算安排使用和管理,实现中央政府职能的各项支出。中央财政支出主要承担国家安全、外交和中央国家机关运转所需要的费用,调整产业结构、协调地区经济社会发展的支出,以及由中央直接管理的事业发展支出。

### (二) 地方财政支出

按照分税制财政管理体制的规定,是指由地方各级预算安排使用和管理,实现地方政府职能的各项支出。地方财政支出主要承担本地区政权机关运转所需支出以及促进本地区经济、社会事业发展所需的支出等。

# 第二节 财政支出规模

## 一、财政支出规模的含义

财政支出规模是指在一定时期(通常为一年)内,政府安排和使用财政资金的绝对额及相对量。它反映政府参与国民收入分配的状况,体现政府的活动范围,是研究和确定财政分配规模的重要指标。财政支出规模有广义和狭义之分,广义的财政支出规模是指政府安排的所有财政支出，包括预算内和预算外支出。狭义的财政支出规模就指政府预算内支出。

## 二、财政支出规模的衡量指标

### （一）财政支出绝对量

财政支出绝对量是直接用货币量表示财政支出的数额，可较为直观、具体地反映一定时期内政府财力集散程度和政府活动的规模。各国通常采用此指标编制政府财政预算并向立法机关提供有关预算报告。但当需要对政府财政支出规模进行动态分析和横向或纵向比较时，运用绝对额指标则往往有很大的局限性。

### （二）财政支出相对量

财政支出相对量是指预算年度内政府实际安排和使用的财政资金的数量与相关经济指标的比率。它反映了财政支出和宏观经济运行的相互关联、相互制约的关系。衡量财政支出规模相对量的指标有：

（1）财政支出占国内生产总值（GDP）的比重。财政支出占国内生产总值（GDP）的比重，指预算年度内政府实际安排和使用的财政资金数量与GDP的比率。该指标反映预算年度内由政府集中和支配的GDP份额，也反映了市场和政府配置资源的状况，体现了社会财力集中和分散的程度。一般而言，在经济发展水平既定的前提下，财政支出占GDP的比重越大，说明政府参与GDP分配的比例就越大，社会财力就越集中，财政支出的规模就越大，政府对经济运行干预的程度也就越高。反之则越小。

（2）财政支出增加额占GDP增加额的比重。财政支出增加额占GDP增加额的比重又称财政支出增长边际倾向，该指标表示当年财政支出增长额与GDP增长额之间的关系，即GDP每增加一个单位的同时财政支出增加多少，它反映了政府对新增GDP的集中和控制程度。用公式表示为：

$$财政支出增长边际倾向 = 当年财政支出增加额/当年GDP增加额$$

（3）财政支出增长率占GDP增长率的比重。财政支出增长率占GDP增长率的比重又称财政支出增长弹性系数。当弹性系数大于1时，表明财政支出增长速度快于GDP增长速度；当弹性系数等于1时，表明财政支出增长速度等于GDP增长速度；当弹性系数小于1时，表明财政支出增长速度慢于GDP增长速度。用公式表示为：

财政支出增长弹性系数 = 当年财政支出增长率/当年 GDP 增长率

## 三、财政支出规模的影响因素

### （一）经济性因素

经济性因素主要包括经济发展水平、经济体制的运行及改革、政府的干预及宏观经济政策等。经济发展水平对财政支出规模的影响主要表现为，经济发展水平的高低决定了社会财富的多少，一般来说社会财富的不断增加会导致政府的收入增加，从而为财政支出规模的扩大提供了可能性，也会在一定程度上刺激和带动财政支出规模扩大。经济体制的运行及改革也会对财政支出规模产生影响，最为明显的例证便是我国经济体制改革前后的变化。在计划经济体制的年代，政府财政支出占 GDP 的比重较高，一般都在 30% 以上；改革开放以后，社会主义市场经济逐步确立，市场在资源配置中起到了基础性作用，政府配置资源的比重逐步减少。政府的经济干预政策也对财政支出规模产生影响，一般而言，政府干预范围越广、程度越深，财政支出规模就越大。

### （二）政治性因素

政治性因素主要包括政府职能的范围、政局的稳定和政府效率等。政府职能不断扩大是导致各国政府财政支出不断增长的重要原因。政局是否稳定也影响一国的财政支出规模。政府机构设置及其工作效率对财政支出规模同样有很大影响。

### （三）社会性因素

社会性因素主要包括人口状况、文化教育、社会福利等。人口状况的影响主要体现在人口规模、人口结构和人口的增加速度。文化、教育水平的高低对财政支出规模也有显著影响。一个国家社会福利政策取向也会导致财政支出规模的差异。

## 四、财政支出规模增长理论

纵观世界各国财政支出规模状况，各国财政支出规模普遍呈现出一种不断增长的趋势。无论是财政支出的绝对规模还是相对规模，各国的财政支出规模都是不断上升的。

对财政支出不断增长趋势，西方经济学界从不同角度提出了不同的理论解释，比较有代表性的理论解释有以下几种。

## （一）瓦格纳法则

19世纪德国经济学家阿道夫·瓦格纳（Adolf Wagner）最先提出财政支出扩张论，他的研究成果被后人称之为"瓦格纳法则"。瓦格纳法则的基本含义可以表述为：随着人均收入的提高，财政支出占 GDP 的比重也相应随之提高。根据这种解释瓦格纳法则可以理解为图 4-1 所示的财政支出与 GDP 之间的函数关系。

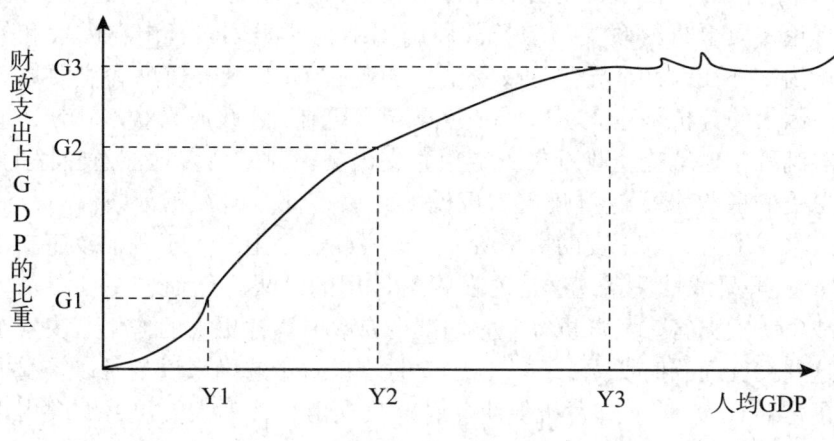

图 4-1 瓦格纳法则的解释

瓦格纳的结论是建立在经验分析基础之上的，他对 19 世纪的许多欧洲国家加上日本和美国的公共部门的增长情况做了考察。他认为，现代工业的发展会引起社会进步的要求，社会进步必然导致国家活动的扩张。他把导致政府支出增长的因素分为政治因素和经济因素。所谓政治因素是指随着经济的工业化，正在扩张的市场与这些市场中的当事人之间的关系会更加复杂，市场关系的复杂化引起了对商业法律和契约的需要，并要求建立完善的司法组织执行这些法律，这样就需要把更多的资源用于提供治安和法律的设施上。所谓经济因素则是指工业的发展推动了都市化的进程，人口的居住将密集化，由此将产生拥挤等外部性问题，这样也就需要政府进行管理与调节工作。此外，瓦格纳把对教育、娱乐、文化、保健与福利服务的财政支出的增长归因于需求的收入弹性，即随着实际收入的上升,这些项目的公共支出的增长将会快于 GDP 的增长。历史数据也说明,财政支出占 GDP 比重的上升不可能是无止境的,当经济发展达到一定高度,则呈相对稳定的趋势,即稳定在一定的水平上,上下有所波动,目前的经济发达国家已经达到这个阶段。

### (二) 皮考克 (Peacock) 和威斯曼 (Wiseman) 的替代—规模效应理论

皮考克和威斯曼在瓦格纳分析的基础上,根据他们对 1890~1955 年间英国的公共部门成长情况的研究,提出在正常年份情况下财政支出呈现一种渐进的上升趋势,但当社会经历战争、经济大萧条或其他严重灾害等突发事件时,财政支出会急剧上升;而当这些突发事件结束后,财政支出水平虽会下降,但不会降到原来的水平。因此,在政府支出的统计曲线上,呈现一种梯度渐进增长的特征。他们的理论实质上将财政支出增长的原因归结为两类因素:内在因素和外在因素,并认为,外在因素是导致财政支出增长超过 GDP 增长速度的主要原因。他们对内在因素的分析是建立在这样一种假定的基础上:政府喜欢多花钱,而公民不喜欢多纳税,这就迫使政府在决定预算支出规模时,更多地注意公民的意愿,公民所忍受的税收水平是财政支出规模的约束条件。但在正常条件下,经济发展,收入水平上升,以不变的税率所征得的税收也会上升,于是,政府支出上升会与 GDP 上升呈线性关系,这是内在因素作用的结果。然而,一旦突发事件到来,如战争、大灾害、大危机等,它们都需要政府发挥更大的作用,决定了政府为应付这些突变而临时增大财政支出,此时增税对于选民来说是可以接受的,这就产生了"替代效应",即危机促使政府财政支出替代私人支出,财政支出的比重增加。但危机过后,财政支出并不会退到先前的水平。例如,一个国家在战争结束后,总会有大量的债务,财政支出会维持较高水平。因此,每一次较大的突发事件,都会导致财政支出水平跨上一个新的台阶,见图 4-2。

### (三) 马斯格雷夫 (A. Musgrave) 和罗斯托 (W. Rostow) 的经济发展阶段论

马斯格雷夫和罗斯托在对经济发展史进行实证分析和对整个经济发展过程中的财政支出增长形势进行深入研究的基础上,提出了财政支出增长的经济发展理论。这一理论强调在不同的经济发展阶段中政府作用发挥的不同强度。该理论根据经济发展不同阶段的不同需要,解释了财政支出增长的原因。

他们认为:在经济发展的早期阶段,政府投资在社会总投资中占有较高的比重,公共部门为经济发展提供社会基础设施,如公路、铁路、桥梁、环境卫生、

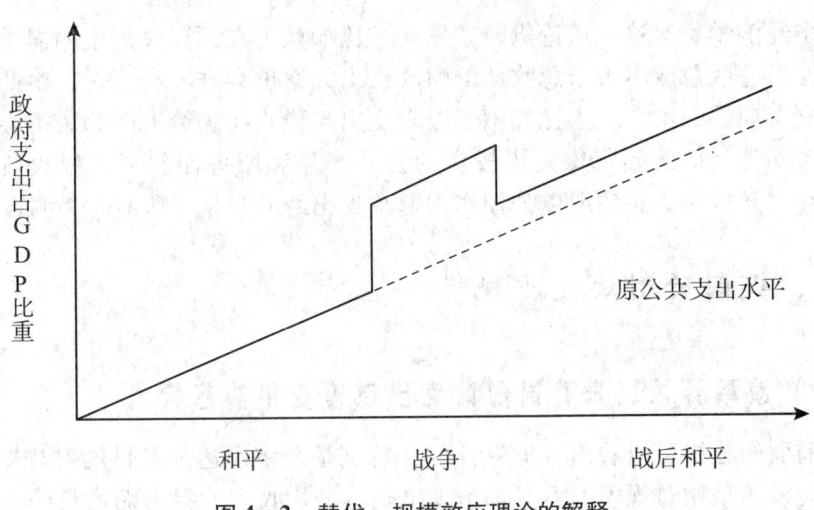

图 4-2 替代—规模效应理论的解释

法律与秩序、健康与教育等。这些投资对于正处于经济发展早期阶段的国家进入"起飞"期以至于进入发展的中期阶段是必不可少的。在发展的中期，政府投资还应继续进行，但这时政府投资只是对私人投资的补充。政府投资的规模虽有可能减少，但这一时期，由于市场失灵的存在，并成为阻碍经济发展进入成熟阶段的关键因素，因此中期也需要加强政府的干预。马斯格雷夫认为，在整个经济发展过程中，社会总投资的绝对数是增长的，但社会总投资占GDP的比重以及政府投资占财政支出的比重会趋于下降。一旦经济达到成熟阶段，财政支出的结构会发生相应的变化。从基础设施支出将转向不断增加的对教育、保健与福利服务的支出，且这方面的支出增长将大大超过其他方面支出的增长，也会快于GDP的增长速度。

### （四）官僚导致财政支出增长的理论

公共选择理论倾向于用官僚机构的行为模式来解释财政支出增长。按照公共选择理论作为理性的经济人，官僚追求的不一定是社会福利最大化，而是追求自身利益的最大化。与私人部门有所不同，官僚自身利益包括工资薪金、津贴、权利和地位、晋升机会、声誉等，官僚是通过追求财政支出预算规模最大化来实现其上述目标的。因为财政支出预算规模越大，机构的规模就越大，人数就越多，官僚的权力感就越强；财政支出预算规模越大，官僚掌握、控制的社会资源就越多。正因为官僚机构以机构规模最大化作为目标，导致财政支出规模不断扩大，甚至财政支出规模增长超出了公共产品最优产出所需要的支出水平。

许多经济学家对这一理论进行了发展,比如认为在预算决策中的简单多数规则,会使得一些总成本大于总收益的财政支出方案也会被顺利通过,由此必然导致财政支出规模的增长;再比如由于财政支出与税收在决策上的分离,会使人们产生财政幻觉,即希望官僚提供较多的公共产品和服务而忽视了税收负担的存在,这在以间接税为主体或以公债作为财政支出经费筹集手段时尤为明显。

### 五、我国的财政支出规模

#### (一)改革开放以来我国财政支出规模变化的趋势

从前面的分析可以看出,世界各国(特别是经济发达国家)的财政支出无论从绝对规模还是相对规模上看,都呈现出随着人均收入的提高而增长的趋势。我国改革开放以来,财政支出的绝对规模也呈不断扩大的趋势,但财政支出的相对规模却不尽然。我国财政支出的规模见表4-1。

表4-1　　　　　　　　　　我国财政支出规模

| 年份 | GDP（亿元） | 财政支出（亿元） | 财政支出占GDP的比重（%） | 财政支出增长率（%） |
| --- | --- | --- | --- | --- |
| 1978 | 3 645.2 | 1 122.1 | 30.8 | 33.0 |
| 1979 | 4 062.6 | 1 281.8 | 31.5 | 14.2 |
| 1980 | 4 545.6 | 1 228.8 | 27.0 | -4.1 |
| 1981 | 4 891.6 | 1 138.4 | 23.3 | -7.4 |
| 1982 | 5 323.4 | 1 229.9 | 23.1 | 8.0 |
| 1983 | 5 962.7 | 1 409.5 | 23.6 | 14.6 |
| 1984 | 7 208.1 | 1 791.0 | 23.6 | 20.7 |
| 1985 | 9 016.0 | 2 004.2 | 22.2 | 17.8 |
| 1986 | 10 275.2 | 2 204.9 | 21.5 | 10.0 |
| 1987 | 12 058.6 | 2 262.2 | 18.8 | 2.6 |
| 1988 | 15 042.8 | 2 491.2 | 16.6 | 10.1 |
| 1989 | 16 992.3 | 2 823.8 | 16.6 | 13.3 |
| 1990 | 18 667.8 | 3 083.6 | 16.5 | 9.2 |

续表

| 年份 | GDP（亿元） | 财政支出（亿元） | 财政支出占GDP的比重（%） | 财政支出增长率（%） |
|---|---|---|---|---|
| 1991 | 21 781.5 | 3 386.6 | 15.5 | 9.8 |
| 1992 | 26 923.5 | 3 742.2 | 13.9 | 10.5 |
| 1993 | 35 333.9 | 4 642.3 | 13.1 | 24.1 |
| 1994 | 48 197.9 | 5 792.6 | 12.0 | 24.8 |
| 1995 | 60 793.7 | 6 823.7 | 11.2 | 17.8 |
| 1996 | 71 176.6 | 7 937.5 | 11.1 | 16.3 |
| 1997 | 78 973.0 | 9 233.6 | 11.7 | 16.3 |
| 1998 | 84 402.3 | 10 798.2 | 12.8 | 16.9 |
| 1999 | 89 677.1 | 13 187.7 | 14.7 | 22.1 |
| 2000 | 99 214.6 | 15 886.5 | 16.0 | 20.5 |
| 2001 | 109 655.2 | 18 902.6 | 17.2 | 19.0 |
| 2002 | 120 332.7 | 22 053.1 | 18.3 | 16.7 |
| 2003 | 135 822.8 | 24 649.9 | 18.1 | 11.8 |
| 2004 | 159 878.3 | 28 486.9 | 17.8 | 15.6 |
| 2005 | 183 867.9 | 33 930.3 | 18.4 | 19.1 |
| 2006 | 211 923.5 | 40 422.7 | 19.1 | 19.1 |
| 2007 | 249 529.9 | 49 781.3 | 19.9 | 23.2 |
| 2008 | 314 045.4 | 62 592.7 | 19.9 | 25.7 |
| 2009 | 340 902.8 | 76 299.9 | 22.3 | 21.9 |
| 2010 | 401 512.8 | 89 874.2 | 22.3 | 17.8 |
| 2011 | 472 881.6 | 109 247.8 | 23.1 | 21.6 |

资料来源：《中国统计年鉴（2012）》。

从表 4-1 可以看出，我国财政支出的绝对规模是不断增长的，1978 年我国的财政支出总额为 1 122.1 亿元，2011 年增至 109 247.8 亿元，增加了 96 倍。在此 30 多年期间，除了 1980 年和 1981 年两年是负增长外，其余年份都是正增长。从相对数来看，财政支出的增长速度呈波浪式变化，最高年份为 33%，最低年份为 -7.4%，极差为 40.4%，除两年为负值外，其他年份均为正值；财政支出占 GDP 的比重，1995 年以前，由于财政支出的增长速度慢于 GDP 的增长速度，导致财政支出占 GDP 的比重一路下滑，1997 年开始回升，而且回升速度较快。总之，改革开放后，我国财政支出占 GDP 的比重呈现出先整体下滑而后又逐年回升的特征。这种变化的趋势明显体现了经济体制转轨时期的特征。

## （二）我国财政支出规模变化的原因

### 1. 经济体制转轨

在经济体制改革以前，我国财政支出占 GDP 的比重是比较高的，这是由当时的计划经济体制决定的。一方面，实行"低工资、高就业"政策，在 GDP 的初次分配中，个人所占的比重较小，同时，许多个人生活必需品由国家低价甚至是无偿供给。另一方面，国有企业的利润及折旧基金几乎全部上缴国家，相应地，它们的固定资产和流动资金投资，乃至更新改造投资都由国家拨付。简而言之，在改革前的社会主义经济中，国家扮演了一个总企业家和总家长的角色，这种角色在 GDP 分配上的体现，便是实行"统收统支"制度，既然要"统"，财政支出占 GDP 的比重就必然较高。经济体制改革以后，这种情况发生了变化。改革要解决的核心问题，是调动起千千万万个微观经济主体的积极性，为实现这一目标，实行放权让利政策显然是一个必要条件，所以，在改革之初，不可避免要经历一个向国有企业放权让利和提高人民收入水平的阶段，与此相适应，相当多的支出便在财政支出账上或多或少有所缩小，有的甚至消失了，于是导致财政支出增长弹性和增长边际倾向的下降。从表 4－2 可以看出，1978 年财政支出弹性系数高达 2.5，即财政支出增长速度相当于 GDP 增长速度的 2.5 倍，从此一路下滑，1980 年、1981 年两年甚至出现负增长，1985～1995 年间长时间内弹性系数小于 1，直到 1997 年才恢复到 1.49。财政支出增长边际倾向的变化说明了同样的情形。1978 年财政支出增长边际倾向高达 66%，即 GDP 每增长 100 元，财政支出可增长 66 元，从此一路下滑，1985～1995 年间始终低于 17%，也就是说，GDP 增加 100 元，财政支出只增加到 17 元。由于财政支出增长弹性和边际倾向的下滑，财政支出占 GDP 的比重自然出现逐步下滑的趋势，这种下滑的趋势是正常的。

表 4－2　　　　我国财政支出增长弹性系数和增长边际倾向　　　　单位：%

| 年份 | 财政支出增长弹性系数 | 财政支出增长边际倾向 |
| --- | --- | --- |
| 1978 | 2.5 | 66 |
| 1980 | －0.35 | －11 |

续表

| 年份 | 财政支出增长弹性系数 | 财政支出增长边际倾向 |
|---|---|---|
| 1981 | -0.97 | -26.13 |
| 1985 | 0.71 | 17 |
| 1990 | 0.93 | 16 |
| 1995 | 0.68 | 8 |
| 1997 | 1.49 | 17 |
| 2000 | 1.93 | 28 |
| 2001 | 1.81 | 29 |
| 2002 | 1.72 | 30 |
| 2003 | 0.92 | 17 |
| 2004 | 0.88 | 20 |
| 2005 | 1.26 | 23 |
| 2007 | 1.01 | 25 |
| 2009 | 2.55 | 51 |
| 2011 | 1.21 | 27 |

资料来源：根据《中国统计年鉴（2012）》有关数字整理而来。

**2. 财政体制改革**

改革开放以来，财政支出下降的另外一个原因是财政体制的不规范，导致没有纳入预算管理的预算外资金、制度外资金大幅增加，从而使得预算内的财政收入和财政支出的规模占 GDP 的比重下降。例如，1996 年全国预算外收费、基金收入总额达 4 636 亿元，相当于财政收入的 63%，由于这部分资金是部门自收自支，不列入政府的预算，所以没有反映在按政府预算口径计算的财政支出规模里。因此，在 1991~1998 年，由于财政体制不规范导致没有纳入预算的政府支出过多，也是这一时期财政支出占 GDP 比重较低的原因。后来，由于加强了对预算外资金的管理，并逐步把收费、基金等收入纳入到了预算内管理，因此，财政支出占 GDP 比重于 1996 年停止下降，1997 年开始回升。特别是自 1998 年实行积极的财政政策以后，回升速度较快，1998~2002 年 5 年间财政支出占 GDP 比重上升了 6.6 个百分点，平均每年上升 1 个多百分点。2003 年以后由于实行稳健的财政政策，财政赤字虽有所压缩，但财政收入增长率却不断上升，因而财政支出占 GDP 比重仍是上升趋势，只是增长势头趋缓。2009 年为了克服金融危机带来的冲击，又实行积极的财政政策，再加上财政赤字的骤然增加，使财政支出增长弹性系数上升为2.55，边际倾向高达51%，导致财政支出占GDP比重上升的幅度较大，达22.3%。

## 第三节 财政支出结构

### 一、财政支出结构的含义

财政支出结构是指各类财政支出占总支出的比重。从财政分配自身角度来看，财政支出结构反映了财政支出的基本内容及其各类支出的相对重要性，体现了一定时期内国家的财政经济政策取向和政府财政活动的范围、支出责任和重点。对财政支出结构进行全面、系统的分析，目的在于探索财政支出的内在联系及其规律性，分清主次和轻重缓急，合理安排财政资金，形成财政支出的最优结构，保证政府各部门、国民经济和社会发展各方面的资金需求，保证政府履行各项职能的资金需要，提高财政资金使用效率。

### 二、财政支出结构的影响因素

#### （一）政府职能

财政是实现政府职能的工具，财政支出是实现政府职能的财力保证。因此，政府的职能决定了一定时期内财政支出的重点、方向和比例，也就决定了财政支出的结构。在经济发展的不同阶段，由于经济体制的不同，政府职能的范围及侧重点会存在差异，因此，财政支出结构亦存在差异性。在计划经济体制下，政府职能范围比较宽，既承担了社会共同需要方面的事务，也承担了大量竞争性、经营性等方面的事务。所以，在财政支出结构上必然体现出浓厚的计划经济体制的特点，经济建设支出投入的比例较大，而社会公益事业开支和社会保障开支的比重则比较低；在市场经济体制下，政府将主要精力用于弥补市场缺陷，着力于经济的宏观调控。所以，在财政支出中经济建设支出的比例就相对较小，公共财政支出、社会公益事业支出和社会保障支出的比例就相对较大。

## （二）经济发展水平

一定时期的经济发展水平决定着当时的社会需要水平及社会需要结构。人们首先要解决的是衣食住行这些人类生存的基本需要，而后才能考虑其他更高层次的需要。在经济发展水平不高的情况下，财政供给水平和保障能力一般也不高，财政支出结构也会相应体现出这一时期的特点。我国要建立和发展市场经济迫切需要建立完备的社会保障制度，但限于政府的财力，我国的社会保障目标仍然不能定得过高，国家的社会保障支出还不能做到如同西方国家那样在财政支出中占有那么大的比例。这只能随着国家的经济发展水平和财力水平的提高，逐步加以完善。因而，财政支出结构比较明显地反映出一个国家的经济发展水平。

## （三）政府在一定时期的经济社会发展政策

财政支出反映着政府的活动范围和方向，体现着政府的政策取向。因此，不同的历史时期，随着政府的社会经济发展政策的变化，财政支出的结构也相应发生变化。一般来讲，一定时期财政资金的流向与比例，同一定时期政府的经济社会发展政策应当是一致的。如近年来，我国的公共政策目标是保障和改善民生，那么财政支出结构就要向民生倾斜。为贯彻这一政策，近几年，我国财政支出结构相应地发生变化，财政用于民生方面的支出不断增加，而用于经济建设方面的支出相应减少。

## 三、我国的财政支出结构

### （一）我国财政支出结构的现状

**1. 财政支出经济性质结构**

长期以来，我国财政制度饱受诟病的一个方面，就是政府承担的资源配置职能范围过广、比例过大，干扰了市场的运行。体现在财政支出结构上，就是购买性支出占一般预算支出的比重长期偏大，而政府应当承担的再分配功能则相应地受到了挤压，转移性支出的比重处于较低的水平。

**2. 财政支出功能结构**

以 2008 年我国按功能分类的财政支出为例（见表 4-3），按由高到低顺序排名前三位的分别是：经济事务支出（含农林水事务、交通运输、工业商业金融等事务）占 21.0%、一般公共服务支出（含外交）占 15.7%、教育支出占

14.4%。而根据OECD国家2006年平均数据，排名前三位的支出分别为：社会保护支出、健康支出、教育支出（韩国和美国例外，前者的第一大支出为经济事务，后者为健康支出）。也就是说，平均而言，OECD国家政府的前三项主要支出均为投资于人力资本的社会性支出，而我国前三位的财政支出主要是用于经济事务和一般公共服务，其中，经济事务占全部财政支出的比重超过1/5，与OECD国家相比偏高，后者的这一比重普遍在10%以下，只有韩国例外，其经济事务支出占财政总支出的比重与我国相当。社会领域中唯有教育支出在总支出中占有较大份额，而其占GDP的比重，在2012年前的多数年份都低于3%，仅在2012年达到了一般发展中国家4%的平均水平，但仍低于世界发达国家6%的平均水平。相比之下，我国的社会保障与就业排在各项支出的第4位，占全部财政支出的12%。虽然位次不低，但与GDP相比却很有限。2003~2008年，其占GDP的比重平均仅为2%或者略高一些，2008年为2.1%。一般而言，凡是财政总支出占GDP比重较高的国家，其社会支出占GDP的比重也较高。OECD社会支出占GDP的比重（2000~2005年）平均在20%左右。捷克和波兰虽然是转型国家，但也基本上达到了这一水平。而瑞典则高达30%以上。医疗卫生支出，在所有OECD国家的财政支出中大都位居前三位（除了转型三国）。而在我国各项功能支出中，医疗卫生支出2008年排名倒数第二。1994~2008年，我国政府医疗卫生支出占全部财政支出的比重平均仅为4.4%，大大低于OECD国家10%~20%的水平，占GDP的比重更不足1%，仅为0.69%，OECD国家的这一平均水平则为5.5%。[①] 通过以上分析可以看出，我国按功能分类的财政支出结构"重经济发展和基建投资、轻社会发展和人力资本投资"的传统特征仍然十分明显。这一结构上的偏离，是造成中国社会发展严重落后于经济发展的关键原因之一。

表4-3　　　　部分OECD国家（2006年）与中国（2008年）
按功能分类财政支出结构比较　　　　　　单位：%

| | 美国 | 法国 | 德国 | 韩国 | 转型三国 | 中国 |
|---|---|---|---|---|---|---|
| 一般公共服务 | 13.5 | 13.3 | 12.5 | 13.2 | 15.1 | 15.7 |
| 国防 | 11.5 | 3.4 | 2.3 | 9.2 | 3.4 | 7.4 |
| 公共安全 | 5.7 | 2.4 | 3.6 | 4.7 | 4.7 | 7.2 |
| 经济事务 | 10.0 | 5.4 | 7.2 | 21.3 | 11.0 | 21.0 |

---

① 中国社科院财贸所课题组：《"十二五"时期的中国财政支出结构改革》，载《经济理论与经济管理》2010年第11期。

续表

| | 美国 | 法国 | 德国 | 韩国 | 转型三国 | 中国 |
|---|---|---|---|---|---|---|
| 城乡社区服务 | 1.9 | 3.6 | 1.9 | 3.9 | 2.4 | 7.4 |
| 医疗卫生 | 21.1 | 13.7 | 14.3 | 13.5 | 11.8 | 4.4 |
| 教育 | 16.9 | 11.2 | 8.8 | 15.7 | 12.0 | 14.4 |
| 社会保障与就业 | 18.6 | 42.4 | 46.5 | 12.4 | 35.2 | 10.9 |

资料来源：国外数据来源于中国社科院财贸所课题组：《"十二五"时期的中国财政支出结构改革》，载《经济理论与经济管理》2010年第11期；中国数据来源于《中国财政统计年鉴（2012）》；三个转型国家分别为匈牙利、捷克和波兰。

## （二）我国财政支出结构的优化

**1. 合理界定政府职能**

财政支出结构与政府职能存在着密切的对应关系。因此，优化财政支出结构必须合理的界定政府职能。而现阶段我国政府仍处于职能转型的过程之中，在不同的领域中依然存在"政府缺位"与"政府越位"问题。虽然世界各国的社会经济状况及其所处发展阶段不同，但依然存在所有市场经济国家都能够认可的政府职能，那就是，（1）政府的基本职责，应当定位在那些为市场活动界定规则、并维护市场公正和社会正义的层面，而不是参与市场活动本身。（2）虽然政府是公共产品与服务的主要提供者，但市场和社会组织依然可以在融资、生产和监管等方面发挥特定优势。

**2. 合理安排各项财政支出的比重**

鉴于我国的财政支出结构具有显著的经济性与建设性，而社会性与再分配性相对欠缺。因此，政府应当从政府职能转型和满足社会发展要求的角度，更多地关注再分配问题，相应压缩购买性支出，扩大转移性支出的比重，那些对促进居民收入改善和国内消费、有利于改革全社会人力资本与社会资本的支出类别，应该是财政支出的重点。对于投资性支出一方面要控制并调减规模，另一方面要有保有压。严格控制财政支出流向一般竞争性领域和行政事业部门的基本建设，保证社会对基本公共设施的投入需求。对于消费性支出，要从严控制行政性消费支出，把有限的资金用于教育、医疗、社会保障、就业、"三农"、自主创新、环境保护等社会发展的薄弱环节和与民生有关的支出。

**3. 合理确定财政支出的重点投向**

当前我国政府的发展战略及其所要实现的目标是"加大对民生领域和社会事

业支持保障力度,增加对"三农"、科技、教育、卫生、文化、社会保障、保障性住房、节能环保等方面和中小企业、居民消费、欠发达地区支持力度,支持重点领域改革"等。财政支出的重点投向要紧紧围绕这一目标进行。为此,要从大的方面,或者说从原则上界定哪些社会群体(如老年人、失业者)、哪些事项(如环境保护、科技创新)应作为重点支出对象,通过扩大某种类别的支出(如社会保障和就业支出、环境保护支出、科技支出等)或相应缩减某种类别的支出(如一般公共服务支出、固定资产投资支出等)来达到目标。另外,在支出的过程中,既要避免以撒胡椒面的方式来运用有限的财政资金,又要避免在某些不应当支出的方面安排过多的资金。

## 第四节 财政支出绩效评价

### 一、财政支出绩效评价的含义

财政支出绩效评价是指财政部门和预算部门(单位)根据设定的绩效目标,运用科学、合理的绩效评价指标、评价标准和评价方法,对财政支出的经济性、效率性进行客观、公正的评价。简单来说,就是对财政资金运作与办事效果的比较,即能否以低成本的方式办更多的有效果的事。其目的在于提高政府支出的管理效率、资金使用效率。因此,开展绩效评价工作,既是一项解决财政资金使用效益与效率问题的改革举措,也是完善公共财政管理体制的重要组成部分。

财政支出绩效的评价一般追溯到1906年美国纽约成立的市政研究局,对政府绩效评价始于该机构。而真正大规模地对政府支出进行绩效评价则始于20世纪70年代,当时的经济衰退和政府职能的大规模扩张使美国政府形成了严重的财政危机,政府支出规模较20世纪三四十年代扩大了1倍以上。巨大的公共支出规模,不仅使公众的税收负担增加,经济运行的风险和通胀风险加大,而且使政府的支出难以为继。1973年尼克松政府颁布了"联邦政府生产率测定方案",力图使公共部门绩效评估系统化、规范化、经常化。20世纪80年代,随着新公共管理运动的兴起,政府财政支出绩效评价进入一个新的高潮,绩效管理成为西方各国行政改革的一个重要组成部分。20世纪90年代,在政府再造运动的影响下,公众普遍开始关注政府机构的施政绩效,绩效预算方法开始成为新的预算工具。

## 二、财政支出绩效评价的意义

### (一) 有利于提高财政资金使用效益

受经济体制以及各种主客观条件的影响,以往财政改革的重点大多集中在财政收入方面,如20世纪80年代第一步、第二步利改税及国有企业所得税改革;90年代的分税制及预算外资金的"收支两条线"等改革,很少涉及对财政支出管理制度的改革。在财政支出方面,重预算分配轻支出管理、重资金拨付轻使用绩效的问题比较突出。随着公共财政框架体系的逐步建立,我国财政将逐步由政府包办型财政向市场型财政和效益型财政转变,财政支出管理的内容也由原来的纯财政资金分配,拓展到对财政支出效果的追踪问效,即绩效评价。特别是对财政专项资金支出,通过建立科学的评价指标和评价方法,对财政专项资金进行绩效评价,可以促进部门和单位树立使用财政资金的绩效观念,使之不会随意向财政部门要钱,要了钱就得拿出对等的效益,从而提高了财政资金的使用效益。

### (二) 有利于优化财政支出结构

长期以来,由于我国没有对财政资金的使用进行科学评价,在财政资金分配上一直采用"基数加增长"的办法,造成支出结构不合理,支出效益和效率不高,以及支出预算刚性不强,从而形成了"会哭的孩子有奶吃"的不良现象,这在客观上造成了财政资金使用部门和单位要钱的随意性和无效性。虽然目前对财政资金分配采取了部门预算和零基预算方法,但由于没有对财政支出的绩效进行科学评价,财政资金仍难以做到科学、合理的分配。为此,实施财政支出绩效评价制度,不仅是财政管理改革的重要内容,也是落实部门预算、优化财政支出结构的重要手段,同时又是促进财政资金使用部门和单位转变观念,树立财政资金"不是那么好要"的理念,减少部门和单位的随意性、无效性,从而优化财政资金的支出结构。

### (三) 有利于优化社会资源配置

财政资金特别是财政专项资金,不仅体现政府投向对经济社会发展的直接作用,而且是引导社会资源有效配置的重要杠杆。因此,财政专项资金投入决策的合理性和科学性,不仅直接关系到财政在经济社会发展中的作用,而且直接影响社会资源的合理配置和投入方向。在财政支出绩效评价中通过建立科学的指标体系和运用有效的评价方法，对财政专项支出的经济性、效率性进行科学评价，不仅可以提高财政支出项目本身绩效和配置效率，也可以使财政资金更好地发挥"四两拨千斤"的作用，从而优化社会资源的配置。

### 三、财政支出绩效评价的方法

财政支出绩效评价方法是指在财政支出绩效评价时所采用的具体手段。目前，财政支出绩效评价主要采用成本—效益分析法、最低费用选择法、公众评判法等。

**1. 成本—效益分析法**

成本—效益分析法（cost-benefit analysis），是指将一定时期内的支出与效益进行对比分析，以评价绩效目标的实现程度。在评价时，将一定时期内项目的总成本与总效益进行对比分析，通过多个预选方案进行成本效益分析，选择最优的支出方案。该方法适用于成本、效益都能准确计量的项目，如公共工程项目等。但对于成本和收益都无法用货币计量的项目则无能为力。因此，以社会效益为主的支出项目不宜采用此方法。

值得注意的是，运用该方法在对工程项目的备选方案进行成本效益分析时，不能简单地把每个年度内发生的成本与效益相加、汇总，还必须考虑货币的时间价值，应把工程项目从开工到竣工全部工期的若干年里发生的成本与效益通过利息折算成现值，然后再加以汇总与比较，优胜劣汰。

成本—效益分析法对于选择最优工程投资方案，提高公共支出使用效益大有裨益。但由于分析过程的复杂性、多面性，实际运用的难度较大，对政府财政部门及公共支出使用单位工作人员的素质、技术水平都提出了较严格的要求。

**2. 最低费用选择法**

又称最低成本法，是指以取得一定的社会效益所需费用的大小为标准来评价公共支出效益的方法。该方法适用于那些成本易于计算而效益不易计量的支出项目，如公共管理与服务、卫生、社会保障、文化、教育。该方法只计算项目的有形成本，在效益既定的条件下，以成本最低为原则来确定最终的支出项目。运用最低费用选择法在选择最优的支出项目方案时，首先，要在政府规定目标不变条件下提出多种备选方案。然后，分别计算出各个备选方案的有形费用。如果涉及垄断价格，要运用影子价格消除其包含的不合理的价格因素。在多年投资的项目中要用贴现法计算出"成本流量"的现值，从而保证不同备选方案费用的可比性。然后按照成本的高低，选择其成本最低的项目，即为最优投资项目。

**3. 公众评判法**

公众评判法是指通过专家评估、公众问卷及抽样调查等对财政支出效果进行评判，评价绩效目标实现程度。该方法适用于无法直接用指标计量其效益的支出项目。具体方法可以选择有关专家进行评估或对社会公众进行问卷调查，以评判其效益。公众评判法适合于对公共管理部门和财政投资兴建的公共设施进行评估，具有民主性、公开性的特点，但应用范围有限且有一定模糊性。

## 四、财政支出绩效评价的指标

财政支出绩效评价指标是财政支出绩效评价内容的直接反映，是财政支出绩效评价工作的载体，是衡量、监测和评价财政支出的经济性、效率性和有效性的量化手段。设置科学合理、简便易行的评价指标对财政支出绩效评价工作至关重要。财政支出绩效评价指标主要有两大类：一类是定量指标；一类是定性指标。

**1. 定量指标**

用于评价财政支出资金状况、具体使用情况等方面的指标称为定量指标，它包括基本指标和个性指标。基本指标是指基本财务指标、国家（国际）通行指标、公众关注指标等被广泛应用在综合性绩效评价以及公共支出项目绩效评价的指标。基本指标主要评价财政支出效益的共性方面，它是每个评价对象都必须采用的指标，如资金到位率、资金使用率和支出效果率等指标。个性指标是指在确定具体评价对象后，通过了解、收集相关资料、信息，结合评价对象不同特点和财政支出具体设定目标来设置（选定）的特定指标。个性指标包括绩效指标和修正指标。其中绩效指标按照财政支出的功能，可划分为九大类：即经济建设支出指标、教育支出指标、文化体育支出指标、社会保障支出指标、科技支出指标、农林事业支出指标、政府运转支出指标、医疗卫生支出指标和其他支出指标。修正指标主要是根据所处环境的特点，对地区经济发展水平、社会发展、长期体现的效益影响来对评价结果做出修正。该类指标包括四项指标：地区经济发展水平因素指标、通货膨胀率因素指标、对社会发展的影响因素指标以及长期效益影响因素指标。

**2. 定性指标**

用于评价财政支出项目涉及政治影响、社会稳定、改革与发展、资源配置状况、服务态度和质量等因素的指标，无法通过数量计算分析评价内容，故采用定性指标对评价对象进行客观描述和分析来反映评价结果的指标，它是对定量指标的进一步补充。通过对定性指标各项定性因素的分析判断，对定量指标评价结果进行全面的校验、修正和完善，形成财政支出项目绩效定量与定性评价相结合的综合评价结论。由于定性指标无法量化的自身特点，在财政支出绩效评价中有其独特的地位。

定性指标主要由服务满意度、公共服务能力和质量、公务员队伍（在岗职工）素质、社会可持续发展能力提高率、公共基础设施配套完善程度、发展创新能力与战略、财政支出环境质量改善程度七项非定量指标构成。

## 本章主要名词概念

财政支出规模　　　财政支出结构　　　购买性支出　　　转移性支出
财政支出绩效评价　成本—效益分析法　最低费用选择法

## 本章小结

1. 财政支出有不同分类。按财政支出的经济性质分类，可分为购买性支出和转移性支出两大类。按财政支出的功能分类，可分为一般公共服务、外交、国防、公共安全、教育、科学技术、社会保障和就业等。

2. 财政支出规模是指在一定时期（预算年度）内，政府安排和使用财政资金的绝对额及相对量。一定时期财政支出规模的变动，会受经济性因素、政治性因素和社会性因素的影响。纵观世界各国财政支出规模状况，有一共同规律，那就是各国财政支出规模呈现出一种不断增长的趋势，瓦格纳法则、替代—规模效应理论、经济发展阶段论等对这一规律进行了理论解释。

3. 财政支出结构是指各类财政支出占总支出的比重。各类财政支出占总支出的比重是不能随意而为的，它要受政府职能、经济发展水平和政府在一定时期的经济社会发展政策等多种因素的影响。

4. 财政支出绩效评价是指财政部门和预算部门（单位）根据设定的绩效目标，运用科学、合理的绩效评价指标、评价标准和评价方法，对财政支出的经济性、效率性和效益性进行客观、公正的评价。财政支出绩效评价方法主要有成本—效益分析法、最低费用选择法、公众评判法等。财政支出绩效评价指标主要有两大类：一类是定量指标；一类是定性指标。

## 本章习题

1. 简述瓦格纳法则的基本原理。
2. 简述经济发展阶段论的主要内容。
3. 试述我国财政支出规模发展变化的原因。

4. 试述影响财政支出规模的因素。

5. 根据目前我国财政支出结构的现状，你认为应如何优化我国的财政支出结构？

6. 简述财政支出绩效评价的方法。

# 第五章 购买性支出

> **学习目标**
>
> 1. 了解财政行政管理支出、财政教科文卫支出、财政农业支出的含义;
> 2. 掌握财政行政管理支出、财政教科文卫支出、财政农业支出的基本内容;
> 3. 理解并掌握财政行政管理支出的影响因素、财政农业支出的重点;
> 4. 熟悉我国财政行政管理支出、财政教科文卫支出、财政农业支出的现状与管理。
>
> **学习重点与难点**
>
> 掌握财政行政管理支出、财政教科文卫支出、财政农业支出的基本内容;理解财政行政管理支出的影响因素、财政农业支出的重点;熟悉我国财政对教科文卫支出的管理。

## 第一节 行政管理支出

### 一、行政管理支出的含义

行政管理是政府依据国家权力对社会事务的一种管理活动,是政府的一项基本职能。在一国范围内设立必要的行政管理机关,是政府组织、领导、管理整个社会政治、经济、文化活动,保证社会秩序和稳定的客观需要,也是实现一国在一定时期内的政治经济目标的必要条件。相应的,行政管理支出也就成为政府的一项基本公共支出。所谓行政管理支出是指财政用于政府各级权力机关、行政管理机关以及外事机构行使其职能所需要的经费支出。

## 二、行政管理支出的内容

行政管理支出有广义和狭义之分。广义行政管理支出的内容是由广义政府立法、司法和行政"三权分立"的构成内容所决定的。立法机构负责制定法律;行政机构负责执行法律;司法机构负责解释和应用法律。与此相对应,广义行政管理支出的内容包括立法机构支出、行政执行机构支出、司法机构支出三个基本部分。而狭义的政府仅指公共权力链条中的执行机构,相应地,狭义的行政管理支出的内容仅指行政执行机构支出。从世界各国的财政支出实践来看,行政管理支出的内容一般属于广义的支出。

在国际货币基金组织(IMF)为规范各国的政府财政统计,特别发布的《2001年政府财政统计手册》中尽管没有出现"行政管理支出"这一支出项目,但与之相对应的支出类别包括"一般公共服务"和"公共秩序和安全"两大类。在我国财政部制定的现行的《政府收支分类科目》中,行政管理支出包括一般公共服务支出、外交支出和公共安全支出。

**1. 一般公共服务支出**

一般公共服务支出是反映政府提供公共管理与服务的各项支出。主要包括:(1) 人大事务支出,是指各级人民代表大会行政运行、机关服务、人大会议、人大立法、人大监督、代表培训与视察、事业运行等方面的经费支出。(2) 政协事务支出,是指各级政治协商会议机关行政运行、机关服务、政协会议、委员视察、参政议政、事业运行等方面的经费支出。(3) 政府机构事务支出,是指各级政府行政管理机构(不含外交、公安、安全、检察、司法等行政机构)经费支出。(4) 共产党事务支出,是指中国共产党各级机构、所属各级办事机构的经费支出。(5) 民主党派及工商联事务支出,是指各民主党派和工商联及其办事机构的经费支出。(6) 群众团体事务支出,是指各级人民团体、社会团体、群众团体以及工会、妇联、青年团组织(包括中华青年联合会)等方面的经费支出。

**2. 外交支出**

外交支出是反映政府外交事务的支出。主要包括:外交管理事务、驻外机构、对外援助、国际组织、对外合作与交流、对外宣传、边界勘界联检等支出。

**3. 公共安全支出**

公共安全支出是反映政府维护社会公共安全方面的支出。主要包括武装警察、公安、国家安全、检察、法院、司法、监狱、劳教、国家保密、缉私警察等方面的支出。

可见，我国行政管理支出的内容也属于广义的行政管理支出，它包括了立法机构支出、行政执行机构支出和司法机构支出三大块。

上述行政管理支出按用途划分，又可以分为人员经费和公用经费两个部分。人员经费是指用于保证行政管理人员正常行使其职责的费用支出，包括上述政府机构工作人员的工资、津贴与离退休人员费用等；公用经费是指用于保证政府行政管理机构正常开展公务而花费的支出，包括公务费、修缮费、业务费和设备购置费等。

## 三、行政管理支出的影响因素

### （一）行政管理机构设置和管理人员配置

行政管理支出是保证各级政府行政管理机关正常行使其职能所必需的费用，行政管理机构设置和管理人员配置的数量直接决定行政管理支出的多少。通常情况下是行政管理机关设置得越多，所需的行政管理开支也就越多。如前所属，行政管理支出按用途可以分为人员经费和公用经费两个部分。政府各级行政管理机关的公用经费开支直接构成了行政管理支出的主要内容，行政管理人员数量变化是影响行政管理支出增减的直接因素。行政管理机构膨胀、编制扩张，会带来人员配置的增加，行政管理支出势必也随之相应的增加。而且，机构和人员数量增加导致的人员经费增长属于刚性支出，在实际工作中也很难压缩。近年来，我国行政管理支出膨胀的一个重要原因就是机构臃肿、人员超编。因此，必须精简、改革政府行政管理机构，合理配备人员，提高工作效率。

### （二）物价水平和费用标准

一般而言，行政管理支出与一定时期的物价水平和各项费用标准成正比。近几年，我国行政管理各种服务标准不断提高，是行政管理经费过快增长的又一重要原因。

### （三）财政收入状况

行政管理支出是通过对财政收入的再分配形成的，因此，财政收入状况是制约行政管理支出规模的重要因素。通常情况下，财政收入状况越好，行政管理支出的规模就有可能越大。

除以上三方面影响因素之外，一些客观因素的变化也可能影响一定时期内行政管理支出的变动。例如，国家在经济制度转型时期，需要调整政府组织结构而引起行政管理支出的变化；在国家面临突发事件（如战争）时通常也会大力压缩行政管理支出等。但这些客观因素对行政管理支出的影响大多表现在非常时期内，一旦形势趋于正常，这类因素的影响也会随之消退。

## 四、行政管理支出现状及控制

### （一）行政管理支出现状

新中国成立后的"一五"至"四五"期间，我国行政管理支出占财政支出的比重呈现持续下降的趋势。改革开放以来，我国行政管理支出总量不断增长，而且成为财政支出中增长较快的一个项目；行政管理支出占财政支出的比重非但没有做到继续下降或维持原有的相对规模，而是总体呈现上升趋势。按2007年《政府收支分类科目》改革以前的统计口径计算，行政管理支出占财政支出的比重由1978年的4.37%上升到1995年的12.79%，随后有所下降，至2000年明显下降为11.25%，随后又持续上升，2005年达到14.25%，2006年为13.95%（参见表5-1）。

表5-1　　　　　　1994~2006年我国行政管理支出情况

| 年份 | 行政管理支出（亿元） | 行政管理支出比上年增长（%） | 财政总支出（亿元） | 财政总支出比上年增长（%） | 行政管理支出占财政总支出的比重（%） | 行政管理支出占GDP的比重（%） |
|---|---|---|---|---|---|---|
| 1994 | 729.43 | 36.15 | 5 792.62 | 24.78 | 12.59 | 1.56 |
| 1995 | 872.68 | 19.64 | 6 823.72 | 17.80 | 12.79 | 1.49 |
| 1996 | 1 040.80 | 19.26 | 7 937.55 | 16.32 | 13.11 | 1.53 |
| 1997 | 1 137.16 | 9.26 | 9 233.56 | 16.33 | 12.32 | 1.53 |
| 1998 | 1 326.77 | 16.67 | 10 798.18 | 16.94 | 12.29 | 1.69 |
| 1999 | 1 525.68 | 14.99 | 13 187.67 | 22.13 | 11.57 | 1.86 |
| 2000 | 1 787.58 | 17.17 | 15 886.50 | 20.46 | 11.25 | 2.00 |
| 2001 | 2 197.52 | 22.17 | 18 902.58 | 18.98 | 11.63 | 2.29 |
| 2002 | 2 979.42 | 35.58 | 22 053.15 | 16.67 | 13.51 | 2.83 |
| 2003 | 3 437.68 | 15.38 | 24 649.95 | 11.77 | 13.95 | 2.93 |
| 2004 | 4 059.91 | 18.10 | 28 486.89 | 15.57 | 14.25 | 2.54 |

续表

| 年份 | 行政管理支出（亿元） | 行政管理支出比上年增长（%） | 财政总支出（亿元） | 财政总支出比上年增长（%） | 行政管理支出占财政总支出的比重（%） | 行政管理支出占GDP的比重（%） |
|---|---|---|---|---|---|---|
| 2005 | 4 835.43 | 19.10 | 33 930.28 | 19.11 | 14.25 | 2.64 |
| 2006 | 5 639.05 | 16.62 | 40 422.73 | 19.13 | 13.95 | 2.61 |

注：(1) 1994~2006年的行政管理支出包括行政管理费、外交外事支出和公检法司支出。
(2) 财政总支出是指不含债务的财政总支出。
资料来源：历年《中国统计年鉴》或据此计算。

2007年，我国对《政府收支分类科目》进行改革，行政管理支出统计口径发生了重大变化，包括一般公共服务（2007~2008年含国内外债务付息，2009年开始不再包含国内外债务付息）、外交（含对外援助）和公共安全（含武装警察）三项支出。从表5-2可以看出，2007~2011年，我国行政管理支出总量尽管继续不断增长，但是行政管理支出占财政支出的比重却由2007年的22.42%下降为2011年的16.11%；行政管理支出占GDP的比重也由2007年的4.20%下降为2011年的3.72%。这主要得益于：(1) 2008年以来国务院推行的大部门制机构改革，对一些职能相近的部门进行整合，实行综合设置。这次改革涉及调整变动的国务院机构15个，改革后的国务院部门调整为27个。(2) 近年来，围绕加强行政经费管理、降低行政成本，各级财政部门做了大量工作。例如，压缩和控制一般性支出；加强公务用车、会议费、国内公务接待、因公出国等管理；实行人员经费与编制双向控制的办法，严格控制人员经费支出；实行政府采购、国库集中收付制度改革，推进公务卡管理改革试点等。

表5-2　　　　　　　　2007~2011年我国行政管理支出情况

| 年份 | 一般公共服务（亿元） | 外交（亿元） | 公共安全（亿元） | 行政管理支出（亿元） | 行政管理支出占财政总支出的比重（%） | 行政管理支出占GDP的比重（%） |
|---|---|---|---|---|---|---|
| 2007 | 7 461.34 | 215.28 | 3 486.16 | 11 162.78 | 22.42 | 4.20 |
| 2008 | 8 490.83 | 240.72 | 4 059.76 | 12 791.31 | 20.44 | 4.07 |
| 2009 | 9 164.21 | 250.94 | 4 744.09 | 14 159.24 | 18.56 | 4.15 |
| 2010 | 9 337.16 | 269.22 | 5 517.70 | 15 124.08 | 16.83 | 3.77 |
| 2011 | 10 987.78 | 309.58 | 6 304.27 | 17 601.63 | 16.11 | 3.72 |

注：(1) 为便于比较，2007~2008年的一般公共服务支出中已经扣除国内外债务付息。
(2) 财政总支出是指不含债务的财政总支出。
资料来源：2008~2012年《中国统计年鉴》或据此计算。

## （二）行政管理支出控制

行政管理支出作为政府的一项基本公共支出，是社会存在和发展的必要支出，又是社会消费性支出，因而，在保证政府各级行政管理机构正常运转所需费用支出的前提下，尽可能压缩或减少行政管理支出是政府必须考虑的问题。2012年，我国明确提出，要"深化行政体制改革"，"建设职能科学、结构优化、廉洁高效、人民满意的服务型政府"，"优化行政层级和行政区划设置，有条件的地方可探索省直接管理县（市）改革，深化乡镇行政体制改革"，"严格控制机构编制，减少领导职数，降低行政成本"。这无疑为控制行政管理支出指明了方向和提供了保证。2013年，新一轮国务院机构改革开始启动，国务院组成部门减少至25个，行政管理支出必将得到进一步控制。

（1）加快推进政府机构改革，精简机构，裁减行政冗员。我国人口众多，行政事务繁杂，在传统体制下，事无巨细，政府包揽过多，当前又处于经济转轨过程中，行政管理支出的控制是一个十分棘手的问题。究竟需要怎样的一些行政管理部门，设置哪些机构，行政管理费应当维持多大规模，最终还是要通过正常的政治程序来完善和解决。为此，首先需要本着"精简、统一、效能"的原则，积极推进政府机构改革，精简机构，裁减行政冗员。因为，政府机构设置及其人员配置与行政管理支出正相关。①应大力精简不适应市场经济运行的行政管理机构，以减少政府对市场经济的直接干预和过度干预，最大限度地发挥市场在资源配置和收入分配中的基础性作用，相应地政府也可大规模地减少这方面的机构和人员的行政管理支出。②应合并、调整原有的间接管理经济的政府机构，裁减冗员，以提高这些机构的行政管理水平和行政运行效率。③行政管理支出应该向维持经济秩序的工商、税务、司法、公安、安全等部门倾斜。要培育一个完善的市场，要保证经济的有序运行，这方面的行政管理支出的增长也是必不可少的。④财政部门要积极参与行政人员编制管理，凡超编人员一律不予安排经费，通过财政分配手段巩固机构改革成果。

（2）建立有效的政府公务员竞争机制，完善公务员制度。完善公务员公开考试，择优录用制度；例行机关干部淘汰（辞退）制度和责任追究制度等，改变目前行政机关人员动力不足、压力不大、只进不出的工作局面。着力抓好行政管理人员的业务培训和能力培训，培养一专多能的行政管理公务员，做到人尽其才，才尽其用。通过提高工作效率来提高行政经费支出的使用效率。同时，加强对公务员，特别是各级主要行政管理人员的权责教育，牢固树立过紧日子的思想，勤俭办一切事业，严肃财经纪律，强化公务支出管理，坚决反对大手大脚花钱和铺张浪费的行为。

（3）建立科学可行的行政管理经费供给调控机制。要使行政管理支出保持在合理的水平上，赋予行政管理支出一种合理增长和自我调节的调控机制非常重要。应在明确政府职能的基础上，构建行政管理经费合理增长预测模型，科学界定行政管理支出的规模及其合理区间，以此为目标对行政管理支出实施控制，使行政管理支出的控制有一个量化的标准。就一个时点而言，行政管理经费供给是经费需求的函数，行政管理经费的需求则是社会经济变量的函数。因此，行政管理经费供给调控机制可以从政府机构履行职能所应需要的财力和当前经济发展水平所能提供的财力两个方面加以考察，建立起行政管理支出数量模型，预测行政经费增长的合理区间，确立行政经费增长的控制目标。

（4）加强行政管理支出的法制建设和监督，规范行政管理支出。首先，应该充分地认识到法制建设对规范行政管理支出所具有的重要意义，法律法规的健全有助于制约行政管理支出的过度膨胀。为了确保行政管理经费供给调控目标的实现，应加强和完善行政立法和预算立法，将行政管理经费供给调控目标纳入有关行政、预算的法律规范中，切实加大对行政管理经费进行管理的执法力度，严格贯彻实施《预算法》等法规，以便在法律框架内保证行政管理经费的合理、高效使用。其次，应建立健全行政管理支出监督与管理制度，强化行政管理支出项目的人大监督、司法监督、审计监督和社会监督，形成对于行政管理支出尤其是地方行政管理支出的上级监督、平行监督和社会监督，逐步使行政管理支出项目及经费透明化。同时，加强对行政管理人员特别是主要支出项目经管人员的审计和监察力度，加大对行政管理职务犯罪的惩处。

## 第二节　教科文卫支出

### 一、教科文卫支出的含义

教科文卫支出是对财政教育支出、科学技术支出、文化体育与传媒支出、医疗卫生支出的总称，是指财政用于教育、科学技术、文化体育与传媒、医疗卫生等事业单位的经费支出。由于教育、科学技术、文化体育与传媒、医疗卫生事业在现代社会经济发展中发挥着重要的作用，各国政府无不投入大量资金，而且支出规模越来越大。在我国，自 1990~2007 年我国对《政府收支分类科目》进行改革以前，教科文卫支出（当时称文教、科学、卫生事业费）作为同一类支出是我国财政支出中规模最大的支出项目。2006 年，我国文教、科学、卫生事业费支出规模为 7 425.98 亿元，占当年财政总支出的 18.37%。2007 年我国《政府收支分类科目》改革以后，教科文卫支出被划分为教育、科学技术、文化体育与传媒、医疗卫生四个支出类。

## 二、教科文卫支出的性质和内容

### （一）教科文卫支出的性质

财政教科文卫支出究竟是生产性的还是非生产性的，我国理论界至今仍有争论。在这里，我们沿用目前国内各种统计文件普遍采用的做法，将教科文卫支出归入非生产性范畴。同时，根据马克思关于生产劳动和非生产劳动的科学划分，教育、科学技术、文化体育与传媒和医疗卫生事业支出也应归入非生产性的范围。因为，从一般意义上说，凡是从事物质资料的生产、创造物质财富的劳动，皆为生产劳动；除此之外的一切劳动，皆为非生产劳动。根据这一标准，教科文卫等事业部门是非物质生产部门，它们不生产物质产品，也不提供生产性劳务。从这个意义上划分，财政教科文卫支出理应属于非生产性支出。

需要指出的是，将教科文卫支出划为非生产性支出，并不意味着它与社会生产没有任何关系。实际上，教科文卫事业的发展与物质财富的生产有着密切关系，而且其贡献越来越大。拿科学研究来说，如果企业购买科学研究的成果或索性直接安排一部分人从事科学研究，并且立即将研究的成果用于提高劳动者、劳动工具和劳动对象的绩效或用于改进这三种生产要素的结合方式，那么，这种科学研究是生产性的。如果作为消费者的个人购买科研成果或自己从事科学研究，并且不对生产要素及其结合方式产生影响，那么，这种科学研究是非生产性的。[①]

另一方面，教科文卫支出也属于社会消费性支出。从内容上看，教科文卫支出仅指财政用于文化、教育、科学、卫生等部门的经常性支出，不包括财政向这些部门拨付的基本建设支出等投资性支出。而且，教科文卫支出绝大部分用于支付这些事业单位工作人员的工资和公用经费。所以，教科文卫支出通过消耗社会资源给公众提供公益性服务的消费属性得到了普遍认同。

---

① 陈共：《财政学》，中国人民大学出版社 2012 年版。

## (二) 教科文卫支出的内容

**1. 按支出部门划分**

根据我国现行的《政府收支分类科目》，教科文卫支出按部门划分为：

（1）教育支出，是指财政用于教育事务方面的支出。具体包括教育行政管理、学前教育、小学教育、初中教育、普通高中教育、普通高等教育、初等职业教育、中专教育、技校教育、职业高中教育、高等职业教育、广播电视教育、留学生教育、特殊教育、干部继续教育、教育机关服务等方面的财政支出。

（2）科学技术支出，是指财政用于科学技术方面的支出。具体包括科学技术管理事务、基础研究、应用研究、技术研究与开发、科技条件与服务、社会科学、科学技术普及、科技交流与合作、科技奖励等方面的财政支出。

（3）文化体育与传媒支出，是指财政用于文化、文物、体育、广播影视、新闻出版等方面的支出。具体包括公共文化设施、艺术表演团体经费、文化艺术活动、文物保护和管理、体育竞赛、体育训练、体育场馆、群众体育、广播电视电影、新闻通讯、出版发行等方面的财政支出。

（4）医疗卫生支出，是指财政用于医疗卫生方面的支出。具体包括医疗卫生管理事务、医疗服务、医疗保障（包括行政事业单位医疗、新型农村合作医疗、城镇居民基本医疗保险、城乡医疗救助等）、疾病预防控制、卫生监督、妇幼保健、农村卫生、中医药、食品与药品监督管理事务等方面的财政支出。

**2. 按支出用途划分**

（1）基本支出，是指教科文卫事业单位为保障其机构正常运转和完成其日常工作任务所必需的支出，包括人员经费和日常公用经费。

人员经费主要用于教科文卫事业单位的基本工资、补助工资、职工福利费、离退休人员费用、奖金等开支项目。其中，基本工资是人员经费中最主要的内容。人员经费又可分为工资福利支出和对个人和家庭的补助支出。

①工资福利支出，是指教科文卫事业单位在职职工和临时聘用人员的各类劳动报酬以及为上述人员缴纳的各项社会保险费。主要项目有：基本工资、津贴补贴、奖金、社会保障缴费、伙食费、伙食补助费、绩效工资等。

②对个人和家庭的补助支出，是指政府对教科文卫事业单位人员个人和家庭的无偿性补助支出。这部分一般包括离休费、退休费、退职（役）费、抚恤金、生活补助、救济费、助学金、奖学金、医疗费、住房公积金、住房补贴等。

日常公用经费主要用于教科文卫事业单位为完成事业任务所需要的各项日常公共费用开支。日常公用经费具体包括办公及印刷费、水电费、招待费、邮电费、交通费、差旅费、会议费、物业管理费、日常小额维修费等。日常公用经费又可分为商品和服务支出和其他资本性支出中属于基本支出的部分。

①商品和服务支出，是指教科文卫事业单位购买商品和服务的支出。主要项目有：办公费、印刷费、咨询费、手续费、水费、电费、邮电费、取暖费、物业管理费、交通费、差旅费、出国费、维修（护）费、租赁费、会议费、培训费、招待费、专用燃料费、福利费、劳务费、委托业务费等。

②其他资本性支出中属于基本支出的部分。其内容主要包括：办公设备购置费、图书资料购置费和其他资本性支出等。

(2) 项目支出，是指教科文卫事业单位为完成特定事业发展而发生的支出，包括事业类项目和其他类项目支出。事业类项目是指用事业经费开支的项目，包括专项公用支出、大型修缮、设备购置和其他事业性项目等；其他类项目是指事业类项目之外的项目，包括补助下级支出、上缴上级支出和经营性支出等。

## 三、教科文卫支出现状

### (一) 教育支出

改革开放以来，我国财政教育支出总量虽逐年稳定增长，但财政教育支出占财政支出和 GDP 的比重出现了非常明显的波动，部分年份还出现了下滑。按 1993 年通过的《中国教育改革与发展纲要》、1995 年通过的《中华人民共和国教育法》规定：到 20 世纪末，财政性教育支出应达到 GDP 的 4%、当年财政支出的 15%。按此标准来观察，我国目前财政教育支出占 GDP 的比例并未达标。从我国 2007 年《政府收支分类科目》改革后的数据（见表 5-3）来看，2007~2011 年，我国财政教育支出总量依然逐年大幅增长，同时，财政教育支出占财政总支出（不含债务）的比例却出现了一个较为明显的波动；财政教育支出占 GDP 的比重呈现逐年增加的态势，从 2007 年的 2.68% 逐年上升为 2011 年 3.47%。这主要得益于近年来，按照《中华人民共和国教育法》的规定，结合实施科教兴国战略以及《国家中长期教育改革和发展规划纲要 (2010~2020 年)》的要求，中央和地方各级政府把教育作为财政支出重点，积极采取有效措施，大幅增加了财政教育投入。但是我国目前财政教育支出占 GDP 的比重不仅低于经济发达国家和世界平均水平，甚至低于发展中国家的水平。即使我们使用统计口径更为宽泛的财政性教育经费（包括公共财政预算教育经费，各级政府征收用于教育的税费，企业办学中的企业拨款，校办产业和社会服务收入用于教育的经费等）指标来衡量，2011 年，我国财政性教育经费为 18 586.70 亿元，[①] 占国内生产总值的比例为 3.93%，仍达不到 4% 的要求。

表 5-3　　　　　　　　2007~2011 年我国财政教育支出

| 年份 | 财政教育支出（亿元） | 比上年增长（%） | 占财政总支出比例（%） | 占 GDP 比例（%） |
| --- | --- | --- | --- | --- |
| 2007 | 7 122.32 | 30.35 | 14.31 | 2.68 |
| 2008 | 9 010.21 | 26.51 | 14.39 | 2.87 |
| 2009 | 10 437.54 | 15.84 | 13.70 | 3.06 |
| 2010 | 12 550.02 | 20.24 | 13.96 | 3.13 |
| 2011 | 16 497.33 | 31.45 | 15.10 | 3.49 |

资料来源：2008~2012 年《中国统计年鉴》或据此计算。

我国目前财政教育支出规模仍然偏低，结构也存在着不合理之处。(1) 财政教育支出在不同教育层次中的配置结构虽有所改善，但义务教育和基础教育仍然处于薄弱环节。近年来，政府在增长的财政教育支出中动用了相当一部分财力用于解决基础教育发展中存在的诸如中小学危房改造、保障中小学教师工资发放等问题，使义务教育的预算内拨款数及其年增长率均大于非义务教育，但是尚未能够真正扭转义务教育的弱势地位。目前，我国高等教育投入的比重，不仅高于一般的发展中国家，而且高于一些发达国家；而我国对初等、中等教育的投入比例，低于美国、日本、英国、韩国、泰国等国家。(2) 财政教育支出在城乡之间差距依然较大。近年来随着我国财政教育支出总量的增长，中央财政通过转移支付加大了对农村地方教育和支持贫困地区义务教育的投入力度，对缩小教育事业的城乡差异发挥了积极的作用，但是，目前农村普通初中、普通小学生均教育经费均低于城市的相应数值，也低于全国的平均水平。根据教育部、国家统计局、财政部《关于 2011 年全国教育经费执行情况统计公告》数据显示，2011 年，我国普通小学生均公共财政预算公用经费支出全国为 1 366.41 元，农村为 1 282.91 元；普通初中生均公共财政预算公用经费支出全国为 2 044.93 元，农村为 1 956.66 元。在高等教育方面，由于农村经济的不发达和农村基础教育水平的低下，在进入高等学校学习的学生中，城市家庭子女的比例远高于农村家庭子女。

---

[①] 教育部、国家统计局、财政部：《关于 2011 年全国教育经费执行情况统计公告》，教育部网站，2012 年 12 月 30 日。

在高等教育中，公共教育资源的大部分为中高收入的人口所享受。财政教育支出在城乡义务教育之间的差异是我国公共教育资源分配不公平的突出表现。实现教育公平，我国还有较长的路要走。

### (二) 科学技术支出

科学技术是第一生产力，是经济社会发展重要的推动力。进入 21 世纪，科学技术发展方兴未艾。纵观全球，许多国家都把强化科技创新作为国家战略，把科技投资作为战略性投资，大幅度增加财政科技投入，着力增强国家创新能力和国际竞争力。

2007 年，我国《政府收支分类科目》改革以前，财政科学技术支出主要包括财政预算安排的科技三项费用、科学事业费、科研基建费和其他科研事业费等。其中，科技三项费用，原指新产品试制费、中间试验费和重大科研项目补助费。是为解决国有企业的技术问题而设立的专项科技经费。近年来，科技三项费用在投向上已有相当一部分用于解决国家需要的共性、关键性技术攻关项目；另有一部分仍用于企业一般技术创新和高新技术产业化，如火炬计划、新产品计划等专项经费。科学事业费是国家财政安排用于科学研究机构的经费和科技专项经费。包括自然科学事业费、科协事业费、社会科学事业费等。科研基建费是国家安排的基本建设支出中用于科技工作的基本建设的资金。目前，科研基建资金主要投向基础研究机构和应用研究机构。其他财政科技投入经费是指国家财政分列在不同预算科目中的属于科学技术投入性质的经费。

根据我国现行的《政府收支分类科目》，财政科学技术支出具体包括：科学技术管理事务、基础研究、应用研究、技术研究与开发、科技条件与服务、社会科学、科学技术普及、科技交流与合作、科技奖励等方面的财政支出。

纵观近十几年来，我国财政科学技术支出的绝对量逐年增长，但总量不足，比重偏低。1994 年我国财政科学技术支出总量为 268.25 亿元，2011 年已增长到 3 828.02 亿元，17 年增长了 14.27 倍。财政科学技术支出的增长幅度不仅波动较大 (1999 年为 23.99%，2000 年为 4.80%，2007 年为 5.6%，2009 年为 28.9%)，而且有几个年份的增长幅度低于同期财政总支出的增长幅度。财政科技投入占财政总支出的比重出现了一定幅度的下降，1994 年财政科技支出占财政总支出的比重为 4.63%，2008 年这一比重下降到 3.40%，2009 年开始有所回升，2011 年这一比重为 3.50%。我国财政科技支出占 GDP 的比重总的来看尽管有所增加，但 2001~2008 年一直维持在 0.7% 左右，2009~2011 年才站上 0.8%。这不仅与发达国家 1% 以上的水平相比偏低，而且也没有达到发展中国家的平均水平（见表 5-4）。

表 5-4　　　　　2007~2011 年我国财政科学技术支出

| 年份 | 财政科技支出（亿元） | 比上年增长（%） | 财政总支出比上年增长（%） | 占财政总支出比例（%） | 占 GDP 比例（%） |
|---|---|---|---|---|---|
| 2007 | 1 783.04 | 5.6 | 23.2 | 3.58 | 0.671 |
| 2008 | 2 129.21 | 19.41 | 25.7 | 3.40 | 0.678 |
| 2009 | 2 744.52 | 28.90 | 21.9 | 3.60 | 0.805 |
| 2010 | 3 250.18 | 18.42 | 17.8 | 3.62 | 0.809 |
| 2011 | 3 828.02 | 17.78 | 21.6 | 3.50 | 0.810 |

资料来源：2008~2012 年《中国统计年鉴》或据此计算。

2006 年 2 月，国务院颁布《国家中长期科学和技术发展规划纲要（2006~2020 年）》，对我国中长期科学和技术发展进行了总体部署并提出了若干配套政策和措施。其中就提出，要充分发挥政府在科技投入中的引导作用，通过财政直接投入、税收优惠等多种财政投入方式，增强政府投入调动全社会科技资源配置的能力。国家财政投入主要用于支持市场机制不能有效解决的基础研究、前沿技术研究、社会公益研究、重大共性关键技术研究等公共科技活动，并引导企业和全社会的科技投入。中央和地方各级政府要按照《中华人民共和国科学技术进步法》的要求，在编制年初预算和预算执行中的超收分配时，都要体现法定增长的要求，保证科技经费的增长幅度明显高于财政经常性收入的增长幅度，逐步提高国家财政性科技投入占国内生产总值的比例。

对财政教科文卫支出中的文化体育与传媒支出、医疗卫生支出不再做专门的分析。大家可参照上述财政教育支出和科学技术支出分析的思路和方法进行分析。

## 四、教科文卫支出管理

### （一）定员定额管理

定员、定额和资产是测算事业单位基本支出的重要依据。定员定额管理是指通过制定教育、文化体育与传媒、科学技术、医疗卫生等事业单位的人员编制和财务收支限额来安排和控制教科文卫事业单位的基本支出的管理制度。它在内容上分为定员管理和定额管理两部分。

**1. 定员管理**

定员即确定人员编制，是国家机构编制主管部门根据教科文卫事业单位的性质、业务范围和工作任务所下达的人员配备标准或定员比例。事业单位的人员编制，由国家劳动人事部门具体制定，财政部门应积极参与编制管理，并按国家核定的人员编制设计预算。

教科文卫事业单位定员的规定一般有两种情况：一种是根据事业单位机构的等级、工作任务的繁简、机构规模大小规定人员编制，如文化馆按所属行政区的等级和该区人口被分为甲、乙、丙三等，国家对不同等级的文化馆分别规定不同的人员编制数量。另一种是按照比例定员，如学校的教职工定员，就是按照规定的教职工与学生或班数的定员比例和基本数字——学生人数或班数确定的；医院的定员则是按照规定的医务人员与病床数和门诊工作量的定员比例及基本数字——病床数、门诊人次数确定的。

定员管理的经济目的主要在于加强对工资的管理，因为工资支出在人员经费中占很大比重，是人员经费管理的重点。定员管理不仅使财政向这些事业单位提供人员经费有据可依，而且也有利于国家财政控制教科文卫支出的规模，对教科文卫支出的管理具有重要意义。

**2. 定额管理**

定额主要是指确定收入和经费开支定额。它是根据教科文卫事业单位的工作性质和特点，对其财力、物力的消耗、补偿、配备、利用等方面所规定的经济指标额度。教育、文化体育与传媒、科学技术、医疗卫生等事业单位的定额有收入定额和支出定额两大类。

收入定额主要包括：（1）补偿性收入定额，是指教科文卫等事业单位为补偿业务活动中人力、物力、财力的消耗而取得收入的定额，如文艺单位平均每场演出收入多少元。（2）生产性收入定额，是指事业单位因提供实物产品而取得收入的定额，如平均出售一种文物复制品收入多少元。（3）代办性收入定额，是指事业单位为其他单位或个人代办业务而取得收入的定额，如平均提供一次科技情报收入多少元。

支出定额有不同的分类方法：（1）按支出的用途划分，支出定额可以分为人员经费定额和公用经费定额。人员经费定额是指人员经费中的各项定额，例如平均每一工作人员年标准工资多少元。公用经费定额是指公用经费中的各项定额，例如平均每一工作人员年公务费多少元。（2）按定额的范围划分，支出定额可分为单项定额、综合定额和扩大综合定额。其中，单项定额是具体开支项目的定额，如办公费、邮电费、水电费等定额；综合定额是若干单项定额的汇总，例如公务费定额为综合定额，它是由办公费、邮电费等单项定额汇总而成的；扩大综合定额是若干个综合定额的汇总，例如将公务费、业务费等综合定额汇总成为公用经费定额。

制定定额标准的原则主要有：（1）以公平为前提，兼顾各事业单位的实际支出水平。（2）量力而行，以财力可能为基础，切合实际，具有可行性。（3）制定的定额标准要规范化，制定方法要具有科学性。

制定定额标准的方法和步骤：（1）根据基本支出的特点，对政府收支分类中的支出经济分类款级科目进行合理调整、归并，形成若干基本支出定额项目。依据国家有关的方针、政策，财力状况，社会物价水平及单位的业务性质、工作量、人员、资产等数据资料制定定额标准。（2）在核准同类事业单位工作量、占用的资源和相关历史数据资料的基础上，以人或实物作为测算对象，确定各类事业单位各定额项目的单项基准定额。基本支出日常公用经费定额项目中，水电费、取暖费、物业管理费、交通费等可采取人员定额和实物费用定额相结合的方式确定。（3）确定同类单位单项基准定额的基础上，确定同类单位的分档定额标准，最后确定各单位所应执行的各个单项定额标准。各个单项定额标准的总和构成事业单位基本支出的综合定额。（4）定额标准的执行期限应与预算年度一致，定额标准一经下达，在年度预算执行中不作调整，影响预算执行的有关因素，在确定下一年度定额标准时再统一考虑。

在教科文卫支出的管理工作中，定额与定员一样，也是财政安排和控制教科文卫经费支出的重要依据。对于经费全部依靠财政拨款的单位而言，财政根据单位的定员和各项支出定额，就可以确定向其供应经费的数额。对于需要财政定额补助的事业单位而言，财政要依据单位的定员和支出定额以及其收入定额来确定其定额补助的数额。

### （二）预算管理

加强我国教科文卫支出管理，除了运用市场机制以外，政府还应对出资兴办的教科文卫事业加强预算管理。过去一个时期以来，我国根据各事业单位性质和收支情况，分别采取全额预算管理、差额预算管理和经济核算三种预算管理办法。由于我国经济体制向社会主义市场经济转变，目前各个事业单位或多或少都有一定的收入，以上三种预算管理形式已不能科学、合理反映各类事业单位的客观实际。1996年10月财政部颁布了《事业单位财务规则》，取消了上述三种预算管理形式的划分，规定事业单位从1997年1月1日起统一实行"核定收支、定额或定项补助、超支不补、结余留用"的预算管理办法。2012年4月1日开始施行的现行的《事业单位财务规则》规定，国家对事业单位实行"核定收支、定额或者定项补助、超支不补、结转和结余按规定使用"的预算管理办法。

（1）核定收支。教科文卫事业单位各项收入与各项支出应当报经主管部门和财政部门核定；主管部门和财政部门根据事业特点、事业发展计划、事业单位财务收支状况以及国家财政政策和财力可能，核定事业单位年度预算收支规模，其中包括财政补助具体数额。并且，根据我国现行《事业单位财务规则》的规定，事业单位要将各项收入（包括财政补助收入和各项非财政补助收入）和各项支出（包括事业支出、经营支出等）全部纳入单位预算，统一核算、统一管理。

（2）定额或者定项补助。这是对非财政补助收入不能满足支出的事业单位实行的办法。所谓定额补助，就是根据事业单位收支情况，并按相应标准确定一个总的补助数额，如对高等院校实行生均定额补助等。定项补助则是根据事业单位收支情况，确定对事业单位的某些支出项目进行补助，如对某些事业单位工资支出项目进行补助，或是补助大型修缮和设备购置等，具体项目因各事业单位情况不同而有所区别。无论实行定额或者定项补助办法，其补助标准均要根据国家有关政策和财力可能，结合事业特点、事业发展目标和计划、事业单位收支及资产状况等确定。不同的事业单位，补助的程度也各有不同。对非财政补助收入可以满足经常性支出的事业单位，定额或者定项补助可以为零。

（3）收入上缴。一般情况下，事业单位收入数量有限，而且不很稳定，可全部用于本单位事业发展，不实行收入上缴办法。但对于少数事业单位，因其占有较多国家资源或国有资产，得到国家特殊政策，以及收支归集配比不清等原因而取得较多非财政补助收入，超出其正常支出较多的，可以实行收入上缴办法。收入上缴主要有定额上缴和比例上缴两种形式；收入上缴时间也可以采取按月或按季上缴和在年终一次性上缴两种办法。

（4）超支不补，结转和结余按规定使用。这是指事业单位预算在经主管部门和财政部门核定以后，事业单位预算收支由单位自求平衡。除特殊因素外，其增加的支出，主管部门和财政部门不再追加经费，因增收节支形成的结转和结余，可留归事业单位按规定使用。

上述预算管理办法，是教科文卫事业单位财务管理上的重大改革，它有利于全面加强教科文卫事业单位收支管理，掌握和控制教科文卫事业单位收支的总体规模，强化了预算的约束性，增强了教科文卫事业单位的预算管理责任，保证教科文卫事业单位各项资金合理有效使用。

### (三) 分类分档管理

事业单位是经济社会发展中提供公益服务的主要载体。改革开放以来，我国积极探索事业单位改革，不断创新事业单位体制机制，取得了明显成效。2011年3月23日，面对我国社会事业发展新形势和新要求，中共中央、国务院出台《关于分类推进事业单位改革的指导意见》，根据不同类别事业单位的特点，对事业单位实施分类改革和管理。(1) 在清理规范现有事业单位的基础上，按照社会功能将现有事业单位划分为承担行政职能、从事生产经营活动和从事公益服务三个类别。对承担行政职能的，逐步将其行政职能划归行政机构或转为行政机构；对从事生产经营活动的，逐步将其转为企业；对从事公益服务的，继续将其保留在事业单位序列、强化其公益属性。(2) 根据职责任务、服务对象和资源配置方式等情况，将从事公益服务的事业单位细分为两类：承担义务教育、基础性科研、公共文化、公共卫生及基层的基本医疗服务等基本公益服务，不能或不宜由市场配置资源的，划入公益一类；承担高等教育、非营利医疗等公益服务，可部分由市场配置资源的，划入公益二类。(3) 加大财政投入力度，改革和完善财政支持方式，着力构建财政支持公益事业发展的长效机制。按照国家政策和以事定费的原则，结合不同事业单位的具体特点和财力，对不同类型事业单位实行不同的财政支持办法，合理制定标准，实行动态调整，健全监管制度，充分发挥财政资金的效用。对公益一类，根据正常业务需要，财政给予经费保障；对公益二类，根据财务收支状况，财政给予经费补助，并通过政府购买服务等方式予以支持。对事业单位的财政资金使用情况进行绩效考评，严格资金管理，提高使用效益。同时，制定和完善支持社会力量兴办公益事业的财政政策，形成多渠道筹措资金发展公益事业的投入机制。

## 第三节 农业支出

### 一、农业支出的含义

农业支出又叫"支农支出"，也叫"农林水事务支出"，是指财政用于农业、林业、水利等事务方面的支出。从产品属性上来说，农产品属于私人产品。但是，由于农产品是人类赖以生存和发展的第一需要，因此，农业是国民经济的基础，各国政府在政策和财政支出上几乎无一例外地承担着对农业的不少投资。我国的情况更是如此。我国是一个农业大国，农业、农村和农民问题关系我国改革开放和现代化建设全局，关系和谐社会和小康社会的全面建成。加强农业基础地位、推进现代农业建设、千方百计增加农民收入政府财政责无旁贷。

发展农业资金除了财政投入之外，还包括农业内部积累、信贷支持以及外国投资。

## 二、农业支出的重点

从上述发展农业的资金来源来看，财政农业支出只是其中重要的资金来源之一，且数量有限。要想使有限的财政农业支出资金发挥出最大的效益，就需要正确选择财政农业支出的重点。财政农业支出的重点应主要包括以下几个方面。

（1）农业和农村的基础设施。这是农业生产和农村经济繁荣的必要条件。主要包括大型节水灌溉设施、人畜饮水工程、防洪抗旱设施、大规模农田土壤改造、农村道路建设等。这些基础设施的建设需要的资金多，建设的周期长，个别企业很难独立完成，所以成为政府投资的重点。此外，许多防洪设施具有极强的外部性，人畜饮水工程涉及公共卫生也具有公益性，都在一定程度上体现了满足公共需要的公共产品性质，成为公共财政的投资重点。

（2）农业技术推广。农业新品种、新机具、新技术引进、繁育、实验、示范、推广，农产品加工重大关键技术推广是支撑农业生产发展和社会化服务体系的重要保障。而且，这些都具有很强的外部性，并且在示范、推广的过程中难以保密进行，科技成果难以专利形式进入市场，通过交易提供给用户，科技成果供给者难以得到相应的回报，因此，农业技术推广的资金投入是不能依靠市场得到满意解决，必须依靠政府财政支出解决。

（3）生态农业。这里指的是能增加生态环境保护功能的建设项目，如保护天然林、防沙治沙、退耕还林、退耕还草等项目。因为现代农业具有多种功能，除了继续提供食品和原料之外，还增加了保护环境、观光旅游和休闲度假的功能。因此，加强对生态农业的投入也是财政支持的重点。

## 三、财政农业支出现状

由于2007年我国《政府收支分类科目》改革，财政农业支出统计口径和范围发生了较大的变化，我们分两个阶段对我国财政农业支出进行分析。

从表 5-5 可以看出，1998~2006 年，我国财政农业支出总额总体上呈现不断增长的趋势；财政农业支出占 GDP 的比重、财政农业支出占财政总支出的比重出现一定的波动。

表 5-5　　　　　　　　　我国 1998~2005 年财政农业支出　　　　　　　　单位：亿元

| 年份 | 财政农业支出总额 | 占财政总支出的比重（%） | 占 GDP 的比重（%） | 支农生产支出和农业事业费 | 农业基本建设支出 | 农业科技三项费用 | 农村救济费 |
|---|---|---|---|---|---|---|---|
| 1998 | 1 154.76 | 10.69 | 1.48 | 626.02 | 460.70 | 9.14 | 58.90 |
| 1999 | 1 085.76 | 8.23 | 1.32 | 677.46 | 357.00 | 9.13 | 42.17 |
| 2000 | 1 231.54 | 7.75 | 1.38 | 766.89 | 414.46 | 9.78 | 40.41 |
| 2001 | 1 456.73 | 7.71 | 1.50 | 917.96 | 480.81 | 10.28 | 47.68 |
| 2002 | 1 580.76 | 7.17 | 1.50 | 1 102.70 | 423.80 | 9.88 | 44.38 |
| 2003 | 1 754.45 | 7.12 | 1.50 | 1 134.86 | 527.36 | 12.43 | 79.80 |
| 2004 | 2 337.63 | 8.21 | 1.46 | 1 693.79 | 542.36 | 15.61 | 85.87 |
| 2005 | 2 450.31 | 7.22 | 1.34 | 1 792.40 | 512.63 | 19.90 | 125.38 |
| 2006 | 3 172.97 | 7.85 | 1.47 | 2 161.35 | 504.28 | 21.42 | 182.04 |

注："农业基本建设支出"从 1998 年开始包括增发国债安排的支出。
资料来源：历年《中国财政年鉴》、历年《中国统计年鉴》或据此计算。

为保证财政支农投入不断增加，中央政府采取了一系列措施，如工业反哺农业、城市支持农村；《中华人民共和国农业法》规定，财政用于农业的总投入增长幅度要高于财政经常性收入的增长幅度；开辟新的支农资金渠道，国有土地出让金用于农业土地开发的比重不得少于 15%；运用各种手段调动和鼓励其他社会各方面资金投入农业农村等。近年来，实行"多予少取"的公共政策，财政对农业的投入不断加大。从表 5-6 可以看出，2007~2011 年来，我国财政农业支出（农林水事务支出）总额呈现不断增长的趋势，财政农业支出增长幅度高于财政总支出的增幅，财政农业支出占财政总支出的比重由 2007 年的 6.84% 上升到 2011 年的 9.1%，财政农业支出占 GDP 的比重也由 2007 年的 1.28% 上升到 2011 年的 2.1%，出现了较大幅度的上涨趋势。

表 5-6　　2007~2011 年来我国财政农林水事务支出

| 年份 | 财政农林水事务支出（亿元） | 比上年增长（%） | 财政总支出增长（%） | 占财政总支出比例（%） | 占 GDP 比例（%） |
|---|---|---|---|---|---|
| 2007 | 3 404.70 | — | 23.2 | 6.84 | 1.28 |
| 2008 | 4 544.01 | 33.46 | 25.7 | 7.26 | 1.45 |
| 2009 | 6 720.41 | 47.90 | 21.9 | 8.81 | 1.97 |
| 2010 | 8 129.58 | 20.97 | 17.8 | 9.05 | 2.02 |
| 2011 | 9 937.55 | 22.24 | 21.6 | 9.10 | 2.10 |

资料来源：2008~2012 年《中国统计年鉴》或据此计算。

今后一段时期，我国在农业投入上：（1）要建立财政支农资金稳定增长机制。按照法定要求和强农、惠农、富农政策要求，保证财政支持农业支出的增长幅度不低于财政总支出的增长幅度，重点放在收入增量的投向上。中央财政要这样做，地方财政也要这样做。从制度上形成财政支农资金稳定增长的机制。（2）充分利用财政贴息等手段和投资参股方式，支持农业生产经营者通过市场机制进行融资。对目前用于农业结构调整、农业产业化、农产品加工、农业科技成果转化等方面的资金进行适当整合，减少直接补助的比重，逐步改为财政贴息的方式，支持农产品加工企业和农业产业化龙头企业利用市场的力量进行融资扩张。（3）规范财政支农资金的管理。财政支农政策、制度、管理方式要逐步规范，改变目前各部门各自为战的做法，克服资金使用分散和投入交叉重复现象，确保用途相同的各种渠道资金能够形成合力，集中用于解决农业生产发展的重点问题上。

## 本章主要名词概念

行政管理支出　　教科文卫支出　　农业支出　　人员经费
日常公用经费　　定额补助　　　　定项补助

## 本章小结

1. 行政管理支出是指财政用于国家各级权力机关、行政管理机关以及外事机构行使其职能所需要的经费支出。在我国现行的《政府收支分类科目》中，行政管理支出包括一般公共服务支出、外交支出和公共安全支出。行政管理支出作为社会存在和发展的必要支出，是政府的一项基本公共支出，又是纯社会消费性支出，在保证政府各级行政管理机构正常运转所需费用支出的前提下，应尽可能压缩或减少。

2. 教科文卫支出是对财政教育支出、科学技术支出、文化体育与传媒支出、医疗卫生支出的总称，是指国家财政用于教育、科学技术、文化体育与传媒、医疗卫生等事业单位的经费支出。我国财政部门对教科文卫支出的管理主要包括定员定额管理、预算管理和分类分档管理。

3. 农业支出又叫"支农支出"，也叫"农林水事务支出"，是指财政用于农业、林业、水利等事务方面的支出。农业和农村的基础设施、农业技术推广和生态农业是财政农业支出的重点。

## 本章习题

1. 简述行政管理支出的影响因素。
2. 我国行政管理支出应如何控制。
3. 简述我国财政对教科文卫支出的定员定额管理。
4. 论述农业支出的重点。

# 第六章 转移性支出

> **学习目标**
>
> 1. 了解财政社会保障支出、社会保障、社会保障制度、财政补贴、财政贴息等概念;
> 2. 明确财政补贴的特征;
> 3. 掌握财政社会保障支出、社会保障制度、财政补贴的主要内容;
> 4. 理解并掌握我国财政补贴的合理运用;
> 5. 熟悉我国财政社会保障支出、财政补贴的现状。
>
> **学习重点与难点**
>
> 掌握我国社会保障制度和财政社会保障支出的主要内容;理解财政补贴的概念、特征、主要内容,掌握我国财政补贴的合理运用。

## 第一节 社会保障支出

### 一、社会保障

#### (一)社会保障的含义

社会保障是现代市场经济发展的产物。由于不同时期、不同地区的人们对社会保障的理解和具体做法存在较大差异,因此,到目前为止,国际组织以及各国对社会保障的概念并无统一规范的表述。一般认为,社会保障是指政府为了劳动者和其他社会成员因年老、伤残、疾病而丧失劳动能力或机会,或因自然灾害和意外事故等原因面临生活困难时，通过国民收入分配和再分配提供物质帮助和社会服务，以确保其基本生活、基本医疗需要的一种经济保障活动。这一概念包含以下几方面内涵。

（1）社会保障的主体是政府。社会保障是由政府组织的经济保障活动，在社会保障过程中，保障的方式、保障标准、保障时限等要素都是由政府确定的。政府在社会保障过程中处于主导的、决定的地位。

（2）社会保障的对象是按照制度规定符合保障条件的社会成员。社会保障作为政府在全社会范围内统一实施的社会经济制度，其对象应该覆盖全社会因年老、伤残、疾病而丧失劳动能力或机会，或因自然灾害和意外事故等原因面临生活困难的社会成员。全社会符合保障条件的公民都可以机会均等地享受社会保障。

（3）社会保障提供的是基本保障。社会保障是为社会成员提供基本生活、基本医疗保障的行为，这是社会保障的行为属性。它决定了社会保障与其他经济行为和分配行为的区别，表现在社会保障的意义和标准都是围绕保障人们的基本生活、基本医疗这一核心来确定的。

（4）社会保障通过国家立法、制度规定或行政措施来推行和实施。由于社会保障通过国民收入分配和再分配提供物质帮助和社会服务，资金提供者与直接受益者往往是分离的，其实施必须借助于强制性的法律、制度规定和行政手段来进行。因此，国家立法、制度规定和行政措施是社会保障得以进行的重要条件，也是社会保障区别于其他保障形式的重要特点。

（5）社会保障的目的是促进社会公平和稳定。国家实施社会保障的主要目的是通过物质利益的调节使各种社会关系处于一种稳定和谐的状态，避免社会成员收入差距过大引起社会动荡。在现代社会，社会保障也是政府调节经济和社会生活的重要手段。这是因为社会保障作为国民收入分配和再分配，是一种物质利益的调节，它客观上发挥着调节经济运行的功能和作用。政府通过社会保障支出调节社会需求，进而发挥调节社会生活和经济运行的作用。因此，我们常讲社会保障是一个国家经济和社会发展的"稳定器"和"调节阀"。

## （二）社会保障制度

社会保障制度是指一个国家通过法律规定的，按照某种确定的规则由政府经常实施的作为社会保障行为依据的一系列制度的总称。社会保障制度的建立和发展，是一个国家政治需要、社会需求和经济负担能力综合的产物。建立健全与经济发展水平相适应的社会保障制度，是经济社会协调发展的必然要求，是社会稳定和国家长治久安的重要保证。

一般来说,社会保障制度主要包括社会保险、社会福利、优抚安置和社会救助等制度。我国作为世界上最大的发展中国家,人口众多,经济发展起点低,地区之间、城乡之间发展不平衡,社会保障的任务十分艰巨和繁重。我国社会保障制度从20世纪50年代初开始建立,主要经历了三个发展阶段:从新中国成立到改革开放初期的"劳动保险阶段";从改革开放到2002年的"社会保险探索阶段";2003年开始进入"统筹城乡、全面覆盖、综合配套、统一管理"阶段。[①]伴随着社会主义市场经济体制的建立和完善,通过对计划经济时期的社会保障制度进行了一系列改革,我国逐步建立起与市场经济体制相适应,由中央政府和地方政府分级负责的社会保障体系基本框架。在城镇,社会保障体系主要包括社会保险、社会救助、社会福利、优抚安置和住房保障等。在农村,社会保障主要包括农村社会养老保险、新型农村合作医疗、农村医疗救助、农村最低生活保障、农村"五保"、被征地农民社会保障等项目。

**1. 社会保险**

社会保险是政府按照保险原则制定的一种社会保障计划,它是现代社会保障制度的核心内容。社会保险与商业保险一样,也要求受保人或其就业单位向社会保障机构缴纳一定的费用,并且也具有风险分担、互助互济的保险功能。但社会保险毕竟不同于商业保险,两者的区别主要有以下几个方面:(1)社会保险的保险基金除了来自受保人或其就业单位交纳的保费以外,政府还可以给予一定的资助。例如,在我国,当养老保险计划出现入不敷出时,国家财政要用一般财政收入对养老保险基金进行补助。据财政部网站发布的决算数据,2011年,财政对社会保险基金的补助总额为3 152.19亿元,其中财政补贴基本养老保险基金2 191.72亿元。(2)社会保险的受保人领取保险金的权利与缴纳保险费的义务在数量上有一定的对应关系,但这种对应并不像商业保险那样要遵从对等的原则。(3)社会保险是强制保险,由国家根据立法,采取强制行政手段加以实施;而商业保险为自愿保险。2010年10月28日公布的《中华人民共和国社会保险法》第二条规定:"国家建立基本养老保险、基本医疗保险、工伤保险、失业保险、生育保险等社会保险制度,保障公民在年老、疾病、工伤、失业、生育等情况下依法从国家和社会获得物质帮助的权利。"

目前我国的社会保险主要包括养老保险、失业保险、医疗保险、工伤保险和生育保险。

---

① 胡晓义:《农村社会保险制度政策要点和社会实践》,载《行政管理改革》,2010年第7期。

（1）养老保险。又称老年保险，是指国家根据一定的法律和法规，为解决劳动者在达到国家规定的解除劳动义务的劳动年龄界限，或因年老丧失劳动能力退出劳动岗位后的基本生活而建立的一种社会保险制度。养老保险由三个层次组成。第一层次是基本养老保险，第二层次是企业补充养老保险，第三层次是个人储蓄性养老保险。其中，基本养老保险是按国家统一政策规定强制实施的为保障广大离退休人员基本生活需要的一种养老保险制度。我国现行的养老保险制度包括：2005年，进一步完善后的城镇企业职工基本养老保险制度；2009年在全国开始试点建立的个人缴费、集体补助、政府补贴相结合的新型农村社会养老保险（简称新农保）；2011年，国务院印发《国务院关于开展城镇居民社会养老保险试点的指导意见》，决定7月1日起开展城镇居民社会养老保险试点。

（2）失业保险。失业保险是指国家通过立法强制实行的，由社会集中建立基金，对因失业而暂时中断生活来源的劳动者提供物质帮助的社会保险制度。1986年，国务院颁布《国营企业职工待业保险暂行规定》，明确规定对国营企业职工实行职工待业保险制度，标志着我国失业保险制度正式建立。1999年《失业保险条例》的颁布，使我国失业保险制度更加规范和完善。

（3）医疗保险。医疗保险是指当人们生病或受到伤害后，由国家和社会给予假期、提供医疗服务或经济补偿的一种社会保险制度。我国在20世纪50年代初就建立了公费医疗和劳保医疗制度。经济体制改革以来，我国不断完善各项医疗保险制度。1998年颁布《关于建立城镇职工基本医疗保险制度的决定》，在全国推进社会统筹与个人账户相结合的城镇职工基本医疗保险制度改革。为保障农民的基本医疗需求，减轻农民因病带来的经济负担，缓解因病致贫、因病返贫问题，我国政府于2002年开始建立以大病统筹为主的新型农村合作医疗制度，由政府组织、引导、支持，农民自愿参加，政府、集体、个人多方筹资。为实现基本建立覆盖城乡全体居民的医疗保障体系的目标，国务院决定，从2007年起开展了以个人和家庭缴费为主，符合条件的老年人、残疾人、低保对象和享受助学金及助学贷款的非在职的在校大学生等困难城镇居民参保的城镇居民基本医疗保险试点。目前，城镇职工基本医疗保险制度、新型农村合作医疗制度、城镇居民基本医疗保险制度共同构成我国覆盖城乡居民的基本医疗保险体系。

（4）工伤保险。工伤保险是指国家和社会为在生产、工作中遭受事故伤害和患职业性疾病的劳动者及亲属提供医疗救治、生活保障、经济补偿、医疗和职业康复等物质帮助的一种社会保障制度。劳动者在其单位工作、劳动，必然形成劳动者和用人单位之间相互的劳动关系，在劳动过程中，如果不幸发生了事故，造成劳动者的伤残、死亡或患职业病，此时，劳动者就自然具有享受工伤保险的权利。劳动者的这种权利是由国家宪法和劳动法给予根本保障的。1994年颁布的《劳动法》第73条规定，劳动者因工伤残或者患职业病，依法享受社会保险待遇。这一基本法以国家法律的形式保障了工伤者及其亲属享受工伤保险待遇。1996年国家颁布《企业职工工伤保险试行办法》，2004年1月，《工伤保险条例》颁布实施。根据2010年12月20日《国务院关于修改〈工伤保险条例〉的决定》（第586号令），《工伤保险条例》（修订）于2011年1月1日起施行。

（5）生育保险。生育保险是国家通过立法，对怀孕、分娩女职工给予生活保障和物质帮助的一项社会保险制度。其宗旨在于通过向职业妇女提供生育津贴、医疗服务和产假，帮助他们恢复劳动能力，重返工作岗位。生育保险提供的生活保障和物质帮助通常由现金补助和实物供给两部分组成。现金补助主要是指给予生育妇女发放的生育津贴。实物供给主要是指提供必要的医疗保健、医疗服务以及孕妇、婴儿需要的生活用品等。我国企业职工的生育保险制度建立于1951年；1988年《女职工劳动保护规定》出台后，统一了企业和国家机关、事业单位生育保险待遇；1994年颁布了《企业职工生育保险试行办法》。生育保险制度主要覆盖城镇企业及其职工，部分地区覆盖了国家机关、事业单位、社会团体、企业单位的女职工。生育保险费由参保单位按照不超过职工工资总额1%的比例缴纳，职工个人不缴费；没有参保的单位，仍由其承担支付生育保险待遇的责任。2004年，劳动和社会保障部下发《关于进一步加强生育保险工作的指导意见》，要求各地充分利用医疗保险的工作基础，以生育津贴社会化发放和生育医疗费用实行社会统筹为目标，加快推进生育保险制度建设。

**2. 社会救济**

社会救济也叫社会救助，是指社会成员因自然灾害、意外事故和个人生理、心理等原因导致陷入生存危机、不能维持最低限度的生活水平时，由国家和社会有关部门依法给予一定的物质或资金救助和扶助，以使其基本生活得到保证的一种社会保障制度。社会救济作为社会保障的一种类型，主要具有两个特点：一是，资金主要由政府从一般财政收入中筹集，受保人不需缴纳任何费用；二是受保人享受保障待遇需要接受一定形式的经济状况调查，国家向符合救济条件的个人或家庭提供资助。

社会救济的目的是消除贫困，因此，社会上的贫困现象都应该包括在社会救济的内容之中。由于世界各国的社会经济条件不同，对贫困的衡量标准也不一样，社会救济的具体内容也存在差异。从各国的情况看，社会救济的内容主要涉及最低生活保障救济和自然灾害救济等。我国的社会救济主要包括以下内容。

（1）城市居民最低生活保障。1999年，我国政府颁布《城市居民最低生活保障条例》，对持有非农业户口的城市居民，凡共同生活的家庭成员人均收入低于当地城市居民最低生活标准的，均可从当地政府获得基本生活物质帮助；对无生活来源，无劳动能力，无法定赡养人、扶养人或者抚养人的城市居民，可按当地城市居民最低生活保障标准全额救助。保障标准的制定主要依据城市居民的人均收入和人均生活消费水平、上年物价水平、生活消费物价指数、维持当地最低生活水平所必需的费用、需要衔接的其他社会保障标准以及维持吃穿住等基本生存所需物品和未成年人义务教育费用等，同时还考虑当地经济社会发展水平、本地符合最低生活保障条件人数以及财政承受能力等情况。城市居民最低生活保障资金由地方政府列入财政预算。对财政确有困难的地区，中央财政给予支持。

（2）农村最低生活保障。2007年，国务院下发《关于在全国建立农村最低生活保障制度的通知》，决定在全国建立农村最低生活保障制度。农村最低生活保障对象是家庭年人均纯收入低于当地最低生活保障标准的农村居民，主要是因病残、年老体弱、丧失劳动能力以及生存条件恶劣等原因造成生活常年困难的农村居民。农村最低生活保障标准由县级以上地方人民政府按照能够维持当地农村居民全年基本生活所必需的吃饭、穿衣、用水、用电等费用确定，并报上一级地方人民政府备案后公布执行。农村最低生活保障标准要随着当地生活必需品价格变化和人民生活水平提高适时进行调整。建立农村最低生活保障制度，实行地方人民政府负责制，按属地进行管理。农村最低生活保障资金的筹集以地方为主，农村最低生活保障资金列入地方各级人民政府财政预算，中央财政对财政困难地区给予适当补助。

（3）农村"五保"供养。20世纪50年代，我国就开始建立"五保"供养制度。1994年、2006年国务院两次颁发《农村五保供养工作条例》，为老年、残疾或者未满16周岁的农村村民，无劳动能力、无生活来源又无法定赡养、抚养、扶养义务人，或者其法定赡养、抚养、扶养义务人无赡养、抚养、扶养能力的，享受农村五保供养待遇，即在吃、穿、住、医、葬方面给予村民的生活照顾和物质帮助。农村"五保"供养对象可以在当地的农村"五保"供养服务机构集中供养，也可以在家分散供养。农村"五保"供养对象可以自行选择供养形式。农村"五保"供养资金，在地方人民政府财政预算中安排。有农村集体经营等收入的地方，可以从农村集体经营等收入中安排资金，用于补助和改善农村"五保"供养对象的生活。农村"五保"供养对象将承包土地交由他人代耕的，其收益归该农村"五保"供养对象所有。中央财政对财政困难地区的农村"五保"供养，在资金上给予适当补助。

(4) 灾害救助。这是国家向遭受突发性严重自然灾害而遇到生活困难的城乡居民提供的救助。我国政府视人民生命安全为第一,各级政府在财政预算中安排救灾支出,用于救灾物资储备和转移救济灾民,灾后引导群众进行生产自救、互助互济,并动员社会各方力量参与,最大限度地减少灾害造成的人员伤亡和财产损失,确保受灾群众有饭吃、有衣穿、有房住、有病能医。

(5) 流浪乞讨人员救助。2003年8月,国家颁布实施《城市生活无着的流浪乞讨人员救助管理办法》,该办法按照"自愿受助、无偿援助"的原则,对在城市生活无着的流浪乞讨人员给予关爱性的救助管理,根据受助人员的不同情况和需求,给予食宿、医疗、通讯、返乡及接送等方面的救助服务。

**3. 社会福利**

社会福利是国家在社会成员基本收入之外,以提供设施、服务和津贴的方式来使社会成员的生活达到一定水平,以提高其物质文化生活质量的社会保障项目。由于社会福利是国家在社会成员基本收入之外为其提供的利益,它在保障目标上有自己特殊要求,是为提高社会成员的生活质量而实施的社会保障项目。因此,在社会保障体系中,社会福利是一种层次较高的保障措施。我国的社会福利主要为老年人、孤儿和残疾人等特殊群体提供。

(1) 老年人社会福利。《中华人民共和国老年人权益保障法》规定,国家和社会采取措施,改善老年人生活、健康以及参与社会发展的条件。各级政府将老年事业纳入国民经济和社会发展计划,逐步增加对老年事业的投入,并鼓励社会各方面投入,使老年事业与经济、社会协调发展。近年来,通过推进社会福利社会化,逐步形成以国家、集体举办的老年社会福利机构为骨干,以社会力量举办的老年社会福利机构为新的增长点,以社区老年人福利服务为依托,以居家养老为基础的老年人社会服务体系。

(2) 儿童社会福利。依据《未成年人保护法》、《教育法》等法律法规,国家为儿童提供教育、计划免疫等社会福利,特别是为残疾儿童、孤儿和弃婴等处在特殊困境下的儿童提供福利项目、设施和服务,保障其生活、康复和教育。

(3) 残疾人社会福利。国家颁布实施《残疾人保障法》,为残疾人康复、教育、劳动就业、文化生活、社会福利等提供法律保障。政府通过兴办福利企业、实施按比例就业和扶持残疾人个体从业等形式,帮助残疾人实现就业;采取临时救济和集中供养以及兴办残疾人福利安养机构等福利措施,对残疾人提供特别照顾。

**4. 优抚安置**

优抚安置是政府对以军人及其家属为主体的优抚安置对象进行物质照顾和精

神抚慰的一种制度。我国颁布《革命烈士褒扬条例》、《军人抚恤优待条例》，根据优抚对象的不同及其贡献大小，参照经济、社会发展水平，确立不同的优抚层次和标准。对于烈士遗属、牺牲和病故军人遗属、伤残军人等对象实行国家抚恤，对老复员军人等重点优抚对象实行定期定量生活补助；对义务兵家属普遍发放优待金；残疾军人等重点优抚对象享受医疗、住房、交通、教育、就业等方面的社会优待。我国颁布《兵役法》、《退伍义务兵安置条例》，对退役军人的安置作出规定。政府为城镇退役士兵安排就业岗位，对自谋职业的城镇退役士兵发给一次性经济补助，并给予优惠政策扶持；对农村退伍义务兵在生产、生活、医疗等方面的困难，视不同情况予以解决。机关、团体、企事业单位招工时，在同等条件下优先录用城乡退伍军人。对报考大中专院校的，在同等条件下优先录取退伍军人。对退出现役的伤残军人，在就业、生活等方面给予适当照顾。对军队干部（含士官）退出现役，分别实行复员、转业和退休等安置办法。目前，各级政府普遍建立了相关工作机构。

**5. 住房保障**

住房保障是指政府为解决低收入家庭的住房问题，在住房领域行使社会保障职能，对城镇居民中低收入家庭进行扶持和救助的一种保障制度。这一制度弥补了市场经济的缺陷，提高了市场配置住房资源的效率，体现了社会公平和人道主义精神，是实现社会公平和社会安定的助推器。近年来，我国政府积极推进了以住房公积金制度、经济适用住房制度、廉租住房制度为主要内容的城镇住房保障制度建设，不断改善城镇居民的住房条件。

（1）住房公积金制度。住房公积金制度是中国政府为解决职工家庭住房问题的政策性融资渠道。住房公积金由国家机关、事业单位、各种类型企业、社会团体和民办非企业单位及其在职职工各按职工工资的一定比例逐月缴存，归职工个人所有。住房公积金专户存储，专项用于职工购买、建造、大修自住住房，并可以向职工个人提供住房贷款，具有义务性、互助性和保障性特点。1994年，住房公积金制度在城镇全面推行。1999年，国家颁布《住房公积金管理条例》，并于2002年重新发布，使住房公积金制度逐步纳入法制化和规范化轨道。目前，已基本建立起住房公积金管理委员会决策、住房公积金管理中心运作、银行专户存储、财政监督的管理体制。住房公积金按规定可以享受列入企业成本、免缴个人所得税等税收政策，存贷款利率实行低进低出原则，体现政策优惠。

（2）经济适用住房制度。经济适用住房是由政府提供政策优惠，限定建设标准、供应对象和销售价格，具有保障性质的政策性商品住房。1998年，我国确定发展经济适用住房。符合下列条件的家庭可以申请购买或承租一套经济适用住房：有当地城镇户口（含符合当地安置条件的军队人员）或市、县人民政府确定的供应对象；无房或现住房面积低于市、县人民政府规定标准的住房困难家庭；家庭收入符合市、县人民政府划定的收入线标准；市、县人民政府规定的其他条件。经济适用住房的租售价格以保本微利为原则，购买经济适用住房满一定年限后，方可上市出售，且须将收益按一定比例向政府缴纳。经济适用住房实行申请、审核和公示制度，强调公开透明，严格监督管理。

(3) 廉租住房制度。1998年以来，我国政府积极推进廉租住房制度建设，不断完善廉租住房保障政策。对按政府规定价格出租的公有住房和廉租住房，暂免征收房产税、营业税。各地政府在国家统一政策指导下，结合当地经济社会发展的实际情况，因地制宜建立城镇最低收入家庭廉租住房制度。廉租住房制度以财政预算安排为主、多渠道筹措廉租住房资金，实行以住房租赁补贴为主，实物配租、租金核减为辅的多种保障方式。对住房面积和家庭收入在当地政府规定标准之下的家庭，当地政府按申请、登记、轮候程序给予安排，保障其基本要求。

## 二、社会保障支出

社会保障支出是指政府财政预算安排的用于社会保障方面的财政支出，是公共财政支出的重要组成部分。2007年我国《政府收支分类科目》改革以前，财政社会保障支出主要包括抚恤和社会福利救济、行政事业单位离退休支出、社会保障补助支出和全国社会保障基金等。依此口径统计，2006年，我国财政社会保障支出为4 361.78亿元，占当年财政总支出的比重为10.79%。其中抚恤和社会福利救济907.68亿元，行政事业单位离退休支出1 330.2亿元，社会保障补助支出2 123.9亿元。

根据我国现行的《政府收支分类科目》，财政社会保障支出主要包括社会保障和就业支出、医疗卫生支出中的医疗保障部分和住房保障支出。

### (一) 社会保障和就业支出

社会保障和就业支出是指政府财政在社会保障与就业方面的支出。包括社会保障和就业管理事务、民政管理事务、财政对社会保险基金的补助、补充全国社会保障基金、行政事业单位离退休、企业改革补助、就业补助、抚恤、退役安置、社会福利、残疾人事业、城市居民最低生活保障、其他城镇社会救济、农村社会救济、自然灾害生活救助、红十字事务等。其中，财政对社会保险基金的补助包括：财政对基本养老保险基金的补助、财政对失业保险基金的补助、财政对基本医疗保险基金的补助、财政对工伤保险基金的补助、财政对生育保险基金的补助和财政对其他社会保险基金的补助。就业补助包括：劳动力市场建设、职业培训补贴、职业介绍补贴、社会保险补贴、岗位补贴、小额担保贷款贴息、补充小额贷款担保基金、职业技能鉴定补贴、特定政策补助支出和其他就业补助支出。2011年，我国财政用于社会保障与就业方面的支出共计11 109.4亿元。其中，财政对社会保险基金的补助3 152.19亿元，行政事业单位离退休2 737.75亿元，农村社会救济850.72亿元，城市居民最低生活保障675.06亿元，就业补助670.39亿元。

### （二）医疗保障支出

医疗卫生支出是指政府财政在医疗卫生方面的支出。具体包括医疗卫生管理事务支出、医疗服务支出、医疗保障支出、疾病预防控制支出、卫生监督支出、妇幼保健支出、农村卫生支出等。医疗卫生支出中的医疗保障部分主要包括财政用于：行政事业单位医疗、公务员医疗补助、优抚对象医疗补助、新型农村合作医疗、城镇居民基本医疗保险、城市医疗救助、农村医疗救助等方面的支出。2011年，我国财政用于医疗卫生支出中的医疗保障部分共计3 250.69亿元。其中，事业单位医疗277.71亿元，新型农村合作医疗1 738.65亿元，城镇居民基本医疗保险358.49亿元，农村医疗救助103.76亿元，城市医疗救助64.81亿元。

### （三）住房保障支出

住房保障支出是指政府在住房保障方面的支出。包括保障性安居工程支出、住房改革支出、城乡社区住宅支出等。其中，保障性安居工程支出是指政府财政用于廉租住房、棚户区改造、农村危房改造、公共租赁住房、少数民族地区游牧民定居工程等方面的支出；住房改革支出是指政府财政用于住房公积金、提租补贴、购房补贴等方面的支出；城乡社区住宅支出包括公有住房建设和维修改造支出和其他城乡社区住宅支出。2011年，我国财政住房保障支出3 820.69亿元，其中，保障性安居工程支出2 609.54亿元，住房改革支出1 101.65亿元，城乡社区住宅支出109.50亿元。

2011年，我国包括社会保障和就业支出、医疗卫生支出中的医疗保障部分和住房保障支出在内的财政社会保障支出共计18 180.78亿元，占当年财政总支出的比重为16.64%。其中，社会保障和就业支出11 109.4亿元，占当年财政总支出的比重为10.17%。

## 第二节 财政补贴

### 一、财政补贴的含义及特征

#### (一) 财政补贴的含义

财政补贴是政府为了实现特定的政策目标,在一定时期内,向特定的产业、部门、地区、企事业单位、个人和家庭提供的无偿补助。财政补贴是政府进行收入再分配,调节收入分配关系的一种形式。从性质上来看,财政补贴属于转移性支出。它是政府将取得的一部分收入以无偿的方式转移给特定的企事业单位、个人和家庭支配使用,使其可支配收入增加,经济状况改善。尽管政府没有换回商品和劳务,但是,政府通过财政补贴可以调节收入分配关系,调节供求,稳定市场价格,促进特定产业的发展,维护企业和消费者的自身利益,影响社会资源配置的结构及社会经济的发展,从而保障社会经济稳定。

目前,财政补贴被世界各国政府普遍重视和运用,并成为各国政府管理与调节社会经济的重要工具。由于世界各国国情差异,特别是经济体制的不同,各国政府的财政补贴在范围、力度、运作机制上都存在相当大的差异。为了维护世界贸易中非歧视、自由透明和公平竞争的秩序,世界贸易组织(WTO)专门制定了《补贴与反补贴措施协议》,旨在规范和统一各国的财政补贴政策及其行为。世界贸易组织(WTO)《补贴与反补贴措施协议》第1条对补贴的定义是:"某一成员方境内的政府或任何政府机构提供的财政资助,即(1)政府行为涉及直接资金转移(如赠与、贷款、投股),潜在的资金或债务直接转移(如贷款担保);(2)本应征收的政府收入被豁免或不予征收(如税额抵免之类的财政鼓励);(3)政府提供不属于一般基础设施的商品或服务,或购买商品;(4)政府向基金机构支付款项,或委托或指导私人行使上述(1)至(3)项所列举的一种或多种通常是赋予政府的职权,以及与通常由政府从事的行为没有实质差别的行为。"

#### (二) 财政补贴的特征

**1. 政策性**

财政补贴是一种政府行为,是政府根据一定时期的政策目标所采用的一种财政手段。财政补贴的对象、数额以及补贴的期限等都是按照政策的需要制定，因而具有很强的政策性。由于国家的政策包含经济、政治和社会等诸多方面，这些政策都可能成为财政补贴的依据，因此，财政补贴不仅是国家调节经济的杠杆，而且是协调各种社会关系，保障社会秩序稳定和政治上安定团结的一种重要手段。

**2. 灵活性**

财政补贴作为政府的转移性支出，是政府在一定时期内实现特定政治、经济和社会政策目标的一种手段。财政补贴的方式可以是多种多样的，既可以通过行政方式，也可以通过立法方式；既可以是资金货物的直接给付，也可以通过税收减免、贷款优惠等间接渠道；既可以是现金的支付，也可以货物的转移。可见，财政补贴在补贴方式、数量、期限等方面可以随形势的变化和政策目标的改变进行及时的调整和修正，因此，财政补贴成为政府掌握的一种比较灵活的经济杠杆。

**3. 时效性**

财政补贴的时效性是由国家政策的时效性决定的。国家的政治、经济和社会政策会随着政治经济形势的变化而调整、修正和更新。而财政补贴是为实现一定时期的政策目标服务的，当国家的某些政策发生变化时，财政补贴各个构成要素也应做出相应的调整。如果国家的某项政策随着形势的变化而失去效力，相应的财政补贴也应随之取消。

## 二、财政补贴的分类

### （一）按财政补贴对象分类

**1. 价格补贴**

价格补贴是指政府为影响某些商品和服务的价格水平，安定城乡居民的生活，由财政向企业或居民支付的、与居民生活必需品和某些生产资料的市场价格政策有关的补贴。价格补贴是财政补贴的主要内容，是政府自觉运用价值规律调节经济，促进经济发展的重要举措。2007年我国《政府收支分类科目》改革以前，列入政府预算支出的政策性补贴（价格补贴）项目主要有：政府粮、棉、油价格补贴，平抑物价和储备糖等补贴，肉食价格补贴以及其他价格补贴等。

**2. 企事业单位政策性补贴**

所谓企事业单位政策性补贴是指财政对由于贯彻公共政策，对某些产品实行低价政策，造成的企事业单位亏损或微利给予的补贴。例如，在自然垄断行业，由于缺乏完全市场竞争，市场价格无法有效配置资源，如果任凭企业自主定价，则企业将索取垄断价格，获得超过正常利润水平之上的超额利润，从而将损害广大消费者的利益。因此，政府必须对自然垄断领域进行干预。由于自然垄断现象主要存在于供水、供电、供气等直接关系广大社会公众利益的行业上，政府为了不损害绝大部分社会成员的利益，往往对这些行业的企业实行限价政策，以增进社会福利。这样一来，由此而产生的企业亏损或微利状态是政府的政策造成的，这就应当由财政给予补贴，企业才能维持正常的发展，才愿意在限价情况下仍保持充足的供给。

### 3. 职工和居民生活补贴

职工和居民生活补贴是指财政为了保证人民生活维持必要的水平，对职工和居民提供的补助。主要包括：城镇居民肉食价格补贴、购房补贴、交通补贴、冬季取暖补贴等。

### 4. 财政贴息

财政贴息指财政对于重点支持的某些企业、某些项目的贷款利息，在一定时期内，按全额或一定比例给予的补贴。根据国家有关规定，我国目前财政贴息的范围主要有：林业贷款贴息，扶贫贷款贴息，采掘电力信息等建设贷款贴息，粮食财务挂账利息补贴，民贸网点贷款贴息，商业银行贷款贴息等。

### 5. 税式支出

税式支出是对一组税收优惠的概称，包括减税、免税、退税、税收抵免、亏损抵补、延期纳税等。之所以把税式支出也看作财政补贴的一种，是因为：一方面对政府来说，税式支出会使政府所掌握的财力减少，这与一般的财政补贴支出一样；另一方面受益者因减免税使得实际的收入增加，这也与一般财政补贴一致。所以说税式支出也是财政补贴的一种，也是政府将纳税人的一部分收入无偿转移给补贴领受者。与其他财政补贴不同的是，一般财政补贴下，纳税人与补贴领受者不一定一致，而税式支出下，补贴领受者就是纳税人。关于税收优惠，我们将在以后的章节进行详细的讲解。

## （二）按补贴的透明度分类

### 1. 明补

明补是指将全部补贴都纳入预算管理，财政补贴作为预算的支出项目，按照正常的支出程序，直接支付给受补者。明补的优点是：收支分明，受补贴单位应上缴国家财政的依法上缴，应该获得的补贴由财政直接拨付。这样做责权利关系明确，既能保证政府预算的完整性，又有利于调动企事业单位增收节支的积极性，发挥财政补贴的杠杆作用。

### 2. 暗补

暗补是指补贴支出不纳入预算管理，财政补贴不构成预算支出项目，受补者也不直接获得补贴收入，只是从减少上缴和节约支出上受益。例如，我国企业亏损补贴就采用过暗补的形式，即作为冲减财政收入处理；价格补贴1985年以前，冲减财政收入，即采用暗补的形式，1985年以后才列入预算作为一个财政支出项目，采用明补的形式。暗补的优点是：手续简便，工作量少，补贴支出和抵冲的缴款都不反映在预算上，具有隐蔽性，实际上是一种坐支。它的缺点是权责利关系不明确，难以发挥财政补贴调节经济的杠杆作用。随着经济体制改革的深入，从进一步理顺财政分配关系考虑，财政补贴由暗补改为明补是改革发展的必然。

## （三）按补贴的部门分类

### 1. 农林补贴

农林补贴是指财政为支持农业、林业发展给予的补贴。例如，我国对农业生产实施了粮食直补、良种补贴和农机具购置补贴的"三补贴"政策。粮食直补，全称为粮食直接补贴，是为进一步促进粮食生产、保护粮食综合生产能力、调动农民种粮积极性和增加农民收入，财政按一定的补贴标准和粮食实际种植面积，对农户直接给予的补贴。良种补贴是指财政对农民选用优质农作物品种而给予的补贴，其目的是支持农民积极使用优良作物种子，提高良种覆盖率。农机具购置补贴是指财政对农民个人、农场职工、农机专业户和直接从事农业生产的农机作业服务组织购置和更新大型农机具给予的部分补贴，其目的是促进提高农业机械化水平和农业生产效率。

### 2. 公用事业补贴

公用事业补贴是指财政为支持公用事业发展给予的补贴。公用事业补贴的内容多种多样，归纳起来主要有两种：一是对公用事业的投资进行补贴；二是对公用事业的运营进行补贴。政府公用事业补贴的形式一般有直接现金补贴、对投资公用事业提供财政贴息和税收优惠等。例如，我国因石油价格改革对交通运输（城市公交、农村道路客运、出租车等）的补贴。

### 3. 外贸补贴

外贸补贴是指财政对外贸企业给予的补贴，包括出口补贴和进口补贴。其中，出口补贴包括财政对某种商品出口给予出口商的直接补贴和通过减免出口关税或国内商品税等的间接补贴。进口补贴是政府为降低进口商品的价格，加强其在国内市场上的竞争能力，在进口某种商品时给予进口厂商的现金补贴或财政上的优惠待遇。

### (四) 世界贸易组织 (WTO) 的分类

**1. 被禁止的补贴，又称红箱补贴**

根据世界贸易组织（WTO）《补贴与反补贴措施协议》第3条规定：在农产品协议中已有规定者除外，下述属于第1条规定范围内的补贴应被禁止：①在法律上或在事实上，仅以出口实绩为条件或将其作为若干其他条件之一提供的有条件的补贴，包括附件1所列举的补贴；②仅以进口替代为条件或将其作为若干其他条件之一提供的有条件补贴。可见，被禁止的补贴包括进口补贴和出口补贴两类，WTO认为它们会严重扭曲价格机制，造成不公平竞争，应于取消，否则会招致成员国的反补贴措施。

**2. 不可起诉补贴，又称绿箱补贴**

世界贸易组织（WTO）《补贴与反补贴措施协议》第8条对不可诉讼补贴的定义有专门的规定。这种补贴并不直接刺激生产，对价格和市场影响不大，成员可以自由施行，其他国家（地区）也不能以此为由，而采取反补贴措施。拿农业来说，绿箱补贴有产品研究、人员培训、技术推广、检验、农业基础设施建设、为保障食品供给的储存费用、自然灾害补贴、农业生产结构调整补贴、农业生产条件恶劣地区发展补贴等。

**3. 可诉补贴，又称黄箱补贴**

世界贸易组织（WTO）《补贴与反补贴措施协议》第5、第6条对可诉讼补贴有专门的规定。可诉补贴介于红箱补贴和绿箱补贴之间，指那些虽被禁止，又能免于质疑的补贴。黄箱补贴基于互利互惠，只要贸易双方两相情愿，世贸组织就不过问。评判黄箱补贴是否合理，就看该项补贴是否使起诉的成员利益受损，若利益受损，就是不合理的，否则，就是合理的。

## 三、财政补贴现状及其改革

### (一) 财政补贴现状

新中国的财政补贴始于20世纪50年代初，当时仅有絮棉补贴一项。到60年代尽管补贴项目有所增加，但数额一直较少，在财政支出中占的比重没有超过1个百分点。1978年以后，伴随经济体制改革，以及政府不断提高农产品收购价格，我国财政补贴呈现快速增长。随后，财政补贴规模之大一度成为财政的沉重负担，而且在补贴范围、补贴方式等方面都存在不当之处，在一定程度上阻碍了国民经济发展和经济体制改革的深入。20世纪90年代,我国开始不断进行财政补贴改革,至目前已经取得了很大成效,但仍存在一些问题。

2007年我国《政府收支分类科目》改革以前,财政补贴主要有收入科目中的国有企业亏损补贴,支出科目中的政策性补贴支出。其中,国有企业亏损补贴主要包括对工业企业、商业企业、粮食企业的补贴。此项为负收入,冲减财政收入。政策性补贴支出指经政府批准,由财政拨给用于粮棉油等产品的价格补贴支出。主要包括粮、棉、油差价补贴,平抑物价和储备糖补贴,农业生产资料价差补贴,粮食风险基金,副食品风险基金,地方煤炭风险基金等。此外,还有一些财政补贴散见于其他相关支出科目中。从我国1990~2006年财政政策性补贴支出和国有企业亏损补贴具体情况(见表6-1)来看,政策性补贴支出总体呈现增长态势,国有企业亏损补贴随着我国市场化进程的推进逐年减少。2006年,我国财政政策性补贴支出和国有企业亏损补贴合计为1 567.74亿元,占当年财政总支出的3.88%。

表6-1　　1990~2006年我国政策性补贴支出和国有企业亏损补贴情况　　单位:亿元

| 年份 | 粮棉油价格补贴 | 平抑物价等补贴 | 肉食品价格补贴 | 其他价格补贴 | 政策性补贴合计 | 国有企业亏损补贴 | 两项财政补贴合计 |
|---|---|---|---|---|---|---|---|
| 1990 | 267.61 | — | 41.78 | 71.41 | 380.80 | 578.88 | 959.68 |
| 1991 | 267.03 | — | 42.46 | 64.28 | 373.77 | 510.24 | 884.01 |
| 1992 | 224.35 | — | 38.54 | 58.75 | 321.64 | 444.96 | 766.60 |
| 1993 | 224.75 |  | 29.86 | 44.69 | 299.30 | 411.29 | 710.59 |
| 1994 | 202.03 | 41.25 | 25.41 | 45.78 | 314.47 | 366.22 | 680.69 |
| 1995 | 228.91 | 50.17 | 24.17 | 61.64 | 364.89 | 327.77 | 692.66 |
| 1996 | 311.39 | 53.38 | 27.46 | 61.68 | 453.91 | 337.40 | 791.31 |
| 1997 | 413.67 | 43.20 | 28.25 | 66.84 | 551.96 | 368.49 | 920.45 |
| 1998 | 565.04 | 28.10 | 26.09 | 92.89 | 712.12 | 333.49 | 1 045.61 |
| 1999 | 492.29 | 14.25 | 20.55 | 170.55 | 697.64 | 290.03 | 987.67 |
| 2000 | 758.74 | 17.71 | 19.39 | 246.44 | 1 042.28 | 278.78 | 1 321.06 |
| 2001 | 605.44 | 16.74 | 4.55 | 114.78 | 741.51 | 300.04 | 1 041.55 |
| 2002 | 535.24 | 5.32 | 1.60 | 102.91 | 645.07 | 259.60 | 904.67 |
| 2003 | 550.15 | 5.15 | 1.28 | 60.70 | 617.28 | 226.38 | 843.66 |
| 2004 | 660.41 | 5.22 | 1.28 | 128.89 | 795.80 | 217.93 | 1 013.73 |
| 2005 | 577.91 | 4.69 | 0.93 | 414.94 | 998.47 | 193.26 | 1 191.73 |
| 2006 | 768.67 | 8.48 | 0.94 | 609.43 | 1 387.52 | 180.22 | 1 567.74 |

资料来源:根据历年《中国财政年鉴)》有关数据计算整理。

2007年我国《政府收支分类科目》改革以后，财政补贴主要散见于其他相关支出科目中。例如，社会保障和就业支出中的就业补助、企业改革补助；环境保护支出中的对退耕还林的补贴、退牧还林的补贴、风沙荒漠治理补贴等；农林水事务支出中的针对农业的稳定农民收入补贴、农业结构调整补贴、农业生产资料补贴、农业生产保险补贴、对村级一事一议的补助、农资综合直补等，粮油物质储备及金融监管事务支出中对粮油事务的国家粮油差价补贴、储备粮油利息费用补贴、储备粮油差价补贴、储备粮油移库费用补贴、处理陈化粮补贴等；交通运输支出中因石油价格改革对交通运输（城市公交、农村道路客运、出租车等）的补贴；住房改革支出中的提租补贴（租金补贴）、购房补贴等。这些财政补贴归纳起来可分为对个人和家庭的补助、对企事业单位的补贴两类。其中，对个人和家庭的补助主要包括：离休费、退休费、退职（役）费、抚恤金、生活补助、救济费、医疗费、助学金、奖学金、农民生产补贴、住房公积金、提租补贴、购房补贴等；对企事业单位的补贴主要包括企业政策性补贴、事业单位补贴、财政贴息、国有资本经营预算费用性支出等。

## （二）财政补贴改革

市场经济条件下，财政补贴是对市场机制的一种补充和矫正，它不能代替市场机制占据主导调节地位，同时它的作用既不应受到忽视，也不应无节制地使用。当前，我国应根据目前社会主义市场经济发展现状和世界贸易组织（WTO）《补贴与反补贴措施协议》的有关要求合理运用财政补贴，以发挥其积极作用。

**1. 合理确定补贴的范围，减少补贴项目**

我国目前财政补贴的范围几乎涉及社会生产和人民生活的各个方面，包括衣食住行和生产、流通、消费各环节。据不完全统计，目前我国财政补贴多达100多项，仅列入国家预算支出的价格补贴就有30多项。大量财政补贴项目的存在，一定程度上扭曲了相对价格体系，不可避免地在市场机制能够高效运行的领域造成障碍，从而影响资源的有效配置。因此，应合理确定补贴的范围，减少补贴项目。

从社会主义市场经济的客观要求出发，今后我国的财政补贴主要限制在以下范围：（1）对在市场竞争中处于不利地位的弱质产业和经济不发达地区，以及市场风险程度较高的高新技术产业等，应通过适当的财政补贴予以必要的扶持。例如，农业是一个特殊的生产领域，生产比较分散，生产周期较长，而且农业靠天吃饭的成分很大，农产品产量有很大的波动性。在这种情况下，如果国家不进行干预，完全听任市场机制自发调节，则在丰年会由于大量农产品上市，导致农产品价格下降而出现"谷贱伤农"，而在歉年又会因农产品短缺而导致农产品市场价格上涨，影响广大消费者的利益。为了保护农业生产者和城市消费者的经济利益，国家通过财政补贴机制进行一定的干预是必要的。（2）对社会效益大，而从事这方面经营的企业不受益或受益小的项目和产品给予补贴。例如，国家对军工、航天等负有特殊使命的企业应继续给予补贴；对节能、节水、综合利用和治理环境等项目也应进行一定的补贴。（3）对仍然需要由国家实行价格管制的，以及关系国计民生的少数重要产品和劳务，如石油、煤炭、城市供水、供电、供气、公共交通等，可保留适当的财政补贴，以弥补因价格政策造成的企业亏损和微利。（4）对政府鼓励出口的产品，填补国内空白的进口产品和技术以及进口替代产品等，应给予适当的财政补贴，以促进对外贸易，调节国内供求，并保护民族产业，维护国家经济利益。这里需要注意，我国应根据世界贸易组织（WTO）《补贴与反补贴措施协议》和《中国加入 WTO 工作组报告书》中承诺的要求，取消不符合 WTO 规则的补贴，用足用好 WTO 规则允许的补贴，做到既符合 WTO 要求，避免引起对我国产品出口形成诉讼，又要提高财政补贴的使用效率。

对于上述范围以外的其他补贴，应通过适当途径逐步缩小以至消除。例如，有的可以通过不断提高经济效益逐步减少，最后消除；有的可以配合价格、工资和税收的调整与改革，逐步减少以至消除。

**2. 严格控制财政补贴的规模和标准**

（1）严格控制财政补贴规模需要坚持的原则。①财政补贴的总规模应以不影响市场机制在全社会的资源配置中发挥基础性作用为限度。②财政补贴的总规模应以不影响财政收支平衡、加剧财政困难为限度。③财政补贴的总规模应以不挤占其他财政支出、妨碍财政整体职能的发挥为限度。①

（2）补贴标准的制定。补贴标准如何制定，也直接关系着财政补贴的规模。对具体补贴项目的补贴标准应以价格同价值的背离程度为依据。例如，对居民个人和家庭的补贴标准的确定，应使居民实际收入（工资＋补贴）的增长速度大致等于物价的上涨速度等。对企业政策性补贴，在生活品出厂价格、销售价格和工资水平较低的情况下，补贴标准可以定得较高。但随着价格体系的理顺，出厂价格、销售价格和工资水平的提高，补贴标准应向下予以调整。如果补贴的环境变了，但补贴标准一成不变或者认为补贴只能增不能减，那么补贴的规模很难得到合理的压缩。

**3. 科学选择财政补贴环节，适时调整财政补贴方式**

科学选择财政补贴的环节，是正确发挥财政补贴作用的关键。如果财政补贴

---

① 刘京焕等：《财政学原理》，高等教育出版社 2011 年版。

环节选择不当，就会使财政补贴偏离原来的政策目标，甚至与政策目标背道而驰。一般来说，某项财政补贴环节的选择，应以其既定的政策目标为依据。如果财政补贴是为了配合产业政策和生产力布局政策，实现优化资源配置目标，那么应选择在生产（包括投资）环节进行补贴，以直接调动生产（投资）单位的积极性，改善其生产和投资条件，促进该产业和地区经济更快发展。例如对农业生产、高新技术产业和经济不发达地区的财政补贴，就应主要选择在生产环节，多采用投资补贴、税收减免、财政贴息等政策手段。如果财政补贴是为了配合适度的物价管制，实现稳定物价、稳定经济、稳定人民生活、稳定社会的政策目标，那么就应选择在流通环节进行补贴，以平抑物价，使社会成员普遍受益，从而达到稳定的目的。例如对涉及面广、波动效应大的重要基本生活资料和生产资料（如粮食、燃料等）就应选择在流通环节以价格补贴的形式对经营单位进行补贴。如果财政补贴是为了配合收入分配政策，实现社会公平的政策目标，那么就应选择在消费环节，重点是对低收入者提供生活补贴等。

适时调整补贴方式。首先应根据不同补贴项目的特点，选取适当的补贴方式。对于那些需要补贴、而采用现金补贴又易被挪用的补贴项目，应继续采用"暗补"的方式。如对电力、自来水等公用事业产品继续给予"暗补"，以降低其价格，可以使低收入者得到维持基本生活的必要消费量，缩小与高收入者之间消费水平的差距，起到收入再分配的作用。对补贴商品的收入弹性较小，资金又不易被挪用的补贴项目，宜采用"明补"方式。如对基本生活食品的价格补贴，可直接给予消费者现金补助，以增加其可支配收入，使消费者受补贴的感受更加明显，而且由于明补不改变商品的相对价格，所以不会扭曲生产和消费结构，又节约了补贴商品的消费。

**4. 加强对财政补贴的管理**

目前，财政补贴在管理上存在一些问题。比如，补贴的决策权分散，致使地方财政部门盲目增加一些补贴项目，有的补贴项目甚至是为了保护本地区的落后产品。又比如，有的财政部门对补贴款的使用监督管理不严，因而造成一些单位出现冒领、挪用补贴款的问题。补贴管理方面存在漏洞，不仅不利于有效控制财政补贴的规模，而且也不利于提高财政补贴支出的效益。因此，应实行切实可行的措施，加强财政补贴管理，提高财政补贴资金使用效益。

## 本章主要名词概念

| 社会保障支出 | 社会保障 | 社会保险 | 养老保险 | 医疗保险 |
| 社会救济 | 社会福利 | 住房保障 | 财政补贴 | 财政贴息 |

## 本章小结

1. 财政社会保障支出是指一国政府财政在社会保障方面安排的支出。社会保障支出是与社会保障制度紧密联系在一起的。一般来说，社会保障体系主要包括社会保险、社会福利、优抚安置和社会救助等。根据我国现行的《政府收支分类科目》，财政社会保障支出主要包括社会保障和就业支出、医疗卫生支出中的医疗保障部分和住房保障支出。

2. 财政补贴是政府为了实现特定的政策目标，在一定时期内，向特定的产业、部门、地区、企事业单位、个人和家庭提供的无偿补助。与其他财政支出项目比较，财政补贴主要具有政策性、灵活性、时效性等特征。我国目前财政补贴主要散见于其他相关支出科目中，归纳起来可分为对个人和家庭的补助、对企事业单位的补贴两类。我国应根据目前社会主义市场经济发展现状和世界贸易组织（WTO）《补贴与反补贴措施协议》的有关要求合理运用财政补贴，以发挥其积极作用。

## 本章习题

1. 简述社会保障的内涵。
2. 简述社会保障制度的主要内容。
3. 简述我国财政社会保障支出的主要内容。
4. 简述财政补贴的特征。
5. 简述财政补贴包括的主要内容。
6. 简述我国财政补贴应如何改革。

# 第七章 财政收入原理

> **学习目标**
>
> 1. 了解财政收入分类、财政收入规模和财政收入结构的含义;
> 2. 明确财政收入分类、财政收入结构;
> 3. 掌握影响财政收入规模的因素、财政收入的形式;
> 4. 熟悉我国财政收入规模变化的原因。
>
> **学习重点与难点**
>
> 理解财政收入形式;熟悉衡量财政收入规模的指标以及我国财政收入规模变化的原因;掌握影响财政收入规模的因素。

## 第一节 财政收入分类

### 一、按财政收入形式分类

#### (一)税收收入

税收是政府为了实现其职能,凭借国家政治权力,依照法律的规定和标准,强制地、无偿地、固定地取得财政收入的一种形式。目前是世界各国主要的财政收入形式,发达国家的财政收入中税收均占90%以上,即使经济欠发达国家税收也占60%~80%。目前我国财政收入的90%以上来自于税收。

## （二）非税收入

### 1. 国有资产收益

国有资产收益是政府凭借其对国有资产的所有权所获得的经营利润、租金、股息（红利）等收入。国有资产收益的形式主要取决于国有资产的经营方式。目前，我国国有企业的经营方式按其资产所有权与经营权是否分离及分离的程度不同来分类，主要有国家直接经营、国有企业的承包经营、国有企业的租赁经营和国有企业的股份经营等。不同的经营方式，其上缴的收益也有所不同。在国有企业实行利改税以前，国有企业上缴利润是财政收入的一个主要形式，实行利改税后，利润在财政收入中所占的比重较小。

### 2. 债务收入

债务收入是国家以债务人的身份，按照信用原则从国内外取得的各种借款收入。它包括在国内发行的各种公债（内债）和向外国政府、国际金融组织和国外商业银行的借款以及发行的国际债券等取得的收入（外债）。国债具有有偿性、自愿性、灵活性和广泛性等特点，在弥补财政赤字、调节经济运行等方面发挥着重要的作用，已经成为一种不可或缺的财政收入形式。但是，债务收入是有偿的，到期要还本付息，其规模受到多种因素的影响，过多会对经济运行产生不良的影响，不宜作为财政收入的主要形式。

### 3. 政府收费

政府收费是政府机关或者事业单位在提供公共产品、服务或者批准使用某些资源时，向受益人收取一定费用的一种财政收入形式。它主要包括规费和使用费两种。规费收入数量不大，但是涉及面广、政策性强，其主要作用是为了便于对某些行为进行管理和统计，建立良好的经济秩序。政府收取使用费，一方面有利于提高政府所提供的这些公共设施的使用效率；另一方面有助于避免公共设施使用的拥挤问题。

### 4. 其他收入

其他收入是指上述几种收入之外的政府的各种收入，比较常见的有罚没收入和捐赠收入等。另外，一些学者将经济学意义上所谓的"通货膨胀税"也列入其他收入之中。

罚没收入是指行政机关在执法和执行公务过程中，对违法或违章者所处以的罚款、罚金。

通货膨胀税是指政府为了弥补其所提供的物品和劳务的费用而扩大货币供给，从而造成物价的普遍上涨。为了弥补政府支出，政府可以通过增加流通领域的货币量，或者是通过向中央银行借款或透支的办法扩大货币供给，其结果都将导致物价水平的普遍上涨，这必然使人们手中持有的货币的实际购买力下降，从而政府部门支配的资源即财政收入增加。这种由通货膨胀引致的收入实质上是将私人部门占有的一部分社会资源转移到公共部门，只不过它采取了一种较为隐蔽的形式而已。从这个意义上说，它和税收无异，所以也常常被喻为"通货膨胀税"。

## 二、按财政收入来源分类

### （一）所有制来源

财政收入的来源按所有制划分，有来自全民所有制经济、集体所有制经济、私营经济、个体经济、外资企业、中外合资经营企业和股份制企业等的收入。从20世纪80年代开始，随着所有制结构的调整，原来由全民所有制和集体所有制为主体的财政收入结构发生比较大的变化，其他所有制形式提供的财政收入比重越来越大。

### （二）部门来源

财政收入的来源按部门划分，有来自农业、工业、交通运输、商业服务等部门的收入。这些部门又分别归入第一产业、第二产业和第三产业。第一产业包括农业、牧业、林业、渔业等；第二产业包括工业和建筑业；第三产业包括除上述第一、第二产业以外的其他各业。目前，我国已经停征农业税和农业特产税，财政收入绝大部分来自第二产业，随着城镇化进程的加快和科学技术的进步，第三产业产值在国民生产总值中占比会越来越高，财政收入来源于第三产业的比重也会随之提高。

## 三、按财政资金管理方式分类

### （一）预算内收入

预算内收入，亦称为预算收入，是指统一纳入政府预算，按政府预算立法程序实行规范管理，由各级政府统筹安排使用的财政收入。这些收入要经过预算管理程序才能安排各项财政支出，并纳入国库管理。预算收入包括一般预算收入和基金预算收入等。

### (二) 预算外收入

预算外收入,是指按现行制度不纳入预算管理的财政性资金。预算外收入由各级政府自行安排使用,有较大的灵活性。这些收入,虽然不纳入国家预算,但由于它们是以地方政府的名义征收的,因而也属于财政收入的范围。在我国,由于历史原因,预算外收入具有一定的规模。因此,加强预算外收入的管理是财政工作的一项重要内容。

## 四、按取得收入的稳定性分类

### (一) 经常性收入

经常性收入是指每个财政年度都能连续不断、稳定地取得的财政收入,如税收、经常性收费等。

### (二) 临时性收入

临时性收入是指在财政年度内不经常或不规律地取得的财政收入,如国债收入、罚没收入、捐赠收入等。

## 第二节 财政收入规模

### 一、财政收入规模的含义

财政收入规模是指一定时期内(通常为一年)财政收入的绝对量和相对量。它是衡量一国政府财力和政府在社会经济生活中行使职能范围的重要指标。科学合理的财政收入规模既可保证政府有效履行其职能,又可促进国民经济持续健康的发展。为此,促使财政收入持续稳定增长始终是世界各国的主要财政目标。

### 二、财政收入规模的衡量指标

### (一) 绝对指标

衡量财政收入规模的绝对指标是财政收入总额。它是指一定时期内财政收入的实际数量。从静态考察,财政收入总额集中反映了一国或一个地区在一定时期内的经济发展水平和财力集散程度,体现了政府运用各种财政收入手段调控经济运行、参与收入分配和资源配置的范围和力度;从动态考察,财政收入总额的变动趋势反映了随着经济社会发展、经济体制的改革,政府职能范围的增减变化规律,揭示了财政机制在调控经济运行、资源配置和收入分配中的作用范围及力度。

## (二) 相对指标

衡量财政收入规模的相对指标通常有两个:一个是财政收入占国内生产总值(GDP)或国民生产总值(GNP)的比重;一个是中央财政收入占总财政收入的比重。这也就是通常所说的"两个比重"。这两个指标是衡量政府宏观调控能力和制定经济政策时的重要依据,前者综合反映出政府与微观经济主体之间占有和支配社会资源的关系,反映出政府调控经济运行和影响社会资源配置的程度和地位;后者是用来衡量中央政府集中财力的程度和宏观调控能力。

## 三、财政收入规模的影响因素

## (一) 经济发展水平

经济决定财政,财政反作用于经济。经济发展水平是影响财政收入的最基本因素。一般而言,经济发展水平高,则该国的财政收入总额较大,占国内生产总值的比重也较高。当然,一个国家财政收入规模还受到其他各种主客观因素的制约,但有一点是清楚的,就是经济发展水平对财政收入的制约是根本性的。

从世界各国的现实状况考察,发达国家的财政收入规模大都高于发展中国家,而在发展中国家中,中等收入规模的国家又大都高于低收入国家,绝对额如此,相对额也是如此,见表7-1。

表7-1　　　　各国中央政府财政收入占 GNP 的比重 (1992年)

| 国别 | 人均 GNP (美元) | 中央政府财政收入占 GNP 的比重 (%) |
| --- | --- | --- |
| 高收入国家: | 22 160 | |
| 其中:英国 | 17 790 | 37.5 |
| 德国 | 23 030 | 30.3 |
| 瑞典 | 27 010 | 44.6 |

续表

| 国别 | 人均 GNP（美元） | 中央政府财政收入占 GNP 的比重（%） |
|---|---|---|
| 中等收入国家： | 2 490 | |
| 其中：菲律宾 | 770 | 17.4 |
| 泰国 | 1 840 | 18.1 |
| 伊朗 | 2 200 | 17.9 |
| 低收入国家： | 390 | |
| 其中：尼泊尔 | 170 | 9.6 |
| 印度 | 310 | 14.4 |
| 巴基斯坦 | 420 | 16.7 |

资料来源：陈共：《财政学》，中国人民大学出版社 2012 年版。

经济发展水平对财政收入规模的制约关系可以运用回归分析方法作定量分析，回归分析是考察两组或多组经济数据之间存在的相关关系的数学方法，其核心是找出数据之间相关关系的具体形式，得出历史数据，据以总结经验，预测未来。假设 Y 代表财政收入，X 代表国内生产总值，则有公式：$Y = a + bX$，其中 a 和 b 为待定系数。这里需要说明的是，尽管回归分析是一种科学的定量分析方法，但其应用也是有条件的，当有关经济变量受各种非正常因素影响较大时，应用回归分析就不一定能得出正确的结论。以上分析表明，经济决定财政，意味着只有经济发展了，财源才会丰裕，否则财源就会枯竭。

## （二）生产技术水平

生产技术水平也是影响财政收入规模的重要因素，但生产技术水平是内涵于经济发展水平之中的，一定的经济发展水平总是与一定的生产技术水平相适应，较高的经济发展水平往往是以较高的生产技术水平作支撑。因此，对生产技术水平制约财政收入规模的分析，实质上是对经济发展水平制约财政收入规模的进一步深化分析。

生产技术水平是指生产中采用先进技术的程度，又称其为技术进步。技术进步对财政收入规模的制约可从两个方面来分析：一方面，技术进步会加快生产速度，提高生产质量，从而大大增加了国民生产总值，因而财政收入的增长就有了充分的财源基础；另一方面，技术进步必然会大大提高劳动生产率和降低物质消耗，可以扩大产品附加值所占的比例。由于财政收入主要来自产品附加值，因而在其他条件不变的情况下，产品附加值所占比例的提高必然会使财政收入占 GDP 的比重提高。所以说技术进步对财政收入的影响非常直接和明显。据粗略测算，技术进步对财政收入增长的贡献是其他因素的 3.8 倍,其所创造的国民收入每百元可提供 50 元财政收入,而其他因素仅为 13 元。[①] 所以,促进技术进步,提高劳动生产率,降低物质消耗,从而提高企业经济效益,是增加财政收入的根本途径。

### (三) 收入分配政策和分配体制

影响财政收入规模的另一个重要因素是收入分配政策和分配体制。财政收入规模的大小归根到底受经济发展水平的制约,但在经济发展水平既定的条件下,收入分配政策和分配体制对财政收入规模具有重大影响。因此,即使经济发展水平相同的国家和一个国家的不同时期,财政收入规模也是不同的。

我国改革开放前后收入分配政策发生了急剧变化,财政收入规模也发生了很大变化。我国改革开放初期,财政收入占 GDP 的比重出现逐年下滑的趋势。据有关部门统计,从最终收入分配格局分析,政府收入的比重,1978 年为 31.3%,到 1994 年下降为 12.0%,下降了 19.3 个百分点;企业收入所占比重,1978 年为 18.2%,1994 年为 21.5%,上升了 3.3 个百分点;个人收入比重,1978 年为 50.5%,1994 年为 66.5%,上升了 16 个百分点。[②] 当时 GDP 分配格局变化的显著特征是向居民个人倾斜,而改革初期这种倾斜带有补偿性质。过去在计划经济体制下,分配模式是"先扣除,后分配",实行低工资、低收入制度。当时,财政收入占 GDP 的比重最高年份曾高达 39.3%(1960 年)。变化是从 1979 年开始的,当年,同时采取三大措施,即大幅度提高农副产品价格,提高职工工资水平,对企业减税让利。三大措施的实施对财政收入产生了巨大影响,1979 年、1980 年两年财政收入平均只增长 1.2%,财政收入占 GDP 的比重急剧下降。1980 年比 1978 年下降了 5.6 个百分点,是下降幅度最大的一年。此后继续实行减税让利政策,财政收入占 GDP 的比重继续下滑。

GDP 分配格局变化的原因是复杂的,是国民经济运行中各种因素综合作用的结果。首先是经济体制转轨的必然结果。分配体制是由经济体制决定的,过去在计划经济体制下的统收统支体制,显然是与市场经济体制不相称的,经济体制转换带来分配体制的转换是必然的。实际上,我国经济体制改革是以分配体制改革为突破口的。实践证明,分配体制的改革促进了经济体制的改革,促进了经济的快速增长。问题在于,一开始步子迈得大了一些,有序性差了一些,以后在较长时期内继续减税让利,政府也曾做过一些调整,但多是临时性、非规范性措施,

---

① 谭建立:《财政学》,中国财政经济出版社 2008 年版。
② 陈共:《财政学》,中国人民大学出版社 2012 年版。

没有从根本方针上加以解决，直到1995年以前财政收入占GDP的比重一直呈下滑趋势。1993年中央采取整顿措施以后，财政收入占GDP的比重才相对稳定，到1996年开始停止下滑，1997年开始回升。其次，GDP分配向个人倾斜，财政收入比重的不断下滑，与分配制度不健全以及分配秩序混乱有直接关系。改革开放之初，党和政府的分配制度和分配政策是明确的，即以按劳分配为主，多种分配形式并存，效率优先，兼顾公平，保护合法收入，取缔非法收入，调节过高收入。但在改革过程中，特别是在改革初期，对该分配政策的贯彻不是十分有力。居民收入分为两部分：(1) 制度内收入，主要是工资、奖金、经营收入和财产收入，这部分收入特别是工资收入还处于相对平均状态；(2) 制度外收入，即所谓"灰色收入"和"黑色收入"，这部分收入的特征是透明度差，通过哪些渠道，采取哪些形式，比重有多大，带有很大的隐蔽性，因此，通过再分配手段进行调节的难度很大。正是由于制度外收入的急剧增长，导致居民收入差距急剧扩大并形成收入分配不公。

### （四）价格因素

财政收入是一定量的货币收入，它是在一定的价格体系下形成的，又是按一定时点的现价计算的，所以，价格的变动必然会影响财政收入的规模。价格变动对财政收入规模的影响主要表现在以下几个方面。

(1) 价格总水平的变动对财政收入规模的影响。在市场经济条件下，价格总水平一般呈上升趋势，一定范围内的上涨是正常现象，持续地、大幅度地上涨就是通货膨胀。随着价格总水平的上升而财政收入同比例地增长，则表现为财政收入的"虚增"，即名义增长而实际并无增长。在现实经济生活中，价格上升对财政收入的影响可能出现以下不同的情况：①财政收入增长率高于物价上涨率，财政收入表现为实际增长加名义增长；②财政收入增长率低于物价上涨率，财政收入表现为名义增长而实际下降；③财政收入增长率与物价上涨率大体一致，财政收入表现为名义增长，而实际不增不减。

(2) 价格总水平的变动通过财政收入制度影响财政收入水平。财政收入制度主要指税收制度。这里主要指税率结构，即累进税率、比例税率和定额税率。如果实行以累进所得税为主体的税制，当出现通货膨胀时，纳税人适用的税率会随名义收入的增加而产生"档次爬升"效应，从而产生有利于增加财政收入的再分配；如果实行以采用比例税率的流转税为主体的税制，则税收收入的增长与物价上涨率是同步的，因而财政收入在通货膨胀下只有名义增长，而不会有实际增长；如果采用定额税率，当通货膨胀时，税收收入的增长必然低于物价上涨率，因而税收收入即使有名义增长，实际收入也必然是下降的。

（3）产品比价的变动对财政收入规模的影响。价格总水平的变动往往是和产品比价的变动同时发生的，而产品比价关系变动会以另一种方式影响财政收入：①产品比价变动会引起货币收入在企业、部门和个人各经济主体之间的转移，形成 GDP 再分配，使财源分布结构发生变化；②由于财政收入在企业、部门和个人之间的分布呈非均衡状态，或者说，由于各经济主体上缴财政的税利比例是不同的，产品比价变化导致财源分布结构发生变化时，相关企业、部门和个人上缴的税利就会有增有减，增减的综合结果就是对财政收入的最终影响。

## 四、我国的财政收入规模

### （一）改革开放以来我国财政收入规模的变化趋势

改革开放以来，我国财政收入的绝对数逐年上升，但相对数则呈现先降后升的趋势，从总体上说，增长势头良好，年均增速："六五"时期为 11.6%，"七五"时期为 7.9%，"八五"时期为 16.3%，"九五"时期为 16.5%，"十五"时期为 18.7%，"十一五"时期为 21.5%。就财政收入本身而言，虽然各年的增速是波动的，但增长速度却比较快。我国财政收入增长及其占 GDP 的比重变化趋势见表 7-2。

表 7-2  我国财政收入增长及其占 GDP 的比重变化趋势

| 年份 | 1978 | 1980 | 1985 | 1990 | 1995 | 1996 | 2000 | 2005 | 2006 | 2010 | 2011 |
|---|---|---|---|---|---|---|---|---|---|---|---|
| 比上年增长（%） | 29.5 | 1.2 | 22 | 10.2 | 19.6 | 18.7 | 17 | 19.8 | 22.5 | 21.3 | 25 |
| 占 GDP 的比重（%） | 31.1 | 25.5 | 22.2 | 15.7 | 10.3 | 10.4 | 13.5 | 17.3 | 18.3 | 20.7 | 21.9 |

资料来源：《中国统计年鉴（2012）》。

具体来说，改革开放以来我国财政收入规模的变化可分为以下几个阶段。

**1. 财政收入规模相对下降阶段（1978~1995）**

我国财政收入随着经济的不断增长而增长。就财政收入绝对量的增长来看，增长速度虽然各年有波折，但整体增速不是很慢。就财政收入相对量来看，1995 年以前呈现不断下降的趋势：1978 年财政收入占 GDP 比重高达 31.1%，经济体制改革后,这一比重逐年下降,到1995年下降到10.3%,为最低点。由于我国财政收入规模下降幅度过大,削弱了政府对社会经济的宏观调控能力,使政府面对许多本应该由其担负的公共职责,却因为财政收入规模过小而在财力上呈现力不从心状态。

**2. 财政收入规模的止跌回升阶段(1996~2005)**

我国财政收入占 GDP 的比重于1996年开始回升,1996年回升为10.4%,2005年为17.3%。在发展中国家中属于中等偏低水平,并且明显低于经合组织国家平均水平。

**3. 财政收入规模高速增长阶段(2006年至今)**

从财政收入的增长率看,虽然在不同年份存在波动,但近几年财政收入增长率呈快速上升趋势,2006年为22.5%,2007年为32.4%,2011年为25%。从财政收入占 GDP 比重来看,2006年为18.3%,2008年为19.5%,2009年为20%,2011年为21.9%。从绝对指标和相对指标两方面看,2011年财政收入既延续了1995年以来的强劲上升势头,又带有一定的超常规增长特征。2011年财政收入已达到103 874.4亿元,比2010年增加20 773亿元,比2010年增长25%。①

### (二) 我国财政收入规模变化的原因

**1. 1995年以前相对数下降的原因**

改革开放初期,我国为了打破财政统收统支的计划经济体制,在财政改革方面主要采取了放权让利等具体措施,这些财政改革措施一方面将国有企业逐渐还原为市场主体,使国有企业真正成为独立核算与自主经营的经济实体,促进了市场领域中各经营主体参与竞争的积极性和主动性,提高了一般竞争领域的效率;另一方面,这种放权让利的财政改革措施也导致了财政收入相对规模的不断下降。

1984~1988年,我国先后对国有企业实行了两次放权让利的改革,这项改革使国有企业的留利水平提高了,但却使财政收入减少了。改革前的1983年,国有企业的留利为41.8%,改革后的1988年,留利上升至47.9%。② 我国的"利改税"是1994年完成的,20世纪80年代还处在"利改税"的中前期,那时的"国企"利润是财政收入的重要来源,"国企"留利多了,上缴自然也就少了。再者,享受了放权让利政策的国有企业,由于众多的原因,并没有如改革所期望的那样显示出应有的活力,效益仍在不断下滑,也不能带来财政收入增量,所以,造成财政收入相对数的下降。

---

① 资料来源:《中国统计年鉴(2012)》。
② 孙世强:《财政学》,清华大学出版社2011年版。

## 2. 1995年以后相对数上升的原因

我国财政收入相对数下降走势是1995年见底，1996年走势开始回升。

这一时期进行的税制改革对于保证财政收入的增长起到了很大作用。1994年我国进行了最大幅度的税制改革。这一次税制改革不仅完善了以增值税、营业税为主体税种的流转税体系，而且建立了中央和地方的分税体制，解决了多年存在的中央和地方税源控制权和财权划分不清的问题，有效地调动了中央与地方组织税收收入的积极性。1994年实行分税制改革，目的之一是要提高国家财政收入比重，建立财政收入稳定增长机制。在新的税收制度下，征税效率不断提高，财政收入连年增长。因此，1994年的税制改革是我国这些年财政收入不断增长的主要原因之一。

## 3. 2006年以来财政收入快速增长的原因

2007年税收收入的增长速度超过了GDP的增长速度，由此引发了社会广泛关注的税收高速增长问题，也有人称为税收超常增长问题。税收快速增长的主要原因表现在以下几个方面。

(1) 产业结构的变化。在GDP保持不变的情况下，由于产业结构的变化可导致财政收入占GDP比重的上升，因此会出现财政收入增长速度超过GDP增长速度的情况。三大产业各自的增长率和提供的GDP与财政收入的来源是不同的。GDP由第一、第二、第三产业增加值组成，而全国财政收入是由二十几种税收及非税收入组成的。不同的税收收入有不同的经济来源。产业结构的变化会导致财政收入的财源结构变化，进而导致财政收入规模变化。

(2) 居民收入的持续增长。2006年以来我国居民收入持续增长，以全国城镇居民人均可支配收入为例，2006年为11 759元，2007年为13 786元，2008年为15 781元，2009年为17 175元，2010年为19 109元，2011年为21 810元，2012年为24 565元。随着城镇居民收入的增加，个人所得税也不断增长，尤其是2007年以来，税务机关对年收入超过12万元的居民采取了限时申报措施，在2008年免征额由1 600元提高至2 000元的情况下，税额仍从2007年的3 185亿元猛增至2008年的3 722亿元，增幅达到17%以上；2011年免征额由2 000元提高至3 500元的情况下，税额仍从2010年的4 837亿元猛增至2011年的6 054亿元，增幅达到25%以上。居民收入的持续增长，促使财政收入规模不断增长。

(3) 征管力度的增强。长期以来，我国税收征管工作存在着税源管理覆盖不全、执法不严、偷、逃、骗税违法现象较多等问题，造成税款大量流失。近年来，我国税收征管理念逐步向"依法治税"和"税收服务"转变，强化税收监督，加大征管力度。如在土地增值税方面，各级税务机关对房地产开发企业依法进行了土地增值税清算，征收管理力度较往年明显增强。在个人所得税方面，年所得12万元以上的纳税人自行申报个人所得税的工作在各地税务机关普遍展开，完善了全员全额扣缴申报管理。在税费改革方面，加大清理了税外收费力度。这些措施有效堵塞了税收漏洞，抑制了偷漏税现象。这是我国财政收入持续高速增长的重要原因。

### （三）我国和其他国家财政收入规模的比较

根据国际货币基金组织（IMF）《政府财政统计年鉴2007》公布的2006年数据计算，全部51个国家的财政收入占GDP比重平均为40.6%，21个工业化国家的平均水平为45.3%，30个发展中国家的平均水平为35.9%。我国仅就预算内财政收入的规模而言，1990年为15.7%，2005年为17.3%，2011年为21.9%，目前仍处于偏低的水平，既低于发达国家，也还略低于发展中国家。但是，进行国际比较必须考虑统计口径的差异。目前国际货币基金组织定义的财政收入口径为全口径财政收入，除了包括预算内收入外，还要加上社会保险收入和没有计入预算内的非税收入等。近几年，我国全口径财政收入增长较快，2010年我国全口径财政收入占GDP的比重达34.6%。这说明按全口径财政收入来估算和衡量，当前我国的财政收入规模已经接近财政收入规模比较低的发达国家如美国的水平，已经高出发展中国家的平均水平，见表7-3和表7-4。由此可以判断，我国当前的财政收入规模虽然仍存在继续提高的余地，但继续提高的空间已经不大。

表7-3　1991~2008年OECD国家政府税收和非税收入占GDP比重　　单位：%

| 年份 | 1991 | 1995 | 2000 | 2005 | 2007 |
|---|---|---|---|---|---|
| 澳大利亚 | 33 | 34.5 | 36.1 | 36.3 | 35.4 |
| 加拿大 | 43.9 | 43.2 | 44.1 | 40.8 | 40.5 |
| 法国 | 47.6 | 48.9 | 50.1 | 50.5 | 49.7 |
| 德国 | 43.3 | 45.1 | 46.4 | 43.6 | 43.9 |
| 意大利 | 42.6 | 45.1 | 45.3 | 43.8 | 46.6 |
| 日本 | 33.4 | 31.4 | 31.4 | 31.7 | 33.4 |
| 瑞典 | 61 | 58 | 60.7 | 65.1 | 54.9 |
| 英国 | 39.8 | 38.2 | 40.3 | 40.8 | 41.7 |
| 美国 | 32.9 | 33.8 | 35.8 | 33.4 | 34.5 |
| 全部OECD国家 | 37.6 | 38.1 | 39.3 | 38 | 38.9 |

资料来源：OECD Economic Outlook，2008年11月。

表 7-4　　　　部分发展中国家政府财政收入占 GDP 比重　　　　单位：%

| 国家 | 年份 | 比重 | 国家 | 年份 | 比重 |
| --- | --- | --- | --- | --- | --- |
| 南非 | 2006 | 37.3 | 巴西 | 2004 | 35.8 |
| 波兰 | 2006 | 39.1 | 马来西亚 | 2003 | 26.1 |
| 捷克 | 2006 | 38.1 | 泰国 | 2006 | 22 |
| 阿根廷 | 2004 | 29.4 | 越南 | 2003 | 24.1 |
| 智利 | 2006 | 27.8 | 印度 | 2005 | 21.9 |
| 秘鲁 | 2005 | 18.7 | | | |

资料来源：www.mof.gov.cn。

## （四）我国财政收入规模的确定

1. 适度提高财政收入占 GDP 的比重。加强社会建设，必须以保障和改善民生为重点，要多谋民生之利，多解民生之忧，解决好人民最关心最直接最现实的利益问题，在学有所教、劳有所得、病有所医、老有所养、住有所居上持续取得新进展，努力让人民过上更好生活。为了实现这一艰巨的任务，必须加大政府的直接投入。为此，财政除了动员全社会的力量，多方面筹集资金外，还必须适度提高财政收入占 GDP 的比重。

2. 将财政收入规模控制在适当的水平上。一个国家的财政收入规模受经济、政治、社会等多种因素的影响，不可能用一个简单的数字来确定，而必须考虑各种影响因素的综合作用。在当前社会主义市场经济体制下，关键是要合理处理政府与市场的关系，更大程度地发挥市场在资源配置中的基础性作用。为此，必须继续完善国家宏观调控体系，加快政府职能的转变，切实把政府经济管理职能转到为市场主体服务和创造良好发展环境上来。因此，从完善市场经济体制的角度思考，我国财政收入的规模不宜过大，要适当控制财政收入的增长速度，使我国财政收入的规模控制在适当的区间。

3. 继续坚持有增有减的结构性调整的税收政策。预算内财政收入主要来自税收收入，而近年来税收收入的快速增长带来了财政收入的快速增长，对近几年财政收入的快速增长必须有清醒的认识。我国税收收入占 GDP 的比重变化的趋势，同样是改革开放初期一路下滑，从 1996 年开始上升，这种恢复性上升是正常的，但随后直线上升，每年几乎上升近 1 个百分点，这种超常增长现象不能视为一种规律性，也不应当也不可能长期继续下去。因为税收增长大幅度超出 GDP 的增长是一定时期特有的现象，而不是一种普遍的规律性。当我国市场经济体制基本建成，经济发展走向健康稳定增长，税收征管趋于规范，税收与 GDP 将趋于同步增长，即税收收入主要依靠经济增长带来的自然增长，税收占 GDP 的比重将趋于相对稳定。但根据目前的政治经济形势不适于实行全面减税政策，最佳途径是在税制改革的同时对税负进行有增有减的结构性调整，同时，通过税率和税基的调整达到合理控制税收收入增长的趋势。

4. 规范政府收入，控制预算外收入增长。各国的财政收入从国家预算的统一性和完整性原则的要求来看，理应就是政府收入。但我国的财政收入按其统计口径来看并非全部政府收入，实际上仅仅是与预算外相对应的预算内收入。我国仍然存在着相当规模的预算外收入，而这部分收入是由不同的政府部门自收自支、自行管理，不仅难以对其进行有效的调剂，也难以控制其使用方向和使用效益，影响了经济的正常运行，制约了社会经济的发展，必须控制预算外收入增长。

## 第三节 财政收入结构

### 一、财政收入的形式结构

财政收入的形式结构是按照财政收入的形式分类，由不同形式的财政收入在财政总收入中的占比所形成的结构。通过这个结构可以考察财政收入的规范性。从各国财政收入的形式看，各国财政收入的主体都是税收收入，基本占比在 90% 以上，国有资产收益和政府收费等只是财政收入的补充。在我国计划经济体制下，以上缴利润为主的企业收入占财政收入的 50% 以上。改革开放后，财政收入形式发生了很大变化，1994 年企业收入从财政收入形式中消失，税收所占比重逐步提高，从 1978 年的 45.9%，上升到目前的 90% 以上。

### 二、财政收入的价值结构

财政收入是以货币表现的一定量的社会总产品价值，通过财政收入的价值构成，可以了解并掌握社会产品各部分价值对财政收入的影响，寻求增加财政收入的途径。

众所周知，社会总产品的价值由 C、V、M 三部分构成，财政收入分别来自于这三部分。

C 有可能形成财政收入的来源。C 是补偿生产资料消耗的价值,又叫补偿基金,它可以分为两部分:一部分是补偿消耗掉的原材料等劳动对象的价值。只要企业再生产不间断地进行下去,这部分补偿价值就必须不间断地用于购买劳动对象,投入生产。因此,这部分不能构成财政收入的来源。另一部分是补偿机器设备、厂房等固定资产耗费的价值,即折旧基金。从性质上看,C 作为补偿基金,它又具有积累基金的属性,因为在原有固定资产报废更新之前,这部分折旧基金是以货币准备金的形式存在着的,可以进行追加投资,即可以当作积累基金使用,这使得折旧基金有可能通过财政在全社会范围内进行再分配。在高度集中的财政体制下,国有企业的折旧基金曾经全部或部分地上缴财政,成为财政收入的一个来源。现在,根据社会主义市场经济的要求,折旧基金仍然属于固定资产的简单再生产,属于企业经营管理权限的范围,已将其留给企业管理使用,不再成为财政收入的来源。

V 可以形成财政收入的来源。V 是新创造的价值中归劳动者个人支配的部分,属于个人消费基金的范畴,在总体上是由社会平均维持劳动力再生产的费用决定的,应全部留归劳动者个人。但是为了维护收入分配的公正、合理,保持社会稳定,政府应以社会管理者身份凭借政治权力通过税收形式对高收入者进行再调节,对低收入者进行补偿,可见 V 构成了财政收入的来源。我国来自 V 的财政收入主要有以下几个方面:(1)直接向个人征收的税收,如个人所得税,个人缴纳的房产税、城镇土地使用税、车船税等。(2)直接向个人收取的规费收入,如户口证书费、结婚证书费、护照费和罚没收入等。(3)居民购买的国库券。(4)服务行业和文化娱乐业等企事业单位上缴的税收中,其中有一部分是通过对 V 的再分配转化来的。从我国目前的情况来看,V 在全部财政收入中所占比重较小。随着我国经济体制改革的逐步深入和经济的发展,居民收入的不断提高,个人所得税制的改革与完善,财政收入来自 V 的部分会不断增长。

M 是财政收入的主要来源。M 是新创造的价值中归社会支配的剩余价值部分,它是财政收入的主要源泉。因为,在产品产量和价格不变的情况下,成本和 M 成反比例变化:成本提高,则 M 减少,财政收入也相应减少;反之,成本降低,则 M 增大,财政收入也相应增多。因此,要增加财政收入,根本的途径就是增加生产,降低消耗,提高经济效益,并保证 V 有所增长的前提下,增加 M,从而增加财政收入。

## 三、财政收入的部门结构

财政收入的部门结构是指财政收入来自哪些部门。财政收入按其经济部门来源可分为工业、农业、建筑业、交通运输业和商业及其他行业。

农业是国民经济的基础，农业影响整个国民经济的发展，从这个意义上说，农业也是财政收入的基础。农业对财政收入的影响主要表现在两个方面：（1）直接来自农业的收入，主要是农业税，这部分在整个财政收入中所占的比重很小，1995年为5.8%。我国已于2006年全面取消农业税，因此，目前没有直接来源于农业的财政收入。（2）间接来自农业的收入，主要是国家通过价格形式从农业中获得的财政收入，具体是指工农业产品交换中存在的价格剪刀差，使农业部门创造的一部分价值转移到工业部门后形成的财政收入。现阶段，在我国经济生活中仍存在着工农业产品价格剪刀差，尽管我们采取逐步缩小剪刀差的政策，但是由于工农业劳动生产率存在着差别，这种剪刀差不可能在短期内消除。因此，农民通过价格形式为国家提供积累的情况还会继续存在下去。

工业是国民经济的主导，是创造并实现国民收入的主要部门，也是财政收入的主要来源，工业对财政收入的状况起决定作用。同时，由于我国现行工商税收选择在产制环节课征，工业品价值主要在本部门销售时实现，这就使工业部门对财政收入的影响更为直接。在工业中，从轻重工业比较看，轻工业对财政收入具有特别重要的意义。这是因为，轻工业具有投资少、建设周期短、见效快等特点，相对来说能为社会提供更多的积累。

交通运输业和商业是连接生产与消费的桥梁和纽带，是国民经济的重要部门。我国的交通运输业和商业所提供的财政收入在改革开放后大幅增长。

随着社会生产力的发展和产业结构的变化，包括金融、保险、旅游、饮食服务、娱乐业等在内的各个产业部门迅速发展，这些部门提供的财政收入占GDP的比重有不断扩大的趋势。

由于国民经济部门结构和产业结构互有交叉，以上国民经济部门结构如按产业结构划分可分为：第一产业（农业），第二产业（工业和建筑业）和第三产业（除了农业、工业和建筑业以外的所有其他部门）。一般而言，三次产业中第一产业的贡献率最低，第二和第三产业的贡献率相当。今后随着我国产业结构的调整和升级，我国来自于第三产业的财政收入将会不断增加。

## 四、财政收入的地区结构

财政收入的地区结构指财政收入在中央和地方之间以及各地区之间的分布。财政收入在中央和地方之间的分布，组成财政收入的级次构成。中央支配的财政收入比例，不但制约中央财政的宏观调控能力，而且直接影响地方积极性的发挥；财政收入在全国各省、市、自治区的分布，组成地区性财政收入结构。通过这个指标可以分析地区间财政收入状况和差异，如经济较发达的地区，财政总收入和人均财政收入一般均高于经济不发达地区。

## 本章主要名词概念

财政收入规模　　财政收入结构　　预算内收入　　预算外收入
政府收费　　　　国有资产收益　　罚没收入

## 本章小结

1. 财政收入按不同的标准有不同的分类。按收入形式可分为税收收入和非税收收入两大类。而非税收入又分为国有资产收益、债务收入、政府收费和其他收入；按财政资金的管理方式可分为预算内收入和预算外收入。

2. 财政收入规模是指一定时期内（通常为一年）财政收入的绝对量和相对量。财政收入规模要受到多种因素的影响，如经济发展水平、生产技术水平、收入分配政策和价格因素等。

3. 财政收入结构就是财政收入的各组成部分中各部分所占的比例。财政收入的结构主要有形式结构、价值结构和部门结构等。

## 本章习题

1. 财政收入的形式有哪些？
2. 简述影响财政收入规模的主要因素。
3. 根据改革开放以来我国财政收入规模的变化趋势，分析财政收入规模发展变化的原因。
4. 从财政收入的价值构成分析我国增加财政收入的途径。

# 第八章 税收原理

## 学习目标

1. 掌握税收的含义和特征;
2. 熟悉税收的各种分类方法;
3. 了解税收负担的含义、分类及其衡量指标;
4. 熟悉拉弗曲线的图示及其经济含义;
5. 理解税负转嫁与归宿的含义,掌握税负转嫁的形式及其影响因素;
6. 理解税收效应和税收中性的含义,熟悉税收的收入效应和替代效应。

## 学习重点与难点

掌握税收的含义和特征、税负转嫁的形式及其影响因素;熟悉税收分类的各种方法、拉弗曲线的图示及其经济含义以及税收的收入效应和替代效应。

## 第一节 税收概述

### 一、税收的含义

税收是政府为了满足社会公共需要,凭借国家的政治权力,按照法律规定的标准和程序,强制的、无偿的取得财政收入的一种形式。它是政府取得财政收入的主要形式和调控经济运行的重要杠杆。税收的含义可以从以下几个方面理解。

#### (一) 税收属于分配范畴

社会再生产是生产、分配、交换和消费四个范畴的有机统一体。税收属于分配范畴,征税的过程,就是把一部分社会产品或国民收入从其他社会成员手中转到政府手中的分配过程。这必然会引起社会成员之间占有和使用社会产品或国民收入份额的变化,进而引起社会产品在社会成员与政府之间以及不同社会成员之间的转移以及占有比例的变化,从而改变了社会产品原有的分配结构,形成一种新的社会成员占有、支配和使用结构。

### (二) 税收分配的目的是为了满足社会公共需要

政府取得税收收入是满足社会对公共产品和公共服务的需要。包括为社会成员提供安全的社会环境、良好的社会秩序,举办公共事业,兴建公共设施等。而政府履行这些职能需要花费一定数量的社会资源或资金,政府通过课征税收的形式将社会成员的一部分资源或收入转移到其手中,作为提供公共产品和公共服务的成本。

### (三) 税收分配的主体是政府

税收属于分配范畴,税收分配的主体是政府。对什么征税,征多少税,如何征税以及什么时间征税等,都是由政府决定的,税收是政府为主体的分配活动。政府参与社会产品分配,取得任何一种财政收入,都必须依据某种权力。国家的权力,归根到底不外乎两种:一是财产权力,二是政治权力。税收是政府凭借这些权力取得的。正是凭借这种权力,税收可以超越所有制形式,向任何经济单位和个人征税。以政治权力为依托,是税收区别于以财产权力为依据取得的其他财政收入的根本所在。

### (四) 税收分配的客体主要是社会剩余产品

剩余产品是全社会在一定时期内生产的社会总产品扣除补偿经济活动中的物化劳动耗费和活劳动耗费后的剩余。税收分配的对象主要是社会剩余产品。这是因为,社会产品中用于补偿生产过程中物化劳动耗费部分 C 和补偿生产过程中活劳动耗费部分 V 在产品分配中必须予以扣除,否则,简单再生产就无法维持。

### (五) 税收是调控国民经济运行的重要手段

征税是财富的单方面转移,其结果是政府集中占有、支配了一部分经济资源,同时也改变了社会成员相互之间占有社会产品的比例或份额,调节着社会成员之间的收入分配结构。税负轻重、税负分布状况以及税制结构变化等,不仅影响到有限资源在私人产品与公共产品之间以及不同产业部门之间的配置结构,影响到国民收入和社会财富在不同经济主体之间的分配状况，而且也影响到生产、投资、储蓄、消费等，影响社会总供求均衡，进而影响资源配置和经济运行。因此，税收客观上具有调控功能。

## 二、税收的特征

### (一) 强制性

税收的强制性是指税收是受国家法律保护的，是以国家的法律、法令、条例、制度等形式规定并强制实施的。从根本上说，税收的强制性是由税收的依据即国家政治权力决定的。因而它是一种超经济强制，不受生产资料所有权归属的限制，对不同所有者都可行使国家课税权。税收的强制性包括两个方面：一是税收分配关系的建立具有强制性，它是通过立法程序确定的，国家依法征税，纳税人必须依法纳税，不允许有任何超越税法的行为。不论何种社会，税收之所以成为财政收入的强有力形式，就在于它有法律保证，有法律的约束力。二是税收征收过程具有强制性，税收征收的法律保证是税法，税法从征税和纳税两个方面来规范约束征税、纳税行为，保护和巩固税收分配关系。就征税者而言，税法是国家运用征税权力的依据。就纳税人而言，必须依法纳税，凡违反税法规定的有关申报项目、缴纳数额及纳税期限的，均要受到法律的制裁。

### (二) 无偿性

税收的无偿性是指政府征税以后，税款就成为财政收入的一部分，由政府预算安排直接用于满足政府行使职能的需要，不再直接返还给纳税人，也不付出任何形式的直接报酬和代价。税收的无偿性是针对具体的纳税人而言的，就是说政府征税不是与纳税人之间进行等量的价值交换或补偿，而是纳税人无偿地向国家的代理机关缴纳税款，不需要对原纳税人直接返还已纳税款，也不需要直接对原纳税人提供相应的服务或给予相应的特许权利，它只是价值的单方面转移。征税并不是最终目的，政府取得的税款最终要转化为财政支出，提供各种公共产品和公共服务，满足社会公共需要。所以，税收的无偿性并不是绝对的，而是一种无偿性与非直接性、非等量的偿还性的有机结合。明确税收的无偿性特征，可以把税收同国有资产收益、公债和收费等财政收入形式区别开来。

### (三) 固定性

税收的固定性是指政府征税必须通过法律形式，预先规定征税对象、纳税人和征税标准等征纳行为规范，按照预定的规定征纳。这些事先规定的事项对征纳双方都有约束力，纳税人只要取得了应纳税收入或发生了应纳税行为，就必须按照规定纳税。征收机关也必须按照预先规定的标准征收，不得随意变更标准。这样，税收的固定性就不仅体现在课税对象的连续有效性，还意味着课税对象和征收额度之间的关系是有固定限度的。所以，税收的固定性就包含时间上的连续性和征收比例上的限度性。固定性是政府稳定地取得财政收入的基本保证，也是税收区别于罚没、公债等财政收入范畴的重要标志。

税收的三个特点是缺一不可的有机整体。无偿性是税收这种特殊分配手段本质的体现；强制性是实现税收无偿征收的强有力的保证；固定性是无偿性和强制性的必然要求。同时三个特点又是税收区别于其他财政收入范畴的基本标志，也是鉴别财政收入是否是税收的基本标准。税收的特点，反映了一切税收的共性，它不因社会制度不同而改变。

## 三、税收的分类

### （一）按课税对象的性质分类

**1. 商品税**

商品税是指以商品和非商品的流转额作为课税对象征收的一类税收。商品流转额是指商品销售收入额；非商品流转额是指劳务收入额。由于商品税类的课税对象是流转额，所以，这类税收的经济前提是商品货币经济的发展。因为只有商品货币经济的发展，才能有商品和非商品的流转额存在，才有商品税类课税的经济前提。商品和非商品流转额的大小一般不受提供商品和劳务的成本、费用高低的影响，纳税人只要有了销售收入和劳务收入，就要纳税。因此，商品税类有利于保证国家税收收入。这类税收的调节作用主要体现在配合价格调节生产和消费；配合国家产业政策，调整产业结构；调节投资结构和消费结构等。我国现行税收制度中的增值税、消费税、营业税、关税是这类税收中的主要税种。商品税是我国目前税制结构中的主体税种。

**2. 所得税**

所得税是指以纳税人取得的各项应税所得额作为课税对象征收的一类税收。应税所得额一般是指纳税人取得的各项收入扣除税法允许扣除的成本、费用之后的余额。所以，所得税类体现了有所得者征，无所得者不征、多所得者多征、少所得者少征的量能负担、公平税负原则。所得税类的产生和发展，一方面取决于社会生产力的发展水平,只有社会生产力水平有较大发展,纳税人的收入在弥补其物化劳动消耗和活劳动消耗之后还有剩余,所得税才有课征的前提;另一方面取决于会计方法的发展和进步,课征所得税必须要能够准确计算收入、核算成本、费用,才能得到准确的应税所得额,才能准确计征所得税。因此这类税收受成本、费用影响较大,纳税人经济效益的高低以及会计核算水平,直接影响着税收收入的稳定性和可靠性。这类税种的调节作用主要在于调节纳税人的留利水平。我国现行税制中的个人所得税和企业所得税属于所得税类。随着我国经济的发展和企业经济效益的提高以及税制改革的深入,这类税收在我国税制中的地位和作用将越来越重要,逐渐成为我国税制结构中的主体税种。

**3. 财产税**

财产税是指以纳税人的各种应税财产作为课税对象征收的一种税。所谓应税财产是指属于纳税人所有的有形和无形财产。现代各国都以征收商品税或所得税为主体税种,财产税基本上属于辅助税种。开征财产税不仅能够为国家增加一定的财政收入,更重要的是利用财产税调节纳税人的收入水平,缩小贫富差距,缓解社会财富分配不公矛盾,促进社会稳定。目前我国税制中属于这类税的税种有房产税、契税、车船税等。

**4. 资源税**

资源税是指以自然资源为课税对象征收的一种税。自然资源是自然界赐予人类的宝贵财富,是人类赖以生存的重要条件。开征资源税不仅可以为国家增加财政收入,而且可以促进资源合理开采和利用,鼓励企业开展公平竞争。目前各国开征的资源税包括对一般资源普遍课征的一般资源税和对资源级差收入进行调节的级差资源税。我国现行税制中的资源税、城镇土地使用税、土地增值税、耕地占用税等都属于资源税类。

**5. 行为税**

行为税是以纳税人的各种特定行为作为课税对象征收的一种税。开征行为税,不是为取得财政收入,而是为了通过征税,引导纳税人的行为,贯彻"寓禁于征"的政策。这类税收课税对象选择范围广泛而且灵活,但一旦达到目的,往往就会停止对这种行为课税。所以,这类税收只能作为辅助税种。从世界范围来看,各国开征的行为税名目繁多,如一些国家开征的赌博税、彩票税、狩猎税等。目前我国现行税制中的印花税、城市维护建设税、车辆购置税、船舶吨税、烟叶税均属于行为税类。

## （二）按税收与价格的关系分类

**1. 价内税**

价内税是指以税金作为商品价格构成要素的税种。价内税由于税金是价格的组成部分，在其他因素不变的情况下，税金的变动会引起价格的相应变动，这样，这类税收就会因税收的变动而影响企业商品的价格和企业利润，从而对企业生产经营活动进行调节。价内税由于税金包含在商品价格之内，容易为纳税人所接受，而且，税金随销售收入的实现而实现，有利于及时组织财政收入。价内税还具有计税简便、征收费用低的优点。但这类税种容易造成商品价格与价值的背离。我国现行商品税类中的消费税和营业税，都属于价内税。

**2. 价外税**

价外税是指以税金作为商品价格的附加部分的税种。价外税由于税金是价格的一个附加部分，在其他因素不变的情况下，税金的变动不会引起价格的相应变动。这样，这类税收的变动也就不会影响企业商品的价格和企业利润。这类税收税负透明、税价分离，充分体现了税收的中性原则。我国现行开征的增值税就采用了价外税形式。

我国的商品税也曾以价内税为主，1994年税制改革后，以增值税为主体的商品税体系的建立，标志着我国商品税开始向以价外税为主转变。

## （三）按税负能否转嫁分类

**1. 直接税**

直接税是指税收负担不容易发生转嫁、纳税人和负税人表现为一致的税。这类税种通常包括所得税类和财产税。

**2. 间接税**

间接税是税收负担容易发生转嫁、纳税人和负税人不一致的税。这类税种一般指商品税类。

## （四）按税收的计征标准分类

**1. 从量税**

从量税是以课税对象的物理数量、体积、面积、容积等实物数量为标准计征的税收。由于从量税的计税依据或计征标准是数量、体积、面积、容积等实物数量，与课税对象的价格无关，因此，当这类课税对象的价格发生变动时，课税对象的单位税额不会发生变化。从量税一般采用定额税率。在从量定额计征条件下，体现了等量税负的原则。在实行优质优价的条件下，能够起到鼓励纳税人提高产品质量和服务质量的作用。但由于组织收入缺乏弹性及财政收支不对称等缺陷，故在一国税制中，运用规模一般不大。目前我国税制中采用这种计征标准的税种有部分资源税、城镇土地使用税、耕地占用税、车船税等。

**2. 从价税**

从价税是以课税对象的价格或金额为标准计征的税收。由于这种计征方法，其计税依据与课税对象的价格直接相关，当课税对象的价格发生变动时，其税额会相应发生变化。从价税一般采用比例税率或累进税率，以充分保证税收收入的弹性。从价税是现代税收的基本税种，包含大部分商品税和所得税。

## （五）按税收征收管理与税款使用权限分类

**1. 中央税**

中央税是指由一国中央政府征收管理，其收入归中央政府支配的税种。适合作为中央税的税种，一般是税收收入较大，征收范围较广，有利于维护国家权益和实施宏观调控，在政策上需要全国统一立法的税种。按照我国现行财政体制，划分为中央税的税种有关税和消费税。

**2. 地方税**

地方税是指由一国地方政府征收管理，其税收收入归地方支配的税种。适合作为地方税的税种，一般是收入相对稳定，其税基具有非流动性，并与地方经济和利益关系密切，同时也便于地方政府因地制宜地立法或确定征收办法的税种。按照我国现行财政体制，划分为地方税的税种主要有城镇土地使用税、耕地占用税、车船税、城乡维护建设税、契税等。

**3. 中央与地方共享税**

中央与地方共享税是指由中央政府统一立法，中央政府和地方政府共同负责征收管理，收入由中央政府和地方政府按一定比例分享的税种。这类税种主要是一些涉及中央和地方共同利益，需要发挥双方作用的税种。同时，作为中央与地方共享税的税种需要具有调节地区经济发展不平衡的功能。按照我国现行财政体制，增值税、企业所得税和个人所得税属于中央与地方共享税。

## 第二节 税收负担

### 一、税收负担的含义

税收负担，是指通过法律规定要求纳税人承担的税款数额。它表明纳税人或征税对象对于政府征税的承受状况，简称税负。从宏观角度来说，税收负担是指征税的总规模；从微观角度来说，则是指纳税人向政府交纳税款、履行纳税义务的程度。税收是以政府为主体的分配，征税的结果直接表现为政府财力的增加。与此相对应，纳税的结果则直接表现为纳税人或负税人经济利益的减少。这种经济利益减少用绝对数来表示，叫做负担额，是政府征税的数额，表示政府课税的规模；用相对数来表示，叫做负担率，又称税负水平，是指纳税人或征税对象的应纳税额占同期课税对象数额的比例，用来衡量政府征税的水平。

税收负担是税收政策的核心。适度的税收负担，是保证资源合理配置，收入合理分配，国民经济稳定、协调、健康发展的必要条件。因此，确定适应我国市场经济发展要求的税收负担水平是非常重要的。一般来说，税收负担水平的确定既要考虑政府的财政需要，又要考虑纳税人的实际负担能力，两者必须兼顾，不能偏废。税收负担的水平是通过税收制度的某些构成要素如税率、计税依据、减免税等综合体现出来的，所以，政府在制定税收制度时应确定适当的税负水平。

### 二、税收负担的分类

#### （一）按照税收负担所涉及的范围，可将税收负担分为宏观税收负担、中观税收负担和微观税收负担

**1. 宏观税收负担**

宏观税收负担是指一国全体纳税人所缴纳的全部税收占同期经济产出（通常用 GDP 来表示）的比例。宏观税收负担是衡量国民经济税收负担总水平，考察税收政策对经济的影响，以及进行国家与国家之间的税负水平比较分析的重要指标。

**2. 中观税收负担**

中观税收负担是指一定地域或国民经济某一部门的全体纳税人所缴纳的全部

税收占同期该地域或部门经济产出的比例。考察中观税收负担，可以确定税收在促进地区经济和部门发展中适度的课征范围、强度及课征结构等目标，从而正确处理地区经济、部门经济发展与国民经济发展的关系。

**3. 微观税收负担**

微观税收负担是指某类纳税人在一定时期或某一经济事件过程中，所缴纳的全部税收占同期或该事件的经济收入的比例。微观税收负担的主体一般是具有某种共同特点或彼此间联系密切的某类纳税人，而不是单个纳税人或无关联性的纳税人。考察微观税收负担，目的是解决微观经济领域中税收负担的公平、合理问题，从而维护市场机制，促进市场经济体制的发展和完善。

## （二）按照税负转嫁，可将税收负担分为直接税收负担和间接税收负担

**1. 直接税收负担**

直接税收负担是指纳税人所缴纳的税款直接由自己承担。在这种情况下，纳税人既是税款的缴纳者，又是税收负担的承受者，纳税人就是负税人，税收负担没有发生转移。

**2. 间接税收负担**

间接税收负担是指被转嫁者实际负担的由他人转嫁过来的税额。只要存在税负转嫁，就存在间接税收负担。就全社会而言，间接税收负担总量不会增加，但却会改变个体税收负担的最终结构。

直接税收负担和间接税收负担是判断纳税人纳税后是否将其承担的税收负担全部或部分转移出去，以此考察税收负担的运动状况及其运动对纳税人和负税人产生的影响。

## （三）按税收负担真实度，还可将税收负担分为名义税收负担和实际税收负担

**1. 名义税收负担**

名义税收负担是指纳税人按税法规定的税制要素计算应纳税款时所形成的税收负担。它可以用名义税负率来衡量，即纳税人按照税法规定应该缴纳的税款额与其所得或收益的比率。

**2. 实际税收负担**

实际税收负担是指实际缴纳税款所形成的税收负担，表现为纳税人实际缴纳的税额。它可以用实际税负率来衡量，即纳税人实际缴纳税款与其所得或收益的

比率。

名义税收负担和实际税收负担可以判断纳税人在法律上承担的负担与其实际承担的负担之间的关系。一般情况下，纳税人的实际税收负担一般低于其名义税收负担。从某种意义上看，两者的偏离程度反映了税收的公平程度。两者的偏离程度越大，意味着税收分配的非公平性越显著。因此，在进行税制设计时，应尽可能使名义税收负担和实际税收负担相接近，以体现税收的公平性。

## 三、税收负担的衡量指标

### (一) 宏观税收负担

**1. 宏观税收负担的含义及其衡量指标**

宏观税收负担是从一个国家整个国民经济角度考察和分析的税收负担，综合反映出一个国家税收负担的总体水平。宏观税收负担衡量指标主要包括：国民生产总值税收负担率、国内生产总值税收负担率和国民收入税收负担率等。

(1) 国民生产总值税收负担率。

国民生产总值税收负担率是指一定时期内政府税收收入总额与同期国民生产总值的比率。国民生产总值税收负担率是考察宏观税收负担的重要指标，它常被用于进行国与国之间宏观税收负担比较，其计算公式如下：

$$国民生产总值税收负担率 = \frac{一定时期政府税收收入总额}{同期国民生产总值} \times 100\%$$

(2) 国内生产总值税收负担率。

国内生产总值税收负担率是指一定时期内政府税收收入总额与同期国内生产总值的比率。国内生产总值税收负担率也是分析宏观税收负担的常用指标，其计算公式如下：

$$国内生产总值税收负担率 = \frac{一定时期政府税收收入总额}{同期国内生产总值} \times 100\%$$

(3) 国民收入税收负担率。

国民收入的税收负担率是指一定时期内税收收入总额与同期国民收入总额的比率。国民收入税收负担率是考察宏观税收负担经常使用的重要指标，其计算公式如下：

$$国民收入税收负担率 = \frac{一定时期政府税收收入总额}{同期国民收入} \times 100\%$$

**2. 影响宏观税收负担的主要因素**

一般来说，影响一国宏观税收负担指标的基本因素有两个方面：一方面是社会提供税收的可能性,即一国的生产力发展水平,它决定税收规模的最大限度;另一方面是政府实现职能的需要,即要保证政府充分实现其职能,税收必须为财政提供多少收入,它决定税负总水平的最低数量界限。具体来说,其主要因素包括:

(1) 国民经济发展水平。

税负水平的高低直接取决于国民收入的总量与结构,国民收入的总量与结构又由国民经济发展水平所决定。因此,国民经济发展水平是制约一国总体税负水平的根本的决定性的因素。

(2) 政府的职能范围。

税收是为实现政府职能服务的,政府职能不同,税收支出范围及规模也不同。一般来说,政府的职能范围越大,为实现职能所需的财政收入就越多,税负总水平也就要高些;政府的职能范围越小,为实现其职能而对财政收入所提出的需求就越少,税收负担相对减轻,税负总水平也因而能够降低。

(3) 经济管理体制。

经济管理体制规定着政府行使其职能的方式和方法,影响政府职能的范围,因此对总体税负有着重要影响。一般来说,在计划经济体制下,政府职能的范围较大,税负水平相对较高;在市场经济体制下,政府职能的范围相对小些,总体税负的水平也相对降低。

(4) 宏观经济政策。

经济政策对国民经济的发展和国民收入的分配会产生重要影响,必然对税收负担水平产生影响。如不同的财政政策、货币政策、产业政策、价格政策等都会引起税收负担水平的变化。

## (二) 微观税收负担

### 1. 微观税收负担的含义及其衡量指标

微观税收负担是从微观单位角度考察和分析的税收负担。通过对比纳税人之间微观税收负担指标,可以为税收政策制定和为纳税人创造公平的竞争环境提供依据。微观税收负担的衡量指标主要有企业综合税收负担率、企业净产值税收负担率、企业利润税收负担率和个人所得税收负担率。

(1) 企业净产值税收负担率。

企业净产值税收负担率,是指企业一定时期内实际缴纳的各项税收总额与同期企业净产值之间的比率。它反映企业净产值所承担的税收情况,其计算公式如下:

$$\text{企业净产值税收负担率} = \frac{\text{一定时期企业缴纳税收总额}}{\text{同期企业净产值}} \times 100\%$$

（2）企业综合税收负担率。

企业综合税收负担率，是指企业一定时期内实际缴纳的各项税收总额与同期企业纯收入之间的比率。它反映企业创造的剩余劳动产品价值（M）中有多大比例被集中到国家手中，其计算公式如下：

$$\text{企业综合税收负担率} = \frac{\text{一定时期企业缴纳税收总额}}{\text{同期企业纯收入}} \times 100\%$$

（3）企业利润税收负担率。

企业利润税收负担率又称企业所得税收负担率，是指企业一定时期内实际缴纳的所得税与该企业同期实现利润之间的比率。它反映企业实现利润所承担的税收情况，其计算公式如下：

$$\text{企业利润税收负担率} = \frac{\text{一定时期企业缴纳所得税总额}}{\text{同期企业利润所得和其他所得总额}} \times 100\%$$

（4）个人所得税收负担率。

个人所得税收负担率是指个人在一定时期内所缴纳的所得税额与个人全部所得之间的比率。该指标主要用来分析国家与个人之间的分配关系，其计算公式如下：

$$\text{个人所得税收负担率} = \frac{\text{一定时期个人缴纳的所得税额}}{\text{同期个人全部所得}} \times 100\%$$

**2. 影响微观税收负担的主要因素**

微观税收负担指标的大小也是由多种因素决定的，主要有：

（1）宏观税负水平。

宏观税负与微观税负的关系，实质上是整体与部分的关系。在一定税制体系下，宏观税负水平的升降必然引起微观税负水平的变化。

（2）税收制度。

税收负担是税收分配的核心问题，税负水平和结构的确定与调整，是通过税收制度以法律形式具体规范的。例如，税种设置决定税收参与分配的广度和深度；税率是税收制度的核心因素，税率的高低直接影响着纳税人的税负水平高低；税收优惠与加成加倍征收直接影响实际税负水平。

（3）纳税人的负担能力。

按税负公平原则的要求，负税能力相同的人同等纳税，负担能力不同的人不同纳税。因此，微观税负水平直接受纳税人负担能力的制约。

（4）纳税人的行为。

在税制既定的前提下，纳税人的行为会影响自身的税收负担。

(5) 税负转嫁。

税负转嫁使纳税人与负税人产生背离,纳税人的实际税收负担往往低于名义负担,即微观税负实际水平往往由于税负转嫁而低于其名义税收负担水平。

## 四、拉弗曲线

拉弗曲线是用来描述税率与税收之间经济关系的函数图形（如图 8-1 所示），由美国供给学派的代表人物阿瑟·拉弗提出而得名。

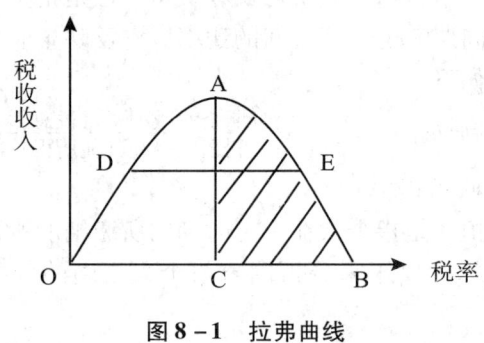

图 8-1　拉弗曲线

图中的横轴代表税率,纵轴代表税收收入。税率从原点开始为 O,然后逐级增加至 B 点时为 100%；税收收入从原点向上计算,随着税率由 O 点向 B 点移动,税收收入由 O 点上升到 A 点再下降到 B 点。当税率为 OC 时,税收收入达到最大,即 AC。但是当税率继续升高时,税收收入不升反降。当税率上升到 OB（100%）时,税收收入将因无人愿意从事工作和投资而降为零。供给学派把"CAB"区域,即图中的阴影部分,称为税率禁区。当税率进入禁区后,税率越提高,税收收入越减少。在以拉弗为首的供给学派看来,要维持税收行为的有效,政府只能在"OAC"区域征税,即税率不能高于 OC。

拉弗曲线至少阐明了以下三个方面的经济含义：

（1）高税率不一定取得高收入,而高收入不一定要实行高税率。因为高税率会削弱经济主体的活力,导致经济的停滞或下降,高税率还往往带来过多的减免和优惠。

（2）取得同样多的税收收入,可以采取两种不同的税率。如图中的 D 点和 E 点,税收收入是相等的,但 D 点的税收负担很轻。由于低税负刺激了工作意愿、储蓄意愿和投资意愿,促进经济增长,随着经济的增长,税基扩大,税收收入自然增加。

（3）税率和税收收入及经济增长之间的最优结合虽然在实践中是少见的，但曲线从理论上证明是可能的，即表现在图中的 A，它是税制设计的理想目标模式，也是最佳税率。

拉弗曲线可以使我们更全面、更直观地认识税收与经济的内在联系，并告诉我们最优税率应是既能使政府获得实现其职能的预期收入，又能使经济实现预期产出（通常用 GDP 表示）的税率。显然，这个最优税率应该小于或等于 C 点所代表的税率。由于各国所处的经济发展阶段不同，再加上政治体制、经济体制和文化传统上的差别，因而不可能有一个各国通用的最优税率。同样，一个国家不同时期的最优税率也可能是不同的。归根到底，最优税率的确定只能建立在本国国情的基础上。

## 第三节 税负转嫁与归宿

### 一、税负转嫁与归宿的含义

税负转嫁是指纳税义务人在经济活动中将所交纳的税款通过一定形式转移给其他人负担的过程。税负归宿是指税负经过一系列的转嫁后的最终归属处。税负转嫁同税负归宿密切相关，税负转嫁是税负归宿的前提，税负归宿是税负转嫁的结果。税负转嫁是一个动态的过程，税负归宿则是静态的。

税负转嫁是税负运动过程的重要表现形式，其可以从以下三个方面来理解。

（1）纳税人与负税人分离。税负转嫁使纳税人的名义税负同其实际税负相分离，转嫁者的实际税负低于名义税负，而接受税负转嫁者实际税负则高于名义税负。由于税负转嫁，纳税人和负税人成为两个不同的概念，纳税人不一定是最终的负税人。

（2）税负转嫁是通过商品交易中的价格机制来实现的。税负转嫁是一种复杂的经济现象，其具体途径和形式是多种多样的。但是，税负转嫁始终离不开商品交易中的价格机制，如果脱离了商品交换中的供求关系和价格变化，税负是无法转嫁的。由此可知，商品的供求弹性是决定税负转嫁状况的关键，能够发生税负转嫁的税种，主要是一些与商品流转及其供求价格密切相关的商品税税种。

（3）税负转嫁的实质是对既定税负在纳税人之间的一种再分配，它不会改变税收收入的总量。税负转嫁是以国家征税为前提的。国家向纳税人征税在前，纳税人向其他人转嫁税负在后，无论最终的负税人是谁，政府应征的税款都不会因为税负转嫁的存在而增加或减少。

研究税负转嫁的过程，目的在于确定税收的最终归宿点，从而分析各种税收对于国民收入分配和社会经济的影响，为科学有效地制定、实施税收制度和税收政策提供依据。

## 二、税负转嫁的形式

### （一）前转

前转是指纳税人将其所缴纳的税款按照商品流通的方向，通过提高商品销售价格的办法，向前转嫁给购买者负担的一种转嫁方式。这是税负转嫁最基本的形式。由于前转方式与商品流转方向是一致的，因此又称为"顺转"。

### （二）后转

后转是指纳税人在无法用提高销售价格的方式将税款前转给购买者的情况下，通过要求向他出售商品的厂家减价以降低其商品进货价或者原材料采购价，将其所缴纳的税款转嫁给前一个生产厂商或销售者负担的转嫁方式。后转往往是通过厂商和销售商以谈判的方式解决的。由于后转是一种逆商品流转方向的税负转嫁方式，因此也称为"逆转"。

### （三）混转

在现实生活中，往往是前转和后转并行，即一种商品的税负通过提高售价转移一部分，又通过压低进价转移一部分，这种转嫁方式称为"混转"或"散转"。

### （四）税收资本化

税收资本化是指在某些资本品（土地、房屋）的交易中，商品的购买者将所购买的未来应纳税款，通过从购入价格中预先扣除的方法，转嫁给生产要素的出售者。这种情况多发生于土地买卖或其他收入来源较具永久性的财产税负转嫁上。例如，政府征收土地税，土地购买者就会将预期缴纳的土地税税款折入资本，采用压低土地购买价格的方法，将以后若干次应纳税额一次性地转嫁给土地出售者。此后,名义上虽由土地购买者按期纳税,但实际上税款是由土地出售者负担,故又称为资本还原。

## 三、税负转嫁的实现条件

### (一) 商品交换是税负转嫁的前提

税负转嫁是通过商品交换过程中的价格变动实现的。因此,没有商品交换就不会有税收负担的转嫁。在自给自足的自然经济社会,政府不可能对商品或商品流转额进行课税,纳税人也无法转嫁税收负担。可见,商品经济的出现及商品交换行为的发生为商品课税及税负转嫁提供了前提条件。

### (二) 自由价格是税负转嫁的基本条件

从税负转嫁的概念中可以看出,税负转嫁与价格紧密相连,一般是通过价格变动实现的。因此,能够发生税负转嫁的主要是那些与商品价格联系十分密切的税收,其中有部分还要经过多次的转嫁才能找到归宿。一般来说,以流转额为课税对象的税收容易转嫁,以所得额为课税对象的税收不易转嫁。

### (三) 商品供求弹性决定税负转嫁实现的程度

**1. 从需求弹性看**

需求弹性是指需求的价格弹性,即商品或生产要素的需求量对于市场价格升降所作出的反映程度。需求价格弹性的大小通常用需求价格弹性系数来衡量。用公式表示为:

$$需求价格弹性系数 = 需求量变动的百分比 / 价格变动的百分比$$

需求弹性对税负转嫁的影响可以分四种情况来考察:

(1) 需求完全无弹性。它说明当某种商品或生产要素因政府征税而提高价格时,购买者对价格的提高没有任何反映,其购买量不会因为价格的提高而减少。在这种情况下,新征的税收会全部向前转嫁,而落在商品或生产要素购买者身上。这表明,在需求完全无弹性的条件下,税收完全可以通过提价而转嫁给购买者。

(2) 需求完全有弹性。它说明当某种商品或生产要素因政府征税而提高价格时,购买者对价格的反映极其强烈,其购买量会因为价格的任何提高而减少至零。在这种情况下,所征税收要么会全部向后转嫁,要么不能转嫁,而落在生产要素的提供者或生产者自己身上。在需求完全有弹性的情况下，纳税人不能通过提高商品或生产要素价格的途径把税负向前转嫁给购买者，而只能向后转嫁或通过减少生产量的办法自行消化。

（3）需求缺乏弹性。需求缺乏弹性，说明当某种商品或生产要素因政府征税而提高价格时，购买者因价格提高而作出的反应较弱，其购买量下降的幅度会小于价格提高的幅度，因而价格提高的阻力小。在这种情况下，纳税人转嫁税负就相对容易，所征税收就会更多地向前转嫁而落在购买者身上。

（4）需求富有弹性。需求富有弹性，说明当某种商品或生产要素因政府征税而提高价格时，购买者因价格提高而作出的反应较为强烈，其购买量下降的幅度会大于价格提高的幅度，从而迫使价格不得不回降或阻止价格的提高。在这种情况下，所征税收向前转嫁就困难，只能更多地向后转嫁而落在生产要素提供者或生产者身上。

**2. 从供给弹性看**

供给弹性即供给的价格弹性，指的是商品或生产要素的供给量对于市场价格升降所作出的反应程度。供给价格弹性的大小通常用供给价格弹性系数来衡量，用公式表示为：

供给价格弹性系数 = 供给量变动的百分比/价格变动的百分比

供给弹性对税负转嫁的影响，也可以分为四种情况考察：

（1）供给完全无弹性。供给完全无弹性说明当某种商品或生产要素因政府征税而价格不能相应提高时，生产者对价格的相对下降没有任何反应，其生产量不会因价格的相对下降而减少。在这种情况下，政府所征税收会全部向后转嫁或不能转嫁，而落在生产要素的提供者或生产者身上。

（2）供给完全有弹性。供给完全有弹性说明当某种商品或生产要素因政府征税而价格不能相应提高时，生产者对价格下降作出的反应极为强烈，其生产量会因为价格的任何下降而减少至零。由于生产量剧减，从而驱使价格上涨。在这种情况下，所征的税收会全部向前转嫁，而由购买者负担。

（3）供给缺乏弹性。供给弹性小，说明当某种商品或生产要素因政府征税而价格不能相应提高时，生产者因生产条件限制，转产困难而对价格相对下降作出的反应较弱，其生产量下降的幅度会小于价格相对下降的幅度。由于产量保持在原来的水平，价格就难以提高。在这种情况下，生产者转嫁税收困难，所征税收会更多地向后转嫁或不能转嫁，而落在生产要素的提供者或生产者自己身上。

（4）供给富有弹性。供给富有弹性，说明当某种商品或生产要素因政府征税而价格不能相应提高时，生产者因价格下降而作出的反应强烈，其生产量下降的幅度大于价格相对下降的幅度。由于生产量减少，就会驱使价格上涨。在这种情况下，所征税收的大部分会通过价格提高向前转嫁出去，而更多地落在购买者身上。

由以上分析可知，生产者和消费者双方分担税负的比例是由该产品的需求价格弹性和供给价格弹性共同决定的。税负能否转嫁及转嫁多少最终取决于供求弹性的力量对比。现实中，需求与供给完全有弹性或完全没有弹性的情况是少见的，因此，一般不会出现税负完全可以转嫁或完全不能转嫁的情况。常见的是一部分税款向前转嫁，另一部分税款向后转嫁，能够转嫁多少则取决于需求弹性和供给弹性的大小。当需求弹性较小，供给弹性较大时，则税负往往通过提高售价，更多地由购买者或消费者负担；当需求弹性较大，而供给弹性较小时，税负主要由生产者或供给者负担，产品价格在征税前后，一般不会发生多大变化；当需求弹性和供给弹性大体相等，则税负由供求双方平均分担。

## 第四节 税收效应

### 一、税收效应的含义

税收效应，是指纳税人因政府课税而减少了自身经济利益，并在其经济选择或经济行为方面做出的反应。

在企业的投资和生产经营决策中，决策者关心的是税后净收益，而不是含有税收的总收益。对投资者、生产者和经营者来说，税收如同原材料和工资等成本一样，是从事投资和生产经营活动时所必须付出的经济代价，因为税法是强制性的，税款是政府无偿征收的。因此，政府对投资和生产经营活动是全部征税、还是部分征税；在政府的征税领域，政府是采取无差别的税率征税，还是采取差别税率征税，对企业的税后净收益会产生截然不同的影响。企业是市场经济中自主经营、自负盈亏的微观主体，有追求自身净收益最大化的内在动力，同时也面临着经常的生存和发展的激烈竞争的外在压力。在动力与压力的相互作用下，政府课税必然会引起企业在经济选择或经济行为方面的反应。这种反应就是税收对投资或生产经营活动所产生的效应。

不仅如此，税收还会对消费者的消费选择产生影响。政府对消费品的课税必然会影响到消费品的价格高低，政府也有一个是对全部的消费品都课税还是只对其中的部分消费品课税，以及课税消费品的税率高低的选择问题，消费者从追求使用价值（或消费效用）最大化出发，在组合其支出结构或消费结构时，也必然对政府的不同选择做出相应的反应。这同样产生了税收效应。总之，税收作为一种强制和无偿的国家占有，总会对纳税人的经济选择或经济行为包括消费、投资、生产和储蓄等方面发生这样或那样的影响。综合起来看，税收对消费、投资、生产和储蓄等方面所产生的影响或效应，不外乎有两种：一是税收的收入效应；二是税收的替代效应。

## 二、税收的收入效应

税收的收入效应是指征税或增税使纳税人的支出能力下降。收入效应本身不会导致经济无效率，只是表明资源从纳税人手中转移到政府手中。

假定图 8-2 的横轴和纵轴分别代表 A 和 B 两种商品的数量；纳税人的收入是固定的，而且全部收入用于购买这两种商品，因而该纳税人的税前预算线是 CD。也就是说，如果纳税人将其全部税前收入用于购买 A(B) 商品，可以购买的最大数量为 OC(OD)。但是，在该纳税人收入既定的前提下，这两种商品购买量的最佳组合是由 G 点决定的。因为 G 点是该纳税人的预算线与最高的无差异曲线 U 的切点，表明购买这些数量的两种商品所得到的效用或满足程度最大。

倘若政府决定对纳税人课征一次性税收，这种税对这两种商品的相对价格没有影响，故使得该纳税人的预算线向下平行移动至 EF。税后预算约束线 EF 与无差异曲线 U′切点 G′决定了纳税人购买这两种商品的最佳数量组合，但没有改变纳税人的选择。

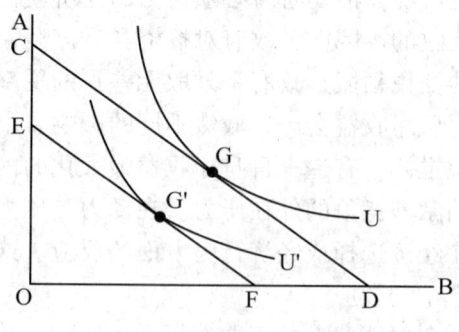

图 8-2　税收的收入效应

## 三、税收的替代效应

替代效应是指征税或增税影响相对价格,从而促使人们以某种消费或活动方式取代另一种消费或活动方式。正因为替代效应干预了消费者的选择,所以它会导致经济无效率。

假定图 8-3 中的 CD 是纳税人的税前预算线,购买 AB 两种商品的最佳数量组合为 G。倘若政府决定对 B 商品征税,而对 A 商品免税,这就改变了这两种商品的相对价格。由于对纳税人来说,B 商品相对于 A 商品变得昂贵了,该纳税人则会减少 B 商品的购买量,从而使预算线以 C 为原点向内转动,从原来的预算线 CD 变为 CF。新预算线 CF 与无差异曲线 U′相切于 G′点,表明纳税人以税后收入购买现在的商品数量组合所获得的效用水平或满足程度最大。由此可见,由于政府对 B 商品征税而对 A 商品不征税,改变了纳税人购买商品的选择。

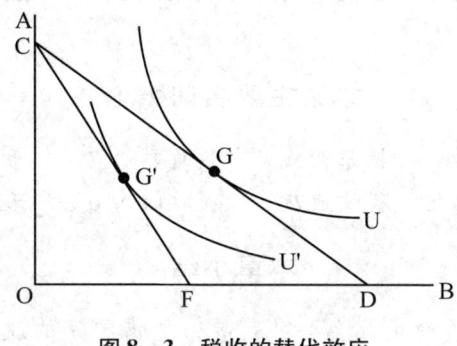

图 8-3　税收的替代效应

## 四、税收中性

所谓税收中性,应包括两层含义:(1) 政府课税使社会所付出的代价应以征税数额为限,除此之外,政府课税没有给纳税人或社会带来其他经济利益损失或超额负担;(2) 政府课税没有对市场机制的有效运行发生不良影响,或者说政府课税没有迫使纳税人改变其市场抉择。凡符合上述两个条件的税种,属于中性税收,否则,政府课税就是非中性的。

中性税收存在的条件是自由竞争的市场,或称完全竞争市场。在这样的市场条件下,商品都是按照供求达到均衡的价格进行交易的,没有任何力量能够左右市场和商品价格；所有交易者都是在均衡价格面前平等竞争的；一切人力、物力、财力资源都能通过完善的市场体系无阻碍地在各部门和各企业之间自由流动。只有在这样的市场机制调节下，资源才有可能不断流向产出最大的企业和社会需求最迫切的部门，从而实现资源配置的所谓"帕累托效率"。完全竞争市场及其均衡价格下的中性税收效应，是一种合理的理论抽象。因为当市场符合完全竞争性市场的条件时，政府课税保持中性，才能保证市场本身所固有的优化资源配置的功能不受干扰地得以有效发挥。这时的中性税收，是与经济效率原则的内在要求相适应的，政府课税对经济发生的影响就会限定在征税数额本身，经济活动不会因政府课税而受到干扰和阻碍，社会利益也不会因此而受到削弱，达到税收的额外负担最小化和额外收益最大化的理想状态。

由于在现实经济生活中，市场只是一种不完全竞争市场，因此，完全中性的税收在现实经济生活中是不存在的，或者说，现实经济生活中的税收实际上都是非中性的。所谓"中性税收原则"只是在政府的税制改革和优化中力求使税收对资源配置和市场机制运行的不良影响降低到最低限度，但是不可能完全排除这种影响。

## 本章主要名词概念

税收　　税收负担　　拉弗曲线　　税负转嫁　　税负归宿　　前转
后转　　税收资本化　　税收效应　　税收收入效应　　税收替代效应

## 本章小结

1. 税收是政府为了满足社会公共需要，凭借国家的政治权力，按照法律规定的标准和程序，强制的、无偿的取得财政收入的一种形式。税收具有强制性、无偿性和固定性三大特征。

2. 税收可以按照不同的标准进行分类。按课税对象的性质，税收可以分为商品税、所得税、财产税、资源税、行为税五类；按税收与价格的关系，税收可以分为价内税和价外税；按税收负担能否转嫁，税收可以分为直接税和间接税；按税收的计征标准，可以将税收分为从量税和从价税；按照税收征收管理与税款使用权限，税收可以分为中央税、地方税、中央与地方共享税。

3. 税收负担是指政府通过法律规定要求纳税人承担的税款数额，简称税负。衡量税收负担的最常用指标是宏观税收负担和微观税收负担。拉弗曲线形象地描述了税率与税收之间的经济关系。

4. 税负转嫁是指纳税义务人在经济活动中将所交纳的税款通过一定形式转

移给其他人负担的过程。税负归宿是指税负经过一系列的转嫁后的最终归属处。税负转嫁的形式主要有前转、后转、混转和税收资本化。商品交换的存在是税负转嫁的前提，自由价格是税负转嫁的基本条件，商品供求弹性决定税负转嫁实现的程度。

5. 税收效应是指纳税人因政府课税而减少了自身经济利益，并在其经济选择或经济行为方面做出的反应。税收具有收入和替代两大效应。完全中性的税收在现实经济生活中是不存在的。

## 本章习题

1. 什么是税收？税收的特征有哪些？
2. 税收有哪些分类方法？
3. 什么是税收负担？税收负担的衡量指标有哪些？
4. 简述拉弗曲线的图示及其经济含义。
5. 税负转嫁的形式有哪些？
6. 如何理解税收的收入效应和替代效应？
7. 如何理解税收的中性？

# 第九章 税收制度

> **学习目标**
>
> 1. 掌握税收制度的概念、构成要素;
> 2. 了解商品税、所得税及其他税类的基本内容和主要特点;
> 3. 掌握商品税、所得税及其他税类所涉及主要税种的概念;
> 4. 熟悉增值税、消费税、营业税的主要征收制度;
> 5. 熟悉企业所得税、个人所得税的主要征收制度;
> 6. 了解资源税、财产税和行为税所涉及税种的主要征收制度。
>
> **学习重点与难点**
>
> 理解税收制度及各税类的基本内容,熟悉并掌握各主要税种的征收制度及其相互关系。

## 第一节 税收制度概述

### 一、税收制度的含义

税收制度是国家的各种税收法令和征管办法的总称。它是国家法律的有机组成部分,是政府向纳税人征税的法律依据和工作规程,也是纳税人自觉履行纳税义务的行为规范。广义的税收制度包括税收基本法规、税收管理体制、税收征收管理制度、税务机构和税务人员制度、税收会计制度。狭义的税收制度是指税收基本法规,即税法。税法是税收制度的核心。

税法是调整政府与纳税人之间征纳税方面权利与义务的法律规范。税法是依据国家的政治权力制定的,人们的与税收相关的活动必须符合税法,否则就会受到制裁。广义税法,由税法通则、各税税法(条例)、实施细则、具体规定四个层次组成。其中，"税法通则"规定一个国家的税种设置和每个税种的立法精神；各个税种的"税法（条例）"分别规定每种税的征税办法；"税法"是由全国人民代表大会及其常务委员会审议通过并颁布执行的；"条例"是全国人民代表大会及其常务委员会授权国务院制定颁布的某种税的征税办法，待条件成熟，再由人大正式立法；"实施细则"是对各税税法（条例）的详细说明和解释；"具体规定"是根据不同时期、不同地区的具体情况制定的补充性法规。

目前，世界上只有少数国家单独制定税法通则，大多数国家都把税法通则的有关内容包含在各税税法（条例）中，我国的税法就属于这种情况。

税收制度属于上层建筑范围。它以法律形式规定税种设置及每个税的征税办法，确定政府与纳税人之间的征纳关系，以保证双方的合法权益不受侵犯。任何一个国家税收制度的性质，都与其政权性质、经济结构和经济政策关系密切。

## 二、税收制度的构成要素

构成各个独立税种的基本因素，为税制构成要素。税收制度构成要素是每个税种的主体结构，主要有纳税人、征税对象、税目、税率、纳税环节、纳税期限、减免税和违章处理等。其中，纳税人、征税对象、税率构成税制三要素。

**1. 纳税人**

纳税人又称纳税义务人，即纳税主体，是指税法规定直接负有纳税义务的单位和个人。纳税人可分为法人和自然人。"法人"是指依法成立并能独立行使法定权利，承担法律义务的社会组织，如公司、企业、社团等。法人应具备以下条件：一是依法成立，正式在政府管理部门注册备案，有合法的独立经营条件和完备手续；二是有独立支配的财产，有独立的经济核算权；三是能独立对外行使法定权利和义务。"自然人"是指在我国依法独立享有法定权利，并承担法律义务的公民个人，以及居住在我国境内的外国人，如从事个体经营的工商业户的个人、有应税收入或者应税财产的个人等。

与纳税人相关的两个概念：

负税人是指税款的实际承担者。负税人同纳税人是两个完全不同的概念。负税人与纳税人有时一致，如所得税的纳税人也就是所得税的负税人；有时不一致，如商品类税收，纳税人是生产销售商品或从事各种服务的企业或个人，而负税人则是商品或接受服务的最终消费者。在一定条件下，纳税人通过一定的方式，把缴纳的税款转嫁给他人负担，纳税人不是负税人。

扣缴义务人是指税法规定具有代扣代缴义务的单位或个人。国家为了保证财政收入，简化纳税环节和计征手续，加强税收的源泉控制，对某些税规定由支付单位在支付款项时负责代扣代缴纳税人应纳的税款。

**2. 征税对象**

征税对象又称课税对象或征税客体，是指对什么东西征税，是征税的标的物。它是税收制度最基本的要素之一，也是一种税区别于另一种税的主要标志。每个税种都有自己的征税对象，也就是必须明确规定对什么征税，如企业所得税的征税对象是企业的生产经营所得和其他所得。征税对象体现不同税种的征税界限和基本范围。即：凡是列入征税对象的，就属于该税的征税范围，凡是未列入征税对象的，就不属于该税的征税范围。因此，不同税种名称的由来，主要取决于不同的征税对象，如以增值额为征税对象的叫增值税。

**3. 税目**

税目是征税对象的具体项目。设置税目的目的：一是为了体现公平原则，根据不同项目的利润水平和国家经济政策，通过设置不同的税率进行税收调控；二是为了体现"简便"原则，对性质相同、利润水平相同且国家经济政策调控方向也相同的项目进行分类，以便按照项目类别设置税率，有些税种不分课税对象的性质，一律按照课税对象的应税数额采用同一税率计征税款，因此没有必要设置税目，如企业所得税；有些税种具体课税对象复杂，需要规定税目，如消费税、营业税，一般都规定有不同的税目。

**4. 税率**

税率是应纳税额与征税对象数额的比例，是计算税额的尺度。税率的高低直接体现政府在一定时期的政治、经济要求和鼓励，限制政策，直接关系到财政收入的多少和纳税人的负担程度，体现了政府与纳税人之间的分配关系。因此，税率构成税收制度的中心环节。

税率一般分为比例税率、累进税率和定额税率三种。比例税率，是指对同一征税对象不分数额大小只规定一个固定的征收比例。累进税率是指按征税对象数额大小划分成若干等级，每个等级分别规定不同的税率，等级越高，税率越高，税率随征税对象数额的增加而递增。这种税率一般在所得课税中采用。包括全额累进税率、全率累进税率、超额累进税率、超率累进税率。定额税率又称固定税率，是按征税对象的一定计量单位直接规定固定的税额。它是税率的一种特殊形式，一般适用于从量计征的税种。

**5. 纳税环节**

纳税环节是指商品在流转过程中缴纳税款的环节。它主要解决征税对象征几道税和在哪一个或哪几个流转点上征税的问题。任何税种都要确定纳税环节，有的比较明确、固定,有的则需要在许多流转环节中选择确定,如对一种产品在生产、批发、零售诸环节中,可以选择只在生产环节征税,称为一次课征制,也可以选择在两个环节征税,称为两次课征制,还可以实行在所有流转环节都征税,称为多次课征制。

确定纳税环节是流转课税的一个重要问题。它关系到税制结构和税种的布局,关系到税款能否及时足额入库,关系到地区间税收收入的分配,同时关系到企业的经济核算和是否便利纳税人缴纳税款等问题。所以,选择确定纳税环节,必须和价格制度、企业财务核算制度相适应,同纯收入在各个环节的分布情况相适应,以利于经济发展。

**6. 纳税期限**

纳税期限是指纳税人在取得各种应税收入和发生应税行为之后,向税务机关缴纳税款的时限。确定纳税期限,要根据征税对象和国民经济各部门生产经营的不同特点以及财政收入的均衡性来决定。不同性质的税种以及不同情况的纳税人,其纳税期限是不同的。

我国现行税制的纳税期限有按期纳税,按次纳税,按年计征、分期预缴三种形式。

**7. 减免税**

减免税是指减少或免除纳税人应纳税额。它是根据国家政策对某些纳税人或课税对象给予鼓励或照顾的一种特殊规定。减税是对应纳税额少征的部分,免税是对应纳税额全部免征。减免税的类型主要有:一次性减免税、定期减免税、困难型减免税、扶持型减免税等。把减免税作为税制构成要素之一,是因为国家的税收制度是根据一般情况制定的,具有普遍性,不能照顾不同地区、部门、单位的特殊情况。设置减税免税,可以把税收的严肃性和必要的灵活性结合起来,体现因地制宜和因事制宜的原则,更好地贯彻税收政策。

与减免税有直接关系的还有起征点和免征额两个因素。起征点是征税对象达到征税数额开始征税的界限。征税对象数额没有达到起征点的不征税,达到起征点后全部征税对象数额都要征税。免征额是征税对象总额中预先规定免予征税的数额。免征额部分不征税,超过免征额的,只就其超过部分征税。

**8. 违章处理**

违章处理是对纳税人违反税收法规的行为采取的惩罚措施,包括加收滞纳金、处以罚款、送交人民法院依法处理等。违章处理是税收强制性在税收制度中的体现,税收法规是国家法律的组成部分,依法纳税是纳税人应尽的义务。纳税人必须按期足额的缴纳税款,凡有拖欠税款、逾期不缴税、偷税逃税等违反税法行为的，都应受到制裁（包括法律制裁和行政处罚制裁等）。

## 第二节 商 品 税

### 一、商品税的含义

商品税又称货劳税，是以商品或劳务的交换为前提，以商品或劳务流转额为征税对象课征的一类税收的总称。商品税的计税依据是商品销售额或业务收入额，一般采用比例税率。纳税人取得收入后就要缴纳税款，不受成本费用和利润水平变化的影响，能够保证政府及时稳定取得收入。

### 二、商品税的特点

1. 商品税与商品或劳务的交易活动密切相关。由于商品税是以商品或劳务的流转额为征税对象，只有发生商品或劳务的交易行为，发生了商品劳务的流转额才有可能征税。从这一意义上说，商品经济的范围、商品流通的规模、商品流转环节、商品价格形式决定并制约着商品税的征收范围、收入规模、课税环节和计税方式等。

2. 商品税是对物税。所谓对物税，是指这类税的征收制度的设计，其中主要是税率的设计，不考虑纳税人自身的各种具体情况，对从事同样商品、劳务交易的纳税人按照相同的标准征税，即对同一行业或同一商品的不同纳税人均适用同一比例税率。所以，商品税也被视为中性税收。

3. 商品税较易发生税负转嫁。商品税是间接税，它的税负一般是附加在商品或劳务的价格上，并随商品或劳务的交易而由纳税人转嫁给购买方，并最终由消费者负担。所以，商品税税负的高低及其结构，影响商品和劳务价格水平进而影响市场供求状况。

### 三、商品税的主要税种

#### （一）增值税

**1. 增值税概述**

（1）增值税的概念。增值税是对在我国境内销售货物或者提供加工、修理修配劳务，以及进口货物的单位和个人，就其取得的增值额为课税对象所征收的一种税。

（2）增值税的类型。对增值税可以按不同的标志进行分类，其中，以扣除项目中对外购固定资产的处理方式不同为标志，可将增值税划分为生产型增值税、收入型增值税和消费型增值税。三种类型的增值税在确定扣除项目时都允许扣除外购流动资产，如原材料、半成品等的价款，但对外购固定资产，如厂房、机器设备等价款的扣除，规定则有所不同。

生产型增值税是指计算增值税时，不允许扣除任何外购固定资产的价款，作为课税基数的法定增值额除包括纳税人新创造价值外，还包括当期计入成本的外购固定资产价款部分，即法定增值额相当于当期工资、利息、租金、利润等理论增值额和折旧额之和。从整个国民经济来看，这一课税基数大体相当于国民生产总值的统计口径，故称为生产型增值税。

收入型增值税是指计算增值税时，对外购固定资产价款只允许扣除当期计入产品价值的折旧费部分，作为课税基数的法定增值额相当于当期工资、利息、租金和利润等各增值项目之和。从整个国民经济来看，这一课税基数相当于国民收入部分，故称为收入型增值税。

消费型增值税是指计算增值税时，允许将当期购入的固定资产价款一次性全部扣除，作为课税基数的法定增值额相当于纳税人当期的全部销售额扣除外购的全部生产资料价款后的余额。从整个国民经济来看，这一课税基数仅限于消费资料价值的部分，因而称为消费型增值税。

目前世界上实行增值税的国家普遍选择消费型或收入型增值税，如欧盟各国就全面实行了消费型增值税。我国自1994年以来一直实行的是生产型增值税，为解决重复征税的问题，自2004年7月1日开始，先后在东北、中部等部分地区进行增值税转型改革试点，取得了预期效果。为进一步扩大内需，降低企业设备投资的税收负担，促进企业技术进步、产业结构调整和转变经济增长方式，经国务院批准，自2009年1月1日起，在全国所有地区、所有行业推行增值税转型改革，允许企业抵扣新购入设备所含的增值税。

（3）增值税的特点。增值税具有以下特点：一是对增值额征税。增值税只对货物或劳务销售额中没有征过税的那部分增值额征税，这是增值税最基本的特点。二是逐环节征税，逐环节扣税，最终消费者是全部税款的承担者。三是普遍征收和连续征收。从生产经营的横向关系看，无论工业、商业或者劳务服务活动，只要有增值收入就要纳税；从生产经营的纵向关系看，每一货物无论经过多少生产经营环节都要按各道环节上发生的增值额逐次征税。

### 2. 增值税征收制度

我国现行增值税执行的是经 2008 年 11 月 5 日国务院第 34 次常务会议修订通过的《中华人民共和国增值税暂行条例》，2008 年 12 月 18 日财政部、国家税务总局令第 50 号公布修改的自 2009 年 1 月 1 日起施行的《中华人民共和国增值税暂行条例实施细则》。

（1）纳税人。根据条例规定，凡在我国境内销售货物或者提供加工、修理修配劳务（以下称应税劳务），以及进口货物的单位和个人都是增值税的纳税人。增值税的纳税人分为一般纳税人和小规模纳税人。

（2）征税范围。根据条例规定，增值税的征税范围是在我国境内销售货物或提供加工、修理修配劳务以及进口货物。

（3）税率和征收率。增值税税率包括基本税率17%、低税率13%、小规模纳税人的征收率为3%和零税率。

## （二）消费税

### 1. 消费税概述

我国的消费税是1994年税制改革在流转税制中新设置的一个税种。从性质上来讲，属于对货物课税，只不过征收范围受到一定的限制。

（1）消费税的概念。消费税是在对我国境内从事生产、委托加工和进口应税消费品的单位和个人，就其销售额或销售数量征收的一种税。

（2）消费税的特点。消费税具有以下特点：

第一，对特定项目征收。目前各国征收的消费税实际上都属于对特定消费品或消费行为征收的税种。尽管受经济发展阶段和政府政策取向等因素的影响，各国的征税范围有宽有窄，但一般都是有选择地将那些消费量大、收入需求弹性充足和税源普遍的消费品列入消费税的征收范围，主要包括非生活必需品、奢侈品、嗜好品、高档消费品、不可再生的稀缺性资源产品以及高能耗产品等。

第二，征税环节单一。消费税只是在生产（进口）、流通或消费的某一环节一次征收，而不是在消费品生产、流通或消费的每个环节多次征收，即通常所说的一次课征制。

第三，实行价内税。消费税实行价内税，即消费税税金包含在价格之内。

第四，具有特殊调节作用。消费税属于国家运用税收杠杆对某些消费品或消费行为进行特殊调节的税种，通常采取增值税与消费税双重调节的办法，对某些需要特殊调节的消费品或消费行为在征收增值税的同时，再征收一道消费税。

### 2. 消费税征收制度

我国现行消费税执行的是经 2008 年 11 月 5 日国务院第 34 次常务会议修订

## 第九章 税收制度

通过,并于 2009 年 1 月 1 日起施行的《中华人民共和国消费税暂行条例》和 2008 年 12 月 18 日财政部、国家税务总局 51 号令公布修改的自 2009 年 1 月 1 日起施行的《中华人民共和国消费税暂行条例实施细则》。

(1) 纳税人。消费税的纳税人是指在我国境内从事生产、委托加工和进口应税消费品的单位和个人。

(2) 征税范围。现行列入消费税征税范围的消费品有以下四大类:

第一,特殊消费品,这些消费品的过度消费会对人类健康、社会秩序、生态环境等方面造成危害,如烟、酒、鞭炮、焰火等。

第二,奢侈品和非生活必需品,如贵重首饰和珠宝玉石、化妆品等。

第三,高能耗及高档消费品,如小汽车、摩托车、高尔夫球及球具等。

第四,不可再生和替代的稀缺资源消费品,如汽油、柴油等。

(3) 税目、税率。

税目是按照一定的标准和范围对课税对象进行划分从而确定的具体征税品种或项目,反映了征收的具体范围。消费税的税率有两种形式:比例税率和定额税率,以适应不同应税消费品的实际情况。现行消费税的具体税目税率见表 9-1。

表 9-1　　　　　　　　　　消费税税目税率

| 税　目 | 税　率 |
| --- | --- |
| 一、烟 | |
| 　1. 卷烟 | |
| 　　(1) 甲类卷烟 | 45% 加 0.003 元/支 |
| 　　(2) 乙类卷烟 | 30% 加 0.003 元/支 |
| 　2. 雪茄烟 | 25% |
| 　3. 烟丝 | 30% |
| 二、酒及酒精 | |
| 　1. 白酒 | 20% 加 0.5 元/500 克(或者 500 毫升) |
| 　2. 黄酒 | 240 元/吨 |
| 　3. 啤酒 | |
| 　　(1) 甲类啤酒 | 250 元/吨 |
| 　　(2) 乙类啤酒 | 220 元/吨 |
| 　4. 其他酒 | 10% |
| 　5. 酒精 | 5% |
| 三、化妆品 | 30% |
| 四、贵重首饰及珠宝玉石 | |
| 　1. 金银首饰、铂金首饰和钻石及钻石饰品 | 5% |
| 　2. 其他贵重首饰和珠宝玉石 | 10% |

续表

| 税　　目 | 税　　率 |
|---|---|
| 五、鞭炮、焰火 | 15% |
| 六、成品油 | |
| 　　1. 汽油 | |
| 　　　（1）含铅汽油 | 0.28 元/升 |
| 　　　（2）无铅汽油 | 0.20 元/升 |
| 　　2. 柴油 | 0.10 元/升 |
| 　　3. 航空煤油 | 0.10 元/升 |
| 　　4. 石脑油 | 0.20 元/升 |
| 　　5. 溶剂油 | 0.20 元/升 |
| 　　6. 润滑油 | 0.20 元/升 |
| 　　7. 燃料油 | 0.10 元/升 |
| 七、汽车轮胎 | 3% |
| 八、摩托车 | |
| 　　1. 气缸容量（排气量，下同）在 250 毫升（含 250 毫升）以下的 | 3% |
| 　　2. 气缸容量在 250 毫升以上的 | 10% |
| 九、小汽车 | |
| 　　1. 乘用车 | |
| 　　　（1）气缸容量（排气量，下同）在 1.0 升（含 1.0 升）以下的 | 1% |
| 　　　（2）气缸容量在 1.0 升以上至 1.5 升（含 1.5 升）的 | 3% |
| 　　　（3）气缸容量在 1.5 升以上至 2.0 升（含 2.0 升）的 | 5% |
| 　　　（4）气缸容量在 2.0 升以上至 2.5 升（含 2.5 升）的 | 9% |
| 　　　（5）气缸容量在 2.5 升以上至 3.0 升（含 3.0 升）的 | 12% |
| 　　　（6）气缸容量在 3.0 升以上至 4.0 升（含 4.0 升）的 | 25% |
| 　　　（7）气缸容量在 4.0 升以上的 | 40% |
| 　　2. 中轻型商用客车 | 5% |
| 十、高尔夫球及球具 | 10% |
| 十一、高档手表 | 20% |
| 十二、游艇 | 10% |
| 十三、木制一次性筷子 | 5% |
| 十四、实木地板 | 5% |

纳税人兼营不同税率应税消费品,应当分别核算不同税率应税消费品的销售额、销售数量;未分别核算销售额、销售数量,或者将不同税率的应税消费品组成成套消费品销售的,从高适用税率。

## (三) 营业税

### 1. 营业税概述

(1) 营业税的概念。

营业税是对在我国境内提供应税劳务、转让无形资产或销售不动产的单位和个人,就其营业额征收的一种税。

(2) 营业税的特点。

营业税除了具有流转税的一般特征外,还具有以下几个特点:

第一,以营业额全额为计税依据。营业税属传统商品劳务税,计税依据为营业额全额,在流转环节征收。凡经过一个流转环节,取得一次营业收入,就征一次税。

第二,按行业设计税目税率。营业税在税负设计中,一般实行同一行业同一税率,不同行业不同税率,以体现公开税负、鼓励平等竞争的政策。

第三,计算简便,便于征管。营业税的征税对象和税目清楚,一般以营业收入额全额为计税依据,实行比例税率,税款随营业收入额的实现而实现,因此,计征简便,有利于节省征收费用。

### 2. 营业税征收制度

我国现行营业税执行的是经 2008 年 11 月 5 日国务院第 34 次常务会议修订通过的《中华人民共和国营业税暂行条例》、2008 年 12 月 18 日,中华人民共和国财政部、国家税务总局令第 52 号《中华人民共和国营业税暂行条例实施细则》也自 2009 年 1 月 1 日起施行。

(1) 纳税人。营业税暂行条例规定,营业税的纳税人是指在中华人民共和国境内提供应税劳务、转让无形资产或者销售不动产的单位和个人。

为了加强税收的源泉控制,简化征税手续,减少税款流失,营业税规定了扣缴义务人,这些单位和个人直接负有代扣代缴税款的义务。

(2) 征税范围。营业税的征税范围是指在中华人民共和国境内提供应税劳务、转让无形资产或销售不动产的行为。

"在中华人民共和国境内"是指实际税收行政管理的区域。"应税劳务"是指属于交通运输业、建筑业、金融保险业、邮电通信业、文化体育业、娱乐业、服务业税目征收范围的劳务。"提供应税劳务、转让无形资产或者销售不动产"

是指有偿提供应税劳务、有偿转让无形资产或者有偿销售不动产的活动。

（3）税目、税率。现行营业税，区分不同行业和经营业务，设计了9个税目3档税率，详见表9－2。

表9－2　　　　　　　　　营业税税目税率

| 税目 | 税率 |
| --- | --- |
| 一、交通运输业 | 3% |
| 二、建筑业 | 3% |
| 三、金融保险业 | 5% |
| 四、邮电通信业 | 3% |
| 五、文化体育业 | 3% |
| 六、娱乐业 | 5%～20% |
| 七、服务业 | 5% |
| 八、转让无形资产 | 5% |
| 九、销售不动产 | 5% |

纳税人兼有不同税目应税劳务、转让无形资产或者销售不动产，应当分别核算不同税目的营业额；未分别核算营业额的，从高适用税率。

## （四）关税

**1. 关税概述**

（1）关税的概念。关税是海关依法对进出一国关境的货物和物品征收的一种税，是世界各国普遍征收的一个税种。

（2）关税的分类。关税可以按不同标准划分，从而形成不同类型的关税。

第一，按征收目的划分，可以分为财政关税和保护关税。财政关税是以增加国家财政收入为目的而征收的关税；保护关税是以保护国内经济为目的而征收的关税。

第二，按征税商品的流向划分，可分为进口税、出口税和过境税。进口税是对进口商品征收的关税；出口税是对出口商品征收的关税；过境税是对通过本国境内的外国商品征收的关税。

第三，按计征依据和标准划分，可分为从价关税、从量关税和复合关税。从价关税是以货物的价格为标准而计征的关税；从量关税是以货物的实物量为标准而计征的关税;复合关税是对同一种进口商品同时采用从价和从量两种计征标准计征的关税。具体课征时,或以从价税为主加征从量税,或以从量税为主加征从价税。

第四,按征税有无优惠分类,可分为普通税和最惠国税。最惠国税适用于从与该国签订有最惠国待遇原则的贸易协定的国家或地区进口的商品;普通税适用于从与该国没有签订这种贸易协定的国家或地区进口的商品。

第五,按是否依据税则征收分类,可分为正税和附加税。正税是指正常关税,按海关税则规定和公布的税率征收,进口税、出口税、过境税、优惠税均属于正税;附加税又称为进口附加税,是在正常进口税以外额外征收的关税,是一种特殊情况下的临时性特定措施,采用较多的形式是反补贴税、反倾销税、保障性关税和报复性关税。

**2. 关税的征收制度**

现行关税是根据《中华人民共和国海关法》、《中华人民共和国进出口关税条例》、《中华人民共和国海关进出口税则》(2013年版)、《中华人民共和国海关进出口商品规范申报目录》(2013年版)、《中华人民共和国进境物品归类表》、《中华人民共和国进境物品完税价格表》等相关法律法规确定的。

(1) 纳税人。根据我国现行的关税法律法规规定,负有向海关缴纳关税义务的单位和个人是进出口关税的纳税人。贸易性进出口商品关税的纳税人为进口货物的收货人、出口货物的发货人。非贸易性进出口物品关税的纳税人为进出境物品的所有人。

(2) 课税对象。关税的课税对象是进出关境的货物和物品。《中华人民共和国海关进出口税则》(2013年版)商品分类目录中,"税则号列"排列是以国际通用的《商品名称及编码协调制度公约》商品分类目录体系为基础,把商品分为22大类,98章,8238个税目,以确定具体商品适用的税目和税率。

我国出口关税征税货物主要为限制出口的不可再生的资源类产品和国内紧缺的原材料。

(3) 税率。进口关税税率设最惠国税率、协定税率、特惠税率和普通税率。

第一,最惠国税率。根据《条例》规定,对原产于共同适用最惠国待遇条款的世界贸易组织成员的进口货物,原产于与中华人民共和国签订含有互给予最惠国待遇条款的双边贸易协定的国家或地区的进口货物,以及原产于中华人民共和国境内的进口货物,适用最惠国税率。

第二,协定税率。根据《条例》规定,对原产于与中华人民共和国签订含有关税优惠条款的区域性贸易协定的国家或者地区的进口货物,适用协定税率。

第三，特惠税率。根据《条例》规定，对原产于与中华人民共和国签订含有特殊关税优惠条款的贸易协定的国家或者地区的进口货物，适用特惠税率。

第四，普通税率。根据《条例》规定，对原产于除适用最惠国税率、协定税率、特惠税率国家或地区以外的国家或者地区的进口货物，以及原产地不明的进口货物，适用普通税率。

据《条例》规定，对出口货物在一定期限内可以实行暂定税率；适用出口税率的出口货物有暂定税率的，应当适用暂定税率。

(4) 关税完税价格的确定。进口货物的完税价格，由海关以该货物的成交价格为基础审查确定。完税价格包括货物运抵我国境内输入地点起卸前的运输及其相关费用、保险费。进口货物的成交价格是指买方为购买该货物，并按《完税价格办法》的规定调整后的实付或应付价格。

在确定进口货物的完税价格时，下列费用或价值应当计入：

第一，由买方负担的以下费用：除购货佣金以外的佣金和经纪费。"购货佣金"是指买方为购买进口货物向自己的采购代理人支付的劳务费用。"经纪费"是指买方为购买进口货物向代表买卖双方利益的经纪人支付的劳务费用。与该货物视为一体的容器费用；包装材料和包装劳务费用。

第二，与该货物的生产和国内销售有关，由买方直接或间接免费提供或以低于成本价方式提供，并可以按照适当比例分摊的料件、工具、模具和类货物的价款，以及在境外开发设计，相关服务费用。

第三，与该货物有关并作为卖方向我国销售该货物的一项条件，应当由买方直接或间接支付的特许权使用费。

第四，卖方直接或间接从买方对该货物进口后转售、处置或使用所得中获得的收益。

在确定进口货物的完税价格时，下列费用如果单独列明，可以不计入：第一，厂房、机械、设备等货物进口后的基建、安装、装配、维修和技术服务的费用；第二，货物运抵境内输入地点之后的运输费用；第三，进口关税及其他国内税。

买卖双方之间有特殊关系，其特殊关系对成交价格产生影响的，或进口货物的完税价格不能按照成交价确定时，海关应当依次使用相同或类似货物成交价格法、倒扣价格法、计算价格法以及其他合理方法来估定完税价格。

出口货物的完税价格由海关以该货物向境外销售的成交价格为基础审查确定(货物货价)，并包括货物运至中华人民共和国境内输出地点装载前的运输及其相关费用、保险费，但其中包含的出口关税税额，应当予以扣除。

出口货物的成交价格是指该货物出口销售到中华人民共和国境外时买方向卖方实付或应付的价格。出口货物的成交价格中含有支付给境外佣金的，如果单独列明可以扣除。

## 第三节 所 得 税

### 一、所得税概述

#### （一）所得税的概念

所得税是以所得额为课税对象的税种的总称，它是世界各国税制体系中的一个重要组成部分。在我国，所得税是仅次于商品税的两大主体税系之一。我国现行所得税包括企业所得税和个人所得税两个税种。

#### （二）所得税的特点

1. 所得税是对人税。所得税是以人的各项所得为征税对象，并且在征税时要考虑纳税人自身的各种具体情况。就同等数额的所得而言，由于纳税人具体情况不同，会按照不同的标准征税，所以缴纳的所得税税额也不相同。

2. 所得税是直接税。所得税通常不发生税负转嫁，纳税人就是负税人。即使由于某些特定条件，税负也可能会发生转嫁，但远不如商品税方便，所以，从整体上说，所得税具有直接税的特点。

3. 所得税具有累进税特点。所得税是以纳税人的负担能力为基础。按量能负担作为立法原则。所得多的多征，所得少的少征，无所得的不征。虽然从征税的绝对额来看，比例税和累进税都满足这一要求，但从征税的相对比例来看，所得税能更好地体现量能征税原则，比商品劳务税公平。

### 二、所得税的主要税种

#### （一）企业所得税

**1. 企业所得税概述**

（1）企业所得税概念。企业所得税是对在我国境内的企业或组织，就其生产、经营所得和其他所得征收的一种税。

（2）企业所得税的特点。企业所得税按其自身的内在机制，具有以下特点：

第一，税收收入受企业效益影响较大。企业所得税是以国内各类企业的利润为征税对象的，企业实现利润多的多征，利润少的少征，无利润的不征。而企业利润的多少就反映了企业效益的好坏。所以企业所得税受企业经济效益的影响较大。

第二，负担较为合理。由于企业所得税是所得多的多征，所得少的少征，无所得的不征，且征税对象的所得是纯所得，即扣除了必要的费用，因此比较符合量能负担的原则。同时，由于实行比例税率，就使税收与企业利润之间有了连动关系，且我国企业所得税税率为25%，说明企业实现的利润用1/4来交税即可，对大多数企业来说，负担得起，也是较为合理的。

第三，收入及时、均衡。企业所得税实行按年计算、分期预缴、年终汇算清缴、多退少补的征收方法。这样就使税收收入的取得较为均衡，有利于保证财政收入。

**2. 企业所得税的征收制度**

现行企业所得税的基本规范是2007年3月16日第十届全国人民代表大会第五次会议通过的《中华人民共和国企业所得税法》，2007年11月28日国务院第197次常务会议通过并公布实施的自2008年1月1日起施行的《中华人民共和国企业所得税法实施条例》。

（1）纳税人。在中华人民共和国境内，企业和其他取得收入的组织（以下统称企业）为企业所得税的纳税人。个人独资企业、合伙企业不是企业所得税的纳税人。

企业分为居民企业和非居民企业，居民企业是指依法在中国境内成立，或者依照外国（地区）法律成立但实际管理机构在中国境内的企业；非居民企业是指依照外国（地区）法律成立且实际管理机构不在中国境内，但在中国境内设立机构、场所，或者在中国境内未设立机构、场所，但有来源于中国境内所得的企业。

（2）征税对象。企业所得税的征税对象，是指企业在一个纳税年度内来源于我国境内、境外的生产经营所得和其他所得。生产经营所得是指从事物质生产、交通运输、商品流通、劳务服务及其他营利事业取得的所得。其他所得是指股息、利息、租金、财产转让收益、特许权使用费以及营业外收益等。

（3）税率。企业所得税的税率为25%。非居民企业在中国境内未设立机构、场所的，或者虽设立机构、场所但取得的所得与其所设机构、场所没有实际联系的，适用税率为20%。

## （二）个人所得税

**1. 个人所得税的概念**

个人所得税是对个人从中国境内、境外取得的各项应税所得征收的一种税，是国家对个人所得进行调节的一个税种。

**2. 个人所得税的特点**

（1）双重管辖。我国实行地域税收管辖权和居民税收管辖权的结合使用，凡我国居民应承担无限纳税义务，即来源于我国境内外的全部所得都要依法纳税；凡我国的非居民只承担有限纳税义务，即只对来源于我国境内的所得纳税。

（2）分项课征。国际上个人所得税的征收，一般有总额课征和分项课征两种办法。我国选择的是分项课征。对纳税人的不同收入项目，以不同的税率，分别计算，对各项所得的费用扣除标准也有区别。

（3）扣除额宽。我国个人所得税对纳税人的各项所得视不同情况分别采用定额扣除和定率扣除相结合的办法；对工资、薪金所得每月定额扣除3 500元；对其他所得采取定额扣除800元或定率20%扣除费用的办法。同其他国家比较，扣除额是较宽的。

（4）以个人为纳税主体。国际上个人所得税有两大税收系统，按以家庭为纳税主体还是以个人为纳税主体来划分。我国的个人所得税是以个人为纳税主体，而不是以家庭为单位，通常不考虑家庭支出因素。

（5）计算简便。我国个人所得税的适用税率和费用扣除方法都比较简明，便于计算。征收方法上采取源泉扣税法和申报纳税法相结合。

**3. 个人所得税的征收制度**

现行个人所得税执行的是根据2011年6月30日第十一届全国人民代表大会常务委员会第二十一次会议《关于修改〈中华人民共和国个人所得税法〉的决定》第六次修正公布，自2011年9月1日起施行的。

（1）纳税人。按税法规定有纳税义务的中国公民和中国境内取得收入的外籍人员以及港、澳、台同胞，均为我国个人所得税的纳税人。

个人所得税的纳税人按照住所和居住时间为标准可以分为居民纳税人和非居民纳税人。居民纳税人是指在我国境内有住所的个人，或者无住所而在我国境内居住满1年的个人，居民纳税人应当就其从我国境内、境外取得的全部所得纳税。非居民纳税人是指在我国境内无住所又不居住，或者无住所而在我国境内居住不满1年的个人，非居民纳税人应当就其从我国境内取得的所得纳税。

（2）征税对象。个人所得税以个人取得的各项应税所得为课税对象。具体包括11个征税项目，即工资、薪金所得，个体工商户的生产、经营所得，对企事业单位的承包经营、承租经营所得，劳务报酬所得，稿酬所得，特许权使用费所得，利息、股息、红利所得，财产租赁所得，财产转让所得，偶然所得，国务院财政部门确定征税的其他所得。其中，工资、薪金所得和个体工商户的生产、经营所得是目前我国个人所得税收入的主要税源。

（3）税率。个人所得税税率分项目包括以下几项：

第一，工资、薪金所得，适用超额累进税率，税率为3%～45%（见表9-3）。

第二，个体工商户的生产、经营所得和对企事业单位的承包经营、承租经营所得，适用5%～35%的超额累进税率（见表9-4）。

第三，稿酬所得，适用比例税率，税率为20%，并按应纳税额减征30%。

第四，劳务报酬所得，适用比例税率，税率为20%。对劳务报酬所得一次收入畸高的，可以实行加成征收。

第五，特许权使用费所得，利息、股息、红利所得，财产租赁所得，财产转让所得，偶然所得和其他所得，适用比例税率，税率为20%。

表9-3　　　　　　个人所得税税率表（工资、薪金所得适用）

| 级数 | 全月应纳税所得额 | | 税率（％） | 速算扣除数 |
| --- | --- | --- | --- | --- |
| | 含税级距 | 不含税级距 | | |
| 1 | 不超过1 500元的 | 不超过1 455元的 | 3 | 0 |
| 2 | 超过1 500元至4 500元的部分 | 超过1 455元至4 155元的部分 | 10 | 105 |
| 3 | 超过4 500元至9 000元的部分 | 超过4 155元至7 755元的部分 | 20 | 555 |
| 4 | 超过9 000元至35 000元的部分 | 超过7 755元至27 255元的部分 | 25 | 1 005 |
| 5 | 超过35 000元至55 000元的部分 | 超过27 255元至41 255元的部分 | 30 | 2 755 |
| 6 | 超过55 000元至80 000元的部分 | 超过41 255元至57 505元的部分 | 35 | 5 505 |
| 7 | 超过80 000元的部分 | 超过57 505元的部分 | 45 | 13 505 |

注：本表所称全月应纳税所得额是指依照个人所得税法规定，以每月收入额减除费用3 500元以及附加减除费用后的余额。

**表 9-4　　　　　个人所得税税率表**

（个体工商户的生产、经营所得和对企事业单位的承包经营、承租经营所得适用）

| 级数 | 全年应纳税所得额 | | 税率（%） | 速算扣除数 |
|---|---|---|---|---|
| | 含税级距 | 不含税级距 | | |
| 1 | 不超过 15 000 元的 | 不超过 14 250 元的 | 5 | 0 |
| 2 | 超过 15 000 元至 30 000 元的部分 | 超过 14 250 元至 27 750 元的部分 | 10 | 750 |
| 3 | 超过 30 000 元至 60 000 元的部分 | 超过 27 750 元至 51 750 元的部分 | 20 | 3 750 |
| 4 | 超过 60 000 元至 100 000 元的部分 | 超过 51 750 元至 79 750 元的部分 | 30 | 9 750 |
| 5 | 超过 100 000 元的部分 | 超过 79 750 元的部分 | 35 | 14 750 |

注：本表所称全年应纳税所得额是指依照个人所得税法的规定，以每一纳税年度的收入总额减除成本、费用以及损失后的余额。

## 第四节　其他类税收

### 一、财产税

财产税是以纳税人所有或属其支配的财产为征税对象征收的一类税收。对财产征税，征税数额随财产数量或价值额的大小而变化。即纳税人所有或属其支配的财产数量多，价值大的则多征税，财产的数量少，价值小的则少征税。目前，我国财产税主要有房产税、契税、车船税等。

#### （一）房产税

**1. 房产税的概念**

房产税是以房产为征税对象，依据房产价格或房产租金收入向房产所有人或经营人征收的一种财产税。征收房产税的目的是国家运用税收杠杆，强化对房产的管理，提高房产使用效率，配合房产政策的调整，合理调节房产所有人和经营人的收入。

**2. 房产税的征收制度**

（1）纳税人。房产税的纳税人是房屋的产权所有人，包括外资企业及外籍个人。产权属于国家所有的，由经营管理的单位缴纳；产权属于集体和个人所有的，由集体单位和个人缴纳；产权出典的，由承典人缴纳；产权所有人、承典人不在房产所在地的，或者产权未确定及租典纠纷未解决的，由房产代管人或者使用人缴纳。

（2）征税对象。房产税的征税对象是房产。所谓房产，是指有屋面和围护结构（有墙或两边有柱），能够遮风避雨，可供人们在其中生产、学习、工作、娱乐、居住或储藏物资的场所。

房产税在城市、县城、建制镇和工矿区征收。

（3）税率。我国现行房产税采用的是比例税率。依照房产余值计算缴纳的，税率为1.2%；依照房产租金收入计算缴纳的，税率为12%。

（4）计税依据。房产税的计税依据是房产的计税价值或房产的租金收入。按照房产计税价值征税的，称为从价计征；按照房产租金收入计征的，称为从租计征。

从价计征的，房产税依照房产原值一次减除10%~30%后的余值计算缴纳。各地扣除比例由当地省、自治区、直辖市人民政府确定。从租计征的，以房产租金收入为房产税的计税依据。

### （二）契税

**1. 契税的概念**

契税是指在土地使用权和房屋所有权的权属转移时，按照当事人双方所签订的合同（契约），向权属的承受者（产权承受人）征收一次性税收。契税是对房地产产权变动征收的一种专门税种，属于财产税。

**2. 契税的征收制度**

（1）纳税人。在我国境内转移土地、房屋权属，承受的单位和个人为契税的纳税人。"境内"是指中华人民共和国实际税收行政管辖范围内；"土地、房屋权属"是指土地使用权和房屋所有权；"单位"是指内外资企业单位、事业单位、国家机关、军事单位和社会团体以及其他组织；"个人"是指个体经营者及其他个人，包括中国公民和外籍人员。

（2）课税对象。契税的课税对象是境内转移土地、房屋权属。主要包括：国有土地使用权出让；土地使用权的转让；房屋买卖；房屋赠与；房屋交换等。

（3）税率。契税实行3%~5%的幅度比例税率。各省、自治区、直辖市人民政府可以在3%~5%的幅度内，按照本地区的实际情况决定。

按照现行政策规定，对个人购买普通住房，且该住房属于家庭（成员范围包括购房人、配偶以及未成年子女，下同）唯一住房的，减半征收契税。对个人购买90平方米及以下普通住房，且该住房属于家庭唯一住房的，减按1%税率征收契税；90 平方米以上，144 平方米以下，家庭唯一普通住房契税税率为 1.5%；不是家庭唯一住房的普通住房契税税率为 3%；非普通住房契税税率为 4%。

### (三) 车船税

**1. 车船税的概念**

车船税是指在中华人民共和国境内的机动车辆和船舶（以下简称车船）的所有人或者管理人按照中华人民共和国车船税法应缴纳的一种财产税。

**2. 车船税的征收制度**

（1）纳税人。在中华人民共和国境内，车辆、船舶（以下简称车船）的所有人或者管理人为车船税的纳税人，包括外商投资企业、外国企业和外籍人员。管理人，是指对车船具有管理使用权，不具有所有权的单位。

从事机动车交通事故责任强制保险业务的保险机构为机动车车船税的扣缴义务人，应当依法代收代缴车船税。

（2）课税对象。车船税的课税对象，是指依法应当在车船登记管理部门登记的机动车辆及船舶和依法不需要在车船登记管理部门登记的在单位内部场所行驶或者作业的机动车辆及船舶（除规定减免的车船外）。

（3）税率。车船税实行有幅度的定额税率，省、自治区、直辖市人民政府根据车船税法所附《车船税税目税额表》确定车辆具体适用税额。

## 二、资源税

资源税是对以国有矿产等资源开发及其级差收益为基础课征的一类税收。目前我国资源类税收主要有资源税、土地增值税、城镇土地使用税。

### (一) 资源税

**1. 资源税的概念**

资源税是以自然资源为课税对象征收的一种税。目前，我国的资源税是对在中华人民共和国领域及管辖海域开采应税矿产品或者生产盐的单位和个人，就其应税资源销售数量或自用数量为课税对象而征收的一种税。

**2. 资源税的征收制度**

我国现行资源税执行的是国务院1993年12月25日发布的《中华人民共和国资源税暂行条例》（中华人民共和国国务院令第605号）和2011年9月21日国务院第173次常务会议通过并公布的自2011年11月1日起施行的《国务院关于修改

〈中华人民共和国资源税暂行条例〉的决定》(国务院令〔1993〕第139号)。

(1) 纳税人。资源税的纳税人为在中华人民共和国领域及管辖海域开采《资源税条例》规定的矿产品或者生产盐(或称开采或者生产应税产品)的单位和个人。

收购未税矿产品的单位作为资源税的扣缴义务人,在收购未税矿产品时代扣代缴其应纳的税款。

(2) 征税范围。资源税的征税范围,应当包括一切开发和利用的国有资源,但考虑到我国开征资源税还缺乏经验,所以《资源税暂行条例》本着纳入征税范围的资源必须是具有商品属性,即具有使用价值和交换价值的原则,只将原油、天然气、煤炭、其他非金属矿原矿、黑色金属矿原矿、有色金属矿原矿和盐列入了征税范围。水资源等由于价格及征管经验等因素,暂未列入征税范围。这样,属于资源税征税范围的资源就可以分为矿产品和盐两大类。

(3) 税目和税率。资源税在具体设计税目时,采取列举法,即按照各种课税的产品类别分别设置税目,共设置7个大税目:原油、天然气、盐、黑色金属矿原矿、有色金属矿原矿、煤炭、其他非金属矿原矿。纳税人具体适用的税率,在所附《资源税税目税率表》规定的税率幅度内,根据纳税人所开采或者生产应税产品的资源品位、开采条件等情况,由财政部商国务院有关部门确定;财政部未列举名称且未确定具体适用税率的其他非金属矿原矿和有色金属矿原矿,由省、自治区、直辖市人民政府根据实际情况确定,报财政部和国家税务总局备案。

## (二) 土地增值税

**1. 土地增值税的概念**

土地增值税是对转让国有土地使用权、地上建筑物及其附着物并取得收入的单位和个人,就其转让房地产所取得的增值额征收的一种税。

**2. 土地增值税的征收制度**

我国现行土地增值税执行的是1993年11月26日国务院第十二次常务会议通过发布的自1994年1月1日起施行的《中华人民共和国土地增值税暂行条例》(国务院令第138号)。

(1) 纳税人。土地增值税的纳税人是在我国境内有偿转让国有土地使用权、地上的建筑及其附着物,并取得收入的单位和个人。包括国有企业、集体企业、私营企业、股份制企业、个体工商户、事业单位、国家机关和社会团体及国内其他组织和个人;外商投资企业、外国企业及外国机构、华侨、港澳台同胞和外籍个人。

(2) 征税范围。土地增值税的课税对象是有偿转让国有土地使用权、地上的建筑及其附着物所取得的增值额。

土地增值税征税范围包括：转让国有土地使用权，地上的建筑物及其附着物连同国有土地使用权一并转让。

下列情况不包括在征税范围之中：国有土地使用权出让所取得的收入、未转让土地使用权、房产产权的行为；房地产的权属虽转让，但未取得收入的行为，如房地产的继承。

对若干具体情况的规定：

以出售方式转让国有土地使用权、地上的建筑物及附着物的，属于土地增值税的征税范围；以继承、赠与方式转让房地产的，不属于土地增值税的征税范围；房地产的出租，不属于土地增值税的征税范围。对房地产的抵押，在抵押期间不征收土地增值税。待抵押期满后，视该房地产是否转移占有而确定是否征收土地增值税。对于以房地产抵债而发生房地产权属转让的，应列入土地增值税的征税范围。房地产的交换，属于土地增值税的征税范围。

对于以房地产进行投资、联营的，投资、联营的一方以土地（房地产）作价入股进行投资或作为联营条件，将房地产转让到所投资、联营的企业中时，暂免征收土地增值税。对投资、联营企业将上述房地产再转让的，应征收土地增值税。合作建房，建成后转让的，应征收土地增值税。房地产的代建房行为，不属于土地增值税的征税范围。房地产的重新评估增值，不属于土地增值税的征税范围。因国家收回国有土地使用权、征用地上的建筑物及其附着物而使房地产权属发生转让的，可以免征土地增值税。

（3）税率。土地增值税实行四级超率累进税率，从30%～60%。

（4）计税依据的确定。土地增值税的计税依据是纳税人转让房地产所取得的土地增值额，即纳税人转让房地产所取得的收入减去税法规定扣除的项目金额后的余额。

第一，应税收入的确定。根据《土地增值税暂行条例》及其实施细则的规定，纳税人转让房地产取得的应税收入，应包括转让房地产的全部价款及有关的经济收益。从收入的形式来看，包括货币收入、实物收入和其他收入。

第二，扣除项目的确定。包括：取得土地使用权所支付的金额，开发土地的成本、费用，新建房及配套设施的成本、费用，或者旧房及建筑物的评估价格，与转让房地产有关的税金，财政部规定的其他扣除项目。

## （三）城镇土地使用税

### 1. 城镇土地使用税的概念

城镇土地使用税是以城镇土地为征税对象，对拥有土地使用权的单位和个人,以其实际占用土地面积为计税依据征收的一种税。

**2. 城镇土地使用税的征收制度**

我国现行城镇土地使用税执行的是 1988 年 9 月 27 日中华人民共和国国务院令第 17 号发布,根据 2006 年 12 月 31 日修订自 2007 年 1 月 1 日起施行的《国务院关于修改〈中华人民共和国城镇土地使用税暂行条例〉的决定》。

(1) 纳税人。城镇土地使用税的纳税人为在城市、县城、建制镇和工矿区范围内使用土地的单位和个人。单位包括国有企业、集体企业、私营企业、股份制企业、外商投资企业、外国企业以及其他企业和事业单位、社会团体、国家机关、军队以及其他单位,个人包括个体工商户以及其他个人。

(2) 征税范围。城镇土地使用税的征税范围是在城市、县城、建制镇和工矿区内的土地。建立在城市、县城、建制镇和工矿区以外的工矿企业则不需缴纳城镇土地使用税。

(3) 税率。城镇土地使用税采用定额税率,即采用有幅度的差别税额,按大、中、小城市和县城、建制镇、工矿区分别规定每平方米土地使用税年应纳税额。土地使用税每平方米年税额如下:

大城市 1.5 元至 30 元;

中等城市 1.2 元至 24 元;

小城市 0.9 元至 18 元;

县城、建制镇、工矿区 0.6 元至 12 元。

## 三、行为税

行为税是对企业和个人的特定行为征税的一类税收。目前我国行为类税收主要有车辆购置税、城市维护建设税、印花税。

### (一) 车辆购置税

**1. 车辆购置税的概念**

车辆购置税是以在我国境内购置规定的车辆为课税对象、在特定的环节向购置车辆的单位和个征收的一种税。车辆购置税是在原交通部门收取的车辆购置附加费的基础上,通过"费改税"方式演变而形成的,基本保留了原车辆购置附加费的特点。

**2. 车辆购置税的征收制度**

我国现行车辆购置税执行的是国务院于 2000 年 10 月 22 日公布的并于 2001

年 1 月 1 日起实施的《中华人民共和国车辆购置税暂行条例》。

（1）纳税人。凡在中华人民共和国境内购置应税车辆的单位和个人，都是车辆购置税的纳税人。此处所称购置，包括购买、进口、自产、受赠、获奖或者以其他方式取得并自用应税车辆的行为。单位包括国有企业、集体企业、私营企业、股份制企业、外商投资企业、外国企业以及其他企业和事业单位、社会团体、国家机关、部队以及其他单位，个人包括个体工商户和其他个人。

（2）征税范围。车辆购置税以列举产品（商品）为征税对象。所谓"列举产品"，即指《车辆购置税暂行条例》规定的应税车辆，因此，应税车辆是车辆购置税的征税对象。

车辆购置税的征收范围包括汽车、摩托车、电车、挂车、农用运输车。具体范围按《车辆购置税征收范围表》执行。

（3）税率。我国车辆购置税实行单一比例税率（指一个税种只设计一个比例的税率），税率为 10%。

## （二）城市维护建设税

**1. 城市维护建设税的概念**

城市维护建设税是对从事工商经营，缴纳增值税、消费税、营业税（简称"三税"）的单位和个人，就其实际缴纳的"三税"税额为计税依据而征收的一种税。

**2. 城市维护建设税的征收制度**

我国现行城市维护建设税执行的是 1985 年 2 月 8 日国务院发布的自 1985 年度起施行的《中华人民共和国城市维护建设税暂行条例》（国发〔1985〕19 号）。

（1）纳税人。城市维护建设税的纳税人是在征税范围内缴纳增值税、消费税、营业税的单位和个人。包括国有企业、集体企业、私营企业、股份制企业、其他企业和行政单位、事业单位、军事单位、社会团体、其他单位以及个体工商户及其他个人。

（2）征税范围。城市维护建设税的征税范围比较广。具体包括城市、县城、建制镇，以及税法规定征收"三税"的其他地区。即只要征收增值税、消费税和营业税三税的地方，除税法另有规定者外，都属于其征收范围。

（3）税率。城市维护建设税实行地区差别比例税率。根据纳税人所在地的不同，税率分别规定为 7%、5%、1% 三个档次。不同地区的纳税人，实行不同档次的税率。具体适用范围是：

纳税人所在地在城市市区的，税率为7%；

纳税人所在地在县城、建制镇的，税率为5%；

纳税人所在地不在城市市区、县城、建制镇的，税率为1%。

### (三) 印花税

**1. 印花税的概念**

印花税是对经济活动和经济交往中书立、使用、领受具有法律效力的凭证的单位和个人征收的一种税。

**2. 印花税的征收制度**

我国现行印花税执行的是1988年8月6日国务院发布自1988年10月1日起施行的《中华人民共和国印花税暂行条例》（国务院令第11号）。

(1) 纳税人。印花税的纳税人，是在我国境内书立、使用、领受应税凭证的单位和个人。所称单位和个人，是指国内各类企业、事业、机关、团体、部队以及中外合资企业、合作企业、外资企业、外国公司和其他经济组织及其在华机构等单位和个人。

上述单位和个人，按照书立、使用、领受应税凭证的不同，可以分别确定为立合同人、立据人、立账簿人、领受人和使用人五种。

对应税凭证，凡由两方或两方以上当事人共同书立的，其当事人各方都是印花税的纳税人，应各就其所持凭证的计税金额履行纳税义务。

(2) 征税范围。印花税只对条例中列入税目的征税，未列入税目的不征税。其征税范围具体包括13个税目：购销合同、加工承揽合同、建设工程勘察设计合同、建筑安装工程承包合同、财产租赁合同、货物运输合同、仓储保管合同、借款合同、财产保险合同、技术合同、产权转移书据、营业账簿、权利、许可证照。

(3) 税目税率和计税依据。印花税的计税依据为各种应税凭证上所记载的计税金额，税率有两种形式，即比例税率和定额税率。

第一，比例税率。在印花税的13个税目中，各类合同以及具有合同性质的凭证、产权转移书据、营业账簿中记载资金的账簿，适用比例税率。

印花税的比例税率分为5个档次，分别是万分之零点五、万分之三、万分之五、千分之一、千分之三。

"股权转让书据"的税率属于后增加的，《税目税率表》上没有此税率。自2001年11月16日起，由千分之四改为按千分之二征收，2005年1月24日起调为千分之一，2007年5月30日起又调为千分之三，2008年4月24日起又调为千分之一，单边征收。

第二，定额税率。在印花税的13个税目中，"权利、许可证照"和"营业账簿"税目中的其他账簿，适用定额税率，均为按件贴花，税额为5元。

## 本章主要名词概念

税收制度　　税率　　　所得税　　增值税　　消费税　　营业税
企业所得税　个人所得税　关税　　　资源税　　商品税

## 本章小结

1. 税收制度是国家的各种税收法令和征管办法的总称。它是国家法律的有机组成部分，是政府向纳税人征税的法律依据和工作规程，也是纳税人自觉履行纳税义务的行为规范。税收制度的构成要素有纳税人、征税对象、税目、税率、纳税环节、纳税期限、减免税和违章处理等。其中，纳税人、征税对象、税率构成税制三要素。

2. 商品税是以商品或劳务的交换为前提，以商品或劳务流转额为征税对象课征的一类税收的总称，具有对物税，税负容易转嫁等特点，我国现行主要税种有增值税、消费税、营业税和关税。所得税是以所得额为课税对象的税种的总称，具有对人税和直接税等特点，税负不容易转嫁，我国现行所得税包括企业所得税和个人所得税两个税种。

3. 财产税是以纳税人所有或属其支配的财产为征税对象征收的一类税收，具有征税数额随财产数量或价值额的大小而变化等特点。目前，我国财产税主要有房产税、契税、车船税等税种。资源税是对以国有矿产等资源开发及其级差收益为基础课征的一类税收。目前我国资源类税收主要有资源税、土地增值税、城镇土地使用税。行为税是对企业和个人的特定行为征税的一类税收。目前我国行为类税收主要有车辆购置税、城市维护建设税、印花税。

4. 增值税是对在我国境内销售货物或者提供加工、修理修配劳务，以及进口货物的单位和个人，就其取得的增值额为课税对象所征收的一种税。消费税是在对我国境内从事生产、委托加工和进口应税消费品的单位和个人，就其销售额或销售数量征收的一种税。营业税是对在我国境内提供应税劳务、转让无形资产或销售不动产的单位和个人，就其营业额征收的一种税。

5. 企业所得税是对在我国境内的企业或组织，就其生产、经营所得和其他所得征收的一种税。个人所得税是对个人从中国境内、境外取得的各项应税所得征收的一种税。

## 本章习题

1. 我国税收制度的概念、构成要素。
2. 商品税、所得税的特点和所包含的税种。
3. 增值税的三种类型及我国增值税的主要征收制度。
4. 我国消费税、营业税的主要征收制度。
5. 企业所得税和个人所得税的主要征收制度。

# 第十章 非税收入

> **学习目标**
>
> 1. 掌握非税收入、国有资产收益、税利分流、规费、使用费、罚没收入和基金收入等基本概念;
> 2. 熟悉非税收入的功能及其与税收收入的异同;
> 3. 理解国有资产收益的特征及其具体表现形式;
> 4. 了解规费、使用费的分类及具体收取标准,罚没收入和基金收入分类。
>
> **学习重点与难点**
>
> 掌握非税收入、国有资产收益、税利分流、规费、使用费、罚没收入和基金收入等基本概念;熟悉非税收入的功能及其与税收收入的异同、国有资产收益的特征及其具体表现形式。

## 第一节 非税收入概述

### 一、非税收入的含义

非税收入有广义和狭义之分。广义的非税收入是指政府以非税收的形式获取的全部财政收入。政府要获取财政收入总要采用一定的收入形式,其中税收是最主要的收入形式,除税收以外,其他的收入形式的总称就是非税收入。因此,非税收入指的是一类收入,而不是一种收入。作为一类收入其与税收收入相对称。具体包括政府的经营和财产收入、规费和使用费收入、罚没收入、社会保险基金收入、私人部门的捐赠收入、通货膨胀税收入、公债收入等多种具体的收入形式。狭义的非税收入则是指政府以非税收的形式获取的经常性财政收入,一般认为,广义非税收入中扣除债务收入以及很少被政府采用的通货膨胀税收入即为狭义的非税收入。本章主要讲述狭义的非税收入。

## 二、非税收入与税收收入的异同

### (一) 共同之处

1. 两者的征收主体都是政府。不论税还是非税,征收的主体只能是政府或者是政府授权的单位,除此之外,任何经济单位、社会团体和个人都无权征收。

2. 两者的征收目的都是为了满足社会公共需要,实现社会利益,而不是为了满足私人需要,实现私人利益。

3. 两者的征收都有一定的标准。非税收入中无论是社会保障基金收入,还是规费、使用费以及罚没收入的收取都要符合政府颁布的既定征收标准。这和税收的固定性基本相同。

4. 两者都必须依法管理。从严格意义上讲,无论是税收收入还是非税收入,都必须纳入预算,预算外不应该存在政府财政分配活动,这是预算完整性原则的集中体现。

### (二) 不同之处

1. 两者的征收范围不同。虽然从整体上讲,两者的征收范围都有广泛性特征,但非税收入的征收范围具有更强的选择性,特别是政府规费和使用费的收取,一般限定在能够按照收益原则确定特定消费者的项目内,而税收筹资则适用于不能确定特定消费者的项目。

2. 两者所依据的征收原则不同。虽然两者的征收标准都具有确定性,但税收征集标准的确定主要是依据支付能力原则,即纳税人缴纳的税收收入的多少和其从政府提供的公共服务中得到利益的大小并无必然联系,而和纳税人的支付能力的大小直接相关。而非税收入征收标准的确定则通常依据收益原则(罚没收入收取标准的确定则依据征收对象违法、违规的程度,实际是收益原则的必要补充),根据征集对象从政府提供的公共服务中得到利益的大小来确定收入征集标准。

3. 收入征收的强制性程度不同。税收收入具有明显的强制性,只要经济主体发生了应该纳税的行为、取得了应该纳税的收入或者拥有应该纳税的财产,就

# 第十章 非税收入

必须按照税法规定交税，否则会受到惩罚；而非税收入除罚没收入、社会保险基金收入具有明显的强制性外，其他收入形式的强制性表现得并不是十分明显。比如，政府不能为了收费而强迫消费者接受其产品或服务。

4. 收入征集有偿和无偿不同。非税收入中除罚没收入具有无偿性外，其他的收入形式一般都具有有偿的性质，体现政府和收入缴纳者之间一定的交换关系。而税收收入的征集则是无偿的，政府取得税收收入并不偿还，也不向纳税人作出提供任何服务或产品的承诺。

5. 两者在政府收入体系中的地位不同。虽然非税收入包括的具体收入形式较多，但其却不是政府收入的主体，政府收入的主体是税收收入。这不仅是因为税收具有强制性、无偿性以及固定性的特征，从而能保证政府及时、足额获取收入，更重要的是因为税收是政府用来分摊公共产品生产成本的一种最为有效的社会分配机制。这是由公共产品自身所固有的属性所决定的。通常，政府通过税收——财政支出机制向社会提供公共产品比采用其他方式更为可靠和有效。与税收收入不同，非税收入在财政收入体系中居于补充地位，但其在能够确定特定受益对象的条件下筹集收入，较税收筹集方式，不仅符合公平原则和效率原则的要求，而且能发挥特定的调节作用，因而其也是政府收入体系中不可或缺的组成部分。

## 三、非税收入的功能

### （一）分配功能

非税收入的分配功能是指非税收入通过改变国民收入分配格局为政府财政筹集财政收入的固有能力。非税收入的分配功能与税收收入的分配功能各有分工、相互协调、相辅相成，共同完成筹集政府财政收入的任务，并与财政支出的安排结合起来，共同完成财政所担负的资源配置任务。

在实践中，税收分配的强制性、固定性和无偿性特征，使之可以有效解决公共产品生产和提供的"免费搭车"问题，因而税收收入在政府收入体系中居于不可替代的重要地位，具有强大的分配功能。但是，税收的分配功能客观上也存在一定的局限，集中体现为税收收入的筹集主要依据的是支付能力原则，通常只能在少数税种上采用受益原则，从而在事实上使税收收入筹集和公共产品提供之间的内在联系只能在整体上得到体现而缺乏结构性的对应关系，这既不利于合理界定政府和纳税人之间的权利和义务关系，也不利于公共产品生产效率的提高和纳税人自主纳税意识的培养，从而导致一系列棘手的现实问题。由于税收分配的主体地位是不可替代的，所以解决税收分配功能存在局限的问题，客观上就只能是对其加以完善和弥补。由于在政府提供的产品或服务中，除公共产品外，还有大量的混合产品，只要混合产品具有排他性特征，就可以依据受益原则筹集收入，即按受益原则对用户收取合理的费用，这就既能以公开和公正的、社会和受益人都能接受的方式筹集到收入，又能提高公共设施等由政府提供的混合产品的使用效率。即便是政府提供的纯公共产品，通过非税收入仍然可以提高其资源配置效率。比如，规费的收取有助于使社会成员合理使用政府提供的公共服务，而罚没收入则可有利于行政、司法、执法部门维护正常的社会秩序，因此，非税收入的分配功能应该而且能够弥补税收分配功能的局限。这就是非税收入分配功能的合理定位。

为了保证非税收入分配功能的顺利实现，防止非税收入分配功能的"越位"和"缺位"，通常应注意以下几点：第一，对那些成本不能通过收费来弥补的公共产品，其提供所需资金应该根据公共产品整体上受益范围的大小由税收来筹资。这是税收分配功能发挥作用的领域。第二，公共服务的费用开支应尽可能通过与个人消费挂钩或与个人受益大小挂钩的收费方式向受益人回收。这可以尽可能体现受益原则的要求。第三，单纯从获取收入的角度考察，如果税收筹资带来的资源配置效率的损失小于增加非税收入带来的效率损失，则应采用税收方式筹资，反之，则反是。

## （二）调节功能

非税收入的调节功能是指非税收入可以通过改变政府与各经济主体之间的物质利益分配关系来实现政府经济调节目标的固有能力。虽然政府采用某些非税收入形式的目的不在于获取收入，而在于调节经济，但分配功能仍然是调节功能的基础。因为首先是非税收入改变了国民收入分配格局，调整了政府与收入缴纳者的物质利益分配关系，才有了非税收入调节功能的实现。一般来说，非税收入的调节功能具体体现在以下几个方面。

**1. 提高资源配置效率**

对可以收取使用费的准公共产品，政府如果不收费，则社会成员对其的需求就会增大到边际收益为零的数量，这对社会而言会导致严重的效率损失。因为政府提供准公共产品也是要花费成本的，且边际成本递增，按照"帕累托标准"的要求，资源配置达到边际收益和边际成本相等时才是有效率的，而在准公共产品的边际收益为零时，边际成本是大于边际收益的，这意味着资源配置量过多、产量过大而导致了效率损失。如果政府按照边际收益和边际成本相等的原则确定收费标准,则可实现资源配置的帕累托最优。即便政府有意识地要增加低收入者的消费量,从而提高社会福利水平,适当收取一定的费用(该收费标准低于边际收益和边际成本相等时的收费标准)也比政府免费提供要有效率。比如,在卫生方面,按服务成本的一定比例收取一定费用,与完全免费医疗相比,会大大减少一些不必要的对药品和医疗服务的需求;在教育方面,适当收费可以促使学生、家长和教育管理人员更加关心服务层次、服务质量和服务成本,并珍惜教育机会,从而提高教育资源的配置效率;在国有资产经营领域,政府向经营使用国有资产的单位或个人征集一定的收入,作为国有资产收益,不仅是政府作为资产所有者所拥有的经济权力的体现,也是提高国有资产使用效率的必然要求;政府行政司法部门收取的规费,虽然带有一定的成本补偿性质,但更重要的是促使社会成员或单位合理有效的使用政府提供的公共服务,避免因滥用而导致效率损失。

**2. 公平收入分配**

从理论上讲,公共产品或准公共产品由政府通过"税收——财政支出"机制向消费者提供,使低收入者和高收入者都消费到这些产品,有助于公平收入分配。但是,在现实经济生活中,有些低收入者却可能消费不到这些产品,或者不如高收入者消费的数量大、受益程度高,这就大大制约了该机制公平收入分配功能的实现。比如,政府对高等教育给予财政拨款或补助,降低学校的收费标准,或者实行高等教育免费,则得到好处的只能是那些已经完成中等教育和能够通过大学入学考试的学生,而这些学生大部分来自富裕家庭。这说明"税收——财政支出"机制在公平收入分配方面的确存在一定局限。但显然并不能由此就得出非税收入可以公平收入分配的结论。事实上,非税收入公平收入分配也不是无条件的,而是有条件的。如果收入征集标准和方法不能合理界定,则非税收入也很难公平收入分配,比如,政府通过向生产者提供补贴降低水、电价格,受益多的很可能是那些城市里的用水、用电大户,这包括大量的高收入者,而低收入者却由于水、电消费量少而得到较少的好处。因此,非税收入公平收入分配功能的实现必须和确定合适的收入征集方式结合起来。比如,政府如果规定水的消费在规定限额以内,可以免费,而超过规定用量则按平均成本收费,就可以收到很好的公平收入分配的效果。再如,政府对面向大众的基本公共医疗服务(供给量大、受益面广、成本低廉)收取较低的费用,而对高质量的公共医疗服务(成本费用昂贵,只有高收入者才消费得起)收取较高的费用,也可起到公平收入分配的作用。类似的例子还有很多,不再赘述。总之,只要非税收入采用合适的征集方式,就可实现"税收——财政支出"机制在准公共产品提供方面所不能实现的公平收入分配的功能。

**3. 避免和减轻"拥挤"**

如果政府提供的某种准公共产品面临拥挤问题，则社会福利水平就会因此而降低。此时，政府通过收取一定数量的使用费，将有助于避免和减轻拥挤。比如，某公园如果游客数量超过 1 000 人就会出现拥挤，则 1 000 人就是该公园的拥挤点。如果在不收费的情况下，游客的数量不超过 1 000 人，则政府就可不收费。但若超过 1 000 人，政府则应通过收费来解决拥挤问题。显然，政府收费并不是为了弥补修建公园的成本开支，而仅仅是为了解决公园使用过程中的拥挤问题，因而收费标准的确定就应该以恰好能把游客的人数控制在 1 000 人为宜。收费标准过低，游客人数大大超过拥挤点，会使每位游客的消费质量都降低，从而使拥挤的边际成本大于消费的边际收益，由此而导致的效率损失表明社会福利最大化未能实现；而收费标准过高，固然解决了拥挤问题，但由于游客过少，而使公园这种公共设施的利用率下降，出现了资源闲置，此时消费的边际收益大于拥挤的边际成本，由此而导致的效率损失表明社会福利最大化也未能实现。因此，要保证非税收入避免或减轻拥挤功能的顺利实现，关键是要解决好收费的标准问题。

## 第二节 国有资产收益

### 一、国有资产收益的含义

国有资产收益有广义和狭义之分。广义的国有资产收益是指政府凭借国家对资产的所有权取得的各种收益的总称，既包括生产经营性国有资产收益、也包括非生产非经营性国有资产收益。狭义的国有资产收益是指经营性国有资产收益。我们通常所讲的国有资产收益就是指狭义的国有资产收益。

国有资产收益和国有资产经营收益是两个不同的概念。国有资产经营收益是指国有企业在一定时期利用国有资产所创造并实现的，可在所有者和经营者之间进行分配的纯收入。在社会主义市场经济条件下，国有企业是一个自主经营、自负盈亏、自我约束、自我发展的商品生产者和经营者，因而国有资产经营收益的一部分要留在企业，作为企业积累和发展的资金。国有资产经营收益中上缴财政的部分就是通常所讲的国有资产收益。也就是说，国有资产经营收益要分为两大部分，一部分要留给企业支配，另一部分要上缴财政，形成国有资产收益。

国有资产收益和国有资产收入也是两个不同的概念。国有资产收入是指由于国有资产的使用以及产权转让所带来的全部收入，因此其除包括广义的国有资产收益外，还包括由企业、单位自主支配的一部分资产经营收益以及国有资产的产权转让收入。

## 二、国有资产收益的特征

国有资产收益与其他非税收入或其他财政收入形式相比具有以下特征：

### （一）凭借经济权力参与分配

国有资产收益是作为资产所有者代表的政府（中央政府和地方政府）凭借生产资料所有权参与国有企业资产经营收益分配而形成的财政收入。生产资料所有权，是一种经济权力，是政府参与国有资产收益分配的依据，与税收的依据即凭借国家的政治权力参与分配形成鲜明的对比。

### （二）征收对象是限定的

国有资产收益的征收对象是限定的，只有经营使用国有资产的企业才有义务向政府上缴国有资产收益。同样，只有对经营使用国有资产的企业，政府才有权征收国有资产收益，而对其他企业政府则无这种权利，同样，企业也无这种义务。

### （三）收益的不确定性

国有资产收益是国有资产经营收益的一部分，因此，政府能否从某一国有企业获取国有资产收益取决于该国有企业是否有经营收益。如果该企业是亏损的，那么政府将不可能从该国有企业获取国有资产收益。在对国有企业的分配政策既定的前提下，国有资产收益的多少取决于企业资产经营收益的多寡。与税收相比，国有资产收益是不确定的。

### （四）分配方式的灵活性

国有资产收益分配方式的灵活性可从分配的形式和分配的标准两个方面进行考察。首先，国有资产收益的具体分配形式取决于国有资产具体的生产经营方式。在所有权和经营权统一的条件下，国有资产收益采用利润上缴的形式，在所有权和经营权分离的条件下，国有资产收益则随两权分离的具体模式或方法的不同而灵活采用承包费、租金、股利等多种具体形式。其次，国有资产收益的分配标准也是可以根据国家的分配政策、财政状况以及企业的经营状况，进行适当的调整变动，从而与税收的固定性相比就具有了一定的灵活性。

## 三、国有资产收益的形式

国有资产收益的具体形式是指政府参与国有资产经营收益分配的具体方式，也就是企业向资产所有者的代理人——政府上缴部分国有资产经营收益的具体形式。其取决于企业经营使用国有资产的具体方式。企业经营使用国有资产的具体方式不同，向所有者上缴经营收益的具体形式，即政府获取国有资产收益的具体形式也就不同。当前，国有资产收益的具体形式有以下几种。

### （一）利润上缴

利润上缴是采用国有国营生产经营方式的企业，按照一定比例将税后利润的一部分上缴财政而形成的国有资产收益。国有国营企业是资产全部由政府投资形成并由政府直接经营管理的企业。这类企业的主要领导人由政府调配任命，企业的产、供、销基本实行指令性计划，企业实现的利润要按规定的比例上缴财政，企业的留利也要按照规定的用途分配使用。应该说这类国有企业是计划体制的产物，因而随着我国体制的转轨，这类企业大多已经采用了所有权和经营权分离的经营模式，但仍有少数企业继续采用这种经营方式，主要是军工企业和少数关系国计民生的重点企业。这些企业采用国有国营的模式对于保持社会政治经济的稳定具有重要意义，因而是完全必要的。因此，在市场体制下，这种类型的企业还会长期存在。不过，政府在对这些企业进行计划管理的同时，也应适当扩大企业的自主权，使其在完成政府下达的任务后，可自主安排某些生产经营活动并使企业的经营成果和物质利益挂钩，以充分调动企业和职工的生产经营积极性。

### （二）承包费

承包费是实行承包经营责任制的国有企业按照合同规定将一部分国有资产经营收益上缴给政府而形成的国有资产收益。在市场经济条件下，为了调动国有企业生产经营的积极性，将国有企业承包给集体或个人，承包者负责企业的生产经营，并按照承包合同的规定将一部分国有资产经营收益上缴给中央政府或者各级地方政府，这就是承包经营责任制。其包括几种具体的承包形式。承包形式不同，政府获取承包费的具体方式也不一样，主要有：上缴利润递增包干、上缴利润包干、超收分成、上缴利润定额包干、减亏包干，等等。

## （三）租金

租金是政府作为出租方将整个国有企业或部分国有资产出租给承租人进行生产经营活动而得到的收益。其是国有资产收益的一种重要的具体形式。在国有资产采用租赁经营方式下，政府在一定时期让渡了国有资产的使用权和经营权，必然要求承租者对国家的这种让渡进行价值补偿。这种价值补偿数量的多少即租金数额的确定通常需要参照承租者实际占用的资产数额、企业的资金利润率、银行的固定资产投资贷款利率以及企业的生产经营条件等具体情况，一般采用：固定租金法、浮动租金法、资金利润率法、租赁成本法、招标法，等等。

## （四）股利

股利是指政府凭借其投资的股权从股份制企业获取的利润收入。具体讲，股利包括股息和红利两种基本形式。股息通常是优先股股东获取收益的一种方式，其是按照固定比例计算的股金利息，这一比例是事先约定的并在一定时间内固定不变。一般而言，股份有限公司只要在营业年度内有可供分配的盈利，就要优先分给优先股股息。但如果公司在营业年度盈利很多，优先股也只能按照约定的股息率获取股息。红利则是普通股股东获取收益的一种方式，公司在给优先股股东分配股息后，剩余盈利再由普通股股东按股份份额分配红利。

## 四、国有企业利润分配制度的沿革

国有企业的利润分配制度是我国财政收入分配制度的重要组成部分。其核心问题是要正确处理政府和国有企业的分配关系，确定政府参与国有企业利润分配的合理形式，规范政府与国有企业的分配行为，调动两者的积极性。由于国家与国有企业利润分配制度的确定，与国家所拥有的两种不同性质的权力即政治权力和财产权力的行使方式及与之相适应的政治、经济体制密切联系，因此，国家与国有企业的利润分配较之非国有企业要复杂得多。我国在处理国家与国有企业利润分配关系问题上就经历了长期的探索过程，了解这一过程对于准确理解科学、合理、规范的国家与国有企业之间的利润分配制度具有重要意义。

### （一）1983年以前的国有企业利润分配制度

新中国成立初期，政府对国有企业的利润分配大体实行统收统支的分配制度，即企业利润全部上缴财政，而企业所需的各项资金由财政拨付。这种全额上缴的利润分配制度在当时有利于政府集中财力，统一安排财政收支和保证重点建设的顺利进行。但其弊端也是显而易见的，即对企业利润分配管得过死，不利于调动企业和职工的积极性。从1952年开始，国有企业利润开始实行在政府和企业之间进行分配的办法，即实行企业奖励基金制度。具体规定是当企业完成产值、利润和上缴利润等经济指标后，可以从利润中提取一定比例的企业奖励基金，用于职工福利和奖励。1955年，在继续推行企业奖励基金制度的同时，实行以企业主管部门为核算单位的超计划利润留成制度，规定超计划利润的40%留归企业主管部门统一掌握使用，60%上缴财政。

从1958年开始，企业利润分配制度改为以企业为核算单位的利润留成制度。其基本内容是：企业实现的利润除大部分上缴财政外，还按一定比例留给企业一部分。企业留用的利润根据大部分用于生产、适当照顾职工福利的原则，主要用于补充流动资金不足和用于经批准的基建投资，小部分用于劳动竞赛和职工集体福利等方面的支出。

1962年停止实行利润留成制度，恢复企业奖励基金制度。"文革"期间，受极"左"思想的影响，搞平均主义，于1969年停止企业奖励基金制度，实行职工福利基金制度，把按工资总额的一定比例提取的奖励基金、福利补助金及医疗卫生补助金合并为职工福利基金，列入成本提取出来，并入工资平均发放。这种做法持续到1977年。

从1978年开始，我国又开始推行企业基金制度。该制度规定企业完成政府下达的利润、产量、品种、质量和供货合同等八项指标后，可以按工资总额的5%提取企业基金。企业基金主要用于举办职工集体福利设施、奖励及技术改造支出。

1980年，国有企业实行利润留成制度，先是实行全额利润留成，后改为基数利润加增长利润留成。企业留用的利润按国家规定的比例用作生产发展基金、职工福利基金和职工奖励基金。利润留成制度在一定程度上扩大了企业的自主权，但由于利润留成比例的"弹性"太大，因而财政收入的稳定性不能保证，此外，企业按隶属关系上缴利润，也强化了政府对企业的行政干预，所以这种利润分配制度推行的时间也不长。

### （二）1983～1993年的国有企业利润分配制度

在1983年和1984年，在全国范围内实行"利改税"制度。所谓利改税，是指将国有企业向政府缴纳的纯收入由利润上缴形式改为缴纳所得税和调节税等税收形式，从而把政府与国有企业的利润分配关系用税法的形式固定下来。企业纳税后剩余的利润，全部留归企业支配使用。"利改税"使政府对国有企业的利润分配实现了由收利向收税的转化，打破了长期以来对国有企业不能收所得税的禁区，实现了新中国成立以来，我国国有企业利润分配制度第一次实质性的转变（以前的国有企业利润分配制度的沿革实际都是国家收取国有企业利润所采用的具体形式的转换，并无实质内容的变化，也正是由于这个原因，本书把1983年作为国有企业利润分配制度发展阶段划分的时间界限），因而成绩是巨大的。但"利改税"在指导思想上企图通过税收一种分配形式来处理政府与国有企业的分配关系，强调了政府的社会管理者身份，忽视了资产所有者身份；强调了国家所拥有的政治权力，忽视了国家所拥有的经济权力；强调了税收形式的地位，忽视乃至否定了利润上缴形式存在的合理性和必然性，混淆了"税"和"利"两种性质不同的分配形式。虽然"利改税"之前的国有企业利润分配制度过于强调利润上缴形式的重要性而否定税收分配形式的合理性存在严重的局限，但"利改税"对它的修正却走向了另一个极端，即过于强调税收分配形式的重要性，而否定了利润上缴形式存在的必然性。因此，"利改税"及其以前的国有企业利润分配制度都未能科学合理地处理政府与国有企业之间的分配关系。

从1987年开始，在利改税的基础上对国有企业普遍实行"包死基数、确保上缴、多收多留、歉收自补"的多种形式的承包经营责任制。用上缴承包费的办法取代了利改税中向企业征收所得税的办法。虽然承包制在一定时间内发挥了很大的积极作用，但其弊端也逐渐暴露出来，从处理国家与国有企业利润分配关系的角度看，由于当时实行的承包制是含税承包，即企业上缴的承包费实际是税利的混合，虽然其没有像1983年以前的制度那样"以利代税"，也没有像"利改税"那样"以税代利"，但其毕竟没有解决税利不分问题，因而承包制同样没有处理好政府与国有企业的利润分配关系。

### (三) 1994年开始推行的税利分流制度

为了建立规范、科学、合理的国有企业利润分配制度，从1994年开始在全国范围内实行税利分流制度。所谓税利分流是指政府在参与国有企业利润分配过程中，先开征一道所得税（这对不同所有制类型的企业都是一样的），然后再以适当的形式参与企业税后利润的分配。税利分流作为新的历史时期处理政府与国有企业利润分配关系的新型制度，既是对我国几十年国有企业利润分配制度建设经验的科学总结，也是我国财税理论界经过多年理论研究所取得的成果。

我国1994年税利分流制度改革及相关配套改革措施的主要内容有：(1) 企业所得税不分所有制类型一律实行33%的比例税率（外商投资企业和外国企业除外）；(2) 对实现利润较少和规模较小的国有企业在一定期限内采用两档照顾税

率；(3) 取消对国有大中型企业征收的调节税；(4) 取消对企业征收的"两金"，即能源交通重点建设基金和预算调节基金；(5) 实行税后缴利；(6) 改税前还贷为税后还贷；(7) 对于亏损企业限期扭亏，在限期内实行定额补贴或递减补贴的办法。

　　税利分流制度的理论意义体现在其准确概括了政府与国有企业利润分配关系的特点和应遵循的规律。在社会主义市场经济条件下，政府相对于国有企业具有双重身份（社会管理者和资产所有者），要履行双重职能（社会管理职能和国有资产管理职能），要实现双重目标（满足社会公共需要和实现国有资产保值、增值），因而政府自然应该取得两种不同性质的收入（税收和利润上缴）。这就在政府和国有企业之间形成了两种不同性质的分配关系，即作为社会管理者的政府与国有企业的税收分配关系和作为资产所有者的政府与国有企业的利润分配关系。把这两种不同性质的分配关系区分开是我国财税理论界经过长期艰苦探索所取得的重要成果，其意义远远超出把税收和利润两种不同性质的收入形式区分开的意义。实际上，这种区分是从理顺政府与国有企业的财政分配关系入手，为实现政企分开，从而转换国有企业的经营机制提供了基本的理论依据。

　　税利分流的实践意义体现在其具体的改革内容上，统一内资企业的所得税税率，取消调节税，取消"两金"，便于国有企业与其他所有制类型的企业平等竞争、提高效率；对小规模和微利的国有企业予以适当照顾，有利于国有经济发展壮大；改税前还贷为税后还贷，以及限期扭亏措施便于硬化国有企业的投资风险约束和预算约束，有利于实现政企分开，使企业成为"四自主体"；而税后缴利便于明确税收和利润的不同用途，即税收用于满足公共需要，而利润用于国有资产的保值和增值，从而保证具有双重身份的政府履行双重职能的需要。总之，税利分流制度有利于政府职能和国有企业经营机制的转换，适应了市场经济体制的要求。

## 第三节　其他形式的非税收入

### 一、规费

#### （一）规费的概念

　　规费是公共经济部门的行政、司法机构向个人或单位提供某种特定服务或实施行政、司法管理时所收取的手续费和工本费。规费的收取范围在于市场完全失灵的领域，是在政府提供纯公共产品的过程中收取的费用，属于广义的政府收费的范畴。

### （二）规费的分类

规费按照收费主体的不同可分为两大类：

（1）行政规费。指政府行政管理部门在实施行政管理过程中，向特定的受益者收取的费用。行政规费的名目很多、范围也广，一般包括内务规费，如户籍费；外事规费，如护照费；经济规费，如商标登记费、商品检验费、度量衡检验费等；教育规费，如毕业证书费；以及其他行政规费，如会计师、律师、医师执照费、驾驶执照费等。

（2）司法规费。指司法机构向享受司法服务的单位或个人收取的费用。主要包括两类：一是诉讼规费，具体包括民事诉讼规费和刑事诉讼规费两类；二是非诉讼规费，如结婚登记费、出生登记费、财产转让登记费、继承登记费和遗产管理登记费等。

### （三）规费的收费标准

由于规费的收费主体是行政、司法机构，而行政、司法机构的经费是由财政拨付的，因而一般规费的收取不带有任何盈利目的，甚至成本的补偿也处于次要地位。行政司法机构收取规费主要是为了促使单位和个人更为合理地使用政府提供的行政司法服务，从而便于行政司法机构更有效地实施行政司法管理，维护正常的社会经济秩序。因此，规费的收费标准的确定通常以行政司法机构提供特定服务的直接费用作为依据。

## 二、使用费

### （一）使用费的概念

使用费是政府公共经济部门的企、事业单位向特定公共服务或公共设施的使用者收取的费用。

### （二）使用费与规费的区别

使用费和规费同属于广义的政府收费的范畴，但两者的区别是显而易见的：

(1) 两者的收费主体不同，规费的收费主体是行政、司法机构，使用费的收费主体是政府公共部门的企、事业单位。

(2) 两者的收费目的不同，规费的收费目的主要在于促使个人或单位合理有效地使用行政、司法机构提供的公共服务，而不是弥补行政、司法机构提供公共服务的成本开支，其成本开支主要是通过税收来弥补，因为行政、司法服务属于纯公共产品的范畴。而使用费的收费目的主要在于弥补企事业单位提供服务或设施的成本开支，可以是部分弥补，也可以是全部弥补，甚至可以取得一定盈利。

(3) 两者的收费标准不同，规费的收费标准通常是以提供公共服务的直接成本为依据，因而收费标准一般较低，而使用费的收费标准通常以公共服务或设施的全部或部分成本作为依据，因而收费标准相对较高。

(4) 两者的收费范围存在区别，规费的收费范围是市场完全失灵的领域，而使用费的收费范围则是市场部分失灵的领域。

### (三) 使用费的分类

按照使用费的收费主体的不同，可将使用费分为两大类：

(1) 事业性收费。事业性收费是科、教、文、卫、体等事业单位按照国家的有关规定向服务对象收取的费用。如学校、医院、科研机构、文化馆、体育馆、博物馆、剧院、出版社等单位向服务对象收取的费用。由于事业单位提供的服务总体上讲属于准公共产品的范畴，其收费范围是市场部分失灵的领域，因而事业性收费和市场交易行为是有严格区别的，因为后者遵循等交换原则，而事业性收费大多是不等价的，其收费通常只是对服务成本的部分补偿。

(2) 企业性收费。企业性收费是处于政府公共经济部门的国有企业在提供服务或设施时向特定的受益者收取的费用，如交通运输费、邮电费、通讯费、水费、电费等。企业性收费的范围也处于市场部分失灵的领域，但市场失灵的程度比事业性收费范围的市场失灵程度低，因为这些企业单位提供的准公共产品更多地具有私人产品的属性，因而其与事业性收费还是有区别的，除收费主体不同外，企业性收费的标准通常比事业性收费的标准高，其不仅要弥补生产成本，甚至要取得一定盈利。企业性收费与市场交易行为也有区别，但不如事业性收费与市场交易行为的区别那样严格。市场交易行为遵循等价交换原则，且以盈利为目标，企业性收费强调成本得到弥补，且有时也追求一定的盈利，但盈利不是其唯一目标。

### (四) 使用费的收费标准

使用费的收费标准可分为:

(1) 事业性收费的标准。由于事业性收费的主体通常都不同程度地享受财政拨款或补贴，因而事业性收费标准的确定应以弥补财政拨款或补贴的不足部分为基本依据，而不能以盈利为目标，所以通常参考事业单位向社会提供某种特定服务的直接和间接费用作为收费标准。

具体到某一事业单位的收费标准，则应根据该事业单位向社会提供的服务所具有的公共产品属性的多少来灵活确定。比如教育事业单位中的基础教育单位、科研事业单位中基础科研单位、卫生事业单位中防疫单位等所提供的服务更多地具有公共产品的属性，通常财政对这些单位的拨款较为充足，因而相应其收费标准应该很低，甚至免费提供。而分别与上述单位相对应的高等教育单位、应用科研单位以及一般医疗单位，由于所提供的服务更多地具有私人产品的属性，故财政对这些单位的拨款或补贴相对较少，因而其收费标准应该相应提高。因此，事业单位收费标准的高低应该与其提供的产品所具有的公共产品属性的多少及其得到的财政拨款或补贴的多少成反比。

(2) 企业性收费的标准。政府公共经济部门的国有企业向社会提供公共服务或公共设施，通常带有一定的垄断性，不是任何单位和个人都可以从事的，因而对其收费标准的确定，国家通常是要加以控制和管理的，以防止企业凭借自然垄断地位攫取超额利润，损害公共利益。由于这些企业通常自收自支，因而其收费标准的确定应该保证成本费用的收回，而且为了满足扩大再生产的需要，还应该使企业有一定的经营利润，但盈利水平政府应该加以控制。考虑到自然垄断行业的平均成本呈下降趋势，因而为了扩大产量，降低成本，政府可按企业的边际成本与需求曲线的交点确定收费标准，但由此而产生的亏损则应由财政补贴。总之，企业性收费标准的确定也不是完全放开的，而是受政府的控制，这也是这些企业之所以从属于公共经济部门，而不是私人经济部门的组成部分的原因。

## 三、罚没收入

### (一) 罚没收入的概念

罚没收入是行政司法机构向违反国家法律、法规，破坏正常的社会经济秩序的单位和个人强制征集的收入。罚没收入和一般的管理性收费都是政府规范和管理社会经济的有效手段,但两者在社会经济管理中所处的环节不同,管理性收费侧重事前规范和事中控制,而罚没收入侧重事后惩罚和纠正。罚没收入作为非税收入与税收收入的最大区别是,罚没收入不以筹集收入为目的,而是通过筹集收入对特定行为给予惩罚和纠正。而税收收入虽然也有一些调节性税种不以筹集收入为目的,但总体上讲,税收的首要目的是筹集收入。

### (二) 罚没收入的类型

按照罚没收入收取的主体不同,一般可将罚没收入分为行政性罚没收入和司法性罚没收入两大类。行政性罚没收入是由国家行政机构做出处罚决定而获取的罚没收入,如违反交通规则的罚款、对经营假冒伪劣商品的罚款、对违反技术标准、违反商标管理的罚款等;司法性罚没收入是由国家司法机构做出处罚决定而获取的罚没收入,如违反治安管理条例的罚款、对刑事犯罪分子的罚没收入等。

### (三) 罚没收入的收取

行政、司法机构收取罚没收入首先必须以相关的法律、法规为准绳,必须依据法律、法规来判断某种行为是否违法、违规,以准确界定罚没收入的收取对象;其次,罚没收入收取的标准必须同违法、违规行为对社会造成危害的程度相联系。如果某种违法、违规行为具有特殊性,则应通过专门的程序来确定收取标准,经常发生的违法、违规行为的罚没标准应该写进相关的法律法规和具体的管理条例中,使罚没收入的收取有较为固定的标准,这既是公平原则的要求,也是罚没收入管理规范化、法制化的表现。由于收取罚没收入的目的在于惩罚和纠正特定的行为,因而罚没收入的收取标准通常大大高于行政司法管理的实际成本,但这并不意味着行政、司法机构可以随意提高罚没收入的收取标准。

## 四、基金收入

### (一) 基金收入的概念

各级政府及所属部门根据有关法律、法规,为支持某项事业发展,而向自然人、法人和其他组织收取的具有专项用途的资金。理解基金收入应注意以下两点:首先,基金收入和财政基金是两个概念,虽然两者都强调专款专用,但形成渠道不同。政府性基金收入是向公民、法人和其他组织征收的资金,是政府非税收入的一种形式。财政基金是财政预算内安排的有固定用途的资金,是财政支出的一种实现形式。其次，基金收入和收费也有明显区别：一是收取方式不同：政府性基金收入一般不与征收对象发生直接的管理和服务关系，而收费依据的是交换原则，通常要向收费对象提供相应服务。二是收入性质不同：政府性基金具有非补偿性，具有"准税收"的性质，而收费具有补偿性质。三是收入来源渠道不同：政府性基金的收入来源渠道多，有以价格、税收为载体征收的，也有按销售收入、固定资产原值、工资或预算外资金提取的，就某一基金项目，收入来源也是多渠道的，而收费通常来自管理和服务对象，渠道较单一。四是资金规模和使用方式不同：基金规模一般较大，实行严格的专款专用；而收费规模相对较小，用于相关管理和服务的开支。五是目的不同：设立基金的目的是筹集资金，支持经济建设；而收费通常是为了发挥调节作用并补偿服务成本。

### （二）政府性基金的分类

1. 按资金使用行业和部门：基金可分为工业发展基金、交通建设基金、教育事业基金、城市建设基金、社会保险基金等。

2. 按筹集方式：有附加在税收上征收的基金，如教育费附加、农业税附加等；有附加在价格上征收的基金，如电力建设基金、三峡工程建设基金等；有以销售收入为对象征收的基金，如文化事业建设费、碘盐基金，有以参保人所在单位职工工资总额和参保人工资收入为对象征收的基金，如社会保险基金等。

3. 按项目名称：有直接采用基金名称的基金，如铁路建设基金、新菜地开发建设基金、公路建设基金、民航基础设施建设基金等；有采用资金名称的基金，如散装水泥专项资金等；有以各种附加为名称的基金，如教育费附加、邮电附加等；有以专项收费为名称的基金，如港口建设费、机场管理建设费、养路费等。

## 本章主要名词概念

非税收入　国有资产收益　税利分流　规费　使用费　罚没收入　基金收入

## 本章小结

1. 非税收入则是指政府以非税收的形式获取的经常性财政收入。非税收入与税收收入既有共同点，又有明显区别。非税收入具有分配和调节两大功能。

2. 国有资产收益是指政府凭借资产所有权取得的生产经营性国有资产收益。国有资产收益具有分配依据的经济性、分配范围的特定性、与资产收益的相关性和分配形式的灵活性的特征。在不同条件下，政府可以采取不同形式从国有经济集中收入，目前我国采用的是"税利分流"形式。

3. 规费是公共经济部门的行政、司法机构向个人或单位提供某种特定服务或实施行政、司法管理时所收取的手续费和工本费。规费有行政规费和司法规费。

4. 使用费是政府公共经济部门的企、事业单位向特定公共服务或公共设施的使用者收取的费用。其可分为事业性收费和企业性收费。

5. 罚没收入是行政司法机构向违反国家法律、法规，破坏正常的社会经济秩序的单位和个人强制征集的收入。

6. 基金收入是各级政府及所属部门根据有关法律、法规，为支持某项事业发展，而向自然人、法人和其他组织收取的具有专项用途的资金。

## 本章习题

1. 如何理解非税收入的功能？
2. 试比较非税收入和税收收入的异同。
3. 政府参与国有资产收益分配的依据是什么？
4. 为什么说税利分流是规范、科学、合理的国有企业利润分配制度？
5. 规费和使用费有什么区别？

# 第十一章 国　债

> **学习目标**
>
> 1. 掌握国债的含义和分类的方法；
> 2. 熟悉国债的规模与结构、负担与效应；
> 3. 理解国债规模的衡量指标；
> 4. 掌握国债的基本功能；
> 5. 了解国债市场及其功能。
>
> **学习重点与难点**
>
> 掌握国债含义和分类的方法、国债的基本功能；理解国债的规模与结构、负担与效应等理论；熟悉影响国债规模的因素和国债结构衡量的基本方法。

## 第一节　国债原理

### 一、国债的含义

国债是政府为了满足实现其职能的资金需要，凭借政府信誉，按照有借有还的信用原则筹集的财政资金，是政府作为实际债务人与债权人所发生的信用关系的基本实现方式。国债的含义应从以下几个方面来理解。

#### （一）国债是一个特殊的财政范畴

国债首先表现为政府为增加可支配收入而通过发行债券等方式筹集资金的行

为。国债是财政收入的特殊形式,它具有有偿性和自愿性特点,这决定了国债不同于具有无偿性和强制性特征的税收等一般财政收入形式。国债的有偿性表现在,到期必须及时还本付息;国债的自愿性表现为除特定时期的某些强制性国债外,公众在是否认购、认购多少等方面拥有完全自主的权力。国债的有偿性和自愿性都根源于国债所具有的信用属性,因此说国债是一个特殊的财政范畴,同时还是一个信用范畴。

### (二)国债是一个特殊的信用范畴

国债是一种政府信用,也称财政信用,是以政府的信誉为担保的债务形式。它不同于以财产和收益为担保的、必须使人们确信发行者具有还本付息能力才能发售出去的、有一定风险的企业债和私债。这是国债作为信用范畴与一般信用范畴不同的地方,或者说国债之所以是一特殊的信用范畴是因为它同时是政府信用。

### (三)国债是政府一个重要的宏观调控手段

国债不仅仅是平衡预算、弥补赤字的工具,而且成为政府实施宏观调控、促进经济稳定的一个重要手段。

## 二、国债的分类

### (一)按发行地域分类

1. 内债,即国家在本国境内发行的国债。内债的认购主体通常是本国公民或本国的经济实体,发行和偿还也主要以本国货币进行。

2. 外债,即国家在本国境外发行的国债。外债的承销主体通常是外国政府,国际金融组织及外国公民,其发行与偿还通常也以外币进行。

### (二)按举债主体分类

1. 中央债,即以中央政府为债务人发行的国债,有的人也将国债特指中央债。中央债的发行由中央政府决定,债务收入由中央政府支配使用,还本付息由中央政府承担。

2. 地方债,即以地方政府为债务人发行的国债。其债务收入归地方政府支配使用,用于本地区社会经济发展,债务期满后的还本付息则由地方政府承担。

在西方实行分级财政管理体制的市场经济国家里，中央政府和地方政府具有独立的财政收支体系，中央债和地方债也分别成为中央和地方政府各自独立的财政收入来源。在中国目前只有中央政府有权发行国债，地方政府尚无自行发行国债的权力。

### （三）按发行方式分类

1. 政府借款，即政府以借款的形式，而非债券形式举借的债务，是以收款凭证或其他记账方式来确定的债权债务关系。

2. 发行债券，即政府以发行一定面值的国债券，供债权人认购的方式举借的债务。在这种方式下，债券成为债权债务关系确立的凭证。它具有适用、普遍、持久、安全等优点，也便于流通。我国目前主要是对居民认购者和部分法人认购者采取这种方式。

### （四）按发行期限分类

按发行期限的不同，可将国债分为短期、中期和长期国债。所谓短期、中期和长期并无绝对的划分标准。一般而言，一年以内到期的为短期国债，1~5年到期的为中期国债，5年以上到期的为长期国债。其中，中期国债在世界各国政府发行的国债中占有较大比重。

### （五）按是否可以上市流通分类

1. 可流通国债，即国债的持有人在国债尚未到期时，可以在债券市场上进行国债的转让和交易，以便随时兑现。可流通国债的市场价格由市场利率、国债的供求情况以及国债的到期时间等因素决定。

2. 不可流通国债，即在国债尚未到期时，持有人不能在市场上转让国债，只能由政府到期还本付息。

## 三、国债功能

### （一）弥补财政赤字

当财政支出大于收入时，就会出现财政赤字。弥补财政赤字通常有三种方式：增加税收、增发货币和发行国债。税收的增加在客观上受到经济发展水平和纳税人承受能力的限制，而且税制的变动也受到立法程序的制约。政府通过中央银行增发货币或者向中央银行借款或透支，会扩大货币的供给量，容易导致通货膨胀。发行国债弥补财政收支差额，实质是将不属于政府支配的资金在一定时期内转让给政府使用，是社会资金使用权的单方面转移，不会增加流通中的货币量，一般不会导致通货膨胀，而且国债的发行通常采取有偿和自愿的原则，政府获取的是社会相对闲置的资金，对经济发展的影响较小，也易于被社会所接受。利用国债弥补财政赤字是国债产生的主要动因，也是国债最基本的功能。但是，利用国债弥补财政赤字也是有限度的，同样受到一个国家经济发展水平等因素的制约，过度发行国债同样会对经济发展产生不良影响。

### （二）筹集建设资金

财政赤字的产生可以分成两种情况：一种是政府经常性收支差额；另一种是政府用于生产建设的资本性收支差额。从国债的用途及其对经济的影响来看，我们有必要将国债用于筹集建设资金的功能与弥补一般性财政收支差额的作用相区别。

把国债作为弥补经常性收支差额的工具时，国债实际上是一种应急性、临时性和依附于财政赤字的被动性收入；而把国债收入作为筹集建设资金的一种手段时，则是把国债作为一种长期的、稳定的和主动的收入来利用。如，日本发行的国债明确分为建设国债和赤字国债。建设国债用于公共设施，形成有益于当前和长远的社会资本，日本财政法第四条规定可以举借建设国债，赤字国债用于弥补财政收支的差额，财政法不允许发行赤字国债，赤字国债的发行要根据另设的国债特例法，因此也被称为特例国债。我国财政一方面承担着国有资产投资及安排其他经济建设支出的任务，另一方面则由于生产力水平不高而使收入在数量上受到限制。这就使经济建设对资金的需要量与财政正常收入量之间存在突出的矛盾。政府通过发行国债动员社会闲置资金参加社会经济建设，可以缓解上述矛盾，发挥国债筹集建设资金的功能。我国在20世纪80年代中后期也专门发行过用于筹集建设资金的重点建设债券和重点企业建设债券。

### （三）调节经济运行

**1. 调节经济总量**

当社会总供求不能实现均衡的时候，如果是总需求大于总供给，此时政府通过发行国债可以把一部分购买力集中在政府手中，然后政府并不使用这部分购买力，而是把这部分资金沉淀下来，从而可有效抑制需求；当总需求小于总供给时，特别是这种总需求的不足不是由货币供给量不足而是由现实流通的货币量不足而导致的时候，政府通过国债并使用这部分资金，有助于把沉淀的货币转化为现实流通的货币，从而刺激有效需求，实现经济总量平衡进而有助于促进经济增长。

**2. 调节经济结构**

（1）国债可以调节供求结构。如果供求结构失衡表现为投资需求不足而消费需求过旺时，政府可以向家庭发债以抑制家庭的消费，然后用于政府投资，以此来实现供求结构的均衡。（2）国债可以调节产业结构。但是由于种种原因，现实中的产业结构往往表现为长线产业过长而短线产业过短，这需要发挥政府的调节作用，而国债恰恰是政府可以运用的重要调节手段。政府可以有意识地向长线产业发债然后用于短线产业的投资，以此来抑制长线产业促进短线产业的发展。（3）国债还可以调节地区经济结构。在地区经济结构不合理的条件下，政府可以有意识地控制发债的方向，向经济发达地区发债，然后用于经济欠发达地区的投资，由此可缩小地区经济发展差距。

# 第二节　国债规模与结构

## 一、国债规模

国债规模是指政府负债的总数量，通常可以用年度国债发行额、国债累积发行额、国债余额等绝对指标以及国债依存度、国债负担率、偿债率等相对指标来表示。以上指标分别反映了当年国债的发行规模、历年国债累积总规模、尚未归还的国债总规模等情况。

### （一）国债规模的影响因素

**1. 认购者的承受能力**

国债的发行数量首先受认购者承受能力的制约。国债的发行对象主要是居民和各经济实体，认购者的承受能力自然是指居民和各经济实体的认购能力。

居民的承受能力，是指一定时期内居民对国债的认购能力。这一能力又主要受制于两个因素，即居民的收入水平和社会平均消费水平。具体而言，居民对国债的认购能力与其收入水平成正比关系，而与社会平均消费水平成反比关系。在社会消费水平相对稳定的条件下,居民收入水平越高,其收入中可能用于购买国债的份额就越多,其对国债的承受能力就越强;反之,则越弱。在收入水平一定的情况下,社会平均消费水平越高,居民收入中用于满足自身消费需要的份额越大,则承购国债的能力越弱;反之,则越强。

各经济法人实体的承受能力,是指一定时期各企事业单位等经济实体对国债的认购能力。影响这一能力的因素有两个,即各经济单位实体自有资金的数量和维持正常积累及兴办各项事业对资金的正常需要量。各经济实体对国债的认购能力与前者成正比,与后者成反比。在积累规模和事业发展对资金的需要量相对稳定的情况下,各经济实体自有资金越多,则其中可动员用于购买国债的份额越大,对国债的购买能力越强;反之,则越弱。而在自有资金数额一定时,企业积累规模及事业发展对资金的需要量越大,则各经济实体自有资金中的闲置部分越少,对国债的认购能力越弱;反之,则越强。

**2. 政府的偿债能力**

这是指政府作为债务主体对其所借债务还本付息的能力。国债在借入期可以增加财政可支配资金,但其偿还期则要增加财政支出。因此,国债的发行规模必须受政府偿债能力的制约,如果超过偿债能力过度发行国债,就可能陷入政府的债务信用危机。

政府的偿债能力通常由财政收入率和国内生产总值(GDP)增长速度两个因素决定。前者反映了一定时期财政收入规模扩大的趋势,增长率越高,财政收入的规模越大,则财政收入在满足其他正常支出后,可能用于归还到期国债本息的资金越多,国债的偿债能力越强;反之越弱。后者反映了一定时期经济发展的状况及国民经济发展对国债的承受能力,GDP 增长速度越快,则一定时期的 GDP 在满足了正常的积累和消费后,有较大的余地为政府所支配,此时,如果正常的财政收入不足以抵偿债务,政府可以通过发行新债来归还旧债,从而缓解政府的偿债压力;反之,如果 GDP 的增长率情况不佳,则不但财政收入的增长失去了基础,而且,国民经济也难以为政府延缓还债负担提供条件,政府的偿债能力就较弱。

**3. 其他因素**

认购者的承受能力和政府的偿债能力是制约国债发行量的主要因素。此外,以下这些因素也是控制国债规模时应该予以考虑的。

(1)国债的使用效益。国债规模在一定程度上受国债使用效益的制约。如果国债用于投资那些收益率较高的项目,则国债投资的收益可以满足还本付息的需要,不会形成国家的债务负担,在这种情况下,国债的规模可以大一些,反之,只能小一些。

（2）社会总供给的结构。国债发行会引起国民财富分配结构的变化，并进而引起社会需求内部结构的变化。在通常情况下，这种变化主要表现为消费需求向投资需求的转化，或者投资需求内部结构的重组，这必然受到一定时期既定的供给结构的制约。在确定国债发行量时，应充分估计国债再分配所引起的物质需求结构的变化，避免物资供给不足而引起的资源配置低效。

（3）外贸出口创汇能力。这是制约外债规模的一个重要因素。外债不同于内债，需要外汇偿还。因此，外债的规模不但受国内经济发展的制约，而且还受外贸出口创汇能力的制约。外贸出口创汇能力强，则外汇收入在应付了正常外汇支出后仍有较大的余额偿付到期外债本息，外债的规模就可以大一点；反之，则只能小一点。

## （二）国债规模的衡量指标

**1. 反映国债规模与国民生产总值关系的指标**

当年国债发行额与国民生产总值的比率。这是指当年国债发行额占当年国民生产总值的比例。

$$当年国债发行额与当年国民生产总值的比率 = \frac{当年国债发行额}{当年国民生产总值} \times 100\%$$

这一指标一方面反映了当年国债发行总量与经济总规模的数量关系；另一方面则反映了当年国家通过国债再分配对国民生产总值的占有情况。发行国债在当年是对国民生产总值的一种再分配，其对社会需求总量的影响似乎不大，但会增加国家的债务余额，影响国家还债的能力。因此，对这一指标也应该做合理的控制。经验数据是控制在 5% ~ 8% 之间。

国债负担率。即当年的国债余额与当年国民生产总值的比率。

$$国债负担率 = \frac{当年国债余额}{当年国民生产总值} \times 100\%$$

国债余额是指历年发行的国债到当年仍尚未偿还的累积数额。

这一指标可以揭示一国国债的负担情况，同时也反映了国债余额与国民生产总值的数量关系，它是衡量经济总规模对国债承受能力的重要指标；也是用于反映国债规模的主要指标之一。国际上一般认为国债负担率不得超过 45%，而《马斯特里赫特条约》规定的比率为不超过 60%。

偿债率。即当年国债还本付息额与当年国民生产总值比率。

$$偿债率 = \frac{当年国债还本付息额}{当年国民生产总值} \times 100\%$$

这一指标反映了当年政府债务偿还额与国民生产总值的数量比例关系。通常情况下，这一指标以 5% ~ 6% 为宜。同时，控制偿债率的关键是控制国债发行额。

**2. 反映国债规模与财政支出关系的指标**

财政国债依存度。即当年国债发行额与财政支出的比率。

$$财政国债依存度 = \frac{当年国债发行额}{当年财政支出额} \times 100\%$$

这一指标反映了当年财政支出对国债的依赖程度，它是控制国债规模的重要指标。根据国际通用的控制指标，国债依存度一般在 15% ~ 20% 左右为宜。

财政债务负担率。即当年国债余额与财政支出的比率。

$$财政债务负担率 = \frac{当年国债余额}{当年财政支出额} \times 100\%$$

这一指标反映了历年发行的国债到当年为止尚未偿还的数额与财政支出的比例。一般认为，这一比率应小于 70%。

财政偿债率。即当年国债还本付息额与当年财政支出的比率。

$$财政偿债率 = \frac{当年国债还本付息额}{当年财政支出额} \times 100\%$$

这一指标反映了当年财政所承受的还债负担，也反映了财政收入中政府可直接支配的用于偿还债务的财力数额。在借新债还旧债的情况下，它还制约着当年国债的发行规模。一般认为，这一比率应小于 20%。

**3. 反映外债规模的主要指标**

外债负担率。即当年外债余额与当年商品及劳务出口创汇额的比率。

$$外债负担率 = \frac{当年外债余额}{当年商品及劳务出口创汇额} \times 100\%$$

这一指标反映了当年为止尚未偿还的外债累积额与当年自有外汇收入额的数量比例。按照国际上公认的标准，外债负担率的控制还应该考虑债务的期限结构、利率水平等其他因素。如果期限、利率条件比较优惠，这一比率可以适当高一些；反之，则应该低一些。

外债偿债率。即当年外债还本付息额与当年商品及劳务出口创汇额的比率。

$$外债偿还率 = \frac{当年外债还本付息额}{当年商品及劳务出口创汇额} \times 100\%$$

这一指标反映了一国当年偿付外债本息所需外汇额与其当年自有外汇收入额的数量比例。国际上认为，外债偿债率应控制在 20%，最高不能超过 25% 这一警戒线。如果超过这一界限，就被认为外债偿还能力不足。

## 二、国债结构

### (一) 内债结构

**1. 持有者结构**

内债的持有者结构,也称内债的资金来源结构。它是指在内债总额中不同性质的承购主体持有内债的构成比例。内债作为一种金融商品,其承购主体可以是居民个人、企事业单位和各金融机构。这些不同的投资者其投资的目的和行为方式各不相同,持有内债对经济影响也就不同。因此,内债持有者结构是国债管理的重要内容。

一般来说,内债的持有者结构应当与资金流量及金融资产的分布相适应。生产性企业通常是资金的需求者,没有过多的闲置资金,因此不可能过多地持有政府债券。政府部门和其他非生产部门的开支由国家预算安排,不存在购买中长期政府债券的资金,不可能成为内债的主要持有者。作为证券市场中介的金融机构,尽管其有大量资金用于分销和买卖内债,但其资本结构的限制使其难以长期持有内债。个人和机构投资者具有大量结余资金,是内债的主要持有者,其中养老基金等机构投资者是长期内债的主要持有者。银行自有资金有限,但银行可以吸收存款,所以具有购买内债的能力,并且由于中央银行进行公开市场业务操作,政府内债是风险低而流动性高的资产,因此,银行也具有购买内债的内在动力。

**2. 期限结构**

内债的期限结构是指不同期限的内债在内债总额中的构成比例。内债的期限结构是国债管理的一个重要方面,合理的期限结构将会促进内债的发行和流通。期限结构的形成受到很多因素的制约,包括国民储蓄结构、居民消费结构、金融体系结构的完整程度、持有人结构、政府资金需求结构等。从理论上讲,合理的内债期限结构应当是短期、中期、长期内债相结合,品种丰富,形成系列。合理的内债期限结构不仅可以满足投资者多样化的投资需求,有利于拉开还债时间和分散还债压力,更有利于政府保持财政收支的相对稳定和平衡,还可以为政府进行宏观调控提供多种调控工具。

**3. 利率结构**

内债的利率结构是指不同利率水平的内债在内债总额中的构成比例。内债的利率水平对内债的发行和偿还有双向制约作用。利率水平越高,给内债投资者带来的收益越大，也就越有利于内债的发行。但是利率水平越高，政府的还债负担越重，政府可能承受的债务规模就可能越小。正是由于如此，就应该根据社会经济发展中资金的供求情况、证券市场上的平均利率水平、内债的使用方向等因素，兼顾发行的需要和偿还的可能来确定合理的利率水平和利率结构。

### （二）外债结构

**1. 债权主体结构**

外债的债权主体结构是指外债中各种债权主体提供的贷款在外债总额中的构成比例。外债的债权主体主要是由以下四个方面组成的：(1) 外国政府；(2) 国际金融组织；(3) 国外商业银行；(4) 国外的个人投资者。外债的债权主体结构反映了一个国家外债的来源，通常一个合理的外债债权主体结构是债权主体尽可能分散，以便于防止在经济上受制于人。

**2. 期限结构**

外债期限结构是指在外债总额中长期外债和短期外债的构成比例。通常中长期外债在使用上比较灵活，便于一国政府根据国民经济需要进行一些长期项目的投资，并且便于管理。但在举借中长期外债时，要注意错开还债时间，避免积累过多的外债余额形成还债高峰。短期外债由于借债期短，在投资上受较大的限制，不利于统筹安排，且管理复杂，容易形成还债高峰，因此，短期外债一般不宜多借。从一些管理外债比较成功的发展中国家的经验来看，短期外债控制在占外债总额的20%左右为宜。

### （三）利率结构

外债利率结构是指外债中的按固定利率和浮动利率计算的债务之间的比例关系，即外债中浮动利率债务与固定利率债务的构成。浮动利率债务是指借贷利率随金融市场供求关系的变化而变化的债务。固定利率债务是指借贷利率确定之后，在契约规定的债务期限内不作变更的债务。外债的利率结构是否合理关系到利息支付总额与偿还能力的高低，通常一个合理的外债利率结构是以固定利率计算的债务额占外债总额的比重在70%～80%之间，而浮动利率计算的债务额占外债总额的比重约在20%～30%之间。

### （四）币种结构

外债的币种结构是指以不同外币计价的债务占外债总额的比例关系，即外债总体的币种构成。由于借款与还款之间有一段或长或短的时间，在此期间汇率往往会发生变化，从而又导致不同币种的债务发生变化。如果一国外债的货币构成以一种货币为主，那么，当该货币汇率上升时，就意味着借款人在偿还时要支付更多的货币。因此，为了分散汇率变动风险，在举借外债时要适当安排外债的币种结构，使不同币种外债保持适当的比例数量，达到汇率上涨的外债收益和汇率下跌的外债损失相互抵消的目的，从而化解偿债所面临的汇率风险。

## 第三节　国债负担与效应

### 一、国债负担

国债的负担是指政府发行国债可能给各相关方面造成的利益损失和政府因负债所承受的经济压力。发行国债是一种国民收入的再分配，它既影响社会需求的结构，也影响资源配置和经济发展。由于国债的发行、偿还影响国民收入在政府、债权人、纳税人之间的收入再分配比例，因此，国债的负担既包括国民经济的负担，也包括不同利益主体的负担。

#### （一）国民经济的国债负担

国民经济的国债负担是指政府负债给国民经济发展带来的损失。这种负担是否形成，关键取决于国债的使用方向和使用效益。如果国债用于经济发展它并不会减少社会积累的总规模，并且形成了良好的宏观经济环境，推动了国民经济的发展，并未给经济发展带来损失，也不会形成所谓的国民经济负担。反之，如果发行国债仅仅是为了满足政府的消费性支出，它会减少社会积累的总规模，使经济难以以正常的速度增长，甚至因国债规模扩张而使经济发展速度有所下降，则会构成国债的国民经济负担。

#### （二）政府的国债负担

政府的国债负担是指政府作为债务人因负债所承受的经济压力。政府的国债负担往往体现在政府对国债还本付息的能力上。如果国债增长推动了经济增长，并且创造出足够的偿还能力或者具备借新债还旧债的经济条件，那么国债的增长并不会形成政府的还债压力，也不会增加政府的国债负担。反之，如果国债的偿还是通过增加税负或压缩正常支出来实现的,就可能干扰正常的财政活动,成为政府的拖累,由此构成政府作为债务人的国债负担。

### (三) 认购者的国债负担

认购者的国债负担是指认购者作为债权人因认购国债所承担的利益损失。认购国债作为公民投资的一种方式具有风险低、收益高等特点,通常能给投资者带来收益而不是损失。因此投资国债往往并不构成认购者的负担。但在以下两种情况下,这种负担却是客观存在的:一是在强制发行的情况下,购买国债并不是购买者的自愿行为,其结果或者会因购买国债而降低认购者的福利水平,或者会强行改变购买者的行为偏好,这些都使购买者的利益受到损害,从而形成认购者的国债负担;二是在国债利率低于通货膨胀率,即出现国债负利率的情况下,认购者的国债投资收益率将低于其所让渡货币的时间价值,从而形成实实在在的国债负担。

### (四) 纳税人的国债负担

纳税人的国债负担是指因偿债而增加税负给纳税人造成的利益损失。国债在发行期可以增加财政收入,但在偿还期则会增加财政支出,而国家还债资金的重要来源是税收收入。因此,如果国债的发行推动了经济发展,使税源得以扩大,增强了国债的还债能力,并不会造成纳税人的负担。反之,如果国债使用并未增加经济效益和社会效益,扩大相应税源,而是靠减少微观利益主体的利益来增加税收,以满足偿债的需要,实质上已构成了纳税人的国债负担。

## 二、国债效应

### (一) 资源配置效应

国债是政府部门筹集资金的方式,使资源从私人部门向公共部门转移的过程,就这一点而言,国债与税收的功能是相同的。以国债为筹资方式,购买国债的人没有任何损失,只是用货币购买了一种债权,持有国债与持有其他金融资产一样,只是财产存在形式的变化,并没有引起国债持有人财富的减少,而且国债持有人还会得到利息收入。当政府以国债筹资来增加公共产品供给时,社会成员并未为此付出代价。但是借债是要偿还的,将债务收入用于提供公共产品并不能产生现金收入,因此还债仍需要依靠税收,可以说为还债而负税的人承担了公共产品的成本。可见通过国债来筹集资金实际上意味着延期的税收。国债筹资把公共产品的收益和成本分摊分割到了两个不同的时期，使受益者与成本负担者变得不一致。现在的社会成员免费享用了公共产品所带来的利益，却不承担成本，未来的社会成员承担了以往公共产品的成本，却没有享受该公共产品所带来的好处。这种时间上的不一致会影响公共产品的配置效率。采用国债方式提供公共产品由于缺乏当期成本的约束会使公共产品供给产生过分扩张的倾向。

## （二）收入分配效应

政府在获得国债收入后若将资金投入到有较好经济效益的项目中去，如修建收费公路、机场等，投资项目本身就可以带来还本付息的收入，这时政府国债对收入分配的影响与私人借债没有本质的差别。但是，如果国债资金不能产生足够的现金收入，或者根本就没有任何收入，如国债资金用于公共图书馆、公共广场的建设，这时政府必须用税收来偿还国债并支付利息。这样纳税人缴纳的税收就会支付给国债持有者，这样社会财富在纳税人和国债持有者之间就会发生转移，而纳税人结构与国债持有者结构不一致就会造成社会财富的重新分配。假设社会各阶层是相对平均地承担税负的，而社会富有阶层持有国债的比重较大，用税收偿还国债就意味着社会财富向富有阶层的进一步集中，会造成贫富差距的进一步拉大。

# 第四节　国债制度

## 一、国债制度的构成要素

国债制度是政府关于国债发行、流通及偿还等各种法律和规定的总称。它是规范国债运行，处理国债运行中各种经济关系的基本准则。国债制度由若干要素构成，这些要素主要包括以下几个方面。

### （一）国债发行者

国债是政府的债务，因此，它的发行者是政府，包括中央政府和地方政府。目前我国只允许中央政府发行债务。

### (二) 国债的认购主体

国债的认购主体可分为两大类：一是以金融机构为认购主体；二是以非金融机构为认购主体。前者包括各类银行、投资公司等，后者包括居民个人、企事业单位等。

### (三) 国债期限

国债务期限是国债从发行到偿还的时间间隔。国债期限一般有短期、中期、长期之分，通常1年期以下的国债称为短期国债，1~5年之间的国债称之为中期国债，5年期以上的国债称为长期国债。

### (四) 国债利率

国债利率是指国债利息额与本金之间的比率，它是国债制度的中心环节。

### (五) 国债票面额

国债票面额也称国债票面价值，是指国债票面所标明的价值额。

### (六) 国债的发行价格

国债的发行价格是指认购主体认购国债时所支付的价格。国债的发行价格通常有三种形式：一是平价，是指发行价格与国债票面名义价值相等；二是溢价，是指发行价格高于国债票面名义价值；三是折价，是指发行价格低于国债票面名义价值。

### (七) 国债凭证

国债凭证是指国债承购者的债权证明。我国目前采用的国债凭证主要有三种：一是国债证券，即直接印发一定面额的国债券；二是收款凭证，即在认购国债时不发给国债券，而是发给收款凭证，以此证明债权；三是电脑记账，也称无纸发行，即通过电脑记账方式来完成国债的购销行为，不需要印制债券和收款凭证。

### (八) 国债发行的权限

国债发行权一般属于国家的最高立法机构或行政机构。此外，国债制度的要素还包括国债发行方法、偿还方法、发行总额等。

## 二、国债发行

### (一) 国债发行的方法

**1. 公募法**

指由政府或政府委托其他部门（主要是金融部门）向社会各界公开募集国债的方法，可分为直接公募法和间接公募法两种：(1) 直接公募法是指由财政部直接承担发行国债的责任，面向全国公众募集国债，发行的费用和损失全部由财政部承担的方法。(2) 间接公募法，又称委托公募法，是由政府委托银行等金融机构承担国债发行责任，通过金融系统向社会公开募集国债的方法。直接公募法的优点是政府直接控制国债的发行权和发行过程，发行条件公开，可以广泛吸纳社会闲散资金，也有利于贯彻国家的经济政策。其缺点是发行对象分散，推销时间长，发行成本也比较高。间接公募法的优点是国债发行事务由银行或金融机构代理，国债推销比较方便，收入比较及时，筹资成本相对较低。其缺点是政府在国债发行管理上的权力减弱。

**2. 承受法**

承受法是政府发行的国债全部由银行或其他金融机构承受包销，再由包销者自行发售的方法。承受法是政府国债发行权的转让，承受主体独立执行发行权，管理发行事务。它有利于国债收入及时、可靠地筹集入库，且手续简便，筹资成本低。但须给承受主体一定发行折扣，若承受主体要求折扣过高则使政府蒙受损失。

**3. 公卖法**

公卖法又称出售法，是政府通过证券市场以公开出售的方式发行国债的方法。以这种方法发行国债，国债的价格随行就市，随市场资金供求情况波动。这种方法的优点是能在金融市场上筹集大量游资，也可以为国家调节货币流通量、资金市场供求状况及利率水平提供操作工具；缺点是国债发行受资金市场的影响过大，国债收入不够稳定。

**4. 交付法**

交付法，是指政府在偿还债务或支付其他费用时，对债权人或受款人不付现金或相应的货币凭证，而是全部或部分以国债券代替的方法。以这种方法发行国债带有强制性质，一般不到万不得已不宜采用。

## （二）国债的发行市场

国债市场是国债交易、转让的场所，它是证券市场的构成部分。国债的发行市场又称国债一级市场或国债初级市场，是国债发行时包销或认购国债的市场。主要由国债发行人、承销人（或受托人）及认购人组成。我国国债的发行人即债务人是中央人民政府（国务院），财政部代表国务院办理国债发行的具体事宜；国债的承销人是受发行人委托或按约定条件承购包销国债的中介人，主要包括各商业银行、证券公司、邮政部门及其他金融机构等；国债认购者，即债权人，是认购国债的单位和个人，包括城乡居民、个体工商户、行政事业机关单位、企业、部队、金融机构，等等。

## （三）国债的发行价格

国债的发行价格，是指认购主体认购国债时所支付的价格。国债的发行价格通常有三种形式。

**1. 平价**

平价是指与国债票面名义价值相等的发行价格。按这种价格发行国债，国债筹集的收入额与到期归还的本金数额相等。

**2. 溢价**

溢价是指高于国债票面名义价值的发行价格。按这种价格发行国债，筹集到的收入数额要大于债务到期时应归还的本金数额。

**3. 折价**

折价是指低于国债票面名义价值的发行价格。按这种价格发行国债，筹集到的收入数额要小于到期应归还的本金数额。

## 三、国债流通

### （一）国债流通市场

国债流通市场，也称国债二级市场或国债转让市场，是指现有国债的交易场所。国债流通市场一般有两种形式：（1）证券交易所开设的交易市场，这种市场一般在交易所指定的交易所营业厅从事交易，因而又称证券交易所市场；（2）以证券公司柜台为中心的场外柜台市场，这种市场的地点不固定，买卖双方往往是通过电话、电报协商完成交易，故又有"电话市场"之称。二级市场的作用主要是转移国债的所有权,其交易过程就是所有权的转移过程,国债市场的交易量只代表现有国债的转移量,而不意味着国债总规模的扩大。

### (二) 国债的交易方式

**1. 柜台交易**

柜台交易又称店头交易,是在证券交易所之外进行的国债交易活动。它又可分为以下两种方式:(1)自营买卖,是指证券中介机构自己在市场上买卖国债券、自行承担交易风险的交易方式。在这种方式下,国债购销差价扣除交易成本,成为自营业务的利润。(2)代理买卖,是指证券中介机构自己不直接买卖国债,而是作为经纪人受投资者的委托代其进行国债交易的方式。在这种方式下,证券中介机构不承担国债交易风险,也不能获得买卖价差的利润,而是按一定比例向交易双方收取手续费,以获得代理业务的营业收入。

**2. 证券交易所交易**

证券交易所交易又称场内交易,是指在指定证券交易所进行的国债交易形式。以这种方式交易国债是由买卖双方委托经纪人在交易所内代其买卖国债。

## 四、国债偿还

### (一) 国债的偿还方式

**1. 直接偿还法**

就是政府直接向国债持有者兑付本金和利息。本息的兑付可以是到期一次性的,也可以分期分次进行。

**2. 市场购销法**

就是政府在市场上选择合适的时机购进国债,以这种方式在国债到期前逐步清偿。这种方式适用于各种期限的上市国债,其中以短期国债为主。市场购销可以通过中央银行的公开市场业务在证券市场上陆续进行,既可以减少政府的还本付息支出,又可以维持国债的相对稳定。

**3. 调换偿还法**

就是以新债换旧债,从而达到延期偿债的目的。

### (二) 偿债资金的来源

**1. 增加税收**

通过增加税收偿还国债是偿债资金最基本的来源,但是增加税收往往要求变更税法,这会涉及立法程序,而且税负的增加受到社会承受能力的限制,容易引起社会成员的不满。

**2. 发行货币**

政府可以通过发行货币来偿还债务,但这种方法容易引发货币贬值,造成通货膨胀,从而使国债持有人的实际收益下降。从形式上看,政府履行了偿债义务,但实际上是政府在推卸偿债责任,政府的信誉会受到很大影响。

**3. 建立偿债基金**

政府设立偿债基金,每年将一定的政府收入划入这一基金,该基金由专门机构进行管理,专款专用,不得用于其他用途。

**4. 借新债还旧债**

这种做法是用新发行的国债收入偿还到期国债。对国债持有者而言,政府履行了偿债义务,但对政府而言只是债务的延期偿还。

## 本章主要名词概念

| 国债 | 国债规模 | 国债制度 | 国债负担率 | 财政债务依存度 |
| 财政偿债率 | 国债效应 | 国债市场 | 公募法 | 承受法 |

## 本章小结

1. 国债是政府为了满足实现其职能的资金需要,凭借政府信誉,按照有借有还的信用原则筹集的财政资金,是政府作为债务人与债权人所发生的信用关系的基本实现方式。国债可以按照不同标准进行分类。国债具有弥补财政赤字、筹集建设资金和调节经济运行的功能。

2. 国债规模是指政府负债的总数量,通常可以用年度国债发行额、国债累积发行额、国债余额等绝对指标以及国债依存度、国债负担率、偿债率等相对指标来表示。认购者的承受能力、政府的偿债能力以及其他一些因素都会影响国债规模。国债的结构是指各类国债在国债总额中的比例状况。国债的结构可以从持有者结构、期限结构、利率结构、币种结构等不同角度进行考察。

3. 国债的负担是指政府发行国债给各相关方面造成的利益损失和政府因负债所承受的经济压力。其可以分为国民经济的国债负担、政府的国债负担、认购者的国债负担和纳税人的国债负担四种类型。

4. 国债制度是国家关于国债发行、流通及偿还等各种法律和规定的总称。它是规范国债运作,处理国债运行中各种经济关系的基本准则。在证券市场中进行的国债交易即为国债市场。国债市场按照国债交易过程可分为发行市场和流通市场。

# 第十一章 国债

## 本章习题

1. 简述国债的基本功能。
2. 国债发行量主要受哪些因素制约?
3. 简述衡量国债规模的指标。
4. 简述国债负担的含义及内容。
5. 国债有哪些效应?
6. 国债偿还有哪些方法?
7. 偿债资金有哪些来源?
8. 什么是国债市场?国债市场有哪些功能?

# 第十二章　政府预算

> **学习目标**
>
> 1. 了解政府预算的概念；
> 2. 掌握政府预算的原则和类型；
> 3. 理解政府预算的编制、审批和执行的程序；
> 4. 掌握政府决算的概念和基本管理程序；
> 5. 掌握我国预算管理制度改革的主要内容。
>
> **学习重点与难点**
>
> 掌握政府预算的相关概念，了解政府预算的管理程序，熟悉我国政府预算管理制度改革的主要内容。

## 第一节　政府预算概述

### 一、政府预算的含义及功能

　　政府预算是一定时期（通常为一年）的政府财政收支计划。它是依据一定的公共政策，遵循一定的原则，通过一定的程序编制并经立法机构批准通过的法律文件。"预算"一词可定义为"对于未来的一定时期内的收入和支出的计划"。混合经济中存在的三类主体——个人（家庭）、企业和政府，都会对未来一定时期的收入和支出做出计划，个人（家庭）的收支计划称作是家庭理财计划，企业的收支计划称作财务计划（或财务预算），政府部门对于未来一定时期的收入和支出计划称作政府预算。

政府预算承担着以下功能：(1) 政府预算能有效控制政府的支出规模。如果缺乏合理的预算程序，政府的支出总量很有可能失控，从而导致政府支出总量过大。(2) 政府预算有利于改善政府部门活动的可计算性，并能提升政府活动的管理水平和计划性。正规的预算和会计技术的使用有利于检查监督政府资金是否按预定的用途使用，从而避免部分政府官僚对资金的非法滥用。(3) 政府预算是一个很好的计划工具。政府预算的制定会强制人们对各项政府支出项目的收益和成本进行比较，从而做出更明智有效的政府决策。

## 二、政府预算的原则

政府预算原则是政府选择预算管理模式和构建预算组织体系的指导思想。政府预算原则是随着现代预算制度的产生而逐步形成，并伴随其演化而不断发展的。概括起来，政府预算管理原则大致呈现以下的发展脉络：早期的预算原则比较注重控制性，即将预算作为监督和控制政府的工具；而后随着政府收支内容的日趋复杂，开始强调预算的周密性，即注重研究预算技术和管理模式的改进；自从功能预算①理论发展以来，政府预算的功能趋于多样化，开始注重发挥预算的功能性作用，即正确互利地运用预算功能，以实现国家的整体利益。

### (一) 预算原则的代表性观点

自预算产生之后，经济学家们就开始探索预算的原则，历史上比较有代表性的关于预算原则的观点，主要有意大利财政学者尼琪 (F. Nitti) 提出的预算六原则，德国财政学者诺马克 (F. Neumark) 提出的预算八原则。

**1. 尼琪 (F. Nitti) 的预算原则**

尼琪提出的政府预算原则是古典预算原则的重要代表之一。主要包括以下内容：

(1) 公开性原则。所谓公开性原则，是指预算的内容，应力求详尽通俗，便于人们据其了解政府收支的全部情况。全部预算收支必须经过议会审查批准成为公开性文件。

(2) 确定性原则。所谓确定性原则，是指预算编制时，应该认真收集各种相关资料，依据社会经济发展的趋势，做出切实准确的预测，以防止预算的虚假，

---

① 功能预算的概念，创建于凯恩斯时代之初，以凯恩斯经济理论为基础，强调将政府的课税、支出、举债等行为，作为一种具有调节经济功能的工具来加以运用。

谋求预算的确实稳定。

（3）统一性原则。所谓统一性原则，是指在同一预算内，各项收支编列的标准应力求一致，所有收支均应列入同一预算之内（这是早期单式预算管理模式下预算理念的重要体现）。

（4）总括性原则。所谓总括性原则，是指编制预算时所有财政收支都应列入预算，避免预算外收支。

（5）分类性原则。所谓分类性原则，是指政府的收支预算应根据其性质分门别类，清晰列示，以便于社会公众和审议机构了解政府财政资金活动的来龙去脉。

（6）年度性原则。所谓年度性原则，是指政府预算必须按规定的预算年度编制和执行，不能逾越预算年度。

**2. 诺马克（F. Neumark）的预算原则**

诺马克提出的预算原则包括八个方面：

（1）公开原则。所谓公开原则，是指预算内容必须对社会公开，以便于社会公众全面了解政府的各项活动及财政状况，利于政府接受社会公众的监督、批评和建议。预算公开包括预算的程序和结果都应公开。

（2）明了原则。所谓明了原则，是指政府预算的收入来源渠道及支出用途、项目构成和分类方法等都应明确列示，一目了然。为了达到这一目标，既要编制概览全局的总预算，也需要有某项收入或支出分列的详细预算。

（3）事前决定原则。所谓事前决定原则，是指预算必须在预算年度开始前决定。如有特殊情况，不能按法律规定的期限完成预算编制审定程序，也应以法律的形式规定补救办法。

（4）严密原则。所谓严密原则，是指预算估计的政府收支应与实际执行的结果尽量保持一致。

（5）界限原则。所谓界限原则，是指预算中的各个项目，相互间应有明确的界限，通常禁止经费相互流用。这一原则包括以下三方面内容：一是预算科目的设立与归宿应力求明确，以免这个科目的费用拿到另一科目报销。二是预算以外的支出项目应予禁止。三是禁止提前支用下年度的经费，或将本年度的经费不经法定程序结转到下年度使用。

（6）单一原则。所谓单一原则，是指政府全部财政收支应纳入同一预算表内综合列示，不得另外编制独立的预算。

（7）完全原则。所谓完全原则，是指一切政府开支和预算收入都应完整地计入预算，不得存在任何游离于预算之外的政府收支活动。

（8）不相属原则。所谓不相属原则，是指任何财政收入与支出，不得有个别的相属关系，不应以特定的预算收入维持特定项目的预算支出。

## （二）现代政府预算的原则

**1. 完整性原则**

完整性原则是指政府的预算必须包括政府的全部公共收支项目，反映以政府为主体的全部财政活动，不允许在政府预算规定的范围之外存在任何以政府为主体的资金收支活动。

**2. 公开性原则**

公开性原则是指预算必须具有公开性，全部政府收支必须经过立法机关审议，并要采取一定的形式对社会公众公布。

**3. 年度性原则**

年度性原则是指预算必须具有年度性，即预算必须按年编制，列出全年的政府收支，不应对年度之后的政府收支进行任何的事先安排。

各国采用的预算年度起讫时间不尽相同，主要有两种：一种是历年制预算年度，即从每年公历的 1 月 1 日起至同年的 12 月 31 日止。世界上多数国家采用的是历年制的预算年度，如中国。另一种是跨年度预算年度，即人为地确定一个预算年度的起止日期，使预算年度跨越两个公历年度。

**4. 可靠性原则**

可靠性原则是指预算必须具有可靠性，即要求对预算收支数字必须进行正确估计，不能估计得过高或过低。各种收支的性质必须明确区分，不能掺杂混同。

**5. 统一性原则**

统一性原则是指政府的预算收支必须按照统一的口径、程序和方法来测算和编列。同时，任何机构的收支都要以总额列入预算，而不应只列收支相抵后的净额。这实际上是要求各级政府都只能有一个预算，而不能以临时预算或特种基金的名义另立预算。

## 三、政府预算的分类

### （一）按照预算的组织形式分类

**1. 单式预算**

单式预算是传统的预算组织形式。是指在预算年度内将全部的财政收支通过一个统一的预算计划表格来反映，不再区分各类预算收支的经济性质。

单式预算起源于英国。20世纪30年代以前，世界各国都采用单式预算的预算组织形式。这是因为当时各国信奉的是古典学派的经济理论，主张依靠市场机制，减少政府干预，压缩政府职能，在财政上提倡收支平衡，反对财政赤字。在当时的背景下，单式预算对监督和控制政府支出、实现预算收支平衡起到了重要的作用。

单式预算的优点体现在：符合预算的完整性原则；能简洁明了地反映年度内财政收支状况；便于立法机关审查批准政府预算，便于社会公众了解政府收支状况。缺点体现在：没有把全部的财政收支按经济性质分列，不利于宏观经济调控和对预算进行分析；难以准确地反映政府财政活动的真实情况；不利于考核资金使用效益。

**2. 复式预算**

复式预算是在单式预算的基础上产生和发展起来的，是指在预算年度内全部的政府收入和支出按经济性质分类，分别汇编成两个或两个以上的预算表格，使每个预算收入与预算支出之间有相对稳定的对应关系。复式预算1927年在丹麦开始实行，第二次世界大战后很快成为许多国家的预算组织形式。

复式预算的优点体现在：收入和支出按经济性质区分，便于合理安排使用各类资金；不再受传统的收支平衡观念的影响，便于对经济进行宏观调控和结构性调整；预算结构清晰，便于考核资金的使用效益。复式预算的缺点体现在：操作技术要求高，编制难度大，各类预算之间的划分标准不易掌握；复式预算分为经常预算和资本预算，经常预算要求收支平衡，资本预算要求量力而行，可以出现适量赤字，这就容易导致资本预算规模膨胀，国债规模失控。

《中华人民共和国预算法实施条例》第二十条规定，我国各级政府预算按照复式预算编制，分为公共财政预算、政府性基金预算、国有资产经营预算、社会保障预算和其他预算。目前来看，中央政府向全国人民代表大会报告的预算草案中包括公共财政预算和政府性基金预算。中央本级国有资产经营预算从2008年开始实施，各地区国有资产经营预算正处于试点探索阶段。社会保险基金预算于2010年开始试行，按险种分别编制。

**（二）按照确定预算收支指标的方法分类**

**1. 增量预算**

增量预算是指政府收支计划指标是在以前预算年度的基础上，按新预算年度的经济发展情况和财政经济政策要求加以调整之后确定的。

增量预算的优点体现在：编制简单、易于操作；有利于保证各项财政收支指标的连续性。缺点主要体现在：把以往年份影响财政收支指标的不利因素保留下来，容易形成预算支出的刚性增长机制，不利于对预算支出进行及时的调整。

**2. 零基预算**

零基预算是指政府收支计划指标的确定，只以新的预算年度的经济发展情况为依据，不考虑以前年度的预算收支数据。

零基预算最早由美国卡特政府于1979年提出，到1982年美国已有大约18个州采用了零基预算的编制方法。但零基预算事实上还未成为编制预算确定的一般方法，通常只适用于某些具体的收支项目。各国目前普遍采用的，不论是单式预算还是复式预算，仍主要是增量预算方法。

### （三）按照预算的管理范围分类

**1. 总预算**

总预算是指政府财政收支的综合计划。我国是一级政府一级总预算，由各级政府的财政部门负责编制，同级立法机关审查批准。

**2. 部门预算**

部门预算是指政府各部门编制的、由本部门所属各单位预算组成的、反映本部门所有收入和支出的预算。

**3. 单位预算**

单位预算是指列入部门预算的国家机关、社会团体和其他单位的收支预算。从单位预算的组成系统看，分为主管单位预算、二级单位预算和三级单位预算。

### （四）按照政府的级次分类

**1. 中央预算**

中央预算是指中央政府的预算，规定了中央财政的各项收入来源和数量以及中央财政各项支出的用途和数量。

**2. 地方预算**

地方预算是指各级地方政府预算，是地方各级政府的年度财政收支计划。

## 第二节 政府预算管理

### 一、政府预算的编制

政府预算编制是各级政府和财政部门依据党和政府的政策以及经济和社会的

发展规划,按法定程序编制本级预算收支计划的过程。预算编制是整个预算管理的起点,是政府预算执行的基础,预算编制是否合理,对预算执行的结果有重要的影响。

### (一) 政府预算的编制依据

1. 预算的编制必须遵循预算法及其他法律法规的规定。《中华人民共和国预算法》于1995年1月1日起颁布实施,对预算管理职权、预算收支范围、预算编制、预算审查和批准、预算执行、预算调整以及预算决算等做出了全面的规范,是国家对预算进行管理的基本法律依据。各级政府预算在编制过程中,只要在预算法中有规定的内容,都应该严格按预算法的要求执行。此外,预算编制的内容也应与其他相关的法律法规相一致。比如,政府预算支出中用于农业支出的比例应符合《中华人民共和国农业法》的规定,教育支出应符合《中华人民共和国教育法》的规定等。

2. 预算的编制应与国民经济和社会发展规划以及财政中长期规划保持一致。自1953年起,我国已编制了十二个五年计划或规划,这些计划或规划是政府对一定时期内经济、社会和文化事业等发展的统筹规划和安排,各级政府预算中的指标在编制时必须与规划中提出的目标相一致。财政中长期规划是国民经济和社会发展规划得以实现的财力保障,预算编制也应体现财政的规划。

3. 本年度预算编制应参考上一年度预算的执行情况。政府收支在各年度之间有一定的连续性。上年度的预算收支执行情况反映出政府财政收入的容量以及政府职能实现所需要的财力保障。因此编制本年度政府预算时应认真分析上一年度预算的执行情况,考虑影响上一年度政府收支的各因素并结合本年度的实际情况进行适当调整,而且财政要保证预算编制合理可行。

### (二) 政府预算的编制程序

按照《中华人民共和国预算法》和《中华人民共和国预算法实施条例》的有关规定,我国政府预算的编制一般采用"自上而下、自下而上、上下结合、逐级汇总"的程序。

(1) 国务院下达关于编制下一年预算草案的指示。国务院每年于11月10日前向各省、自治区和直辖市政府以及中央各部门下达编制下一年预算草案的指示,提出预算草案编制的原则和要求。财政部根据国务院编制下一年预算草案的指示,部署草案编制的具体事项,规定预算收支科目、报表格式、编报方法,并安排财政收支计划。

（2）中央各部门根据国务院的指示和财政部的部署，结合本部门的实际情况，提出编制本部门预算草案的要求，并部署所属各单位编制本单位的预算草案。各部门负责审核所属各单位的预算草案，并负责汇总编制本部门的预算草案。各部门的预算草案每年于12月10日前报财政部审核。

（3）各省、自治区和直辖市政府根据国务院的指示和财政部的部署，结合本地区的实际情况，提出本级政府编制预算草案的要求，并层层下达各级政府。县级以上地方各级政府的财政部门负责审核本级政府各部门的预算草案，并汇编本级政府的总预算草案，经本级政府审核通过后，按规定期限报上一级政府的财政部门。各省、自治区和直辖市政府的财政部门汇总编制本级政府的总预算草案并于下一年的1月10日前报财政部。

（4）财政部审核中央各部门的预算草案，负责编制中央预算草案。汇总地方预算草案，汇编中央和地方预算草案。

## （三）政府预算的编制内容

政府总预算包括中央预算和地方总预算，由财政部汇编，编制的主要内容如下。

**1. 中央预算的编制内容**

中央预算即中央政府预算，是中央政府的年度财政收支计划。目前我国的中央预算包括：(1) 中央公共预算。中央公共预算收入主要包括税收收入、非税收入及中央预算稳定调节基金；中央公共预算支出主要包括一般公共服务支出、外交、国防、公共安全、教育等公共消费性支出。(2) 中央政府性基金预算。这一预算的收入主要包括中央农网还贷资金收入、铁路建设基金收入、民航基础设施建设基金收入、中央水利建设基金收入等；支出主要包括中央农网还贷资金支出等各项基金的支出。(3) 中央国有资本经营收入预算。这一预算收入主要包括中央企业利润收入、股利和股息收入、产权转让收入、清算收入等。支出主要包括用于教育、社会保障和就业、交通运输、资源勘探及电力信息事务等方面的支出。

中央预算的编制内容主要包括：(1) 本级预算收入和支出。(2) 上一年度结余用于本年度安排的支出。(3) 返还或者补助地方的支出。(4) 地方上解的收入。

**2. 地方预算的编制内容**

按照预算法的要求，地方预算也按复式预算编制。地方政府除了编制公共预算以外，还需要编制地方基金预算，目前还积极推进地方政府编制地方国有资本经营预算。

地方政府预算的编制内容主要包括：（1）本级预算收入和支出。（2）上一年度结余用于本年度安排的支出。（3）上级返还或者补助的收入。（4）返还或者补助下级的支出。（5）上解上级的支出。（6）下级上解的收入。

## 二、政府预算的审批

我国宪法规定，全国人民代表大会有"审查和批准国家的预算和预算执行情况的报告"的职权，"县级以上的各级人民代表大会审查和批准本行政区域内的国民经济和社会发展计划、预算以及它们的执行情况的报告"。而在预算法中，明确规定了审查批准中央预算草案和地方预算草案的一般程序。

### （一）各级人民代表大会对预算草案进行初步审查

我国《预算法》第37条规定，财政部应当在每年全国人民代表大会举行前一个月，将中央预算草案提交全国人民代表大会财政经济委员会进行初步审查。各省、自治区、直辖市，以及设区的市、自治州政府财政部门应在本级人民代表大会会议举行前一个月，将本级预算草案提交本级人民代表大会有关的专门委员会或根据本级人民代表大会委员会主任会议的决定提交本级人民代表大会常务委员会有关的工作委员会进行初步审查。县、自治县、不设区的市、直辖区政府财政部门应在本级人民代表大会会议举行前一个月，将本级预算草案提交本级人民代表大会常务委员会进行初步审查。

### （二）各级人民代表大会对预算草案的审查批准

在全国人民代表大会举行会议期间，国务院向大会作关于中央和地方预算草案的报告。地方各级政府在本级人民代表大会举行会议期间，向大会作关于本级总预算草案的报告。

按我国宪法规定，国家预算和中央预算由财政部编制，经国务院审核批准后，报全国人大审查批准；地方预算由各级财政部门编制，经本级人民政府审核批准后，报同级人大审查批准。本级人民代表大会只有权批准同级人民政府预算，而对总预算草案中包括的下一级政府预算则没有批准权。

各级政府预算草案经本级人民代表大会批准后，就成为各级政府的正式预算，财政部门应及时向本级各部门批复预算，各部门应及时向所属各单位批复预算。按我国预算法实施条例规定，中央预算草案经全国人民代表大会批准后，财政部应自全国人大批准中央预算之日起30日内批复中央各部门预算,中央各部门应自财政部批复本部门预算之日起15日内批复所属各单位预算。地方各级政府预算草案经本级人大批准后,县级以上地方政府财政部门应自本级人大批准本级政府预算之日起30日内批复本级各部门预算,各部门应自本级财政部门批复本部门预算之日起15日内批复所属各单位预算。

### 三、政府预算的执行

政府预算执行是预算管理的关键环节,其最终目标是保证预算计划中的收入及时足额入库,各项预算支出安排到位,是政府预算计划变为现实的核心步骤。

#### (一)政府预算执行的组织体系

政府预算执行涉及中央政府以及各地区、各部门、各单位,按政权级次、行政区划和行政管理体制实行"统一领导、分级管理、分工负责"。预算执行中涉及的组织体系主要包括以下机构。

**1. 预算执行的领导机构**

国务院和各级地方政府是预算执行的领导机构。

国务院领导全国的政府预算执行工作,其主要职责包括:(1)执行国家预算法律,制定预算管理的方针政策。(2)核准政府预算决算草案。(3)组织领导预算决算的执行。(4)颁发全国性的重要的财政预算规章制度。(5)审批中央总预备费的动用。

地方各级政府领导地方预算的执行工作,其主要职责包括:(1)颁发本级预算执行的规定和法令。(2)审批本级预备费和机动财力的动用。(3)按规定执行预算调剂权并按规定安排使用本级预算结余。(4)审查本级预算的执行和决算。

**2. 预算执行的管理机构**

财政部和地方各级财政部门是预算执行的管理机构。

财政部在国务院领导下具体负责政府预算的执行工作。其主要职责包括:(1)负责执行中央预算并指导检查地方预算的执行工作。(2)提出中央预算预备费的动用方案。(3)具体编制中央预算的调整方案。(4)制定与预算执行有关的财务会计制度。

地方各级财政部门的主要职责包括:(1)制定组织预算收入和管理预算支出的制度和办法。(2)督促各预算收入征收部门及时足额完成预算征收任务。

（3）根据支出预算和用款计划合理调度、拨付预算资金，监督检查各单位管好用好资金。（4）指导和监督各部门、各单位建立健全财务制度和会计核算体系。（5）编报、汇总分期的预算收支执行数字，分析预算收支执行情况，定期向本级政府和上一级政府财政部门报告预算执行情况，并提出增收节支的建议。（6）协调预算收入征收部门、国库和其他有关部门的业务工作。

各级财政部门既是政府预算执行的主管机构，也是预算收入执行的具体征收机构，主要负责行政规费收入、罚没收入和杂项收入、国有企业缴纳的预算收入等的征收工作。

**3. 预算执行的专门机构**

组织预算收入执行的专门机构有税务机关、海关、政策性银行等。税务机关主要负责征收和管理各项工商税收。海关主要负责对进出口货物征收关税和规费，并为税务机关代征进出口产品的增值税和消费税。国库是国家预算资金的出纳机构，负责办理预算资金的收纳、保管、拨出和库间结算等工作。政策性银行按专业进行分工，分别管理基本建设投资的拨、贷和结算业务，工商企业流动资金管理，支农资金的拨、贷管理与结算业务等。

**4. 预算执行的监督机构**

预算执行的监督机构主要涉及各级人民代表大会及其常务委员会、各级政府、各部门单位以及各级审计机关等。

## （二）政府预算收入执行

政府预算收入执行是指保证年度预算确定的收入指标及时足额的完成。我国预算法规定，各级财政、税务、海关等预算收入征收部门，必须依照法律、行政法规的规定，及时、足额征收应征的预算收入，不得违反法律、行政法规规定，擅自减免、免征或缓征应征的预算收入，不得截留、占用或挪用预算收入；有预算收入上缴任务的部门和单位，必须依照法律、行政法规和国务院及财政部门的规定，将应上缴的预算资金及时足额地上缴国家金库，不得截留、占用、挪用或拖欠；各级国家金库必须依照国家有关规定，及时准确地办理预算收入的收纳、划分和留解。

## （三）政府预算支出执行

政府预算支出执行是指按政府预算规定分配和使用资金的过程。政府预算支出的执行情况，关系到政府各项职能的实现情况和社会公共需要的满足程度。各级财政部门是预算支出的执行部门，必须依照法律和法规规定，及时、足额地拨付预算支出资金,并应加强对预算支出资金的管理和监督。预算支出执行中应遵循以下原则:(1)按预算拨款,即按核定的年度支出预算和季度分月用款计划拨款。(2)按进度拨款,即根据事业进度和上期用款单位的资金结存情况合理拨付资金。(3)按核定用途拨款,即按预算支出拨款的不同用途分别拨款。(4)按预算级次和程序拨款,即根据用款单位的申请,按用款单位的预算级次和审定的用款计划按期核拨。

### (四)政府预算执行中的调整

政府预算调整是指经立法机关批准的本级预算,在执行中因遇特殊情况需要增加支出或减少收入,使原核准的收支平衡的预算出现总支出超过总收入,或使原核准的预算中举借债务的数额增加的部分变更。预算调整一般采用两种方法:一种是全面调整,另一种是局部调整。

**1. 全面调整**

全面调整是指国家对原定国民经济和社会发展计划做较大调整时,政府预算也相应地对预算收支进行大范围的调整,实际上等于重新编制政府预算。全面调整并不经常发生。

**2. 局部调整**

预算调整经常发生的情况是局部调整,即对政府预算做局部的变动和调整。主要包括以下几种方法:

(1)动用预备费。预备费是各级总预算中安排的预备资金,用于救灾或发生某些特殊情况时使用,动用一般安排在下半年,并应从严控制。在预算执行中发生较大的自然灾害或经济上的重大变革,发生原来预算没有列入而又必须解决的临时性开支等情况时才可动用预备费。

(2)预算的追加或追减。预算的追加是指在原核定预算的基础上增加收入或增加支出的过程,预算的追减是指在原核定预算的基础上减少收入或减少支出的过程。一般情况下,追加支出必须有相应的资金来源,追减收入必须相应地减少支出。各部门或各单位需要追加或追减收支时,应编制追加、追减预算,按规定程序报经主管部门或财政部门批准后,提交各级政府或转报上级政府批准后方可执行。

(3)经费流用。经费流用也称"科目流用",是指不改变原定预算支出总额,通过预算科目之间调入、调出和改变资金使用用途而形成的预算资金再分配。

(4)预算划转。预算划转是指由于行政区划或企业、事业单位隶属关系的改变,将预算划归新接管地区和部门。

## 四、政府决算

### (一) 政府决算的含义

政府决算是年度政府预算执行情况的总结,也是一年内国民经济和社会发展计划执行结果在财政上的集中反映,是预算管理的重要环节。

我国预算法规定,各级政府应编制决算,凡编制政府预算的地区、部门和单位都要编制决算。决算草案由各级政府、各部门、各单位在每一预算年度终了后,按照规定时间编制。与政府预算一样,政府决算也由中央决算和地方决算组成。

### (二) 政府决算的编制与审批

**1. 政府决算的编制**

政府决算草案的编制程序是从执行预算的基层单位开始,自下而上层层编制、审核和汇总,由各级财政部门汇编成本级政府决算草案。中央政府决算由财政部编制,地方政府决算由各级地方政府编制。

政府决算的编制程序遵循以下步骤:(1)拟定和下达编审决算草案的通知。国务院财政部门负责统一部署每年编制决算草案的具体事项。(2)年终清理。各级财政部门和行政事业单位每年在决算之前都要对预算收支、会计账目、财产物资等做全面核对、结算和清查。各级财政决算收入以当年12月31日缴入基层国库的预算收入数列报,财政决算支出数以当年12月31日向各基层单位拨款数列报。(3)制定和颁发决算表格。决算表格是决算数据资料的数据化。财政部和执行预算的有关部门,在发布决算编审办法的同时,还要制定和颁发各种统一的决算表格。(4)编制各级决算和决算说明书。

**2. 政府决算的审批**

我国预算法规定,财政部门编制的中央决算草案,报国务院审定后,由国务院提请全国人民代表大会常务委员会审查批准。县级以上地方各级政府财政部门编制的本级决算草案,报本级政府审定后,由本级政府提请各级人大常委会审查批准。经过逐级审核汇总编制的政府决算,由财政部连同决算说明书呈报国务院审查,经国务院核定后,由国务院提请全国人大审查。

政府决算经全国人大审查批准后,财政部即代表国务院批复各省、市、自治区总决算。

## 第三节 我国预算管理改革

自 1998 年以来，按建立公共财政的要求，我国对政府预算编制和执行等环节不断进行改革和创新，启动并实施了部门预算、国库集中收付制度、政府采购制度、"收支两条线"、政府收支分类等重要领域的改革，并提出加强政府预算的绩效管理，提高财政资金的使用效率。

### 一、部门预算

部门预算是政府各部门编制的涵盖部门各项收支的综合财政计划。2000 年以前，我国没有编制部门预算，每年向各级人代会提交的是收入按类别、支出按功能编制和汇总的预算。2000 年，中央部门所有的一级预算单位都试编了部门预算。部门预算改革提出了大预算原则，将预算内收支、预算外收支、基金预算收支全部纳入部门预算的编制范围，即要求部门的所有收支都按照统一的编报内容和形式在一本预算中得到反映，不得在部门预算之外存在任何形式的部门收支。

部门预算改革增强了预算的完整性，使预算编制初步细化，并加大了预算透明度，有利于提高预算资金的使用效率。

### 二、国库集中收付制度

自 2001 年起我国开始在中央实施国库管理制度改革试点，经过多年努力，目前已初步建立了以国库单一账户体系为基础、以国库集中收付为主要特征的现代国库管理制度。国库单一账户是指将所有的政府资金集中于一家银行的账户，即财政部门在人民银行开设的国库存款账户，同时所有的财政支出均通过这一账户进行。各部门、各单位发生的支出，直接从国库单一账户支付给个人或商品供应商及劳务提供者。

国库集中收付制度的建立，体现了公共财政对预算管理的要求，将公共财政管理的全过程置于监管之中，提高了财政资金的收付效率，增强了财政资金使用的透明度，为公共财政制度的有效运行提供了保障。

### 三、政府采购制度

政府采购是指各级政府为满足提供基本公共服务和产品的需要，使用财政资金，通过法定采购程序，采购货物、工程和服务的购买活动。政府采购制度不仅是指具体的采购过程，而是采购政策、采购程序、采购过程及采购管理的总称。

我国自1996年开始政府采购的试点工作，1998年开始全面推行政府采购制度，2003年颁布实施了《政府采购法》和其他一系列相关的法律法规，初步形成了政府采购法律制度体系，采购规模和采购范围不断扩大，制度建设不断加强。目前，中央及地方各级政府对政府采购实行了采购管理职能与采购执行职能的分离。财政部门负责管理监督，集中采购机构负责实施采购活动。各级政府都设立了政府采购中心。为了确保政府采购活动的公开、公平与公正，中央与地方各级政府还相继建立了政府采购的信息发布制度。尽管我国政府采购制度改革近些年取得了不小的成效，但与发达国家相比，仍存在一些差距，需继续深化改革和完善。

### 四、"收支两条线"

"收支两条线"是指政府有关部门取得的各种非税收入，都应全额缴入国库或财政专户，支出由财政部门根据各单位履行职能的需要按标准核定，并通过国库或财政专户拨付资金。

我国从1990年开始实行"收支两条线"改革，最早是为了纠正权力机构的乱收费、乱罚款和乱摊派现象，后来扩大到对整个预算外资金的管理，当前，随着预算外资金收入纳入预算管理范围的扩大，"收支两条线"主要针对政府非税收入的管理。

"收支两条线"改革的主要内容体现在以下方面：（1）履行或代行政府职能的国家机关、事业单位和社会团体依法取得的收入必须全额上缴国库或财政专户。（2）单位账户开设必须符合国家规定并经财政部门批准，单位财务收支必须由财务部门统一归口管理。（3）部门和单位支出由财政部门统筹安排，不得与其取得的有关收入直接挂钩。

"收支两条线"的实施，有效制止了"三乱"行为，理顺了政府财经秩序；便于集中国家财力以增强宏观调控能力；强化了财政监督机制，有助于从源头上杜绝腐败。

## 五、政府收支分类

政府收支分类是指把名目繁多的全部预算收支，按照其各自的性质和相互联系，遵循一定的原则和方法，进行类别和层次划分，从而科学准确地反映政府收支活动。

我国自 2007 年开始实施政府收支分类改革。收入方面，不再按资金管理的要求划分一般预算收入、基金预算收入等科目，而是将各项政府收入纳入统一的分类体系，将政府收入分为类、款、项、目纵向四级，按类划分的政府收入主要有以下几类：（1）税收收入，下设 21 款。（2）社会保险基金收入，下设 10 款。（3）非税收入，下设 7 款。（4）贷款转贷回收本金收入，下设 4 款。（5）债务收入，下设 2 款。（6）转移性收入，下设 9 款。

支出方面，主要是按政府职能进行功能分类，并按政府支出的经济性质和用途进行经济分类。政府支出的功能分类是将政府支出分为类、款、项三级。其中，类的科目设置主要有以下多种：一般公共服务；外交；国防；公共安全；教育；科学技术；文化体育与传媒；社会保障和就业；社会保险基金支出；医疗卫生；节能环保；城乡社区事务；农林水利事务；交通运输；资源勘探电力信息等事务；商务服务业等事务；金融监管等事务支出；地震灾后恢复重建支出；国土资源气象等事务；住房保障支出；粮油物资储备事务；国债还本付息支出；其他支出；转移性支出。支出按经济分类是将政府支出分设类、款两级，其中类的科目设置主要有以下多种：工资福利支出；商品和服务支出；对个人和家庭的补助；对企事业单位的补贴；转移性支出；赠与；债务利息支出；债务还本支出；基本建设支出；其他资本性支出；贷款转贷及产权参股；其他支出。

## 六、绩效预算

构建高绩效的政府组织，是现代政府管理追求的主要目标之一。而预算管理是现代政府管理系统的支柱体系之一，因此，构建绩效预算管理体制，探索绩效预算评价标准体系，是符合创建高绩效的政府组织体系要求的。

绩效预算自 20 世纪 50 年代初由美国政府提出，至 90 年代，已在西方许多国家得到实施，目前是许多国家政府预算改革的发展趋势。关于绩效预算的概念，50 年代初美国总统预算办公室的定义是："绩效预算是这样一种预算，它阐述请求拨款是为了达到目标，为实现这些目标而拟订的计划需要花费多少钱，以及用哪些量化的指标来衡量其在实施每项计划的过程中取得的成绩和完成工作的情况。"① 瑞典的决策部门认为：绩效管理并不是单纯的一些措施或方法，而是一个非常广义的概念。绩效管理的目的就是要实现成效和效率，成效是指应该做的事，效率是指要合理、高效地做事。澳大利亚把绩效预算分成五个部分：一是政府要办的事，二是配置预算资源，三是以结果为中心制定绩效目标，四是评价目标实现状况的标准，五是评价绩效的指标体系。② 国内关于绩效预算的概念也不统一，其中代表性的主要有，"绩效预算是一种预算模式，容含着预算理念和预算过程的重要变化，而预算编制方法的变化只是绩效预算实现方式所采用的手段。""绩效预算是一种以目标为导向、以项目成本为衡量、以业绩评估为核心的预算体制。"③ "绩效预算并非是指预算编制方法，而是指包括公共委托代理、绩效预算、绩效拨款和绩效评价在内的管理体系。"④ "绩效预算代表了政府治理的一种全新理念，其基本含义是将绩效水平与具体的预算数额联系起来。"⑤ "绩效预算实际上就是建立在绩、预算、效这三要素基础上的政府财务收支计划。"⑥

从上述国内外对绩效预算的定义可以看出，绩效预算是市场经济条件下政府预算制度改革的方向，是将市场经济的基本理念融入政府管理之中，其特征主要有以下几点：(1) 绩效预算不是预算的编制方法，而是一种提高政府绩效的政府治理理念。(2) 绩效预算强调的是结果导向，即以支出绩效为导向来编制政府预算。(3) 绩效预算强调政府支出的效率评价，目标是实现财政支出效率的提升。(4) 绩效预算需要一套科学的政府绩效评价体系。

我国自 20 世纪 90 年代初引入绩效管理理论，到 90 年代中后期引起广泛关注，并很快成为管理会计、人力资源管理和战略管理等领域的研究热点，自 2000 年实行部门预算改革以来，一些基层政府在绩效管理方面做了积极的探索，但截至目前，尚未建立起绩效预算完整的管理框架，仍处于试点和探索阶段。

## 本章主要名词概念

政府预算　单式预算　复式预算　增量预算　零基预算　部门预算
绩效预算

---

① 孔志峰：《绩效预算论》，经济科学出版社 2007 年版。
② 倪志良：《政府预算管理》，南开大学出版社 2010 年版。
③ 杨光焰：《政府预算与管理》，立信会计出版社 2011 年版。
④ 马国贤：《政府预算》，上海财经大学出版社 2011 年版。
⑤ 马蔡琛：《政府预算》，东北财经大学出版社 2007 年版。
⑥ 孔志峰：《绩效预算论》，经济科学出版社 2007 年版。

# 第十二章 政府预算

## 本章小结

1. 政府预算是依据一定的公共政策，遵循一定的原则，通过一定的程序编制并经立法机构通过的政府财政收支计划。

2. 政府预算管理的基本程序包括预算的编制、审批和执行。政府预算编制是各级政府和财政部门依据党和政府的政策以及经济和社会的发展规划，按法定程序编制本级预算收支计划的过程。我国预算法中明确规定了审查批准中央预算草案和地方预算草案的一般程序。政府预算执行涉及中央政府以及各地区、各部门、各单位，按政权级次、行政区划和行政管理体制实行"统一领导、分级管理、分工负责"。

3. 政府决算是年度政府预算执行情况的总结，也是一年内国民经济和社会发展计划执行结果在财政上的集中反映，是预算管理的重要环节。政府决算和预算一样，遵循一定的编制和审批程序。

4. 按公共财政建设的要求，我国近些年启动并实施了部门预算、国库集中收付制度、政府采购制度、"收支两条线"改革、政府收支分类等重要领域的改革，并提出加强政府预算的绩效管理，提高财政资金的使用效率。

## 本章习题

1. 什么是政府预算？
2. 现代政府预算的原则有哪些？
3. 政府预算的编制内容和程序是什么？
4. 什么是政府决算？政府决算的编制程序是什么？
5. 我国预算管理改革有哪些？其主要内容是什么？

# 第十三章 财政平衡

> **学习目标**
>
> 1. 了解财政平衡的含义以及实现财政平衡的思路
> 2. 明确财政赤字的含义和类型
> 3. 掌握财政赤字对经济的影响
> 4. 理解财政风险的含义和成因
> 5. 熟悉我国财政风险的形成特点及发展机制
> 6. 描述防范和化解财政风险对策
>
> **学习重点与难点**
>
> 正确理解财政平衡的一般理论及与此相关的财政赤字和财政风险的基本理论;熟悉财政赤字含义、类型以及对经济产生的影响;掌握市场经济条件下实现财政收支平衡的思路以及财政赤字的弥补方法;了解我国财政风险发展机制、带来的隐患及防范和化解风险的有关手段。

## 第一节 财政平衡

### 一、财政平衡的含义

财政平衡是指一个国家在一定时期(通常为一年)财政收支大致相等。财政平衡是相对的,因为一个国家在一个财政年度内财政收入和支出完全相等几乎是不可能的,通常总会有一定数量的盈余或赤字。但是,如果把债务收入视作正常收入,把盈余也视作支出,那么财政收支平衡就是绝对的,不平衡就是相对的。

这种财政收支平衡关系绝对性和相对性之间的转化,表明财政收支平衡还是不平衡的区分是相对的。因此,考察财政平衡问题必须选择收支的统计口径。

## 二、财政平衡的形式

### (一) 财政周期平衡

财政周期平衡是指财政收支在一个经济周期内由经济繁荣时的盈余来抵补经济衰退时的赤字,从而在一个经济周期内实现收支平衡。

**1. 实现财政周期平衡的必要性**

社会总供求的均衡是实现经济持续、稳定增长的前提条件,但在市场机制的自发作用下,社会总供求的失衡是经常出现的现象。为了实现社会总供求的均衡,客观上需要通过财政收支差额来调节供求总量。由于经济波动的周期通常超过一年,因而财政收支平衡的实现也只能是长期的周期平衡。如果我们仍然强调财政收支的年度平衡,则不但不能熨平经济波动,而且可能加大经济波动的幅度。

**2. 实现财政周期平衡的可能性**

财政周期平衡的可能性表现在两个方面。第一,财政分配的政府主体性表明其是一特殊的分配范畴,其收入的筹集和支出的安排必然要体现政府的意志,执行政府的宏观经济政策。由于保持经济的稳定增长是政府的职能目标之一,因而以政府为主体的财政分配不可能选择年度平衡,而只能是在发挥财政调节作用的过程中实现财政收支的周期平衡。第二,经济波动往往表现为经济过热和经济衰退的交替,因而事实上存在由经济过热时的财政盈余来抵补经济衰退时的财政赤字从而实现周期平衡的可能性。

### (二) 财政动态平衡

在一个经济周期,前期财政支出规模过大,可能产生赤字,需要通过经济周期的中期和后期的盈余来弥补,从而可以实现财政收支的动态平衡。

**1. 财政动态平衡的理论依据**

(1) 经济发展阶段论是实现财政收支动态平衡的理论依据。马斯格雷夫和罗斯托认为,在经济发展的早期阶段,政府投资在社会总投资中占有较高的比重。公共部门要为经济发展提供社会基础设施以及其他用于人力资本的投资等。这些投资对于处于经济发展早期阶段的国家步入"起飞",以至于进入发展的中期阶段是必不可少的。在发展的中期阶段，政府投资还应继续进行，但这时的政府投资只是对私人投资的补充。他们两人用经济发展阶段论来解释公共支出增长的原因。但是，如果我们也考察一下经济发展的不同阶段对财政收支的影响，则不难得出财政收支应保持动态平衡的结论。因为经济发展的早期，财政收入量较少，而财政却必须安排相当数量的投资，因而财政收不抵支是必然的。而在经济发展进入中期阶段以后，私人经济得到了发展，政府投资支出压力减小，尽管支出总量仍呈扩张趋势，但收入增长速度会更快，财政收支相抵会有盈余，因而经济发展早期阶段的赤字可由经济发展步入中期阶段以后的盈余来弥补。这就实现了财政收支的动态平衡。显然，财政收支要实现动态平衡是基于财政是促进经济发展的手段这一认识为前提。

（2）贫穷的恶性循环理论也是财政收支要实现动态平衡的理论依据。在发展经济学和经济增长理论中，资本形成被认为是经济发展或增长的重要因素。因为它是实现扩大再生产和提高劳动效率的手段。在发展中国家，贫穷既是这些国家资本形成率低下的原因，也是其结果，称之为"贫穷的恶性循环"。要打破这种恶性循环，单纯依靠市场机制的作用需要漫长的发展历程。在历史上，发达国家在开始发展时，依靠的是血腥的资本原始积累来摆脱这种恶性循环的。对于今天的发展中国家，虽然许多经济学家提出了不同的思路，但归结为一点就是要靠政府干预的力量来加速资本的形成，即经济发展需要政府的"第一推动力"。这样，一定数量的财政赤字和债务积累就难以避免，但在经济发展进入中期及成熟阶段后，随着财政收入的增加，政府可逐步清偿债务，从而实现财政收支的动态平衡。

**2. 实现财政动态平衡的实践基础**

我国"放权让利"的渐进式改革思路，一方面使财政收入占国民收入的比重下降，另一方面，也使财政支出压力加大，于是财政连年出现赤字且赤字额呈增加趋势，这表明我国财政为改革的起步和走向深入做出了很大贡献，承担了相当的改革成本。而改革的成功所带来的经济快速增长和收入的增加，最终会使财政收入增加而支出压力相对减小，由此而形成的结余可以偿还累积的债务，从而实现财政收支的动态平衡。

### （三）财政整体平衡

财政收支的整体平衡是指全部的财政收入与全部的财政支出在数量上大致相等，而不是部分财政收支的大致相等。

**1. 财政自身发展的要求**

财政收支需保持周期平衡起因于财政是实现经济稳定的手段，财政收支需保持动态平衡起因于财政是促进经济增长的手段,而财政收支需保持整体平衡则是起因于财政作为一个分配范畴自身所固有的规定性。财政分配是一个完整的体系,其收入的筹集和支出的安排之间是否平衡,显然应从整体的角度来考察,如果收入和支出的核算范围可以任意调整,则财政收支是否平衡就丧失了一个起码的标准。

**2. 预算完整性原则的要求**

预算的完整性原则要求一切财政收支要反映在预算中,不得打埋伏、造假账、预算之外另列预算。财政收支和预算收支反映的内容应是相同的。这意味着财政收支平衡自然应是包括所有预算收支在内的整体平衡。

**3. 系统论管理方法的要求**

系统论是管理工作最基本的方法论之一,财政管理工作也不例外。系统论是通过分析系统的构成要素、功能及其与外部环境的关系来揭示系统的特征及其运行规律的理论。它的一个基本特征是要求管理者必须把管理对象视作一个整体,从整体的角度来研究问题的解决办法。财政收支平衡作为财政管理工作追求的目标,自然也就体现为在财政系统的整体中实现收入要素与支出要素之间的整体平衡。

## (四) 财政综合平衡

财政平衡是社会总供求平衡的一个组成部分,因而必须从国民经济综合平衡的角度来研究财政平衡。国民经济综合平衡的目标是社会总供求平衡,相对于社会总供求平衡,财政平衡本身不是目的,而是手段,所以财政收支的综合平衡是指财政收支的安排应该有利于实现经济的综合平衡,而不是仅仅局限于实现财政收支本身的平衡。

**1. 财政平衡是社会总供求平衡中的一个组成部分**

从国民经济整体平衡的角度考察财政平衡是完全必要的。社会总供求能否平衡,取决于居民(家庭)、企业、政府和对外部门需求的总和能否与社会总供给相适应。在市场经济条件下,社会总需求是由各部门的货币支出形成的,各部门的需求(包括投资需求和消费需求)都是以货币表示的有支付能力的购买力,而各部门的货币收支从整体上看,居民(家庭)的货币收入大于货币支出;企业的货币收入通常不能满足货币支出的需要;对外部门在发展中国家一般表现进口大于出口,也是不平衡的。而政府财政收支可以是平衡的、也可以是盈余的或短缺的。既然各部门的货币收支并不相等,客观上就要求在各部门之间调剂货币收支的余缺,以实现经济的综合平衡。通过上述分析,不难看出,财政收支平衡仅是经济综合平衡中的一个局部平衡。实现了局部平衡,综合平衡未必能实现,而要实现综合平衡,有时需要牺牲局部平衡。局部平衡相对于综合平衡只是手段、而不是目的。实现财政收支的综合平衡实质就是在国民经济综合平衡中实现财政收支平衡。脱离国民经济的综合平衡,将财政孤立出来,即便能实现单独平衡,也只能是一种消极平衡。当然,有时为实现国民经济综合平衡,要付出财政收支失衡的代价,但这是暂时的。从长远看,国民经济综合平衡的实现有利于财政收支平衡的实现,因而从根本上讲两者是一致的。这说明实现财政收支的综合平衡具有必要性。

**2. 实现财政收支的综合平衡具有可能性**

财政收支是政府的经济行为,是政府进行宏观调控的重要手段,这意味着实现财政收支的综合平衡也完全具有可能性。在市场经济条件下,居民(家庭)、企业和对外部门的经济行为,主要接受市场的调节。它们的货币收支活动都是为了实现特定的目标。居民要实现效用最大化,企业和对外部门要实现利润最大化。而国民经济的综合平衡虽然从长远看与它们所追求的目标是一致的,但由于思考问题的角度不同、认识能力的局限以及眼前利益和长远利益矛盾的客观存在,使它们很难按照实现经济综合平衡的目标来调整自己的行为。

## 三、财政收支平衡的实现

### (一)实现财政收支周期平衡的思路

1. 由经济高涨时的财政盈余清偿经济衰退时的债务,是实现财政收支周期平衡的必然要求和最佳选择。财政收支的周期平衡不以年度平衡为标准,它不排斥在某些年份财政出现赤字,只是要求政府应通过反周期操作来实现周期内的平衡,使经济衰退时产生的债务能够用经济高涨时财政的盈余来偿还。但是,在现实经济生活中,繁荣和萧条持续的时间和达到的程度并不是对等的,因而繁荣阶段的财政盈余与萧条阶段产生的赤字也不可能相等,这就为在一个经济周期内通过以丰补歉实现财政收支平衡设置了障碍。这表明要么放弃实现财政收支周期平衡的目标,要么寻找新的思路。当然,第一种选择显然是不可取的,因为财政收支长期失衡所带来的后果是严重的,这已为理论和实践所证实,所以必须寻找新的思路。

2. 保持合理的财政扩张和紧缩力度是实现财政收支周期平衡的次优选择。既然在一个经济周期内通过以丰补歉实现财政收支的长期平衡是不可能的,那么新的思路可有两条:一条是进一步延长实现财政收支长期平衡的时间期限。由一个周期内实现平衡改为几个周期内实现平衡,然而这也是行不通的。因为西方国家的实践表明,即便从几个连续的周期考察,经济衰退时期持续的时间和达到的深度还是超过经济繁荣时期,因而繁荣时的盈余仍然难以清偿衰退时期的债务。另一条思路则是控制财政扩张和紧缩的力度,使财政扩张带来的债务能够由紧缩带来的盈余抵销。这种思路可能会要求财政的扩张措施在经济未达到充分就业的状态时就停止,但这并不是要否定财政的调节作用,而是让财政对经济的调节作用能保持一个合理的度。众所周知,财政并不是政府掌握的唯一的宏观经济调控手段,因而由财政政策"独木撑天"本身就是不合适的。根据 IS-LM 模型的分析,在经济严重衰退时,财政政策的扩张作用要比货币政策明显得多。但经济越是接近充分就业状态,财政政策的扩张作用就越小,甚至可能完全失效,而同时货币政策的作用会越来越明显。可见,财政政策的边际效用是递减的,而其边际成本(由财政收支失衡给经济带来的负面影响)是递增的。从提高经济效率的角度分析,扩张性财政政策并不应推行到其边际效用为零时才停止,而应是停止在边际效用等于边际成本之时。此时经济可能仍没有实现充分就业,但再推行扩张性财政政策显然已得不偿失。当然,在财政政策的边际收益大于边际成本时停止财政政策的推行也会导致效率损失,因而推行财政政策调节经济必须注意"度"的把握。这既是正确发挥财政对经济的调节作用的需要,也是实现财政收支周期平衡的要求。

## (二) 实现财政收支动态平衡的思路

1. 充分发挥财政促进经济增长的作用。要实现财政收支的动态平衡,首先需要发挥财政促进经济增长的作用。财政作为政府的经济行为,要对整个社会的资源配置过程、收入分配过程以及宏观经济的运行进行有效调节,实现资源的优化配置、收入的公平分配以及经济的稳定增长。当然,在这一过程中,财政的作用是辅助性的,市场的作用是基础性的,政府不能替代市场,而是要积极弥补、纠正市场的失效。

2. 保证国债正确的使用方向和提高资金使用效益。在经济发展的早期,私人资本的力量比较薄弱,为了促进经济增长,政府在收入有限的情况下,通过发债为经济发展创造基础性条件是完全必要的,但是债务收入毕竟是需要偿还的。这就要求政府对债务收入的使用首先必须保证正确的使用方向,应强调债务收入一般不能安排消费性支出,而应安排投资性支出,但这并不是要求财政去从事竞争性项目投资,单纯去追求盈利,而是要从事私人资本的确没有能力投资而又是社会经济发展所必需的基础性项目投资以及社会基础设施建设。在资金投向合理的条件下，还必须提高资金的使用效益，在保证实现投资目标的条件下，尽可能节约使用资金，努力做到少花钱、多办事、事办好。

3. 在经济发展取得一定成绩、经济逐步进入成熟期后，应注意增加收入以清偿早期为促进经济增长而欠下的债务。财政如果能够用国债的投资收益偿债当然是最好的，但由于政府投资的目的本身不是为了盈利，因此单纯用投资收益偿债往往是不够的。这就需要政府通过优化税制、提高税务征管人员的业务素质、采用现代化的征管手段以及采用合理的征管模式来增加收入，防止收入的"跑、冒、滴、漏"。此外，政府通过收入结构的调整，使那些在经济增长中得益相对较大的经济成分和阶层多缴纳一些税收，不仅是偿债所需要的，也是符合社会所能接受的公平标准的。结合我国的具体国情，当前实现我国财政收支的动态平衡，提高非国有经济的财政贡献率是完全必要的。

### （三）实现财政收支整体平衡的思路

1. 合理界定财政收入范围。《中华人民共和国预算法》（1994）规定，预算收入是各级政府的收入，用以保证公共部门的日常经费需要和国有资本的投资需要。国务院《关于加强预算外资金管理的决定》（1996）指出，预算外资金是国家机关、事业单位和社会团体为履行、代行政府职能，依据国家法律、法规和具有法律效力的规定而收取、提取和安排使用的未纳入政府预算管理的各种财政性资金。显然，两者都是满足政府职能实现需要的筹资手段，根据预算的完整性原则都应纳入财政收入的核算范围。当前，实现财政收支的整体平衡，就财政收入而言，主要是解决收入的"缺位"问题，把应该纳入收入体系的收入纳入核算范围。为此，应该把凭借国家政治权力，强制地、固定地、无偿地取得的收入列为税收收入；应该结合"费改税"的实施，调整收入结构，逐步减少各种非税收入，提高税收收入占财政收入的比重，建立以税收为主体的财政收入体系；应该把目前的预算外收入、专项基金收入逐步纳入预算管理。诚然，在将各项预算外收入纳入预算管理的同时，也会相应扩大财政支出规模，因而短期内不一定有明显的增收节支作用，但从加强财政资金的管理和监督、提高资金使用效益、理顺分配关系方面看，则无疑收到维护国家预算完整性及有效利用财政资源的功效，从而有助于缓解财政收支矛盾。

2. 合理界定财政支出范围。由于市场经济条件下市场在资源配置中起基础性作用，因而凡是市场机制做得了并做得好的事情，政府就不必干预，而市场机制不能发挥作用的领域才是政府的职能范围，也就是财政支出的范围。因而合理界定财政支出范围首先需要解决财政支出的"越位"问题。改革开放以来，我国财政统收的局面已被打破，但财政统支的局面依然存在。财政支出范围过宽，许多应由市场提供的商品和应由社会负担的支出仍然背在财政身上，这种状况不加改变，必然加大财政支出压力，影响财政收支整体平衡。其次还应解决财政支出的"缺位"问题。在财政大包大揽的支出格局下，有些应由财政安排的支出却没有安排，或虽有安排，但所占比重过低，具体说社会保障支出、支农支出、基础设施建设支出等都需增加。显然，实现财政收支的整体平衡并不是一味地强调增收减支，而是要按照市场经济的要求，合理界定财政收支范围及内容，建立以税收为主体的收入体系来支持公共财政支出体系，形成财政收支总体平衡的格局。这样既有利于政府集中财力，统筹安排财政资金，也有利于减轻政府支出压力，缩小收支差额。

### （四）实现财政收支综合平衡的思路

1. 如果社会总供求平衡，那么财政收支宜保持平衡；如果社会总供给大于总需求，则应使财政收小于支，且收支差额等于供求差额除以支出乘数；如果社会总供给小于社会总需求，则使财政收大于支，且收支差额等于供求差额除以税收乘数。财政收支对比关系的这一确定过程也可用经济总量平衡的关系式来表示。在国民经济核算中，$C+S+T+M=C+I+G+X$。等式左边是代表总供给的收入流量，由消费 $C$、储蓄 $S$、税收 $T$ 和进口 $M$ 组成。等式右边是代表总需求的支出流量，由消费 $C$、投资 $I$、政府购买 $G$ 和出口 $X$ 组成，将等式变形可得：$G-T=(S-I)+(M-X)$。因此，当 $(S-I)+(M-X)=0$ 时，$G=T$，财政收支保持平衡。此时，非政府部门（包括对外部门）总体上收入流量等于支出流量，因而政府部门既无必要为非政府部门提供结余资源，也不可能去使用非政府部门结余的资源，故收支保持平衡。当 $(S-I)+(M-X)\geq 0$ 时，$G>T$，财政收支有赤字。此时，非政府部门总体上收入流量大于支出流量，非政府部门有结余，需要由政府部门来动用这部分结余资源，即财政收支才能保持总量平衡。当 $(S-I)+(M-X)<0$ 时，$G<T$，财政收支有盈余。此时，非政府部门（包括对外部门）总体上收入流量小于支出流量，需要动用政府部门的资源才能保持总量平衡，因此财政收大于支。

2. 应分析国民经济综合失衡的原因，并针对不同的成因采用不同的对策。社会总供求失衡的原因很多，可能出自家庭部门、企业部门、对外部门，也可能出自银行信贷部门，还可能是由于财政自身收支失衡所引起。虽然不论哪种原因的失衡，都可通过财政收支来加以调整，但调整的效果会有区别。如果经济综合失衡的原因并不是由于财政收支失衡所引起，那么财政的调整往往就具有暂时性特征，是"治标"的调整，因此若要从根本上解决问题则必须"对症下药"，本着"治病除根"的原则采取专门对策。

3. 吸取传统"四平"理论的精华。传统"四平"理论指的是财政收支、信贷收支、外汇收支和物资供求之间的综合平衡，是计划经济体制下的财政综合平衡理论。"四平"理论认为，财政平衡是综合平衡的关键，银行信贷收支平衡是综合平衡的反映，外汇收支平衡是综合平衡的补充，物资供求平衡是综合平衡的基础。但自实行改革开放政策后，由于经济体制的转轨，我国国民经济状况已发生很大变化，对这一理论需要重新认识。比如，随着统收统支体制的打破，财政收入占 GDP 的比重急剧下降，再讲财政平衡是综合平衡的关键已难成立；再如，在传统体制下，由于企业自主支配的财力较少，居民货币收入水平和储蓄倾向都较低，因而企业和居民收支在综合平衡中的作用微不足道。但在市场体制下它们已成为重要的宏观经济变量。"四平"理论作为创造性地运用马克思主义的社会再生产原理对我国实践经验的总结，其对当前我国经济实现综合平衡仍有一定的借鉴意义。财政、信贷、物资、外汇分别保持平衡可实现国民经济综合平衡，并且它们在综合平衡中居于不同的地位。在市场经济条件下，由于经济运行的非均衡性，通常更强调通过财政、信贷、物资、外汇之间的协调来实现综合平衡，但也不能完全忽视其各自保持平衡的重要性。因为财政、信贷、物资、外汇收支中任何一个项目的失衡都可能是总量失衡的原因。

## 第二节　财政赤字

### 一、财政赤字的含义与分类

财政赤字是财政支出大于财政收入而形成的差额，由于会计核算中用红字处理，所以称为财政赤字。财政赤字是财政收支未能实现平衡的一种表现，是一种世界性的财政现象。

财政赤字可以采用不同的标准进行分类，每一种标准对应一种分类的结果。采用多种标准对其进行分类，便于我们加深对财政赤字及其对经济生活所产生的影响的认识和理解。

（1）按照财政收支统计口径的不同，赤字有硬赤字和软赤字之分。所谓硬赤字是指用债务收入弥补收支差额以后仍然存在的赤字，即其统计口径是：（经常收入＋债务收入）－（经常支出＋债务支出）。显然，对硬赤字财政只能通过向中央银行透支来弥补。所谓软赤字是指未经债务收入弥补的赤字，即其统计口径是：经常收入－经常支出（包括债务付息支出）。软赤字可以通过发行国债来弥补。由于债务收入是一种需要偿还的特殊收入形式，所以软赤字更为准确地反映了财政收支的对比关系，没有人为缩小赤字规模的问题，所以世界上多数国家采用软赤字的统计口径。我国自1993年起，财政部公布的赤字为软赤字。

（2）按照赤字的起因不同，可将赤字分为主动赤字和被动赤字。财政部门有意识地使支出大于收入而形成的赤字为主动赤字。这通常是政府推行赤字财政政策扩张经济的必然结果。被动赤字是由于客观原因，而非人为因素，出现财政收入不能抵补支出的情况而形成的赤字。

（3）按照赤字在财政年度出现时间的早晚，可分为预算赤字和决算赤字。预算赤字是指预算编制时就因支出大于收入而存在赤字。决算赤字是预算执行的结果收不抵支而出现的赤字。

（4）按照赤字的出现和经济周期的关系，可将其分为周期性赤字和充分就业赤字。周期性赤字是指由于经济的波动导致收入自动减少、支出自动增加而形成的赤字。充分就业赤字是政府有意识地增加支出、减少收入实现充分就业目标而产生的赤字。其是政府为发挥财政对宏观经济的调节作用，调节收支结构的结果，因此也称为结构性赤字。周期性赤字的数额等于总赤字减去充分就业赤字。这种分类显然是为了考察经济周期对赤字规模的影响。

## 二、财政赤字的弥补

### （一）增收减支

能够通过增加收入或削减支出来解决赤字问题当然是理想的选择。但是，增加收入通常会遭到纳税人的抵制，而且变动税法所需的时间也较长，从而不能迅速解决问题，而削减支出则会受到支出刚性的制约。因此，这种方法的使用通常没有多大的余地。另外，对于财政部门主动减收增支所形成的赤字，这种方法显然是不能用的。

### （二）动用结余

用以前年度财政收大于支而形成的结余来弥补当前的赤字也是十分理想的方法，但前提条件是财政必须有结余才存在动用的可能。这对于连年赤字的财政显然是不适用的。另外，由于中央银行代理国家金库业务，所以财政结余通常会作为信贷资金来源加以运用，因而动用财政结余弥补赤字还必须考虑财政、信贷的综合平衡问题，否则可能影响货币正常流通而导致通货膨胀。

### （三）向中央银行透支或借款

由于中央银行通常代理国家金库业务，所以向中央银行透支对财政部门来说是操作起来非常简单的一种弥补赤字的方法，但是这种方法实际相当于通过货币发行，凭空创造购买力来弥补赤字，因而对货币流通的影响很大。因为中央银行吐出的货币为基础货币或称高能货币，通过货币乘数的作用会数倍于发行额来增加流通中的货币量。所以一般情况下，政府不会采用这种方法来弥补赤字。不少国家甚至通过有关法律直接规定，财政不能通过向中央银行透支或借款来弥补赤字。

### （四）发行国债

发行国债来弥补赤字通常只是购买力的转移，不会凭空增加购买力，所以一般认为是最为理想的弥补财政赤字的方法。但是，任何事情都不是绝对的，国债因为认购者的不同，也会对货币流通，进而对社会总供求关系产生不同的影响，因而认为国债弥补赤字是绝对安全的主张是靠不住的。在什么情况下，通过发债弥补赤字可以不对经济产生消极影响或产生的消极影响相对较小，需要具体问题具体分析，不可一概而论。对这个问题的分析将在下面展开。

## 三、财政赤字对经济的影响

### （一）财政赤字与货币供给

**1. 财政赤字的不同弥补方式对货币供给量的影响**

如果财政通过增收减支弥补赤字，只是改变了国民收入分配的结构，使政府在国民收入分配中所占份额增加，非政府部门所占份额减少，因而不会对货币供给量产生影响；如果财政通过动用结余弥补赤字，则要分析一下财政结余是否为真正意义上的结余，即有没有被银行信贷部门作为信贷资金来源贷放出去。如果结余未被信贷部门使用，则财政部门动用结余弥补赤字就不会增加货币供给；反之，就会增加货币供给量；如果财政部门通过发债来弥补赤字，则其对货币供给量的影响就必须考虑认购者具体情况的差异进行具体分析。如果认购者为家庭，则通常表现为购买力（现实购买力或潜在购买力）的转移，不会增加货币供给。如果认购者为企业，则通常也不增加货币供给，但在我国政府、企业、银行关系没有理顺的情况下，企业认购国债后，如果出现流动资金严重不足，会增加对商业银行的流动资金贷款需求，如果商业银行因此而不能实现信贷收支平衡，则会迫使中央银行增加基础货币投放，从而增加货币供给。当然，如果国债自愿发行，而不搞行政摊派，这种情况出现的可能性很小；如果认购者为商业银行，到底增加还是不增加货币供给，关键取决于商业银行认购国债后能否实现信贷收支平衡，如果能实现信贷收支平衡，则不增加货币供给，反之，商业银行就会向中央银行申请贷款，从而增加货币供给；如果中央银行直接认购政府国债，则其与财政向中央银行直接透支一样会增加货币供给量。

**2. 财政赤字增加货币供给量与通货膨胀的关系**

财政赤字如果引起货币供给量增加会不会导致通货膨胀，也必须具体问题具体分析，一般来讲，其主要取决于以下两个因素：

（1）当前的总供求对比关系。如果当前的社会总供求处于均衡状态，假定其他条件不变，则财政赤字导致货币供给量增加会引起通货膨胀。因为有效需求表现为有货币支付能力的需求，货币供给量增加，会使总需求扩张，从而打破原来均衡的总供求关系，使总需求大于总供给，产生通货膨胀。

如果当前的社会总需求已经大于社会总供给，假定其他条件不变，则财政赤字所导致的货币供给量增加会使已经存在的通货膨胀更加严重。

如果当前的社会总需求小于社会总供给，假定其他条件不变，则财政赤字导致货币供给量增加，可能使社会总供求关系达到均衡，也可能使社会总需求虽有扩张但仍然小于总供给，还可能使社会总需求超过社会总供给。

在前两种情况下，显然都不导致通货膨胀；在后一种情况下则导致通货膨胀。因此，在社会总需求小于社会总供给的条件下，财政赤字到底会不会导致通货膨胀必须具体分析，关键的制约因素是财政赤字所增加的货币供给量与社会总供求差额的对比关系。

（2）经济增长所需增加的货币供给量与财政赤字所增加的货币供给量的对比关系。假定中央银行不因经济增长而增加货币供给量，则如果经济增长所要求增加的货币供给量大于或者等于财政赤字所增加的货币供给量，则不会导致通货膨胀；反之，则会导致通货膨胀。

## （二）财政赤字与社会总需求

**1. 社会总需求的分类**

由于考察财政赤字对总需求的影响，涉及对需求结构影响的考察，所以必须按照一定的标准对社会总需求进行分类。(1)按照需求是否具有货币支付能力，可将其分为有效需求和无效需求。有效需求是有货币支付能力的需求，无效需求是没有货币支付能力的需求。我们所指的需求通常是有效需求。(2)按照需求的主体的不同，可将其分为政府需求和非政府需求。(3)按照需求和货币流通的关系，可将其分为现实需求和潜在需求。现实需求是由现实流通中的货币所形成的需求。潜在需求是与流通中沉淀下来的货币所对应的需求。

**2. 财政赤字对社会总需求的影响**

(1)不扩张总需求，只是改变了需求结构。这又分为两种情况：一是财政赤字实现了潜在需求向现实需求的转化。这通常出现于经济严重衰退时期。由于企业不愿投资、个人不愿消费，大量货币处于沉淀状态，财政通过发债，将沉淀的货币投入流通，从而可实现潜在需求向现实需求的转化。二是实现非政府需求向政府需求的转化。这种转化通常也是借助政府发债行为来实现的。不过与第一种情况不同的是，政府如果向企业发债，企业要减少投资；如果向个人发债，个人会减少消费；如果向商业银行发债，商业银行要压缩信贷规模，总之，政府发债弥补赤字不是使沉淀的货币转化为现实流通的货币，而是使货币流通结构发生了变化，从而改变了需求的主体结构，使非政府需求转变成了政府需求。(2)财政赤字导致总需求扩张。如前所述。这涉及中央银行货币投放的增加。

## (三) 财政赤字的挤出效应

财政赤字的挤出效应是指由于财政赤字的弥补而导致企业的投资和个人的消费减少的现象。

财政赤字产生挤出效应的实现机制由于国债的不同发行方式而有所区别。如果国债采用行政摊派的办法发行，排挤效应是通过行政手段强制实现的。通常情况是，政府通过行政摊派将国债分配给企业和个人认购，从而减少企业的投资和个人的消费，出现挤出效应。如果国债是自愿发行，那么这种挤出效应就是以非强制的方式来实现的。具体有两种途径：一种途径是直接实现，即政府有意识地通过提高国债利率或降低发行价格来吸引企业或个人甚至商业银行认购国债，进而减少投资和消费，这是一种直接的排挤效应；另一种途径是由于政府发债，增加了货币需求，在货币供给一定的条件下，导致利率上升，从而减少企业的投资和个人的消费。这是一种间接的挤出效应。

评价财政赤字的挤出效应的优劣必须具体问题具体分析。从总量调节的角度考察，在社会总需求不足时，财政部门希望通过财政赤字来扩张需求，拉动经济增长，此时如果赤字出现明显的挤出效应，自然不利于实现政府的宏观调控目标。但如果在社会总需求过旺或总供求大致均衡时,财政赤字出现挤出效应反而是有利于实现社会总供求的均衡,因而是一种有利的影响。另外从结构调节的角度分析,在投资需求不足,消费需求过旺时,财政赤字如果能够在挤出个人的消费的同时,增加政府的投资,当然是一种有利的影响;在投资需求过旺,消费需求不足时,财政赤字如果能挤出企业的投资,增加政府的消费,同样也是有利的影响。反之,则反是。因此,政府在运用赤字政策调节经济运行时,应该科学利用财政赤字的挤出效应,以实现宏观调控目标。

一般来讲,财政赤字的挤出效应是否明显主要受货币需求和投资对利率的弹性大小的制约。假定其他条件不变,在利率水平很低,货币需求对利率富有弹性时,财政赤字的挤出效应较小,甚至可能没有挤出效应,即财政赤字只带来产量和收入的增加而不带来利率的提高以及投资、消费的减少。而在利率水平很高,货币需求对利率缺乏弹性时,财政赤字的挤出效应大,甚至可能出现完全的挤出效应,即财政赤字不能带来收入和产量的增加,而只造成利率的提高和投资、消费的减少;假定其他条件不变,在投资对利率富有弹性时,财政赤字的挤出效应明显;反之,则不明显。

## 第三节 财政风险

### 一、财政风险的特征及分类

#### (一)财政风险的特征

财政风险是指财政行为受不确定性因素的影响而使行为主体遭受损失或得到收益的可能性。其特征表现为以下几点。

**1. 财政风险承担的主体是政府**

概括财政风险的特征就是要把财政风险与非财政风险加以对比。而财政风险与非财政风险的最显著的区别,就是主体不同。财政的主体是政府,这就决定了财政风险与以企业、家庭为主体的非财政风险有着本质区别。可以说财政风险的其他特征都是由该特征所派生的。

**2. 财政风险表现的集中性**

财政风险的表现具有集中性是由于财政行为本身具有集中性。财政活动要纳入政府预算，经过权力机关的审批，体现为政府的集中决策过程，由此而形成的风险通过政府预算的执行情况体现出来，具有鲜明的集中性特征。而非财政风险则因产生风险的行为是企业、家庭的个别行为，而不是集体的一致的行动，所以产生的风险也就具有分散性。而正因为风险是分散的，由众多的企业和个人分别承担，所以尽管可能对单个的企业或个人而言，可能会超出其承受能力，但是对整个社会而言，却不会产生严重影响。

**3. 财政风险范围的社会性**

财政风险无论最终是造成损失，还是带来收益，其影响范围都是社会性的，即风险要由全体社会成员来承担，只不过由于社会成员在社会分工体系中所处的地位不同、拥有的生产要素的种类、数量不同，有的承担的多一些，有的承担的少一些而已。而企业、家庭风险则不同，其影响的范围通常局限在一个企业或家庭范围内，在特殊的情况下，比如风险超出了企业或家庭的承受能力，也可能使风险的影响范围超出企业或家庭的界限，但一般不会产生社会性的影响。

**4. 财政风险的过程是长期的**

由于财政分配在国民收入分配体系中居于重要地位，财政通过收入筹集和支出安排可以配置相当部分的社会资源，即在现代社会，政府公共经济部门活动的规模是相当庞大的，因而相对于私人经济部门的单个企业和家庭，其对风险的承受能力是很强的，这意味着一种财政行为即便风险很大，也需要较长的时间才能出现最终的行为结果。此外，由于财政是以国家政权为依托的，其可以凭借国家的政治权力强制地扩大收入来源，只有在这种强制性超出整个国民经济承受能力的条件下，财政风险才会变成现实的财政危机。这种风险过程的长期性一方面为政府实现结局的逆转提供了充分的时间，即便政府行为出现了失误，从而蕴涵了较大风险，但只要损失尚未成为现实，政府就有可能通过采取相应措施来化解风险；另一方面，也使财政风险具有一定程度的隐蔽性，使人们极易忽视财政风险，对其缺乏足够的警惕，从而加大财政危机出现的可能性。

**（二）财政风险的分类**

1. 按照财政风险的成因的不同，可将其分为内生性风险和外生性风险。前者是指由于财政系统内部的各种不确定因素所引发的财政风险，如财政工作人员的选拔、财政制度的制定以及财政政策的推行等一系列财政工作所产生的风险。所谓外生性风险是指由于财政系统外部各种不确定性因素所引起的财政风险，如自然灾害、社会经济运行以及政治风险等所引致的财政风险。由于财政活动的主体是政府，所以各种外部风险所可能导致的损失在一定程度上需要财政承担，从而使外生性风险也成为财政风险的重要组成部分。

2. 按照财政风险发展的程度，可将其分为初始性风险、发展性风险和结局性风险。初始性风险是指财政风险发展的早期阶段，在这一阶段，财政风险所对应的两种可能性尚未充分显露出来，即很难判定财政运行是朝有利的方向发展，还是朝不利的方向发展。发展性财政风险是初始性风险的发展和继续。在风险发展的这一阶段，财政运行是朝有利的方向发展，还是朝不利的方向发展，已经明确显露出来。但发展方向仍然有调整、逆转的可能，财政行为主体完全可以通过行为方式的调整来实现有利的发展方向、避免不利的发展方向。结局性风险是指财政运行所对应的发展方向已经有了确定的趋势，虽然结果尚未最终出现，但行为主体已经丧失了通过调整行为方式来实现好的发展方向的可能。之所以还称之为风险，是因为从理论上讲，仍然存在两种可能性，但二者转化为现实的概率已经不相等了。所以，就财政风险的防范和化解而言，主要是针对前两种风险。因为后一种财政风险，无论是对应收益还是损失，其发展方向都具有确定性。

3. 按照财政风险的显露程度，可将其分为显性财政风险和隐性财政风险。所谓显性风险是指各种风险因素已经显露出来，人们可以较为容易地认识到、感觉到的风险。如财政赤字风险、国债风险等。隐性财政风险主要指各种风险因素尚处于隐蔽状态，不易被察觉感知的财政风险，隐性财政风险起因于政府的或有负债，即没有纳入政府预算的负债，其主要存在形式有两种：一是政府以法律条文或合同方式加以承诺的，在特定条件下会成为政府负债的一些项目，这类或有负债主要是由政府财政的担保行为而形成；二是政府虽然没有承诺承担清偿义务，但是当这类负债出现支付危机时，不得不由政府承担最后支付责任的或有负债（如国有企业亏损、银行不良资产以及社会保障支付的风险），这些或有负债并不构成政府的现实债务，但一旦出现问题，其中的相当部分必然由政府承担最后的偿债责任，由此而带来的财政风险为隐性风险。

4. 按照财政风险影响层次的不同，可将其分为宏观、中观和微观财政风险。宏观财政风险是指财政的宏观资源配置行为和宏观调控行为存在的风险，其影响的是经济的总量；中观财政风险是指财政在宏观资源配置比例已经确定的条件下，在确定自身的资源配置结构以及对私人经济部门的资源配置结构进行调整时所面临的风险，其影响经济的结构；所谓微观财政风险是指财政的微观资源配置行为即财政对具体的财政支出项目和方案的选择以及财政对私人经济部门微观资源配置行为的调整所面临的风险。由于宏观和中观财政风险所造成的影响是社会性的，所以两者成为我国财政理论界所研究的财政风险的主要内容。

5. 按照财政行为主体的不同，可将财政风险分为中央财政风险、地方财政风险。地方财政风险按照主体级次的不同又可分为省、市、县、乡财政风险。由于各级财政在政府职能实现过程中担当的任务各不相同，因而不同级别的财政在财政运行过程中所面临的风险内容也各不相同。

6. 按照财政风险的具体内容的不同，可将财政风险分为税收风险、国债风险、预算赤字风险、财政投融资风险、社会保障风险、财政宏观调控风险。

## 二、我国的财政风险

### （一）我国财政风险的作用机制

**1. 我国财政风险的形成机制**

我国财政风险的形成主要受两大因素的制约：一是各种不确定性。不确定性指事物未来属性、状态的不稳定性或不可知性。这是影响我国财政风险的客观因素。我国所进行的改革没有现成的模式可以借鉴，整个进程是"摸着石头过河"，带有明显的探索性，虽然在改革过程中通过不断总结经验教训，取得了举世瞩目的伟大成就，但改革的任务依然艰巨，一些改革的难点问题，如国有企业改革、社会保障制度改革、金融制度改革，就发展方向来看，仍然具有不确定性，由此而蕴涵的风险构成我国隐性财政风险的主要内容。就财政改革本身而言，虽然有西方国家的公共财政模式可以借鉴，但如何实现由建设性财政向公共财政模式的转化，以及如何实现公共财政和公有制制度基础的结合，都是复杂的系统工程，在现实中暴露出的种种问题既表明了改革的难度和复杂性，也意味着改革进程的不确定性，由此而带来的财政风险构成我国显性财政风险的主要内容。二是主体认识、理解、驾驭规律能力的局限。财政的运作遵循特定的规律，如果行为主体能完全掌握其运作的规律，那么，许多不确定的属性就成为确定的属性，也就不存在由此而引起的财政风险，但事实上我们认识运用财政规律的能力是有局限的，即便不考虑财政的发展变化，在一定的时间，我们只能对财政一定层次、一定深度的属性和规律有较为正确的认识，一些较深层次的属性、规律仍有待进一步探索，如果引进时间因素，则我们认识、理解、驾驭规律的能力就更具有了局限性。通常，我们对计划体制下的财政规律有较为清楚、正确的理解、把握，但对于市场体制下的财政规律却只能依靠借鉴西方公共财政理论以及对实践经验的概括、总结来逐步加以认识。这样，在我们对财政规律有清楚、准确的认识之前，财政的属性、规律就带有不确定性，进而财政运作过程就必然带有结果上的不确定性，即存在一定的风险。可以说，我们对财政属性、规律的未知程度越深，则我们所面临的财政风险就越大。

**2. 我国财政风险的转化机制**

财政风险无处不在、无时不在，但不同财政风险造成社会危害的可能性不同，财政风险要造成社会危害，往往要通过造成社会危害可能性较小的财政风险向造成社会危害可能性较大的财政风险的转化。（1）微观风险向宏观风险的转化。一般而言，微观财政风险具有的分散性特征使之不太可能造成社会危害，一旦微观财政风险能造成社会危害，就说明其不再具有微观性，而带有一定的社会性和宏观性特征了。比如，某一财政部门收入筹集功能弱化而支出压力加大所带来的财政风险是微观的，其对整个社会造成危害的可能性很小，但如果各级财政都存在这样的问题，就会出现了微观风险宏观化的现象。就我国的具体情况分析，财政收入的流失，财政支出结构及项目抉择的不合理以及财政资金使用的低效率，这些微观的财政行为已经蕴涵了宏观的财政风险。（2）地方财政风险向中央财政风险的转化。地方财政风险具有分散性特征，是一个国家众多的地方政府面临的风险，一般不会对整个社会造成危害，但如果地方财政风险具有普遍性且风险程度达到一定水平，地方财政风险就会转化为中央财政风险，进而可能造成严重的社会危害。因为尽管财政管理体制对中央和地方以及地方各级政府财政的事权、财权做了明确划分，但政府毕竟是一个统一的整体，地方政府的职能实现遇到严重障碍，中央政府不能坐视不管。就我国地方财政风险的具体情况看，虽然国家的有关法律、法规要求地方财政收支应保持平衡，但事实上，各级地方财政的隐性负债规模巨大，尤其是县、乡财政收支极为困难，有些经济欠发达地区政府职能的实现已经出现障碍，种种迹象表明我国地方财政风险向中央财政风险转化的可能性在加大。（3）隐性风险向显性风险的转化。隐性风险要造成社会危害都要经历向显性风险转化的过程。目前，我国面临的财政风险在相当大的程度上来自与政府或有负债相关联的隐性财政风险，虽然隐性风险必须转化为显性风险才可能造成危害，但由于其隐蔽性强，不像显性风险那样能引起人们的重视，所以隐性风险一旦显性化，就极易导致严重后果。因此，化解或有负债风险，抑制隐性风险向显性风险的转化，是防范和化解我国财政风险的重要任务。（4）调控风险向分配风险的转化。财政调节宏观经济运行离不开对财政收支总量对比关系的调整，当财政增收减支扩张总需求时会形成财政赤字，长期扩张性财政政策的推行会导致赤字的累积、债务规模扩张，由此而引发的财政风险称之为调控风险。债务总是要清偿的，但由于长期扩张政策的推行，减收增支，财政收入增长机制弱化，而支出的刚性特征更加明显，从而给债务的清偿设置障碍。这会使调控风险转化为分配风险。我国自1998年开始推行的积极财政政策，虽然没有减收，但支出规模迅速扩张，导致债务负担加重。因而我们在看到积极财政政策的推行取得了理想效果的同时，也不应忽视由此所引发的分配风险。(5) 发展性风险向结局性风险的转化。发展性风险最终都会转化为结局性风险，这是风险发展的一般规律。虽然我国大部分财政风险尚处于风险的发展阶段，但用发展的眼光看，我国的财政风险最终要完成向结局性风险的转化过程，如果不抓住有利时机，采取切实可行的对策，则结局性风险一旦形成，我们就丧失了实现好的发展方向的机会。

**3. 我国财政风险的传导机制**

财政风险的集中表现是债务风险。债务风险要造成社会危害、引发债务危机还必须经过一系列的传导机制，具备特定的条件。首先，只有在政府债务规模巨大，且无法通过正常的渠道（包括借新债还旧债）偿还债务时，才可能引发债务危机。其次，面对债务危机，财政要向银行透支，进而引发严重的通货膨胀，并由此演化为经济政治的全面危机，引发社会动荡。在中外历史上，因财政问题而导致政权垮台的例子并不鲜见。就我国当前的情况看，由债务危机引发财政危机，进而引发经济、政治社会危机的连锁反应的链条尚没有出现的征兆，但不能由此否认财政风险的这种传导机制是客观存在的，更不可认为其在我国完全没有实现的可能。未雨绸缪、防患于未然是研究财政风险的目的，而认识这种传导机制对于防范和化解我国的财政风险显然具有重要意义。

## （二）化解我国财政风险的对策

**1. 按照财政规律办事是化解财政风险的前提**

财政活动有其自身的规律，这些错综复杂的规律形成了一个规律体系。政府财政部门从事财政活动必须依据规律行事，否则财政活动就具有盲目性，从财政行为结果看就具有不确定性，从而形成财政风险。显然，这种类型的财政风险通过深刻认识、理解、领会财政规律，是完全可以避免的。当前，我国处于经济体制转轨阶段，对于市场经济条件下财政运作的规律还不是十分清楚，还处于摸索的阶段，这就无疑加大了我国的财政风险。因而为了尽快掌握市场经济条件下的理财规律，客观上需要吸取、借鉴西方发达国家的理财经验。虽然我国的社会主义市场经济具有鲜明的个性特征，但是毕竟与西方国家的市场经济具有共性，所以吸取、借鉴西方发达国家反映市场经济条件下财政运作共性规律的理财经验，并结合我国的国情在实践中加以修正、完善，无疑将加快我们掌握财政规律的进程。需要指出，财政实践活动是在不断发展的，因而财政规律作为体系，也是开放的体系，随着实践的深入，不断有新的规律加入其中，也不断有一些规律退出历史舞台。这表明，尽管付出种种努力，人们也只能是掌握财政特定发展阶段的规律，也就是说人们所从事的财政行为总是带有一定的盲目性，因而财政风险的存在是绝对的，但通过这种努力，却可以避免一些不必要的风险，即所谓的无知性风险。

**2. 深化公有制实现形式的改革是化解财政风险的基础**

一般来说，私有产权适宜解决私人产品的资源配置问题，公有产权适宜解决公共产品的资源配置问题，所以简单否定公有制的观点是错误的，而传统的希望公有产权一统资源配置天下的观点也是错误的，正确的观点应该是发挥公有产权的相对优势，实现国有企业的合理定位，重点解决公共产品的资源配置问题。为此，需要对我国大量的国有企业实现战略重组，首先为数众多的从事私人产品生产的小型国有企业应该采用出售的方式来提高效率；对于从事私人产品生产的大中型国有企业，应先通过股份制改造，然后再减持国有股的方法实现国有资产从私人经济部门的退出；对处于基础产业、支柱产业、高新技术产业领域，带有弥补市场失灵成分的国有企业则应由政府增加资金投入。通过上述措施可以实现国有经济的合理定位，减少银行不良资产发生的比率，从而可以有效抑制财政风险的集中机制，为最终化解财政风险创造基础条件。

**3. 抑制财政风险的转化机制是化解财政风险的重点**

（1）抑制微观财政风险向宏观财政风险转化。风险的化解必须从大处着眼、小处入手。为此，①通过各种方法提高财政支出的微观效益，力争少花钱、多办事，这不仅是指地方财政支出而言，而且也包括中央财政支出。②在保证资金使用方向正确的前提下，努力提高资金的使用效益，这既可控制债务规模，也可减轻还债压力。③加强财政资金安排使用的预算约束，通过对预算外、制度外资金的清理，建立统一的政府预算，避免资金使用的随意性、盲目性和分散性。④坚持依法理财、强化财政监督。财政资金使用效益的低下和财政监管不到位有直接的关系。完善的财政监督既包括对财政法规执行情况的监督、预算编制及执行的监督，还包括对行政、企事业单位执行财务法规情况的监督。通过加强财政监督可有效提高资金使用效益，防范微观财政风险，从而避免微观财政风险向宏观财政风险的转化。

（2）抑制地方财政风险向中央财政风险的转化。①应尽快实现地方政府职能转变，减轻地方财政的支出压力。随着我国经济体制的转轨，地方政府的经济行为应尽快从"替代市场"转变到"服务市场"上来。当前亟须解决的问题是地方政府要逐步退出竞争性项目的投资领域，转到为地方社会经济的持续发展创造基础性条件方面，同时，地方政府还应逐步缩小对事业单位的资金供给范围，把提供更多的具有私人产品属性的准公共产品的事业单位推向市场，实行企业化管理。只有重新界定财政的资金供给范围，才能减轻地方财政的支出压力，防范地方财政风险。②应进一步完善分税制，科学划分中央与地方的财政管理权限，分清各级政府的财政责任。分税制作为处理各级政府间财政关系的基本制度，对其进一步加以完善，不仅会对我国整个财政制度的完善具有深远的影响，而且对财政风险的化解也具有重要意义。完善分税制，一方面，要进一步明晰各级政府的事权及支出责任，特别是要明晰各级政府的偿债责任，既要防止"中央出政策、地方出资金"、"地方出钱、全国受益"等不利于地方政府的现象出现，又要切实提高各级地方政府的偿债意识，防止地方政府债务规模失控，形成对中央政府的债务倒逼机制；另一方面，要进一步完善中央与地方之间的财权划分。目前我国中央与地方之间的财权划分基本是合理的，但存在财权（税收立法权、征收管理权）过于集中，地方税体系过于薄弱，缺少主体税种，共享税中央所占比例太大等弊端，这与分级分税财政管理体制的要求不符，也为地方政府向中央政府转移风险提供了前提条件。就省以下各级政府间的财权划分看，更是形式多样，很不规范，总的情况是基层财政财力薄弱，客观上存在向上级政府转移风险的趋势。所以，根据政府间事权的划分，调整政府间财权的划分，使各级政府做到责权利相统一，既有助于各级政府财政职能的顺利实现，也有助于财政风险的防范。③应推进农村税费改革，加快地方经济发展，壮大地方财政实力。这是防范和化解地方财政风险的基础。推进农村税费改革不能只是实现费与税在名称上的变化，而必须取消名目繁多的收费，减低征收标准，规范征收行为。农村税费改革从长远看，可规范基层财政分配关系，有助于解放农村生产力，调动农民的生产积极性，增强农业发展的后劲，巩固农业基础，实现农民增收和财政增收的结合，从而避免"越收越穷、越穷越收"的恶性循环。因此，农村税费改革作为国家对农村收入分配关系的调整将有利于巩固地方财政的基础，从而有利于化解地方财政风险。④应加强地方政府的债务管理制度建设。鉴于地方财政部门对地方政府债务的借、用、还都担负无法推卸的责任，所以应加强财政对地方政府债务的集中统一管理的力度，改变目前地方政府债务的分散管理所造成的弊端。

（3）抑制隐性风险向显性风险转化。这不是有意识地掩盖财政风险，而是要在隐性风险显性化之前将其化解，从而避免在其显性化之时造成不可收拾的局面。①加强防范隐性风险的意识，各级政府不能仅仅关注显性风险，而且要关注因为隐蔽性从而可能造成更大危害的隐性风险。②改革预算制度，增强信息的透明度，加强对财政或有负债的管理。澳大利亚和新西兰的政府财务报表中都包括了政府或有负债的内容。但是对隐性的政府或有负债进行严格的预算管理的确存在困难，一个较为可行的办法是，在提交权力机关审批的预算报告中，加入或有负债的有关背景资料，从而可帮助权力机关正确决策，并便于对隐性风险进行监督。③制定全国统一的担保法规，规范政府担保工作，控制政府或有负债的增量。具体应通过明确政府担保的原则、条件，控制政府担保的范围；控制政府担保事项的决策权，强调没有政府财政部门同意，任何政府部门不得担保；应对所担保企业和项目进行信用评级和风险评估，并加强对政府担保的投资建设项目从立项到还款全过程的监督，防止企业借改制悬空和逃废债务，从而减少或有负债向现实负债转化的可能性。④为抵御隐性风险显性化给财政造成的压力，可考虑建立一笔稳定可靠的预算风险准备基金，该基金由专门机构投资于低风险项目，投资收益并入基金，专门用于因隐形风险向显性风险转化而引起的风险支出。

（4）抑制调控风险向分配风险转化。①应当对财政政策的功能有正确的认识，贬低财政政策的功能，否定财政对经济的调节作用固不可取，但片面夸大财政政策的调节功能，看不到长期推行扩张性财政政策的危害也不利于防范财政风险。②应当合理运用扩张性的财政政策，既要看到扩张性财政政策的效果，又要看到推行扩张性政策所付出的代价，通过对扩张的时机、力度的合理确定，既要发挥政策的调控作用，又把调控风险控制在财政可以承受的范围之内。③应搞好财政政策与其他政府宏观调控手段如货币政策的协调配合，在实现政府宏观调控目标的前提下，减轻财政政策的压力，以分散调控风险。④应该健全财政分配机制，强化财政分配功能，增加防范债务风险的能力，从而在调控风险向分配风险转化时增强抵御能力。

**4. 阻滞财政风险的传导机制是化解财政风险的保证**

财政收支矛盾是财政分配的基本矛盾。只要财政收支能够保持平衡，就不会出现因为债务无法清偿而被迫向中央银行透支从而导致严重通货膨胀，进而引发社会经济危机的情况。但是财政毕竟是政府宏观调控经济的重要手段，其既要熨平经济的波动，又要促进经济发展，所以，如果按照传统的观念去理解财政平衡，要求财政必须在一个财政年度内保持平衡，则与财政作为经济调控手段的性质相背，这就要求我们应该从新的角度来实现财政平衡，即实现财政收支的周期平衡、动态平衡、整体平衡和综合平衡，这样既可以抑制财政风险的传导机制，又可发挥财政对经济的调节作用。

## 本章主要名词概念

财政平衡　财政动态平衡　财政周期平衡　财政赤字　周期性赤字
充分就业赤字　财政赤字挤出效应　财政风险　显性财政风险

隐形财政风险　内生性财政风险　外生性财政风险

## 本章小结

1. 如果一个国家在一定时期（通常为一年）财政收支大致相等，可以认为这个国家的财政是平衡的。财政平衡应从周期平衡、动态平衡、整体平衡和综合平衡的角度来理解，相应地市场经济条件下财政平衡的实现除采用"量出为入"与"量入为出"相结合的基本思路外，具体思路也应从四个方面入手进行分析。

2. 财政赤字是财政支出大于财政收入而形成的差额，由于会计核算中用红字处理，所以称为财政赤字。财政赤字可以通过增收减支、动用结余、向中央银行透支或借款以及发行国债等手段来弥补。财政赤字对经济的影响可以从对货币供给量、总需求的影响以及财政赤字的挤出效应三方面进行考察。

3. 财政风险是指财政行为受不确定性因素的影响而使行为主体遭受损失或得到收益的可能性。财政风险可以按照不同标准进行分类。财政风险具有主体的政府性、变现的集中性、范围的社会性、化解的艰巨性和过程的长期性的特征。要防范和化解我国的财政风险，需要研究我国财政风险的形成、发展机制并采取相应对策。

## 本章习题

1. 怎么理解财政平衡？如何在市场条件下实现财政平衡？
2. 弥补财政赤字的方式有哪些？
3. 财政赤字对货币流通和社会总需求会产生什么样的影响？
4. 如何理解和认识财政赤字的挤出效应？
5. 什么是财政风险？它有哪些特点？如何防范？

# 第十四章 财政体制

> **学习目标**
>
> 1. 了解财政体制的概念;
> 2. 明确财政体制构建、设计的原则;
> 3. 掌握财政体制的内容;
> 4. 理解政府间财政分权的一般原理;
> 5. 熟悉不同类型财政体制的评价;
> 6. 描述新中国成立以来我国财政体制的沿革过程。
>
> **学习重点与难点**
>
> 明确财政体制构建、设计的原则;掌握财政体制的内容;理解政府间财政分权的一般原理;熟悉不同类型财政体制的评价。

## 第一节 财政体制概述

### 一、财政体制的含义

财政体制作为财政学的重要概念,其有特定的含义,通常是指在一个国家中央政府与地方政府以及地方各级政府之间划分财政管理权限的一项根本制度。理解财政体制的概念需要注意以下几点。

#### (一) 财政体制的主体是各级政府

财政的主体是国家,其现实存在形式是政府,而政府作为管理社会公共事务的机关,在现实中通常是按照级次化原则设置的,除了中央政府,还有地方政府,地方政府通常又分为若干级次,因此客观上就需要协调和处理不同级次政府之间的关系,以便各级政府都能各司其职、各负其责,进而保证财政活动的顺利进行和政府职能的顺利实现。

### (二) 财政体制的客体是财政管理权限

在政府体系中,同一级次的政府,其辖区范围通常界定的非常清楚,按照属地原则进行管理,财政管理权限划分比较容易、简单。但是对不同级次的政府来说,较高级政府的辖区范围通常要涵盖若干较低级政府的辖区范围,不同级次政府的辖区范围是重叠关系,因此,就需要在不同级次政府之间明确划分财政管理权限,否则不仅财政不能顺利运作,整个政府职能的实现也会遇到严重障碍。

### (三) 财政体制的实质是处理集权和分权的关系

在财政管理权限一定的前提下,不同级次的政府之间划分财政管理权限显然就是此多彼少、此增彼减的关系。较高级别的政府掌握较多的财政管理权限,较低级别的政府掌握的财政管理权限就较少,体制就呈现较为明显的集权特征;反之,体制就呈现较为明显的分权特征。集权和分权各有利弊得失。通常来说,绝对集权和绝对分权的体制局限性都比较大,除在特定环境和背景下其有存在的必要性、合理性外,通常来说,一个国家构建财政体制、协调不同级次政府间的财政关系,需要通过采取合适的方法和手段在集权和分权之间实现均衡。

### (四) 财政体制是经济体制的重要组成部分

财政属于经济范畴,作为政府间财政管理权限划分的根本制度的财政体制是作为经济管理权限划分的基本制度的经济管理体制的重要组成部分。两者是部分与整体的关系。通常,经济体制的特征对财政体制的特征有基本制约作用。如果一个国家经济体制是集权的,那么财政体制通常也是集权的;如果一个国家的经济体制由集权走向分权,那么财政体制通常也要相应采取从集权走向分权的改革;反之亦然。

## 二、财政体制的内容

一个国家构建、设计财政体制,在不同级次政府间划分财政管理权限,不管采用什么样的方式、方法,通常都要涉及如下内容,即需要在以下几个主要方面做出具体的规定和安排。

## （一）政府财政预算级次的设立

一个国家要构建、设计财政体制，首先需要确定要设立几级政府、几级财政、几级预算。通常，一个国家的宪法、财政法、预算法等法律、法规对此会做出明确规定。这既是构建、设计财政体制的前提，也是财政体制的重要构成内容。通常，每一级政府都要自己的财政和自己的预算，否则该级政府就不是严格意义上具有相对独立性的一级政府。政府财政预算级次越多，政府间财政关系的协调难度就会越大，构建、设计财政体制所需要解决的问题也就越多；反之，则反是。如果一个国家只有一级政府财政，那么事实上也就不涉及财政管理体制的构建、设计问题。

## （二）政府间事权和支出责任的划分

政府作为整体需履行向社会提供公共产品的职责。财政则是政府向社会提供公共产品的具体实现机制和手段。社会成员所需要的公共产品种类繁多，这些公共产品在现实中是通过不同级次政府的分工、协作来共同向社会提供的。理论和实践都可以证明，由不同级次政府通过分工、协作方式来完成公共产品的生产、提供，较之由一级或一个政府来生产、提供社会成员所需要的全部公共产品更能体现效率原则。显然，这就需要在不同级次政府之间划分事权和支出责任。明确界定哪些、哪类公共产品到底应该由哪一级或哪一个政府负责提供。一级或一个政府掌握了特定公共产品生产、提供的管理权限，相应地就需要承担支出责任。通常，如果政府间的事权和支出责任界定不清楚，容易出现所谓支出的真空地带，公共产品的生产、提供也就会遇到障碍，从而妨碍财政的顺利运作和政府职能的顺利实现。

## （三）政府间财权和收入范围的划分

一级政府财政要履行提供特定公共产品的职责，必须掌握一定数量的收入。在不同级次政府的辖区范围存在重叠的情况下，不可能简单地按照属地原则来划清政府间的财权和收入范围，通常需要设计一些具体的、操作性强的方式、方法来划分政府间的财权和收入范围。与事权和支出责任界定不清楚带来的后果不同，财权和收入范围划分不清楚，不同级次的政府为实现自身利益最大化，会相互争夺财权和收入，从而出现政府间的利益冲突。由于政府财政收入的主要形式是税收，因此政府间财权和收入范围的划分一般主要体现为税权和税收收入的划分。

### (四) 政府间的收入调节制度

在政府体系中,不同级次的政府财政之间往往存在收支的结构性不对称。比如,中央政府为了强化宏观调控,可能通过体制设计把更多的财权和收入掌握在中央政府手中,而把更多的事权和支出责任由地方政府承担,这就需要建立纵向的自上而下的收入调节制度。否则,地方政府会由于事权大于财权而遭遇职能实现障碍;反过来,如果为了充分调动地方政府的积极性,通过体制设计把更多的财权和收入掌握在地方政府手中,而中央政府承担相对多的事权和支出责任,这就需要建立纵向的自下而上的收入调节制度。另外,在地方政府之间,由于受历史、地理、政治、经济等诸多因素的影响,地方政府之间地区经济发展差距会拉大,为了实现地区经济协调发展,也需要建立横向的,通常是发达地区地方政府对欠发达地区地方政府的政府间收入调节制度。

## 三、财政体制构建设计的原则

不同的国家由于国情不同,所以其财政体制的具体模式可能存在很大差别;即便是同一国家,在不同的发展阶段,其体制模式也会呈现明显的阶段性特征。但是,财政体制的变迁、发展是有其内在规律的。由于共性寓于个性之中,我们从不同国家的不同财政体制以及同一国家不同发展阶段的财政体制的个性差别中,仍然可以抽象、概括出构建、设计财政体制所需要遵循的基本的行为准则。

### (一) 集权与分权相结合

财政集权通常是指管理权限掌握在高层政府特别是中央政府手中。无论过去还是现在,集权都是客观存在的。按照黑格尔"存在即合理"的说法,集权有其存在的必然性。集权的优点可概括为以下几点:第一,集权有助于实现规模经济,可以降低某些公共产品或服务的供给成本。比较典型的例子是由中央政府集中提供诸如国防、外交、全国性的交通、通讯网络等公共产品或服务,较之由地方政府分散提供,可以使生产的平均成本降低。第二,集权有助于迅速决策,减少决策时滞。某些需要政府迅速决策的公共产品或服务,比如调节宏观经济运行、实现经济稳定这样的公共产品在集权体制下可以得到有效供给,而在分权体制下,由各地方政府分散决策,则彼此之间的协商、交涉会导致决策时滞延长,交易成本增加,进而丧失调控时机。过度的财政分权在极端情况下可能导致宏观调控难以实施。第三，集权有助于解决公共产品或服务供给过程中的外部效应问题。有些公共产品受益范围超出地方政府辖区，由地方政府协商解决效益外溢问题，要付出交易成本，如果交易成本高到一定程度，该问题通过地方政府之间的协商就不可能得到解决，此时由地方政府提供该类公共产品，会由于其不考虑效益外溢问题而导致公共产品供给量不足，从资源配置的角度看，这会使资源配置的边际收益大于边际成本而导致效率损失。而在集权体制下，中央政府集中决策由于可以考虑到外溢的效益而有助于做到资源配置的边际收益等于边际成本。

但是集权本身毕竟是符合边际收益递减规律要求的，因为公共产品按照受益范围的大小可以划分出明显的层次，有的公共产品受益范围大，有的公共产品受益范围小，从理论上讲，最小受益范围的公共产品可以只涉及两个社会成员，而最大受益范围的公共产品却可以涵盖全体社会成员（不考虑国际公共产品）。一般来说，受益范围越大的公共产品越适合以集权模式提供，受益范围越小的公共产品越适合以分权模式提供。因为受益范围越大，则人们对该类公共产品的需求的共同性就体现得越明显，集权提供导致供求失衡的可能性就越小，且由此可实现规模收益；而公共产品的受益范围越小，则说明人们对该类公共产品的需求所具有的共性只能在较小的地域范围内才能体现得比较明显，而随着地域范围的拓宽，人们对该类公共产品需求的个性差别就表现的比较突出，集权提供导致供求失衡的可能性就会增大，且集权提供的规模收益在该类公共产品上也难以体现出来。因此，随着采用集权模式提供的公共产品的范围的拓宽，由大受益范围的公共产品逐渐向小受益范围的公共产品延伸，其边际收益呈明显下降趋势。这意味着，如果所有的公共产品都采用集权模式提供，则整个公共经济部门的资源配置效率就会低下，整个社会的福利水平就会降低。正是在这个意义上，集权往往是相对的，绝对的集权在现实中非常罕见，即便是在高度集权的封建专制时代，君主的集权也是有限度的，其通常会"自上而下"建立委托代理链条，通过适当的分权来提高效率。

分权和集权相比的好处集中体现为可以充分照顾到社会成员对公共产品需求偏好的差异，进而有助于实现公共产品供求均衡。在广阔地域范围内，生活在不同地域的不同社会群体对公共产品的需求有不同的偏好，如果采用集权模式提供这些公共产品，供给主体难以充分考虑到这些不同偏好，会因公共产品供给的数量、时间、方式等不合理而导致效率损失。但是，分权毕竟是有限度的，因为分权虽然可以解决小受益范围的公共产品的有效供给问题，但对大受益范围的公共产品的供给，单纯地采取分权模式提供并不能保证效率原则的实现。因为这类公共产品的受益范围超出分权模式下任意一个公共产品供给主体的管辖范围而存在效益外溢，他们需要协商谈判才能解决这类公共产品的供给问题，由此需要付出交易成本，该成本的大小和参与交易的主体数目多少有直接关系，假定每一交易主体的管辖范围一定，则该公共产品的受益范围越大，交易主体数目就越多，分权提供的成本也就越高，也就越需要通过集权的模式来提供该类公共产品。另外，过度的财政分权不仅增加不平等以及加大地区间经济发展的不平衡，还难以解决宏观稳定和收入再分配问题，"旨在影响就业水平和通货膨胀率的收支政策，应当由联邦政府执行。没有一个州或地方政府大到可以影响整个经济活动的程度。例如，让每个地方政府各自发行货币和执行独立的货币政策，是没有道理的"（罗森，1992）。从这个角度来说，分权的边际收益也是递减的，假定整个社会对公共产品的需求一定，既包括大受益范围的公共产品，也包括小受益范围的公共产品，那么，在完全通过分权模式提供公共产品的前提下，随着提供的公共产品的受益范围越来越大，分权模式的局限性表现得就越来越明显，越来越需要在公共产品的供给中加入集权因素，因此，在现实中，即便分权程度再高，也不是由地方政府解决所有公共产品的供给问题，至少全国性的公共产品需要由中央政府来提供。既然无论集权还是分权边际收益都是递减的，那么设计财政管理体制，在政府间合理划分财政管理权限，就需要实现集权与分权的边际收益相等。此时政府间权力划分关系这一特定制度安排的净收益就达到最大值。在图 14 - 1 中，从左到右，集权的程度由 0 提高到 100%，其边际收益 $MB_C$ 递减，从右到左，分权的程度由 0 提高到 100%，其边际收益 $MB_D$ 也递减，那么在两条边际收益曲线的交点 E 就实现了集权与分权的均衡。

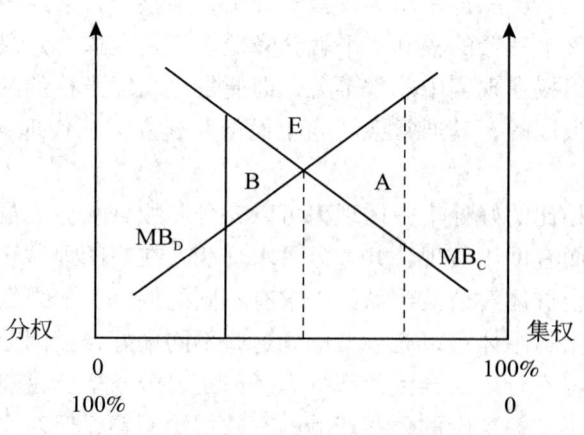

图 14 - 1　政府间权力划分对效率的影响

## （二）财权与事权相结合

财政收支矛盾是财政活动的基本矛盾。如果一级政府财政收支长期不能实现平衡，那么很难说该级政府财政是在持续、稳定、协调发展。假定一个国家财政收支整体上是平衡的，那么在不同级次政府财政之间也应实现结构平衡。不管采取什么样的事权、财权划分方法及采取什么样的政府间收入调节制度，不同级次政府财政从长期看事权与财权应对应起来。财权集中体现为政府可掌握支配的收入；事权集中体现为政府需承担的支出责任。财权大于事权，一级政府财政相对需承担的支出责任可以掌握控制更多的收入，政府职能实现通常不会遇到障碍，但不利于提高资金使用效益。财权小于事权，一级政府财政可以掌握控制的收入相对需承担的支出责任偏少，这会影响政府职能的实现或者导致政府债务负担沉重而影响其财政经济的持续稳定协调发展。

## （三）规范性与灵活性相结合

体制设计、构建的规范性体现在三个方面：第一，尽可能与国际惯例接轨。比如市场经济国家通常采用分税制财政体制来协调处理政府间财政关系，那么，一个国家如果选择了市场经济，就应该采用分税制财政体制。比如，在我国向市场体制转轨后如果不采用分税制而继续采用所谓的"包干体制"就是不规范的。第二，体制的构建、设计应尽量用法律的形式来协调政府间财政关系。在一个级次化的政府体系中，不管是集权型的还是分权型的，高层政府通常对基层政府有一定的政治影响力。如果不通过法律的形式，把政府间的财政分配关系确定下来，从而成为中央、地方以及地方各级政府都必须遵守的行为规则，那么，掌握体制制定权的高层政府往往会利用自己对基层政府的影响力而使体制朝对自身有利的方向进行调整。第三，体制应保持相对的稳定性。体制作为协调、处理政府间财政关系的根本制度，是各级政府都应遵守的游戏规则。如果不能保持相对稳定，朝令夕改，各级政府都不能产生稳定的预期，就极易在财政活动中出现短期化行为。这不利于提高财政运作的效率，事实上也导致政府间财政分配关系协调处理的不公平。但任何事情都不是绝对的，在强调财政体制设计、构建需要规范的同时，也不排斥和否定财政体制的设计、构建可以具有一定的灵活性。

与规范性相对应，财政体制构建的灵活性也体现在三个方面：第一，不同的国家由于国情不同，所以不能要求所有的国家都选择相同的财政体制。事实上，每个国家的财政体制在遵循国际惯例的同时，通常都具有本国特色。因此，在设计、选择财政体制时，灵活性就体现为在体制的基本框架能遵循和体现国际惯例的同时,可以因地、因时制宜地采用一些变通性的做法。第二,体制的内容如果比较规范、科学、合理,没有明显弊端和漏洞,在这样的条件下,通过法律的形式把体制确定下来当然是理性选择。但是,如果体制本身还处于改革探索阶段,在这个过程中体制不断出现问题从而暴露出明显的弊端和缺陷,在这样的条件下,要求用法律的形式把体制确定下来反而不利于体制的完善和调整,不采用较高层次的法律形式而是采用政府条例、通知和规定的形式可能是更理性的选择。第三,体制需要保持相对稳定,但是这不等于对体制在运作中出现的问题视而不见,对于确实是由于体制设计不合理而产生的问题要及时予以纠正,这不仅不影响体制的相对稳定,而且有利于体制的优化和效率的提高。总之,过于强调体制的规范性而忽视体制的灵活性会导致体制僵化;而过于强调体制的灵活性而忽视体制的规范性则会导致体制不伦不类。

### (四) 公平与效率相结合

体制的设计、构建必然涉及不同级次政府以及同一级次不同地方政府之间的财政关系的协调问题,因此应体现公平原则的基本要求,即所谓的"同等情况,同等对待;不同情况,不同对待"。所谓"同等情况,同等对待",是指对不同的地方政府,如果地理条件、社会环境、经济状况等各方面影响因素基本相同,那么在设计、构建体制时,对政府间财权、事权划分及政府间收入调节制度的设计应采取基本相同的做法。所谓"不同情况,不同对待",是指由于受地理条件、社会环境、经济状况等诸多因素的影响,不同的地方政府所面临的支出及收入局面有较大差异,在这种情况下,通过体制设计、构建对收入相对少而支出压力相对大的地方政府予以适当照顾,以增强其财政能力,就是"不同情况,不同对待"的公平原则的具体表现形式。

体制构建所遵循的效率原则要求某一地方政府所能安排的支出与其所筹集的收入之间应保持较为紧密的对应关系。设计、构建财政管理体制,肯定要对政府间的收支分配格局进行调整,但效率原则要求经过体制调整后,筹集收入较多的地方政府肯定还要安排相对较多的支出,而筹集收入较少的地方政府肯定还是要安排相对较少的支出,只不过二者之间的支出差距在量上有所缩小,但质的差别仍然不能改变。这类似于市场经济条件下政府调节个人收入分配差距所遵循的原则。在市场经济条件下,个人收入的分配遵循要素分配原则,是按照每个社会成员向社会提供的生产要素的种类、质量、数量来确定其在收入分配中所占的比例和份额,这尊重和体现了要素在生产中的边际贡献率,因而符合效率原则,但这会导致社会成员之间收入差距拉大。为了缩小收入差距,体现公平原则,政府要对市场机制作用下的收入分配格局进行调整，但是政府对公平原则的体现要考虑到对效率原则的影响，因此，这种调整通常要控制在一定限度之内，即经过政府调整后，高收入和低收入者的质的差别没有改变，改变的只是量的差别。同样的道理，政府在设计、构建财政管理体制时，既要考虑公平原则，也要考虑效率原则。两者是一种矛盾关系，到底应如何协调两者之间的关系，需要因地、因时制宜，根据两者何为矛盾的主要方面而相机抉择。在效率是矛盾的主要方面时，应更倾向于效率原则；反之，则应更倾向于公平原则。不过无论何时何地，单方面考虑公平原则而置效率原则于不顾，或者单方面考虑效率原则而置公平原则于不顾，都不是理性选择，都难以正确协调和处理政府间的财政分配关系。

## 第二节 政府间财政分权的一般原理

### 一、政府间财政合理分权的前提

#### （一）多级政府的存在是政府间实行财政分权的前提

要阐明和理解实现政府间财政合理分权的一般原理，首先需要明确各级政府的比较优势。从规范的意义上讲，多级政府之间实行财政分权的过程也就是发挥各级政府比较优势的过程。如果一个国家在设计、构建体制的过程中没能发挥各级政府的比较优势，甚至截然相反，发挥的是各级政府的比较劣势，那么其财政体制的运作就会出现诸多问题而不能体现效率和公平原则。按照经济学的逻辑，每一级政府都应该有自己的比较优势，如果一级政府相对其他级次的政府没有任何比较优势，那么该级政府就没有在经济上存在的必要，这时对一国政府而言，政府级次改革问题就应提上议事日程。

#### （二）基层政府的比较优势

由于政府作为整体其要履行的职能归结为一点就是向社会提供公共产品，满足公共需要，从这个意义上我们通常把政府看作是社会成员为了满足公共需要而创设的一种制度安排或说是其可以掌控和运用的一种手段和方式。基于这种理解，我们所界定的不同级次政府的比较优势也是围绕公共产品的生产、提供和公共需要的满足而展开的。通常，对于基层政府来说，其辖区范围相对较小，所管理的社会成员的人数也较少，而高层政府则不同，其管辖范围较大，通常要涵盖若干基层政府的辖区范围，所管理的社会成员的人数也是其下辖的基层政府管理的社会成员人数的总和。这种不同级次政府自身性质的差别决定了它们在生产、提供公共产品、满足公共需要的过程中分别具有不同的比较优势。

对于基层政府来说，由于其管辖范围较小，管理的社会成员人数相对较少，所以其相对高层政府来说自然更了解辖区民众的偏好，或者说由其负责提供受益范围在其辖区内的公共产品和服务，其相对更容易掌握充分的信息，从而有助于实现公共产品和服务的供求均衡。而高层政府的辖区范围涵盖若干基层政府辖区，不同的基层政府情况不同，辖区民众的偏好客观上也存在一定程度的差异，如果由高层政府替代基层政府来提供这种受益范围仅涵盖某一基层政府辖区的公共产品和服务，那么其有两种选择：一是不考虑不同基层政府辖区民众的偏好差异，采取"一刀切"的方式统一提供，即对不同的基层政府提供相同的公共产品和服务，那么由此带来的后果是显而易见的，对有的基层政府辖区民众而言，公共产品和服务供给的种类合适，但对别的基层政府辖区民众而言就不是很合适；从供给数量而言，也是如此，对某些基层政府辖区的民众而言，其数量可能是合适的，但对另一些基层政府辖区的民众而言，某些公共产品和服务供给数量则可能偏大，也可能偏小，即他们所希望政府多供给的公共产品和服务事实上供给的偏少，他们所希望政府少供给的公共产品和服务事实上却供给的偏多。对另外一些基层政府辖区的民众而言，也可能存在这种结构上的错位，但表现形式则与之相反。显然，这会导致基层政府辖区公共产品供求脱节，进而不能体现效率原则。当然，高层政府在提供这种小受益范围的公共产品时，为了实现供求均衡，其也可以不采取"一刀切"的提供方式，而是针对不同的基层政府辖区民众的不同偏好分别采取不同的提供对策。做到这一点，就需要高层政府掌握不同基层政府辖区民众对公共产品和服务的需求信息，进而需要不同的基层政府首先掌握各自辖区民众的需求偏好信息，然后再上报高层政府，这就存在信息在不同级次政府间的纵向传递。从理论上讲，只要存在信息传递，那么信息传递的时滞和失真就是难以避免的。而由不同的基层政府分别决策，则不存在这种信息传递从而可以避免此类的信息时滞和失真，从而相对有助于做出正确决策。总之，基层政府的比较优势相对高层政府而言集中体现为，其提供受益范围在其辖区之内的公共产品和服务更能体现效率和公平原则。

### （三）高层政府的比较优势

公共产品的受益范围存在明显的层次性。有受益范围仅涵盖某一基层政府辖区的小受益范围的公共产品,也有受益范围涵盖某几个基层政府辖区的大受益范围的公共产品。如前所述,不同基层政府辖区民众的公共需求偏好客观上存在一定程度的差异而呈现特定的个性特征。但是,共性寓于个性之中,从不同基层政府辖区民众的公共产品需求偏好中仍然可以抽象出具有共同点的部分,这种具有共性的公共需求偏好就需要由大受益范围的公共产品来满足。而高层政府在提供这种大受益范围公共产品,在满足不同基层政府辖区民众的共同公共需要方面就具有比较优势。由于对这类公共产品,不同基层政府辖区民众的偏好具有共同性或差异不大,此时即便由高层政府"一刀切"的提供,也不会出现明显的公共产品供求失衡,同时还相对缩短了决策时滞,提高了决策效率,节约了交易成本。因为,如果高层政府不提供这类公共产品,而由基层政府负责提供,显然,由于其受益范围超出了每一基层政府辖区,所以基层政府就需要通过协商交易谈判来解决这类公共产品的生产、提供问题,由此需要付出一定的交易成本并延长决策时滞,所付出的交易成本的大小及决策时滞的长短受参与决策的基层政府的数目、距离的远近、公共产品和服务供给的种类、受益均等化程度等诸多因素的影响。如果由高层政府来提供则可以避免这种交易成本和时滞,因此,高层政府的比较优势集中体现为在提供大受益范围的公共产品和服务方面更能体现效率和公平原则。

## 二、政府间事权及支出责任划分

### (一)理顺政府与市场的关系是划分政府间事权和支出责任的前提

从逻辑上讲,要划分政府间的事权和支出责任,首先需要界定政府作为整体所应承担的事权和支出责任。这涉及政府与市场关系的协调和处理问题。一般而言,市场作为一种资源配置手段、方式或制度安排,其在满足私人需要、解决私人产品的生产、提供问题方面相对具有比较优势;而政府作为一种资源配置手段、方式或制度安排,其在满足公共需要、解决公共产品的生产、提供方面相对具有比较优势。因此,界定政府作为整体所要承担的事权和支出责任,通常是借助于公共产品和私人产品性质的差别来实现的,即政府作为整体需要履行满足公共需要的职责,承担公共产品生产、提供的事权和支出责任。但是,由于私人产品和公共产品之间客观上并不存在泾渭分明的界限,大部分产品兼具私人产品和公共产品的双重属性,这就为界定政府作为整体所应承担的事权和支出责任带来一定难度,因而需要结合实际进行细致的分析。

## （二）借助公共产品受益范围的层次性来划分政府间的事权和支出责任

如果把政府作为整体需要承担的事权和支出责任界定为生产、提供公共产品、满足公共需要，那么政府间的事权和支出责任划分就可以借助公共产品受益范围的层次性来完成。概括而言，大受益范围的公共产品由高层政府提供，小受益范围的公共产品由基层政府负责提供。如果公共产品的受益范围覆盖全国，那么就应由中央政府负责提供。这符合公平和效率原则。

小受益范围的公共产品由基层政府提供，由基层政府在辖区内为公共产品提供筹资，一方面可以使利益获取和成本分担紧密结合，因而体现公平原则；另一方面，由于基层政府更了解辖区居民的偏好，因此由基层政府提供小受益范围的公共产品相对更容易做到公共产品供求均衡，因而也体现了效率原则。同样的道理，大受益范围的公共产品由高层政府提供也是遵循公平和效率原则的基本要求。假定某一公共产品的受益范围覆盖若干个基层政府辖区，那么遵循利益获取与成本分担对称的公平原则，该公共产品的成本应由这些基层政府辖区民众共同分担，否则，如果由某一个或某几个基层政府而不是由该公共产品受益范围内的所有基层政府辖区民众分担成本，则意味着有的基层政府辖区民众享有了该公共产品的利益却没有承担成本，从而出现"免费搭车"现象，这不符合公平原则。另外，该公共产品由高层政府提供也符合效率原则。如果该公共产品的受益范围恰好涵盖该高层政府辖区，则该高层政府提供该公共产品一方面可以节约基层政府通过协商提供所需付出的高昂交易成本，另一方面也可以实现规模效益而降低该公共产品的生产成本。

## （三）财政三职能在政府间的划分

财政具有优化资源配置、公平收入分配和稳定经济增长三大职能，依据政府间事权和支出责任划分的基本思路，可以对财政三项职能的履行责任在不同级次政府间予以划分。为简单起见，我们把政府简化为中央与地方两个级次。

通常认为，优化资源配置职能主要由地方政府来承担，因为在社会成员所需要的公共产品中，大部分公共产品的受益范围并不是全国性的。全国性公共产品，比如国防、外交、全国性交通干线、通讯网络等，显然需要由中央政府负责提供，这一方面符合效率原则，可以实现规模收益，降低产品生产的平均成本；另一方面，由中央政府在全国范围内分摊成本也符合利益获取和成本分摊对应的公平原则。反过来，如果由地方政府负责提供，则一方面不能实现规模收益提高，生产成本降低，因而不能体现效率原则；另一方面也难以在全国范围合理分摊成本，因而不能很好地体现公平原则。地方性公共产品的受益范围具有明显的层次差异。一般来说，受益范围越小，越应由较低级次的政府提供，受益范围越大，越应由较高级次的地方政府提供。这既能体现效率原则又能体现公平原则。但在按照公共产品的受益范围大小而在不同级次政府间划分政府履行资源配置职能的事权和支出责任时，客观上面临公共产品受益范围层次性差异的多样性和政府级次有限性之间的矛盾，即很多公共产品就其受益范围来说，其超出较低级次政府的辖区，但又不能覆盖较高级次政府辖区范围的全部，即对较低级次的政府来说，该类公共产品存在效益外溢，但外溢的效益对较高级次的政府来说又未能覆盖其全部辖区，这为在资源配置职能方面划分政府间的事权和支出责任带来了一定难度，需要相机确定到底应由哪一级政府来生产、提供该类公共产品。通常的做法是，如果受益范围相对更接近较高级次的政府辖区，那么就应由较高级次的政府生产、提供；如果相对更接近较低级次的政府辖区，那么就应由较低级次的政府生产、提供，同时较高级次的政府要安排转移支付以弥补较低级次政府因该类公共产品效益外溢而带来的损失。

就公平收入分配职能而言，主要应由中央政府承担。因为政府要公平收入分配，不管采取何种手段和方式，最终都是要把高收入者收入的一部分集中起来转移给低收入者。如果该项职能由地方政府承担，那么地方政府之间的竞争会迫使地方政府放弃履行该项职能。因为作为高收入者，其为了自身利益最大化不愿意生活在公平收入分配力度大的地区，而低收入者则对公平收入分配力度大的地区较为青睐，如果一个地方政府公平收入分配力度较大，那么随之而来的就是高收入者的迁出和低收入者的迁入（假定收入再分配所导致的利益调整大于民众在不同地区之间迁移的成本）。作为一个地方政府，为了防止高收入者迁出和低收入者迁入，理性的选择是降低收入再分配力度，使之低于其他地方政府。每个地方政府都做出这样的选择，那么地方政府之间的竞争最终会促使它们放弃履行公平收入分配职能。而中央政府履行该项职能则不存在这样的问题，其在全国范围采取大致均等化的公平收入力度，则无论高收入者还是低收入者都没有为获取额外利益而迁移的必要。

就稳定经济增长职能而言，主要也应由中央政府承担。因为财政要稳定经济增长，依靠的是对自身收支对比关系的调整，通过增收减支紧缩需求，通过减收增支扩张需求。但对于地方政府而言，其通过收支对比关系的调整虽然可以影响需求，但效果会在全国范围内分散。因为国内市场通常是高度开放的。比如某一地方政府认为目前需求不足，需要扩张需求，就减收增支，但本地需求扩张导致价格上升后，外地的商品和劳务就会进入本地市场，其扩张需求的效果就会在全国范围内分散，从而使该地方政府扩张本地需求的目标难以实现。毕竟某一地方政府的收支规模相对中央政府要小得多，其减收增支后所形成的差额相对要小，这个差额对整个国家总需求的影响会很小乃至忽略不计。而中央政府则不同，通常其收支规模较之任何一个地方政府都较大，因而其增收减支或减收增支所形成的差额也就相对较大，其对国内总需求的影响相对也就较为明显，因而可以对社会总需求进行有效调节。虽然中央政府调节总需求的效果在理论上讲也存在在国际间分散的可能性，但国家与国家之间市场的开放程度远远低于国内市场，所以，中央政府履行稳定经济增长职能相对地方政府一般来说可以取得更为明显的效果。

### （四）政府间事权和支出责任划分的结果

一般来说，政府间事权和支出责任划分的结果是事权和支出责任的大头在地方，即大部分公共产品需要由地方政府提供，大部分财政支出需要由地方政府安排。

## 三、政府间财权及收入划分

### （一）政府间分税的原则

政府最主要的收入形式是税收，因此政府间财权及收入的划分主要体现为政府间税权和税收收入的划分。结合政府间事权及支出责任的划分，政府间分税的原则一般概括为以下几点：一是功能性原则。由于收入分配职能和稳定经济增长职能主要由中央政府承担，因此一般来说凡有利于中央政府公平收入分配和稳定经济增长职能实现的税种一般都划为中央税，而有利于地方政府优化资源配置职能实现的税种则划为地方税。二是受益原则。由于税收归根结底是私人经济部门为了消费公共产品而向政府支付的特殊价格，所以一般来说，如果某种税的税源形成和某一级次政府提供的公共服务有直接关系，那么该种税就应成为该级政府的收入来源。三是便利原则。对某一特定税种，哪一级政府征管可以更为有效地降低征管成本，那么该税就应成为该级政府的收入来源。通常，地方政府对当地情况最为熟悉和了解，所以一般税源比较分散、征管难度比较大的税通常划为地方税；而税源比较集中、征管难度比较小、税收收入量比较大的税通常划为中央税。四是协调原则。通过分税应实现税收收入在中央与地方之间的合理分配,形成中央税制和地方税制,不应出现中央或地方掌控绝大部分收入的情况。五是经济分权原则,即税收收入的划分应按照经济因素而不应按照行政隶属关系来划分。

### (二) 政府间分税的方法

政府间分税的具体方法有如下几种:一是划分税种,即按照税种在不同级次政府间划分税收收入。这是最常用的一种分税方法。二是划分税额,即对于某一税种,先按照税法规定由中央或地方征收上来,然后再按照规定比例在中央与地方之间进行分配。三是划分税率,即对于某种税,中央和地方分别按照各自的税率就同一计税依据进行课征,中央有中央的税率,地方有地方的税率。四是划分税基,结合税收收入的具体来源进行划分,中央和地方分别针对特定的税源课税。

### (三) 政府间税权划分的类型

政府间划分税权的模式有集权、分权及集权与分权相结合的三种类型。集权模式的做法是税收的立法权和征管权都集中在中央,地方只能按照中央制定的税收征管办法征管税收收入。税目、税率的调整权也掌握在中央手中。分权模式的做法是中央和地方都掌握税收立法权,中央负责制定中央税制,地方负责制定地方税制,分别形成中央和地方两套税制体系,与之对应,中央和地方分别掌握税收征管权。集权和分权相结合的做法是,税收立法权一般集中在中央,但地方掌握一定的税收征管权,对税目、税率有调整的权力,甚至对一些小税种地方也可以在一定程度因地制宜地进行地方税收立法。

### (四) 政府间分税的结果

依据政府间分税的原则和方法,政府间分税的结果一般是收入的大部分在中央。

## 四、政府间转移支付制度设计

### (一) 政府间转移支付制度的含义

政府间事权和支出责任的划分使得支出的大头在地方,而政府间财权和收入的划分使得收入的大头在中央,这就在中央与地方之间出现收支结构性不对称的格局,因此,中央必须把自己的一部分收入转移给地方政府,地方政府才能实现财政收支平衡。政府之间的转移支付制度(一般简称"转移支付制度"),是指在分税制框架下,为了协调地方政府财权与事权的不对称状态,调节地区之间因客观原因造成的财力水平的差异,而将中央财力的一部分转移给地方或者把发达地区的一部分财力转移给欠发达地区,以协调其财权与事权关系的收入再分配制度。

### (二)政府间转移支付的类型

政府间的转移支付主要体现为中央对地方的纵向转移支付,主要包括一般性转移支付和专项转移支付两种形式。所谓一般性转移支付,是指中央转移给地方政府的财政资金并不规定具体用途,而是由地方政府自主支配使用的转移支付。中央政府一般采用因素计分法来分配对地方政府的一般性转移支付。通常根据辖区面积、人口数量、城乡比例等诸多因素来量化地方政府的标准收入和标准支出,然后根据收支差额来核定中央对地方应安排的一般性转移支付。除一般性转移支付外,在纵向转移支付体系中,还有专项转移支付,专项转移支付通常是为了解决地方性公共产品提供过程中的效益外溢问题或是为中央委托地方政府做的某些工作提供资金。专项转移支付是规定具体用途的,得到转移支付资金的地方政府必须按照中央规定的用途使用这笔资金。具体又分为两种,一种是需要地方政府提供配套资金的,地方政府要得到这笔专项转移支付不仅需要按照中央规定的用途使用这笔资金,还需要具备一定的资金配套能力。另一种是不需要地方政府提供配套资金的,地方政府只需要按照中央政府的意图使用这笔资金就可以了。纵向的转移支付一般都是中央对地方的转移支付,通常也称为父子式转移支付,但也有地方对中央的转移支付。

除纵向转移支付外,还有横向转移支付。在一个比较大的国家,通常存在明显的地区经济发展差距。发达地区的地方政府在中央政府的部署安排下,通常会把自己的一部分财力转移给欠发达地区的地方政府。这种横向转移支付通常称为兄弟式转移支付。

## 第三节 我国财政体制的沿革

自新中国成立以来,我国财政体制的沿革经历了三个大的发展阶段,总体来看,我国的财政体制是在不断总结经验教训的过程中趋于健全和完善。

## 第十四章 财政体制

## 一、1949~1979年的集权体制

### (一) 1949~1979年集权体制的基本规定

自1949~1979年，我国主要实行的是集权的计划经济体制，所以作为经济体制重要组成部分的财政体制自然也呈现集权特征。这一时期的体制大体可以分为两个阶段：一是1949~1952年的"统收统支"体制；二是1953~1979年的"以支定收，一年一变"的体制。就集权程度而言，"统收统支"体制的集权程度更高，但"以支定收，一年一变"的体制实际是"统收统支"体制的简化和变形，虽然形式上集权程度有所下降，但并无实质性改变。

新中国成立之初，政府面临严酷的经济环境，一方面国内战争创伤需要医治，另一方面还要进行抗美援朝战争，另外还有大量的军队干部和"包下来"的旧政府人员需要财政供养，由此导致财政收支极其困难。在这样的背景下，中央实行了"统收统支"体制，即地方筹集的收入要逐级上解中央，地方所需要安排的支出由中央逐级核拨。地方筹集的收入与安排的支出之间没有直接对应关系，收支不挂钩，因此又称之为"收支两条线，全国一盘棋"的体制。该体制对于中央政府加强财政收支管理、控制赤字规模起到了积极作用，但其弊端也是十分明显的：一是大量繁杂的财政收支事务集中在中央，加大了中央政府的工作压力，分散中央政府的注意力，弱化了中央政府对重大问题的决策能力和影响力；二是严重束缚了地方政府手脚，地方的各个支出项目都要中央核定，完全丧失自主权，地方政府财政实际成为中央政府财政的派出机构，虽然不能说形同虚设，但其根本不可能统筹安排预算资金；三是地方几乎没有机动财力，难以因地制宜地履行职责，地方政府财政的信息优势无从发挥，导致地方财政运作效率低下；四是大量财政资金处于上缴和下拨的循环过程中，在途资金规模庞大，财政资金调度和使用上的及时性受到严重制约。①

由于"统收统支"体制随着社会政治经济环境的变化而呈现出明显的弊端，所以从1953年开始，我国财政体制开始进入新的发展阶段，从1953~1979年，我国财政体制名称复杂多变，但主要包括两种基本形式，即"分类分成，一年一定"和"总额分成，一年一定"。所谓分类分成是把财政收入划分为中央固定收入、地方固定收入、固定比例分成和调剂收入四大块，中央先核定地方的支出指

---

① 孙开：《政府间财政关系研究》，东北财经大学出版社1995年版，第97~98页。

标，地方的支出首先用地方固定收入抵补，但由于地方固定收入通常不能满足支出需求，于是要从固定比例分成收入中划出一定比例给地方，该比例每年核定一次，如果固定比例分成收入仍不能满足地方支出，则中央还要从调剂收入中拿出一部分收入给地方。分类分成模式的可取之处有二：一是留给地方财政一笔固定收入，中央财政不参与分成（这部分收入在地方财政收入中所占比例很小，远不能满足地方支出需要），可有限度地调动地方积极性；二是收入划分清晰，地方在一个财政年度内多收可以多支，少收要少支①，但仅仅限于当年，因为固定比例分成收入的分成比例每年都要重新确定。所谓总额分成是指各省、市、自治区的财政收支相抵，收入小于支出的，差额部分由中央财政补助；收入大于支出的，按一定比例上缴中央；中央财政实行地区调剂性转移支付；分成比例一年一定。这种体制在我国实行了相当长的时间，说明该体制与当时的社会政治经济环境相适应。在一般条件下，总额分成办法具有利益均沾性，可以把中央与地方的利益捆在一起，"一损俱损、一荣俱荣"。在经济发展的不稳定时期，这一体制特点有助于使中央与地方联系得更加紧密，以便携手共渡难关。

## （二）1949～1979 年集权体制的评价

1949～1979 年的集权体制是与当时的计划体制相适应的，对于保证计划体制顺利推行发挥了重要作用，但是集权的财政体制也与集权的计划体制一样存在明显的缺陷，这种缺陷集中体现为财政权力过于集中，不利于调动地方的积极性、主动性，从而最终抑制了经济增长。不管是分类分成还是总额分成，由于指标一年一定，所以地方事实上并不掌握财政决策权。地方的收支指标由中央核定，在一个财政年度内，地方能够支配的财力并不取决于地方筹集的财政收入，而是取决于中央核定的支出指标。中央核定的支出指标大，即便自己筹集的收入不能满足支出需要，中央也会有补助；中央的核定的支出指标小，自己筹集的收入多意味着上交中央财政的收入就多，总之，地方财政收支严格说是不挂钩的，多收不见得多支，少收不见得少支。地方能够安排多少支出，关键取决于中央核定的支出指标。因此，在这样的体制下，地方有积极性要求增加支出指标，但没有积极性发展地方经济、广开财源。由于中央和地方之间信息不对称，中央难以掌握充分的信息来判断地方政府增加支出指标的要求在多大程度上是合理的，所以中央面临巨大的财政收支压力，财政收支紧张的状况一直难以缓解。另外，由于地方发展经济的积极性调动不起来，所以整个国家的经济增长状况也不理想。由此看

---

① 寇铁军：《中央与地方财政关系研究》，东北财经大学出版社 1996 年版，第 146 页。

来，传统的集权的财政体制，既没有取得理想的财政效果，也没有取得理想的经济效果。其弊端随着计划体制缺陷的暴露也日益显示出来。在中央政府掌握体制制定权的条件下，其所承受的财政压力和经济压力大到一定程度，其必然要进行分权改革。

## 二、1980～1993 年分权的"包干体制"

1980 年以前的集权体制，严重束缚了地方政府的手脚，不利于调动地方政府的积极性、主动性，地方政府有积极性要求中央增加支出指标，吃中央"大锅饭"，该体制使中央财政承受了巨大财政压力，在这样的背景下，随着改革开放和社会各项事业的顺利推进，在 1980 年、1985 年和 1988 年，中央对体制进行了三次大的调整，与 1980 年以前的体制相比，最大的特点是"以收定支，一定几年不变"，在划分收支的基础上，分级包干、自求平衡。这标志着我国的财政体制由"一灶吃饭"体制转向了"分灶吃饭"即"分级包干"体制。

### （一）1980～1993 年分权的"包干体制"的基本规定

具体来说，1980～1993 年分权的"包干体制"经历了三个阶段：第一阶段是 1980～1984 年的"划分收支、分级包干"体制。国务院于 1980 年 2 月颁发了《关于实行"划分收支、分级包干"的财政管理体制的暂行规定》，决定从 1980 年开始，除北京、天津、上海三个直辖市继续实行"收支挂钩、总额分成、一年一变"的财政体制外，对其他各省、自治区统一实行"划分收支、分级包干"的财政体制。首先，在收入方面，实行分类分成，收入分为固定收入、固定比例分成收入和调剂收入三类。中央财政的固定收入包括关税收入、中央企业收入和其他收入；地方财政的固定收入包括：地方企业收入、盐税、农牧业税、工商所得税、地方税和其他收入。固定比例分成收入主要是经国务院批准，各地方划给中央部门直接管理的收入，其收入按固定比例 80% 归中央，20% 归地方；工商税被作为调剂收入，分成比例根据地方收支对比情况由中央确定。其次，在支出方面实行包干，具体办法是以 1979 年财政收入预计数为基数，地方收入大于支出的，多出的部分按规定比例上缴；收不抵支的，由中央从工商税中划出一定比例给地方；地方严重收不抵支以致工商税全部留下还不能满足支出需要的，中央给予定额补助。中央与地方的分成比例和补助数额确定以后五年不变，即从体制推行的第二年，地方能够安排多少支出，取决于地方能筹集多少收入，多收多支，少收少支，预算自求平衡。对内蒙古、新疆、西藏、广西、宁夏、云南、青海、贵州等自治区和视同自治区的省实行补助包干的办法，补助数额（基数）一定五年不变，地方财政收入增长部分全部留给地方，中央对其补助每年递增5%。对广东、福建两省，在实行财政包干的同时，实行特殊政策，广东定额上解、福建定额补助。江苏省继续实行"比例包干、四年不变"的体制。

第二阶段是1985～1987年的"划分税种、核定收支、分级包干"体制。1983年和1984年两步"利改税"后，国有企业与国家的分配关系发生了很大变化，由上缴利润改为上交所得税和调节税，加之1980年实行的"划分收支、分级包干"财政体制原定五年不变已经到期，所以国务院决定从1985年起，实行"划分税种、核定收支、分级包干"体制。该体制规定中央的财政收入包括：中央国营企业的所得税、调节税；民航、铁路、邮电部门和各银行总行、保险公司的营业税、中央军工企业和包干企业收入；关税和海关代征的工商税；石油部、电力部、石化总公司、有色金属工业总公司所属企业的产品税、增值税、营业税以其70%作为中央财政的固定收入；海洋石油、外资、合资企业的工商税、所得税和矿区使用税、国库券收入和国家能源交通重点建设基金；其他收入等。地方财政收入主要包括：地方国营企业所得税、调节税和承包费；集体企业所得税；农（牧）业税；城市房地产税；车船使用牌照税；契税；牲畜交易税；地方企业包干收入；地方经营的粮食、供销企业亏损；税款滞纳金和其他收入等。石油部、电力部、石化总公司、有色金属工业总公司所属企业的产品税、增值税、营业税以其30%作为地方财政的固定收入。中央和地方的共享收入主要包括：产品税、增值税、营业税（不包括石油部、电力部、石化总公司、有色金属工业总公司所属企业以及铁道部、各银行总行、保险总公司缴纳的部分）、资源税、建筑税、盐税、个人所得税、国营企业奖金税以及外资和中外合资企业（不含海洋石油企业）缴纳的工商税、所得税等。在收入划分的基础上确定分成比例和补助办法。凡是地方固定收入小于地方财政支出者，从中央与地方共享收入中确定一个分成比例；共享收入全部留给地方仍不能满足支出需要的，由中央定额补助；分成比例和补助数额确定后五年不变，地方多收多支、少收少支。对民族自治区和享受民族自治区待遇的省实行定额补助，且每年递增10%。对福建和广东仍按原来的体制，实行"大包干"的办法。

第三阶段是1988～1993年推行的"大包干"体制。1988年，中央针对地方财政收入增长缓慢影响中央分成收入，决定改进包干办法，把全国39个省、直辖市、自治区和计划单列市（广州、西安除外）实行六种包干办法。一是收入递增包干办法。实行这种办法的有北京等10个省市。中央以1987年决算收入和支出为基数，确定地方收入递增率和上解比例。地方每年在递增率以内的收入，按规定比例上解，超过递增率的收入全部留给地方，收入达不到规定的递增率而影响中央收入的，地方要用自有财力补上。二是总额分成办法。中央对天津等三个省（市）实行这种办法。中央根据前两年预算支出情况，核定收支基数，以地方支出占总收入的比重确定地方留成比例。三是总额分成加增长分成办法。中央对大连等三个计划单列市实行这种办法，在总额分成的基础上，地方每年新增收入另定分成比例，该比例一般比基数分成比例更向地方倾斜。四是上解额递增包干办法。中央对广东、湖南两省实行这种办法。以地方1987年上解中央的收入为基数，参照近几年地方财政收入增长情况确定上解额递增率，地方按递增比率上解中央后，增加的收入全部留给地方。五是定额上解办法。按核定的收支基数收大于支的部分，确定固定的上解数额，实行这种办法的有上海等三个省市。六是定额补助办法。即按照原来核定的收支基数支大于收的部分确定固定补助数额。实行这种办法的有吉林等16个省区。

## （二）1980~1993年分权的"包干"体制的评价

1980~1993年分权的"包干"是与我国由计划体制向市场体制转轨的宏观背景相适应的，在当时的条件下，其对于调动地方政府发展经济、广开财源的积极性发挥了重要作用。因为包干体制改变了1980年以前"以支定收"的做法，实行"以收定支"。地方政府收支挂钩，多收多支、少收少支，从而较好地体现了效率原则。从经济发展的实际效果看，从1980~1993年，我国实现了较快的经济增长率，取得了举世瞩目的经济发展成就，这与推行包干体制、调动地方政府的积极性有直接关系。

但是，包干体制毕竟是不规范的处理政府间财政关系的一种做法，其没有考虑到中央与地方之间所客观存在的信息不对称问题，所以在体制推行过程中，出现了地方利用收入征管权"挖挤"中央收入的问题，导致中央财政收入占全国财政总收入比重的持续下降。另外，地方政府为"挖挤"中央收入而"藏富于民"、"藏富于企业"，由此还导致财政收入占国民收入比例的下降。这就是所谓的"两个比重"偏低问题。由于当时价格还没有理顺，能源、原材料价格偏低，地方政府为了增加自己的收入，纷纷设置关卡，阻止能源、原材料外流，由此严重阻碍全国统一市场的形成和发展，出现所谓的"诸侯经济"。对于价高利大的产品，地方政府则不顾当地是否有比较优势而盲目发展，由此导致地方政府间产业结构趋同，专业化分工协作在地区间难以形成，从而抑制了经济效率水平的提高；为了提高经济增长率、增加收入，地方政府会利用自身对银行系统的影响力来促使信贷规模扩张，导致宏观经济过热，投资规模过大。由于中央收入所占比重下降,中央没有足够的财力来进行宏观调控,地方政府之间也出现了严重的经济发展差距拉大现象。

## 三、1994年至今实行的分税制财政体制

### (一) 1994年开始实行的分税制财政体制的基本规定

适应建立社会主义市场经济体制的要求,中央加快了财政体制改革进程,在总结1992~1993年试点改革经验的基础上,于1994年1月1日起在全国范围内推行分税制。分税制改革的基本内容如下:一是关于事权及支出范围的划分。中央财政主要承担国家安全、外交和中央国家机关运转所需经费支出,中央直接管理的事业发展支出及调整国民经济结构、协调地区发展、实施宏观调控所必需的支出。具体包括:国防费、武警经费、外交和援外支出;中央统管的基本建设投资、中央直属企业的技术改造和新产品试制费、中央级行政管理费、地质勘探费以及由中央财政安排的支农支出;由中央负担的国内外债务的还本付息支出;以及中央本级负担的公检法支出和中央级各项事业费支出等。地方财政主要负责安排本地区政权机关运转所需支出以及发展本地区经济和事业的各项支出。主要包括地方的行政管理费及公检法支出;部分武警经费支出、民兵事业费、地方企业的技术改造和新产品试制费、支农支出以及地方统筹的基本建设投资;城市维护和建设经费、地方文化、教育、卫生等各项事业费支出、价格补贴支出及其他支出。二是关于财权及收入范围的划分。参照国际经验及公共财政的基本理论,划分财权及收入范围所遵循的基本原则是,将维护国家权益和实施宏观调控职能所需要掌握的税种划为中央税;将适合地方征管的税种划为地方税;将同经济发展直接相关的税种划为中央与地方共享税。具体划分结果如下:中央的固定收入包括关税、海关代征的消费税和增值税,中央企业所得税,地方银行和外资银行及非银行金融企业所得税,铁道部、各银行总行和各保险总公司集中缴纳的收入(包括营业税、所得税、利润和城市维护建设税)、中央企业上缴的利润等。外贸企业出口退税,除1993年地方已经负担的20%部分列入地方上缴中央基数外,以后发生的出口退税全部由中央财政承担。地方固定收入主要有:地方企业所得税(不含地方银行和外资银行以及非银行金融企业所得税)、营业税和城建税(不含铁道部门、各银行总行、各保险总公司集中缴纳的部分)、地方企业上缴利润、个人所得税、城镇土地使用税、固定资产投资方向调节税、房产税、车船使用税、印花税、屠宰税、农牧业税、农林特产税、耕地占用税、契税、土地增值

税、国有土地有偿使用收入等。中央与地方共享的收入包括:增值税(75%归中央,25%归地方),资源税(海洋石油资源税归中央,陆地资源税归地方),证券交易税(五五分成)。三是关于转移支付制度的规定。首先是中央对地方的税收返还制度。为了减轻改革阻力,中央承诺不减少地方政府的既得财力,1994年中央从地方净上划的收入(增值税的75% + 消费税 - 中央下划收入)要全部返还地方,而且1994年以后,中央对地方的税收返还额要逐年递增,递增率按增值税和消费税增长率的1:0.3系数确定,即增值税和消费税每增长1%,中央对地方的税收返还增长0.3%。其次是原体制补助、体制上解继续有效。原体制下中央对地方的补助继续按规定予以补助,原体制下的地方上解继续按不同体制类型执行;原中央拨付给地方的各项专款继续下拨。地方1993年承担的20%的出口退税以及年度结算的上解和补助项目抵消后确定一个数额,作为一般上解或一般补助处理,以后年度按此定额结算。

分税制在收入划分确定之后,又作了几次调整,主要有:(1)从1997年1月1日起,将证券交易(印花)税的分享比例,由原来的五五分成调整为中央占80%,地方占20%;后又调整为中央占88%,地方占12%。自2000年10月1日起,该比例又调整为中央占91%,地方占9%,并在其后的三年内调整到中央占97%,地方占3%。(2)自1997年11月1日起,将金融保险业营业税税率由5%,提高到8%;2001年1月1日起,分三年把该税率降低到5%。(3)从2002年1月1日起,改革原来按企业的行政隶属关系划分所得税收入的办法,除了铁道部门、国家邮政、中国工商银行、中国农业银行、中国银行、中国建设银行、国家开发银行、中国农业发展银行、中国进出口银行以及海洋石油天然气企业缴纳的所得税继续作为中央收入外,其他企业所得税和个人所得税由中央与地方按比例分享。2002年中央分享50%,地方分享50%;2003年中央分享60%,地方分享40%;2003年以后年份的分享比例根据实际收入情况考虑确定。同时以2001年为基期,按改革方案确定的分享范围和比例计算,地方分享的所得税收入如果小于地方实际所得税收入,差额部分由中央作为基数返还地方;如果大于地方实际所得税收入,差额部分由地方作为基数上解中央。对于跨地区经营、集中缴库的中央企业所得税等收入,按相关因素在有关地区之间进行分配。中央因改革所得税收入分享办法而增加的收入将全部用于对地方主要是中西部地区的一般性转移支付。(4)设立过渡期转移支付制度。分税制平稳运行后,迫切需要规范转移支付制度,这不仅是完善分税制财政体制的需要,而且也是地方财政运行的现实要求。但是,由于受中央财力和其他因素的制约,转移支付制度的规范化建设只能采取"总体设计、分步实施"的战略。在这样的背景下,中央在

1995年出台了过渡期转移支付办法。这一办法是在不触动地方既得利益的条件下，由中央财政安排一部分资金，按照相对规范的要求用于欠发达地区的一般性财政补助，并向民族地区适度倾斜。对影响财政支出的因素，核定各地区的标准支出数额，并考虑财力水平与组织收入程度，计算各地方的财力缺口，作为确定转移支付的依据。这一办法与以往的政府间财力分配方式相比，其突出特点是比较规范，决策过程透明。标准财政支出的核定，主要采用分类因素计算方法。将财政支出划分为人员经费、公用经费、专项支出、其他支出四部分。根据不同类别财政支出的特点和影响因素，以及相关制度状况，分别采用不同办法进行测算。凡是有国家明文规定的支出标准和开支范围，一律按国家制度的有关规定核定各地的标准支出；对于国家没有颁布支出标准的项目，运用多元回归分析方法建立标准支出模型。同时，还针对民族地区的财力情况，建立了对民族地区的政策性转移支付制度。上述政府间转移支付办法此后又逐步进行了改进：一是1996年和1997年，用"标准收入"代替了"财力"因素。标准收入的测算范围包括增值税、营业税、农业税、农业特产税、资源税、土地使用税，并尽可能向"经济税基"的规范做法靠近。同时，标准财政支出的测算方式也得到了改进，尽可能考虑到客观因素。二是1998年标准化收支项目的测算范围进一步扩大。三是1999年调整居民收入，改革中央对地方的补助；2000年起新增对民族地区的专项转移支付；2001年调整机关事业单位职工工资、调整中央对地方的补助等项目也都采用了过渡期转移支付办法。过渡期转移支付办法在一定程度上调节了地区间最低公共服务水平的差距，更重要的意义还在于进行了中央与地方之间规范化转移支付制度的实验，也推动了地方各级之间转移支付制度的建设。从2002年开始，过渡期转移支付的概念不再沿用，其资金合并到中央财政因所得税分享改革增加的收入中分配，统称为一般性转移支付。一般性转移支付主要按照各地标准财政收入和标准财政支出差额以及转移支付系数计算确定，凡标准财政收入大于或等于财政支出的地区，不纳入转移支付范围。

## （二）分税制财政体制的评价

### 1. 分税制改革取得的成效

1994年分税制财政体制改革是我国一次卓有成效的制度创新，它初步建立起与社会主义市场经济发展相适应的财政体制。其积极成效主要表现在如下几个方面：一是理顺了中央与地方的分配关系，调动了各级政府的积极性，建立了财政收入稳定增长的机制。在1994年以前的包干财政体制下，我国财政收入不能随着经济的增长而增长，特别是中央财政收入基本上被包死。分税制财政体制确立之后，调动了各级政府的积极性，各地普遍加强了税收征管，初步改变了以往随意减税、免税的状况，使税收收入流失现象有所控制。财政收入出现了明显增长势头，占 GDP 的比重逐年下滑的趋势得到了遏制，并从 1996 年开始回升。二是增强了中央的宏观调控力，中央财政收入比重逐步提高。从中央收入项目的构成来看，通过分税制改革，与 GDP 增长呈正相关关系的消费税、增值税上划中央或实行共享，形成了中央财政收入稳定增长的源泉，为提高中央财政收入的比重创造了条件。分税制改革后，自 20 世纪 90 年代末期开始，中央财政收入占全国财政收入的比重不断提高。这种情况有利于中央政府强化对地方政府行为的调节与控制，改变了财政包干体制下中央财政支出主要依靠地方上解的被动局面，也有利于中央调节地区间财力过于悬殊的问题。三是财政、税务机构建设取得了较大进展。分税制改革中，分设国税和地税两套征收机构的做法，改变了过去中央收入通过"委托—代理"征管的格局。两套税务征收机构开始发挥效能，对分税制财政管理体制的正常运转和加强税收管理起到了重要的保障作用。四是地方各级政府的理财思路发生了明显转变，促进了产业结构调整和资源优化配置。分税制明确了各级地方政府的收支范围，强化了地方财政的预算约束，提高了地方坚持财政平衡、注重收支管理的主动性和自主性。分税制还通过利益机制的调整，促进了各地根据实际情况寻找新的经济增长点及培育财源的积极性。国家产业政策限制发展的一些耗费高、产品质量低的"小而全"的重复性建设得到遏制，对基础产业和先进行业的发展有所促进。

**2. 分税制财政体制仍然存在的问题**

（1）政府间事权和收支范围的划分仍不够科学和规范。政府职能的界定和政府间事权的划分是分税制财政管理体制的基础。1994 年财政体制改革是在当时的基础上进行的，基本维持了原来的支出范围。现在我国市场经济体制的框架基本形成，但政府职能的界定以及与之相联系的政府与市场关系的处理问题仍然没有彻底解决，这使政府间事权及支出责任的划分缺少一个前提和基础条件。由此导致的结果是：中央政府与地方政府在事权和支出范围的划分上，只是大的原则界定的比较清楚，但是一旦涉及具体问题往往陷入"剪不断、理还乱"的境地；由于中央与地方之间事权和支出责任的划分还缺乏明确的法律界定，所以中央常对政府间事权和支出责任的划分进行调整，使地方政府财政颇为被动；另外，政府间事权和支出责任的划分在有些方面还存在交叉，特别是在一些经济性事务的划分上比较模糊，受益范围在地方政府辖区的项目由中央政府来做，而受益明显外溢甚至是受益范围覆盖全国的项目却由地方政府承担支出责任。

（2）政府间财权和收入的划分还有待调整。政府间财权和收入划分不合理的首要问题是收入划分与支出责任划分过于不匹配,特别是基层政府收入来源有限,不利于基层财政收入的稳定增长,难以满足其正常的公共支出需要,形成了基层财政相对困难的格局。其次是政府间收入划分覆盖面窄,相当数量的政府财政性收入游离于体制之外,既不利于政府间事权、支出责任与财力的匹配,也不利于合理调节地区间财力差距。此外,我国分税制共享税所占比例过大,地方税收体系薄弱,缺少主体税种;某些税种的划分与分税的原则明显不符等,这都是亟待解决的现实问题。

(3) 转移支付制度距离公共服务均等化目标还有差距。我国政府间转移支付包括体制补助、税收返还、专项补助等不同形式。1995年之后实行了过渡期转移支付办法,增加了对一部分困难地区的补助。但从目前看,我国现行转移支付制度离公共服务水平基本均等化目标还有差距。这主要表现为:一是一般性转移支付制度不规范。按照国际货币基金组织实行的政府财政统计口径,我国的税收返还属于一般性转移支付,但其是在1994年确定转移支付数额时在原体制基础上按基数法测算而来,对地方财力均衡作用不明显。1995年虽然增加了对困难地区的补助,但由于中央财政还比较困难,转移支付资金规模不大,近年来,虽然一般性转移支付规模迅速扩张,但在转移支付总量中所占比重仍然偏低,而且不能完全按照"因素计分法"来分配资金。二是中央对地方专项补助的分配与使用,与财政分级管理的原则不适应。相当一部分专款用于地方事权范围的支出,体现不出中央的宏观调控作用。三是中央有关部门掌握的某些补助地方的资金,还没有统一纳入转移支付范围,与财政统筹运作存在脱节现象。

(4) 地方财政体制不完善。地方各级政府所实施的财政体制,并未完全参照中央政府对省级政府的原则和模式运作,体制类型多样,地区差别大,但较为普遍的现象是,大部分收入被划为共享收入,使体制更多地具有分类分成制特征;有的县市财政缺乏稳定收入来源,而省以下转移支付制度还很不完善,在一定程度上影响了县级财政的正常运作;各地所采取的一些财力均衡措施不规范,均衡力度不够,使省辖区内地区间财力差异较大。

### 3. 分税制财政体制的进一步完善

(1) 科学界定政府职能,调整财政供给范围。在市场经济体制下,政府的职能范围应该是市场机制作用无效或缺乏效率的领域。在我国社会主义市场经济发展的初级阶段,与市场经济发达国家相比,我国政府应承担的职能要相应多一些,但是政府职能的界定仍然要立足于满足社会公共需要,因此,对目前我国政府的职能范围需要进行相应调整,概括来讲就是要解决两大问题:一是政府职能的"越位"问题,政府应该从市场有效作用的领域退出,尽可能不对市场机制的运作产生负面影响；二是政府职能的"缺位"问题，在市场失效的领域，应加大政府干预的力度，积极弥补和纠正市场失灵。至于市场部分失效的领域，政府应采取何种方式进行干预以及干预时机和力度的选择则必须具体问题、具体分析。

(2) 合理划分中央与地方政府间事权，根据事权界定各级财政支出范围。政府职能范围确定之后，还要科学划分中央与地方政府间的事权，再根据事权确定各级财政的支出范围。这是完善分税制财政管理体制的重要内容。当前，政府间事权和支出范围的划分不能再局限于原则性划分，而是要具体化，具有可操作性；划分的办法一旦确定，要保持相对稳定，对上级政府、财政利用自己的优势地位随意对政府间事权和支出责任划分进行调整的做法予以限制和约束；严格按照公共产品的受益范围来划定政府间的事权和支出责任。对于地方性公共产品出现效益外溢的，根据效益外溢的程度相机确定到底应由哪一级政府来提供，如果由较低级次的政府财政提供，上级政府财政应通过专项转移支付予以补助。

(3) 合理划分政府间的财权和收入范围。首先，应保持合适的财权集中度，我国是一个大国，地区经济发展差距大，中央政府必须控制一定的财力才能加强宏观调控，缩小地区经济发展差距，但是财权集中度也不是越高越好，过高的财权集中度导致政府间转移支付规模过大，加之转移支付制度不合理容易导致地方政府特别是基层政府财权与事权不对称，从而影响到政府职能的顺利实现。其次，保持合适的财权集中度后，可以弱化地方政府追求非税收入的冲动，也有利于提高地方政府把非税收形式的政府性财政收入纳入体制框架的积极性。再次，应结合税制的完善，强化地方税体系建设，明确地方税的主体税种。最后，应对某些税种的划分进行必要调整，比如资源税应划为中央税，这有利于调节地区间资源级差收入；个人所得税有利于公平收入分配职能的履行，长远看应划为中央税；等等。

(4) 进一步完善政府间财政转移支付制度。政府间财政转移支付制度与国家的政治体制、经济发达程度等国情密切相关，不存在完全统一的模式。但从多数市场经济国家的实践看，它仍存在一些共性：一是公式化。即按照因素法设计较为合理的、科学的公式，计算转移支付数额，使转移支付程序化和规范化。二是弹性化。中央政府对地方政府的补助，从额度，到形式，到结构，都不是一成不变的，要适当保持中央政府宏观调控的灵活性。三是法制化。不仅转移支付制度运作的外部环境应当法制化，而且转移支付制度本身也应以立法的形式加以确定。

根据转移支付制度的这些共性，我国应对现行的转移支付制度作进一步改进：一是逐步降低税收返还在转移支付总量中所占的比重，归并转移支付形式，扩大一般性转移支付，严格按照"因素计分法"来分配资金。二是清理专项转移支付，改变通过专项转移支付来提供地方性公共产品的做法，相应的资金转入一般性转移支付统一调配。三是通过完善部门预算制度逐步将中央有关部门掌握的补助地方的资金纳入统一的转移支付体系。

（5）完善地方财政体制。近期看，在全国范围内建立完全统一的地方财政体制还是有一定难度的，但长远看，地方财政体制也要统一到分税制的体制框架内，从而在各级政府间建立统一、完善的分税制财政体制；地方财政体制的完善应注意适度分权，结合"省管县"制度改革，调动基层政府发展经济、广开财源的积极性，积极培植地方主体税种，完善分级财政体系；积极完善省以下转移支付制度，保证基层政府事权与财力相统一，顺利实现政府职能。

## 本章主要名词概念

财政体制　转移支付　分税制　包干体制　统收统支　以收定支　以支定收

## 本章小结

1. 财政体制是指在一个国家中央政府与地方政府以及地方各级政府之间划分财政管理权限的一项根本制度。

2. 财政体制通常涉及政府财政预算级次的设立、政府间事权和支出责任的划分、政府间财权和收入范围的划分以及政府间的收入调节制度的确定等基本内容。

3. 财政体制构建、设计应遵循集权与分权相结合、财权与事权相结合、规范性与灵活性相结合以及公平与效率相结合四大原则。

4. 实现政府间财政合理分权首先应明确各级政府的比较优势，并采取合适的途径和方法来划分政府间的事权、财权并设计规范、科学、合理的政府间转移支付制度。

5. 我国财政体制自新中国成立以来经历了集权体制、包干体制和分税制三个大的发展阶段，每个阶段的体制都有其存在的必然性、合理性，但随着时间推移都表现出一定的历史局限性。总体来看，我国的财政体制日趋规范、科学、合理。

## 本章习题

1. 简述财政体制的含义。

# 第十四章 财政体制

2. 简述财政体制的基本内容。
3. 简述设计、构建财政体制应遵循的原则。
4. 简述实现政府间财政合理分权的一般原理。
5. 简述我国财政体制的历史沿革。

# 第十五章 财 政 政 策

> **学习目标**
>
> 1. 了解财政政策、财政乘数的概念；
> 2. 明确财政政策的目标；
> 3. 掌握财政政策的类型及运用；
> 4. 理解财政收支与社会总供求的关系；
> 5. 熟悉财政政策与货币政策的搭配组合的必要性及模式运用；
> 6. 描述我国财政政策的演变过程。
>
> **学习重点与难点**
>
> 掌握财政政策的类型及运用；理解财政收支与社会总供求的关系；熟悉财政政策与货币政策的搭配组合的必要性及模式运用。

## 第一节 财政政策概述

在市场经济条件下，市场对经济的运行发挥基础性调节作用，但是由于市场失效的客观存在，所以现实中的经济运行不可能离开政府的调节，而财政政策正是市场经济条件下政府调节经济的重要手段。

### 一、财政政策的含义

财政政策有广义和狭义之分。广义的财政政策指政府所有可以指导财政分配活动、协调财政分配关系的规定、制度、措施及做法的总称。狭义的财政政策通常是指政府通过调节财政收支来影响经济运行从而实现政府调节目标和意图的手段、措施、规定及做法的总称。本教材的财政政策指的是狭义的财政政策。财政政策含义从以下两个方面来理解：

（1）财政政策的主体是政府。在市场经济条件下，调节经济运行是政府必须履行的一项重要职能。政府调节经济运行可以采用很多手段，财政政策是政府调节经济运行不可或缺的重要手段之一。在政府可以掌握和运用的经济调节手段中，财政政策和其他调节手段一样有自己的比较优势和比较劣势，因此，财政政策和其他经济调节手段需要在具体运用过程中相互协调、相互配合。政府作为财政政策的主体对财政政策的制定和实施发挥着主导的决定作用。在经济运行需要调节的时候，如何制定财政政策、制定的财政政策如何推行主要取决于政府的意图、愿望和要求，但政府制定、推行财政政策的时候需要接受民众及其代表组成的权力机关的监督和制约。

（2）财政政策的客体是经济运行过程。现实的经济运行过程非常纷繁复杂，为了简单起见，通常将经济运行过程划分为宏观、中观和微观三个层次。财政政策对宏观层次经济运行过程的调节就是调节供求总量，目标是要实现供求总量在充分就业条件下的均衡；财政政策对中观层次经济运行过程的调节就相对复杂，其可以调节供求结构，也可以调节资源配置的产业结构、地区结构、部门、所有制结构以及收入分配结构，等等，目标是要实现结构均衡。财政对微观层次经济运行过程的调节主要是纠正微观经济主体即企业和家庭在从事具体的经济活动时不符合效率和公平原则的现象，目标是要促使微观经济活动规范化、合理化。

## 二、财政政策的目标

### （一）优化资源配置

由于人们的需要具有多样性，因而人们需要将资源在不同的使用方向上加以分配和使用，即必须配置资源。又由于可供人们配置的资源具有稀缺性，所以人们还必须高效率地配置资源，即必须优化资源配置。一般来说，优化资源配置包括以下几层含义：第一，资源应得到充分利用。如果存在资源闲置，则经济将不能达到本可以达到的增长速度，从而使经济丧失较快的发展机会。强调资源的充分利用必须注重充分就业目标的实现，因为劳动力不仅是稀缺的资源，而且劳动力资源的闲置还与某些自然资源的闲置不同，其会直接导致资源的浪费，因为劳动者一生中可用于劳动的时间是一定的。当然，充分就业并不是指所有的劳动人口都能就业，一般认为，摩擦性失业和自愿性失业都不能算作真正意义上的失业。因为摩擦性失业是指劳动力市场上偶然、暂时出现的供求失衡所造成的失业。传统西方经济学认为，这种失业并不说明市场上劳动力出现了真正的过剩，而是劳动力市场的正常波动。而所谓的自愿性失业，是指由于劳动者因不愿接受现行工资水平或工作条件而主动放弃工作的失业现象，因而也不算真正意义上的失业。真正意义上的失业是由凯恩斯所提出的"非自愿失业"。它是指在劳动者有就业的要求，而且不嫌弃工资水平低的前提下仍然不能够就业。凯恩斯认为，非自愿失业的存在表明经济未能处于充分就业状态，而这正是经济运行的常态。按照他的解释，出现这种现象，是由于人们在三大主观心理规律的作用下消费和投资需求均不足的结果，而市场机制对此却无能为力，因而从优化资源配置和稳定社会的角度分析，政府必须重视失业问题，把充分就业作为实现资源充分利用的目标。第二，资源的配置结构应合理。资源在总量上得到充分利用并不意味着资源配置结构的合理。合理的资源配置结构从大的方面讲，应实现资源在私人经济部门和公共经济部门之间的合理配置，以分别满足私人需要和社会公共需要，进而实现资源在公共经济部门内部和私人经济部门内部的合理配置，以分别满足不同具体属性的公共需要和私人需要。第三，在资源配置的总量和结构都已合理的前提下，资源的具体使用过程还必须要保证有较高的效率，要以尽可能小的投入取得尽可能大的产出。

在市场经济条件下，市场在资源配置中发挥基础性作用，但是市场并不能解决所有的资源配置问题，存在市场失灵。这就需要政府进行必要的调节，而财政政策正是政府调节经济的重要手段。政府通过推行不同类型的财政政策可以实现优化资源配置的目标。不过政府在优化资源配置的过程中，必须首先重视市场在资源配置过程中的基础地位，不能出现政府的"越位"。其次对市场失灵也应有充分的认识，在市场失灵的领域，政府应进行必要的调节，以防止出现政府的"缺位"。

### (二) 稳定经济增长

经济稳定增长是指一定时期的经济增长要与资源供给条件相适应，保持持续、稳健、健康的状态。一般来说，资源的优化配置有助于经济的稳定增长，但两者毕竟不是同一概念。因为资源的优化配置侧重从静态的角度来考察资源的配置格局，即资源优化配置意味着经济可以增长，但并不意味着经济可以稳定增长。如果引入时间因素，使资源的优化配置能在时间上持续下去，则静态的资源优化配置目标就转化为动态的经济稳定增长目标。

如果已经实现了资源的优化配置，则经济稳定增长目标就体现为物价稳定。

因为商品价格的波动和变化反映了市场上商品供求的对比关系,因而物价总水平的变动集中反映了一定时期经济运行的均衡程度。如果一定时期社会物价总水平是相对稳定的,则可为经济的稳定增长创造条件。反之,如果一定时期物价水平处于急剧波动的状态,大幅度上涨,或大幅度下跌,都说明商品供求之间出现了不均衡的状况,前者说明需求大于供给,经济发展处于膨胀和过热的状态;后者说明总需求小于总供给,经济运行处于萧条和不景气的状态。

政府推行财政政策实现经济的稳定增长,必须建立在现实生产力发展可能的基础上,以一定时期资源的优化配置为前提,保持适当的速度和节奏。如果超越客观经济条件的限制盲目追求经济的高速增长,会因为资源短缺约束而使物价上涨、国民经济比例失调、经济效益下滑,最终难以实现经济的稳定增长。另外,在现实经济生活中,由于多种因素的影响和制约,可能会出现社会总需求小于社会总供给,经济增长速度下降的现象,这会给国民经济的发展带来消极影响。政府应通过扩张总需求来实现资源的充分利用,进而实现经济的稳定增长。总之,财政政策追求经济稳定增长目标既要防止经济增长速度过快和经济过热,又要防止经济增长速度过缓甚至陷入停滞状态。

### (三) 公平收入分配

公平收入分配是指政府要通过调节市场机制作用下的国民收入分配格局,使之符合社会所能接受的公平标准。由于市场机制作用下的收入分配遵循的是要素分配原则,而生产要素在社会成员之间的分配格局本身就是不均衡的,这会导致社会成员之间的收入差距拉大。这首先表现为生产要素所有者和没有生产要素的社会成员之间的收入差距,进而表现为生产要素所有者内部劳动力要素和非劳动力要素之间的收入差距,以及劳动力要素所有者内部和非劳动力要素所有者内部的收入差距。如果政府不加调节,则市场机制作用下的收入分配格局很难符合社会所能接受的公平标准,而政府财政正是政府公平收入分配的重要手段,所以公平收入分配就成为财政政策的重要目标。显然,财政政策的前两个优化资源配置和稳定经济增长目标主要体现的是财政分配的效率原则,而这一目标体现的则是公平原则。

政府推行公平收入分配财政政策,一方面应注重发挥市场机制在收入分配过程中的基础作用,即公平收入分配虽然要缩小市场机制作用下所形成的收入差距,但并不意味着人们的收入分配可以与市场脱钩。恰恰相反,市场经济条件下收入分配的决定机制主要是市场机制。政府公平收入分配要缩小收入差距,但不等于要平均分配收入,即政府在公平收入分配时必须考虑到对效率的影响。另一方面，政府在注重发挥市场机制在收入分配过程中的基础作用的同时，也不能对收入分配格局不加调整，片面强调效率原则，忽视公平原则，否则将最终连效率原则也无法实现。总之，财政政策实现公平收入分配目标既要防止收入分配差距拉得过大，又防止收入分配格局过于平均。

### （四）国际收支平衡

国际收支是一个国家在一定时期对外交往中所发生的全部货币收支。由于对外交往所发生的货币收支一般以外汇作为计量单位，所以一国国际收支实际是指一国的外汇收支。国际收支的对比状况是通过国际收支平衡表来记录和反映的，主要包括经常项目收支和资本项目收支以及储备资产增减等几部分内容。由于国际收支账户是按标准的复式记账法记账的，所以国际收支账户必然平衡。因而国际收支平衡作为财政政策的目标一般是指经常项目收支的平衡，即主要是商品和劳务的输出和输入大致平衡。经常项目外汇收入大于支出为顺差，收入小于支出为逆差。如果资本项目收支保持平衡，则经常项目的顺差表现为外汇储备增加，逆差则要动用外汇储备或者举借外债即通过资本项目的顺差来弥补。

随着我国改革开放不断深化及国际经济一体化程度的不断提高，对外贸易及国际经济形势对我国经济的影响日益显著，因而国际收支状况越来越成为稳定我国经济和金融，实现资源优化配置和经济稳定增长的重要条件；同时，国际收支状况也在很大程度上依赖于政府财政的税收、国债、补贴等手段的运用，因此，实现国际收支平衡就成为我国制定和实施财政政策所追求的重要目标。该目标和优化资源配置、稳定经济增长目标从本质上讲是统一的，都是为了提高资源配置效率，增进社会福利，只不过在讲优化资源配置和稳定经济增长目标时没有考虑对外经济交往，是以封闭经济为假设前提的。在开放经济条件下，优化资源配置和稳定经济增长的目标必须和国际收支平衡目标结合起来，否则前两个目标也难以顺利实现。

政府推行财政政策实现国际收支平衡，一方面，要防止逆差过大，因为过大的逆差减少国家必要的外汇储备或者使外债负担加重，这会给经济发展与社会稳定造成负面影响；另一方面，又要防止顺差过大，过大的顺差固然会使外汇储备规模过大，但这本身就意味着外汇这一稀缺资源的闲置和浪费，此外，外汇储备过大会意味着商品、劳务的出口远大于进口，这会在减少国内供给的同时增加本国货币供给量，进而给国内市场带来物价上涨的压力，从而不利于国内的商品流通。

## 三、财政政策手段

### (一) 税收

税收作为主要的财政政策手段,对于保证财政政策目标的实现发挥着重要作用。

**1. 优化资源配置的作用**

(1) 税收可促进资源的充分利用。如果存在资源闲置,则政府通过减少税收收入,使收入分配向非政府部门倾斜,可以刺激企业的投资和个人的消费,从而通过拉动需求来增加供给,进而实现资源的充分利用。

(2) 税收可促进资源配置结构的优化。第一,税收可促进资源宏观配置结构的优化。全部社会资源从宏观角度考察,应分为两部分,一部分归私人经济部门支配,并通过市场机制的作用向社会提供私人产品,以满足私人需要,一部分归公共经济部门支配,并通过财政机制的作用向社会提供公共产品,以满足公共需要。资源在两大经济部门之间的分配比例不是可以随意确定的,而是受着一个国家在特定时期社会所需要的公共产品和私人产品在总量上的搭配比例的制约。依据边际收益递减规律,无论是私人经济部门占用资源过多,还是公共经济部门占用资源过多,即无论是私人产品产量过多,还是公共产品产量过多,都会降低整个社会的福利水平。而资源宏观配置比例是否合适,并不取决于私人经济部门,而是取决于政府公共经济部门,因为政府拥有政治权力,政府凭借政治权力取得的税收大致反映了资源在两大经济部门之间配置的比例,因为政府公共部门配置的资源须从私人经济部门获取,而税收则是政府最主要的收入形式,并且宏观税负的确定权是掌握在政府手中的。所以,如果资源的宏观配置比例不合适,则政府通过调整宏观税负水平就可加以纠正。比如,在整个社会的资源配置表现为私人经济部门占用资源过多、公共经济部门占用资源过少时,政府通过提高宏观税负就可调整资源的宏观配置比例,从而实现私人产品和公共产品在总量上的合理搭配,提高整个社会的福利水平。第二,税收可促进私人经济部门内部资源配置结构的优化。一方面,政府通过对不同的产品、行业实行差别税率或开征调节性税种,可以调节不同产品、行业的价格水平和竞争条件,影响其利益分配结构,从而引导资源流向,改善投资结构,实现资源的合理配置;另一方面,政府通过开征投资方向调节税,可以影响建设项目的投资成本和投资者的比较利益,进而使投资的流向与国家产业政策的要求相吻合。

(3) 税收可促进微观资源配置行为提高效率。比如企业的经济行为如果存在负的外部效应，则会由于成本的外溢而使产量不适当地增加，从而使资源配置的边际社会收益小于边际社会成本。此时，政府通过对企业的单位产量课征定额税，税额等于单位产量外溢的成本，则可实现企业微观资源配置行为的合理化；再比如企业如果因占有的自然资源的条件存在巨大差异而导致收入分配过于悬殊，则政府通过开征资源税来调节企业间的级差收入，对于维持企业之间的公平竞争也起着不可忽视的作用。

### 2. 稳定经济增长的作用

资源优化配置的动态体现就是经济的稳定增长。在资源优化配置的前提下，如果出现了社会总需求膨胀，则政府通过增加税收，提高财政收入占国民收入的比重，相应地降低纳税人收入的增长速度，可起到收缩社会总需求的效果；反之，如果出现了社会总需求不足，则政府通过减少税收以降低财政收入占国民收入的比重，可以相对增加纳税人的收入，使必要的投资需求和消费需求得以维持，可起到扩张需求的效果。不管政府收缩需求，还是扩张需求，最终目的就是为了使资源优化配置的状态能够维持，从而实现经济的稳定增长。

### 3. 公平收入分配的作用

税收是政府凭借政治权力无偿占有的国民收入，因而政府征税必定改变国民收入分配的格局。政府通过贯彻纵向公平原则，即"不同情况，不同对待"，可有效缩小市场机制作用下形成的收入分配格局。比如，累进的所得税、消费税、财产税等都可以起到公平收入分配的作用。

### 4. 平衡国际收支的作用

国际收支平衡的关键是实现经常性项目收支的平衡。随着我国正式加入 WTO，政府运用税收调节进出口的作用受到了一定限制，但是政府在遵守 WTO 的基本规则，履行应尽义务的同时，也可充分运用 WTO 赋予成员国的权利，比如，通过对出口商品实行低税、免税政策，可以降低出口商品价格，增强出口商品的竞争能力，以增加外汇收入；同时，对进口商品实行适当的关税保护政策，可以限制盲目进口，减少外汇支出。这种由税收增减引起的国际收支对比关系的变化，无疑有利于实现国际收支平衡的宏观调控目标。

## （二）国债

国债作为重要的财政政策手段，对于财政政策目标的实现也发挥着重要作用。

### 1. 优化资源配置的作用

（1）国债可促进资源的充分利用。如果存在资源的闲置，而且这种资源闲置并非由于货币供应量不足所引起，那么政府通过发行国债就可将沉淀的货币转化为现实流通的货币，即在企业不愿意投资，个人不愿意消费的条件下，政府发债可把私人手中闲置资金动用起来，增加需求，进而实现资源的充分利用。在这个过程中，国债有产出效应，而没有挤出效应。但在资源闲置是由货币供给不足所引起时，通过发债就不能解决问题，因为政府通过使用国债收入所增加的需求，恰恰是私人经济部门因认购国债所减少的需求，此时，国债有挤出效应，而没有产出效应。

（2）国债可促进资源配置结构的优化。第一，国债可促进资源宏观配置结构的优化。在宏观资源配置比例失调表现为私人经济部门占用资源过多，而公共经济部门占用资源过少时，政府通过发债再从私人经济部门集中一部分资源，无疑有助于优化资源的宏观配置比例，实现公共经济部门配置资源的边际收益恰恰等于私人经济部门配置资源的边际收益。第二，国债可促进私人经济部门资源配置结构的优化。首先，国债可调节私人经济部门的资源在投资领域和消费领域的分配格局。如前所述，在私人经济部门投资需求过旺而消费需求不足时，国债的消费效应可发挥适当的调节作用；当私人经济部门消费需求过旺而投资需求不足时，国债的积累效应则可发挥适当的调节作用。其次，政府通过控制发债的领域以及国债的使用方向，可以调节私人经济部门资源配置的产业结构、行业结构、地区结构等。

**2. 稳定经济增长的作用**

经济的稳定增长是资源优化配置的动态体现。在资源优化配置的条件下，如果出现了社会总需求过旺，则政府通过发债以有偿的方式将私人经济部门的收入集中起来，但并不安排支出，形成财政盈余，可紧缩需求。而出现了社会总需求不足，则政府通过发债以有偿的方式将私人经济部门的收入集中起来，再通过安排财政支出，就可扩张需求（需求不足不是由于货币供给不足所引起）。不管是紧缩需求，还是扩张需求，最终目的都是通过国债手段的运用使资源优化配置的状态能够维持，以实现经济的稳定增长。

**3. 公平收入分配的作用**

一般来说，由于国债是政府一种有偿的收入形式，因而国债对于收入分配差距的调节作用是有限的，且极易为人们所忽视。实际上，国债公平收入分配的调节作用是客观存在的，只不过其表现形式较为间接和迂回罢了。首先，由于国债的认购额比较灵活，所以政府发债就为本来没有什么投资机会的中低收入者提供了一种预期收益率较为稳定的投资渠道，使他们可凭借资金的所有权参与收入的分配，因而客观上有助于缩小收入差距；其次，由于国债是一种延期的税收，有偿的国债往往要通过无偿的税收偿还，而税收又主要来自高收入者，考虑到国债债权人结构的相对分散性，因而政府以税收收入偿债将发生有利于中低收入者的再分配效应。

**4. 平衡国际收支的作用**

国际收支经常项目出现逆差，除了采用减少外汇储备加以弥补的办法外，通过举借外债使资本项目出现顺差，进而弥补经常项目逆差的方法也经常运用，因此，外债在平衡国际收支方面的作用也是其他政策工具所难以替代的。

### （三）财政补贴

**1. 优化资源配置的作用**

（1）财政补贴可促进资源的充分利用。如果社会存在资源的闲置，则政府增加补贴，可刺激企业的投资和个人的消费，这对于拉动需求、增加供给，进而实现资源的充分利用具有重要意义。

（2）财政补贴可促进资源配置结构的优化。第一，财政补贴可促进资源宏观配置结构的优化。在资源的宏观配置结构表现为政府公共经济部门占用过多，而私人经济部门占用资源过少时，政府通过增加财政补贴，将一部分资源转移给私人经济部门，无疑将有利于资源宏观配置结构的优化，实现私人经济部门和公共经济部门资源配置的边际收益相等。第二，财政补贴可促进私人经济部门资源配置结构的优化。财政补贴是政府间接配置资源的一种方式。当某些为国民经济协调发展所必需的产业，由于客观原因不具备市场竞争条件，从而难以通过市场获取平均利润时，则政府通过财政补贴给予这些产业以适当补助，有助于提高私人部门资源配置效率，优化产业结构。此外，政府通过对在经济欠发达地区从事的投资项目以及就业的人才给予适当补贴，可调整资源配置的地区结构，实现地区经济的协调发展。

（3）财政补贴可促进微观资源配置效率的提高。当某一经济主体的行为出现正的外部效应时，政府根据效益外溢的程度给予适当补贴，可使其微观资源配置行为做到边际社会收益等于边际社会成本，从而优化资源的微观配置。

**2. 稳定经济增长的作用**

在资源合理配置的条件下，如果出现了社会总需求过旺，则政府通过减少对企业和个人的补贴，可相对减少企业和个人的可支配收入，从而抑制其需求；而如果出现了社会总需求不足，则政府通过增加对企业和个人的补贴，可相对增加企业和个人的可支配收入，从而扩张需求。不管是抑制需求，还是扩张需求，最终目的就是为了资源优化配置的状态能够保持下去，进而实现经济的稳定增长。

**3. 公平收入分配的作用**

财政补贴是政府调节个人收入分配的重要手段。政府通过对低收入者和无收入者给予适当的补贴，可增加其可支配收入，从而实现公平收入分配的调控目标。

## （四）财政支出

**1. 优化资源配置的作用**

（1）财政支出可促进资源的充分利用。如果社会存在资源的闲置（并非由于货币供给不足所引起），则政府增加财政支出可刺激社会总需求，拉动供给，进而促进资源的充分利用。当然，在政府财政收入一定的条件下，增加政府财政支出必然会带来财政赤字，这就需要通过发行国债来弥补。所以，政府通过财政支出促进资源的充分利用往往需要国债等收入手段予以配合。

（2）财政支出可促进资源配置结构的优化。第一，财政支出可促进资源宏观配置结构的优化。政府公共经济部门配置资源是通过收入的筹集和支出的安排来实现的。收入的筹集是准备环节，而支出的安排才是实现环节。虽然宏观税负的确定大致反映了资源在两大经济部门之间的配置比例，但这仅是资源宏观配置的初始比例，资源在两大经济部门之间的配置比例最终取决于财政支出的规模，也就是说，在宏观税负水平不合适的条件下，政府支出规模的控制和安排将有助于资源宏观配置比例的优化。比如，在宏观税负水平偏低的条件下，政府安排财政支出如果遵循"量入为出"的原则，则资源宏观配置的结果必然是过多的私人产品和过少的公共产品相搭配。根据边际收益递减规律，整个社会的福利水平将降低。因此，为了实现资源的宏观配置效率，在宏观税负水平偏低的条件下，政府增加财政支出规模，由此形成的赤字政府通过发行国债来弥补，即借助国债形式再从私人经济部门转移一部分资源，将有助于资源宏观配置比例的优化。而在宏观税负水平偏高的条件下，政府安排财政支出规模如果遵循"量入为出"的原则，则资源宏观配置的结果必然是过少的私人产品和过多的公共产品相搭配。根据边际收益递减规律，整个社会的福利水平将降低。因此，为了实现资源的宏观配置效率，在宏观税负水平偏高的条件下，政府缩减财政支出规模，由此形成的财政盈余再以财政信用的方式转移到私人经济部门，将有助于资源宏观配置比例的优化。显然，不管赤字还是盈余，到底对经济运行有益还是有害，必须具体问题、具体分析。至于"量入为出"的理财原则，显然其在宏观税负水平合理的条件下，才具有积极意义。第二，财政支出可促进资源配置结构的优化。首先，财政支出结构制约公共经济部门的资源配置结构。归政府公共经济部门支配的资源要在不同的资源配置方向上加以分配和使用，这实际是通过财政支出结构的安排来实现的。政府财政部门本着统筹兼顾、合理安排、按比例分配资金的原则，既要保证重点，又要兼顾一般，使每一类财政支出都能给社会带来相同的边际收益，就实现了政府公共经济部门资源配置结构的优化。其次，财政支出结构制约私人经济部门的资源配置结构。私人经济部门资源配置的产业结构、地区结构，如前所述都受财政补贴的调节，而财政补贴如果采用明补，就要纳入预算支出，实际上也就体现了预算支出的调节作用。

（3）财政支出可促进微观资源配置行为提高效率。第一，其可提高公共经济部门的微观资源配置效率。在财政支出的规模和结构已经确定的条件下，对具体的支出项目的选择和支出计划的安排，政府通过采用成本效益分析法、最低费用选择法、公共定价法以及通过构建政府采购制度就可提高公共部门的微观资源配置效率。第二，其可提高私人经济部门的微观资源配置效率。在私人经济部门的微观资源配置行为出现正的外部效应的情况下，通过预算安排补贴支出，并根据效益外溢的程度确定补贴的数额就可有效予以纠正。

**2. 稳定经济增长的作用**

在资源优化配置的前提下，如果出现社会总需求不足，则政府增加财政支出，可以刺激需求，拉动经济增长，避免经济的衰退；而在社会总需求过旺时，则政府减少预算支出，可以紧缩需求，避免经济发展过热。政府之所以要调节总需求，就是为了保持资源合理配置的状态，实现经济的稳定增长。

**3. 公平收入分配的作用**

财政支出公平收入分配的作用，主要体现在两方面：一是通过转移支付来实施社会保障，可为无收入者和低收入者提供必要的、维持其达到一定生活标准的收入来源；二是通过政府预算投资举办公共福利事业，提高低收入者的福利水平。由于举办福利事业的资金主要来自高收入者的交纳，所以这个过程能起到公平收入分配的作用。

**4. 平衡国际收支的作用**

预算支出对于平衡国际收支也具有重要作用。由于中国进出口银行的资本金和信贷担保的资金有一部分来自预算支出，因而政府预算支出的状况影响进出口银行的经营状况，进而对出口创汇企业的资金周转和生产规模产生深刻影响，并最终影响一定时期国家的外汇收入及国际收支的平衡状况。

## 四、财政政策的类型

### (一) 按照财政政策要实现的具体目标的不同，财政政策可分为总量政策和结构政策

**1. 总量政策**

总量政策是指通过调整财政收支总量的对比关系来实现供求总量均衡的财政政策。按照财政收支总量对比的态势的不同，总量政策可分为扩张性、紧缩性和均衡性的财政政策三种类型。

扩张性的财政政策又称膨胀性财政政策或"松"的财政政策。它是指政府在安排财政收支时有意识地使财政支出大于财政收入，通过财政赤字扩张需求，以实现社会总需求与总供给之间的相互适应，促进经济稳定增长。政府推行扩张性的财政政策一般要通过增加政府投资或其他财政支出来增加政府购买力，同时通过减税等措施来增加非政府渠道的购买力，进而增加流通中总货币购买力，以达到刺激和扩张社会需求的目的。显然，扩张性财政政策具有扩张社会总需求的功能，因而其适用的条件是社会总需求不足而供给相对过剩。政府推行扩张性财政政策一般会使当年预算支出大于预算收入，形成财政赤字。这种财政赤字一般认为是主动赤字，是政府推行扩张性财政政策的结果，其和由于客观条件的变化而形成的被动赤字有明显区别。事实上，政府正是通过财政赤字这种超额分配的办法来弥补因社会需求不足而导致的供求缺口，进而达到启动闲置资源、刺激经济增长的目标的。

紧缩性的财政政策又称盈余性财政政策或"紧"的财政政策。它是指政府在安排财政收支时有意识地使财政收入大于财政支出，通过财政盈余来紧缩需求，以实现社会总供求的均衡，促进经济稳定增长。政府推行紧缩性的财政政策一般要减少政府的财政投资或其他财政支出来减少政府的购买能力；同时通过增税等措施，减少非政府渠道的购买能力，从而达到紧缩和减少社会需求的目的。显然，紧缩性的财政政策具有紧缩社会需求的功能，因而其应在社会总需求膨胀、社会供给相对不足，经济增长趋于过热的条件下实施。政府推行紧缩性的财政政策一般会使当年预算支出小于预算收入，形成财政盈余。事实上，政府正是通过将财政盈余所代表的社会需求从总需求中扣留下来，使当年的社会总需求增长低于总供给增长，以缓解社会需求膨胀的压力，进而实现社会总供求平衡的。

均衡性的财政政策，也可称为平衡性的财政政策或"中性"的财政政策。它

是指政府在安排财政收支时有意识地使财政收支大体相等，以保持社会总供求同步增长，是维持社会总供求基本平衡的财政政策。政府推行均衡性的财政政策不需要增收减支，也不需要减收增支，只需要保持财政收支平衡，使政府支配的国民收入大体等于政府占有的国民收入即可。显然，均衡性财政政策既不扩张需求，也不紧缩需求，具有维持社会总供求原对比关系的功能。因而其应在社会总供求关系大致均衡的时候使用。显然，政府推行均衡性的财政政策既不会带来盈余，也不会产生赤字。事实上，政府正是通过财政收支保持平衡，来使收入过程减少的流通中的货币量等于支出过程增加的流通中的货币量，进而保持社会总供求平衡关系的。

**2. 结构政策**

结构政策是指以实现社会总供求结构协调为目标的财政政策。按照结构政策的手段运用方式和调控目标的不同，结构政策包括高投资、低消费政策和高消费、低投资政策两种类型。

高投资、低消费政策是指在财政支出总量一定的条件下，通过增加财政的投资性支出，紧缩消费性支出，形成财政支出内部高投资、低消费的比例结构，以此来纠正社会总需求中投资需求不足而消费需求过旺的状况，进而实现社会总供求结构均衡的政策。由于这种政策并不改变收支总量的对比关系，因而其对供求总量不发挥调节作用，只能在社会供求总量矛盾不太突出，而供求结构出了问题，且表现为投资需求不足、消费需求过旺时采用。

高消费、低投资的政策是指在财政支出总量一定的条件下，通过增加财政的消费性支出，紧缩投资性支出，形成财政支出内部低投资、高消费的比例结构，以此来纠正社会总需求中消费需求不足而投资需求过旺的状况，进而实现社会总供求结构均衡的政策。由于这种政策也不改变收支总量对比关系，因而其对供求总量也不发挥调节作用，同样，其也只能在社会供求总量矛盾不太突出，而供求结构出了问题时采用。不过，与高投资、低消费政策的适用条件所不同的是，此时供求结构的失衡不是表现为投资需求不足、消费需求过旺，而是表现为消费需求不足、投资需求过旺。

**（二）按照财政政策的作用机制不同，可将财政政策分为自动调节的财政政策和相机抉择的财政政策**

自动调节的财政政策是指当经济发生波动时，能自动调节社会总供求关系，稳定经济增长，从而熨平经济波动，恢复供求平衡的财政政策。这种类型的财政政策在发挥作用时，不需要政府宏观经济管理部门对经济运行的态势作出判断，而是由预先制定好的累进的所得税制度和转移支付制度来自动发挥调节作用。其具体实现机制是：在经济过热、总需求过旺时，经济发展速度加快，就业岗位增多，企业利润增加，个人收入增加，由于所得税是累进的，于是原来按较低税率纳税的企业和个人，会因适用税率档次的自动爬升而改按较高税率纳税，从而在收入分配上自动向非政府部门倾斜，即政府在收入增量分配中占有较大份额，企业、个人占有相对较小份额，这样就相对减少了企业和个人的可支配收入，从而抑制其投资需求和消费需求。同时，由于就业岗位增多，人们收入普遍增加，所以政府对私人的转移支付也自动减少，于是以转移支付形式形成的社会需求也相应减少，从而可有效抑制需求。反之，在经济衰退、总需求不足时，经济发展速度减慢，就业岗位减少，企业利润减少，个人收入减少，由于所得税是累进的，于是原来按较高税率纳税的企业和个人，会因适用的税率档次的自动下滑而改按较低税率纳税，从而在收入分配上自动向非政府部门倾斜，即政府在收入分配中占有较小份额，企业、个人占有相对较大份额，这样就相对增加了企业和个人的可支配收入，从而扩张了投资需求和消费需求。同时，由于就业岗位减少，人们收入减少，所以政府对私人的转移支付额自动增加，于是以转移支付形式形成的社会需求也相应增加，从而可有效扩张需求。显然，整个作用过程都是在累进的所得税制和转移支付制度已经确定的条件下实现的，所以称之为自动调节的财政政策。

相机抉择的财政政策是指政府要根据社会总供求矛盾的具体表现，来灵活调整财政收支总量和结构对比关系以有效调节社会总供求关系，进而实现调节目标的财政政策。相机抉择的财政政策和自动稳定的财政政策的最大区别就是其不能自动地对社会总供求关系进行调节，而必须借助于宏观经济管理部门对客观经济形势的判断来适时选择。根据相机抉择的财政政策的调节对象和目标不同，其可分为总量政策和结构政策。

**（三）按照财政政策调节层次的差异，可将其分为宏观财政政策、中观财政政策和微观财政政策**

宏观财政政策旨在调节经济总量，实现社会供求总量平衡的目标，并促进经济的持续稳定协调发展。前面所讲的总量政策就属于宏观财政政策。中观财政政策旨在调节经济结构，实现经济结构的优化。前面所讲的结构政策就属于中观政策。微观财政政策旨在调节微观经济行为，实现微观经济行为的合理化。我们通常所讲的财政政策指的是宏观和中观的财政政策。

**（四）按照财政政策所依靠的手段的不同，可将其分为税收政策、国债政策、预算支出政策和财政补贴政策等类型**

其中的每一政策类型都可从调节的具体目标、调节的层次以及作用的机制等不同的角度加以分析。对各项政策内容可参照财政政策手段的有关内容予以把握。

# 第二节 财政政策调控机理

## 一、财政政策乘数

### （一）财政政策乘数的概念

按照凯恩斯的需求决定理论，财政收支变量的变动会影响需求，而需求的变动又会导致供给的变动和收入的变动。通常，人们把国民收入改变量与财政收支变量改变量的比值称为财政政策乘数。

### （二）财政政策乘数的类型

**1. 财政支出乘数**

通常所讲的财政支出乘数是指财政购买性支出乘数。财政安排购买性支出，无论是安排消费性支出还是投资性支出，都会形成提供投资品或消费品的生产要素所有者的收入。假定边际消费倾向（MPC）已定，这些要素所有者的收入又会形成支出，进而带来收入，如此循环往复，则会形成一个等比数列，将其加总求和就可以计算出最初一定数量的财政支出所最终带来的收入的增加量。用收入的增加量除以最初的财政支出的增加量，可以求出财政支出乘数为 $1/1-MPC$。

**2. 税收乘数**

税收乘数是指国民收入改变量与税收收入改变量的比值。与财政支出乘数不同的是，减税导致收入增加，增税导致收入减少，所以税收乘数是负值。除此之外，税收乘数的绝对值和财政支出乘数也不一样。因为，政府减税本身并不直接增加收入，而是改变了政府部门与非政府部门之间的收入分配格局。减税后，私人可支配收入增加，如果边际消费倾向已定，则由此所增加的支出才带来收入的增加，所以减税所带来的第一轮的收入增量是减税额乘以边际消费倾向。这就决定所谓的税收乘数不是 $-1/1-MPC$，而是 $-MPC/1-MPC$。

**3. 转移支付乘数**

政府增加转移支付会增加私人部门可支配收入，但这仅仅是改变了收入分配格局，并不直接增加收入。假定私人部门边际消费倾向已定，则私人部门可支配收入增加后会增加支出，由此才带来收入的增加。私人部门最初增加的支出额为政府转移支付额乘以边际消费倾向。由于支出会带来收入的增加，而收入的增加又会带来支出的增加，如此循环往复，可通过等比数列求和，计算出政府一定数额的转移支付所最终带来的收入增量，然后除以转移支付额，可计算出转移支付乘数为 $MPC/1-MPC$。其与税收乘数符号相反、绝对值相等。

**4. 平衡预算乘数**

由于财政支出乘数为 $1/1-MPC$，税收乘数为 $-MPC/1-MPC$，因此，如果增加税收的同时，增加同样的支出，预算是平衡的，但仍然可以导致收入的增加，把财政支出乘数和税收乘数相加可知平衡预算乘数为1。

## 二、财政政策调控影响总供求关系的作用机理

### （一）经济总量平衡公式中的财政收支

在国民经济核算中，总量平衡的等式是：$C+S+T+M=C+I+G+X$。等式的左边代表总供给，由收入流量消费C、储蓄S、税收T和进口M组成；等式右边代表总需求，由支出流量消费C、投资I、政府支出G和出口X组成。如果从事后分析，这个等式就是恒等的，即不论经济处于何种状态，只要货币供给量一定，则作为总供给的收入流量最终要等于作为总需求的支出流量。因为在需求小于供给的情况下，企业存货增加，其会裁减工人，压缩生产规模，使收入减少，如果这是在充分就业条件下出现的，则企业行为的调整会使经济在非充分就业条件下实现总供求的平衡，而如果这是在非充分就业状态下出现的，那么企业行为调整的结果会使经济在偏离充分就业的状态更远的条件下实现社会总供求的均衡。而如果需求大于供给，企业存货就减少，则其会加大生产规模，多雇佣工人，使收入增加，如果此时经济处于非充分就业状态，则需求大于供给的结果是使经济朝着充分就业的方向实现总供求的均衡，但如果需求大于供给出现在充分就业条件下，则供求缺口将不能通过动用闲置的资源来弥补，而只能通过物价的上涨来实现社会总供求的均衡。显然，如果经济已在充分就业条件下实现了社会总供求的均衡，那么财政收支的安排应该是保持这种理想的经济运行状态而不是

改变它。对此，可借助经济总量平衡公式的移项予以简单说明。总量平衡公式可变形为：$(S-I)+(M-X)=G-T$。

## （二）财政政策如何调整财政收支来保持社会总供求平衡

显然，在 $S-I=0$ 且 $M-X=0$ 时，$G-T=0$ 才能保持总供求的平衡。因为此时私人经济部门中家庭的储蓄已经通过信用中介转化为企业的投资，而对外部门的进口和出口又是相等的，即非政府部门的货币收支是平衡的，所以财政收支保持平衡才能保持社会总供求的均衡。

在 $S-I>0$ 且 $M-X>0$ 时，必须 $G-T>0$ 且后者的差额等于前两者差额之和时，社会总供求才能保持平衡。因为此时私人经济部门中家庭的储蓄未能通过信用中介充分转化为企业的投资，而对外部门的进口又大于出口，即非政府部门的货币收支未能实现平衡，呈收大于支的状态，所以财政必须通过支大于收，形成赤字来动用这部分货币，否则将无法实现社会总供求的均衡。

在 $S-I<0$ 且 $M-X<0$ 时，必须 $G-T<0$ 且后者的差额等于前两者差额之和时，社会总供求才能保持平衡。因为此时私人经济部门中企业的投资超过了家庭的储蓄（存在信用膨胀），而对外部门的进口又小于出口，即非政府部门的货币收支未能实现平衡，呈收小于支的状态，所以财政部门必须通过收大于支，形成盈余来抵补私人经济部门收不抵支的差额，才能保持社会总供求的平衡。

在 $S-I>0$ 且 $M-X<0$ 时，或者 $S-I<0$ 且 $M-X>0$ 时，如果 $S-I$ 与 $M-X$ 的差额相抵后等于零，则 $G-T$ 必须等于零才能保持社会总供求的平衡，因为此时私人经济部门虽然从局部考察，未能实现货币收支的平衡，但从整体考察，货币收支却做到了平衡，所以此时财政收支保持平衡对于总供求平衡的实现是必不可少的。如果 $S-I$ 与 $M-X$ 相抵后大于零，则财政支大于收才能保持社会总供求的平衡。因为此时私人经济部门虽然从局部分析，有的部门收小于支，有的部门收大于支，但综合起来，整体上呈收大于支的状态，所以财政部门必须通过支大于收形成赤字才能把私人部门闲置的货币动用起来，进而才能保持社会总供求的均衡。如果 $S-I$ 与 $M-X$ 相抵后小于零，则财政收大于支才能保持社会总供求的平衡。因为此时私人经济部门虽然从局部分析，有的部门收小于支，有的部门收大于支，但综合起来，整体呈收小于支的状态，所以财政部门必须通过收大于支形成盈余才能弥补私人部门货币收支的差额，进而才能保持社会总供求的均衡。

## （三）财政政策如何扩张或紧缩社会总需求

在充分就业条件下实现社会总供求的均衡是经济运行的理想状态。但是在现

## 第十五章 财政政策

实经济生活中,在市场机制的自发作用下,社会总供求的失衡经常出现,而且由于市场机制调节经济具有自发性、盲目性和滞后性的特征,因而要求政府必须通过宏观调控来实现社会总供求的均衡,即在社会总需求不足时要扩张需求,而在社会总需求过旺时要紧缩需求。而财政就是政府掌握的最重要的调控手段之一。

根据经济的总量平衡公式,在 $S-I=0$ 且 $M-X=0$ 时,$G-T>0$ 可以扩张需求,而 $G-T<0$ 可以紧缩需求。因为在 $S-I=0$ 且 $M-X=0$ 时,私人经济部门的货币收支是平衡的。此时,财政支出大于收入,所形成的赤字要通过向中央银行借款来弥补,因此将增加货币供给,进而扩张需求。这在经济未实现充分就业的条件下会产生积极影响,但在经济已经处于充分就业的条件下则会产生通货膨胀;反之,如果财政收入大于支出,则形成节余,这在私人经济部门的货币收支是平衡的条件下,会使整个经济的货币收入大于货币支出,因而紧缩需求。这在需求过旺时会对经济产生积极影响,而在需求不足时则对经济产生负面影响。

在 $S-I>0$ 且 $M-X>0$ 时,$G-T\leq 0$ 或者 $G-T>0$ 但其差额小于前两者的差额之和时,紧缩需求;而在 $G-T>0$,且差额大于前两者差额之和时,扩张需求。因为此时私人部门的货币收入大于货币支出,有节余,财政收支如果保持平衡,虽然其自身对总需求的影响是中性的,但从整个经济考察,需求仍然是紧缩的。当然如果财政收大于支,则整个经济紧缩的力度会更大。而在财政收小于支,且收支差额小于前两者差额之和时,虽然从财政自身看,其对经济运行的影响是扩张的,但私人部门的盈余抵消财政的赤字后还有剩余,所以从整体考察,经济仍然是紧缩的。只有在财政收小于支且差额大于前两者的差额之和时,总需求才是扩张的,因为此时,私人部门的盈余将不足以抵消财政赤字。

在 $S-I<0$ 且 $M-X<0$ 时,$G-T\geq 0$ 或者 $G-T<0$ 但其差额小于前两者的差额之和时,扩张需求;而在 $G-T<0$ 且差额大于前两者差额之和时,紧缩需求。因为此时私人部门的货币收入小于货币支出,有赤字,财政收支如果保持平衡虽然其自身对总需求的影响是中性的,但从整个经济考察,需求仍然是扩张的。当然如果财政收小于支,也有赤字,则整个经济扩张的力度会更大。而在财政收大于支,但收支差额小于前两者差额之和时,虽然从财政自身看,其对经济运行的影响是紧缩的,但财政盈余不足以抵消私人部门的赤字,所以从整体考察,经济仍然是扩张的。只有在财政收大于支且差额大于前两者的差额之和时,总需求才是紧缩的,因为此时财政盈余在抵消私人部门的赤字后还有剩余。

在 $S-I>0$ 且 $M-X<0$ 时,或者 $S-I<0$ 且 $M-X>0$ 时,如果 $S-I$ 与 $M-X$ 的差额相抵后等于零,则 $G-T$ 必须大于零才能扩张社会总供求,因为此时私人经济部门虽然从局部考察,未能实现货币收支的平衡,但从整体考察,货币收支却做到了平衡，所以财政收小于支，形成赤字后，向中央银行借款，就可扩张需求；而如果财政收大于支，形成盈余，则整个经济的货币收入就大于货币支出，进而紧缩需求。如果 S－I 与 M－X 相抵后大于零，则财政必须支大于收，且财政收支的差额必须大于前两者差额之和才能扩张需求。因为此时私人经济部门虽然从局部分析，有的部门收小于支，有的部门收大于支，但综合起来，整体呈收大于支的状态，所以财政部门通过支大于收形成的赤字在把私人部门闲置的货币动用起来后，必须有剩余才能扩张需求。而此时由于私人部门的货币收入大于货币支出，所以财政保持收支平衡或者财政虽收小于支，但赤字额小于私人部门的盈余额就可紧缩需求，当然如果财政收大于支，则经济紧缩的力度会更强。如果 S－I 与 M－X 相抵后小于零，则财政必须收大于支，且差额大于前两者之和才能紧缩需求。因为此时私人经济部门虽然从局部分析，有的部门收小于支，有的部门收大于支，但综合起来，整体呈收小于支的状态，所以财政部门通过收大于支形成的盈余在弥补私人部门货币收支的差额后，必须还有剩余才能紧缩社会总需求。而此时由于私人经济部门的货币收入小于货币支出，所以财政收支保持平衡或者财政虽收大于支，但只要盈余额小于私人部门的赤字额就可扩张需求，当然，如果财政收小于支，则经济扩张的力度会更强。

## 三、财政政策调控的效应

### （一）财政政策调控的产出效应和挤出效应

**1. 财政政策调控的产出效应**

财政政策减收增支会扩张社会总需求，而根据凯恩斯的需求决定理论，需求的扩张会带来产出和收入的增加，这就是财政政策调控的产出效应。假定其他条件不变，财政乘数越大，财政政策调控的产出效应越明显，反之，则越不明显。

**2. 财政政策调控的挤出效应**

财政政策扩张会导致货币需求增加，假定货币供给一定，由此会导致利率水平提高，而利率水平提高会抑制消费和投资，由此会导致财政政策理想的扩张效果难以实现，理想的扩张效果与实际扩张效果之间的差距，称之为财政政策调控的挤出效应。

### （二）财政政策调控效应的影响因素

**1. 投资对利率的弹性影响财政政策调控效应**

假定货币供给一定，财政政策扩张导致货币需求增加会提高利率，而利率的

# 第十五章 财政政策

提高会抑制投资。这就会影响财政政策的扩张效果。如果投资对利率缺乏弹性，则尽管财政政策扩张导致了利率水平提高，但投资并不会因此而受到大的影响，所以财政政策扩张的效果就会比较理想；反之，投资对利率富有弹性，财政政策扩张导致利率水平提高后投资大规模减少，由此会使财政政策的扩张目标难以实现，调控效应就不明显。

在图 15-1 中，财政政策扩张使 IS 曲线向右移动，它与 LM 曲线形成新均衡点，财政政策效果的大小与投资对利率的弹性即 IS 曲线斜率有一定的关系。如图 15-1 左图所示，在投资对利率富有弹性即 IS 曲线较平坦时，"挤出效应"大，财政政策调控效应不明显；右图投资对利率缺乏弹性，即 IS 曲线陡峭，"挤出效应"小，财政政策调控效应明显。

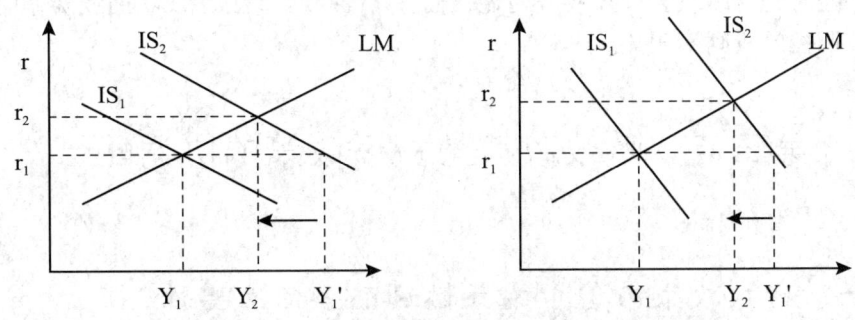

图 15-1　IS 曲线斜率对财政政策调控效应的影响

**2. 货币需求对利率的弹性影响财政政策调控效应**

按照凯恩斯的货币需求理论，货币需求受交易动机、谨慎动机和投资动机的影响，前两者是收入的函数，后者是利率的函数。如果货币需求对利率富有弹性，则财政政策扩张在推动利率上升的过程中，货币的投机需求会受到抑制，从而会减小利率上升的幅度，进而可减小对投资所造成的抑制作用，此时财政政策调控效用就会比较明显；反之，如果货币需求对利率缺乏弹性，则财政政策扩张在推动利率上升的过程中，货币的投机需求并未受到明显抑制，由此会使利率上升的幅度比较明显，进而可对投资造成明显的抑制作用，此时财政政策调控效应就会不太明显。

在图 15-2 中，LM 曲线斜率变化影响财政政策调控效应。如左图所示，LM 曲线较平坦，货币需求对利率富有弹性，"挤出效应"小，财政政策调控效应明显；右图 LM 曲线陡峭，货币需求对利率缺乏弹性，"挤出效应"大，财政政策调控效应就不明显。

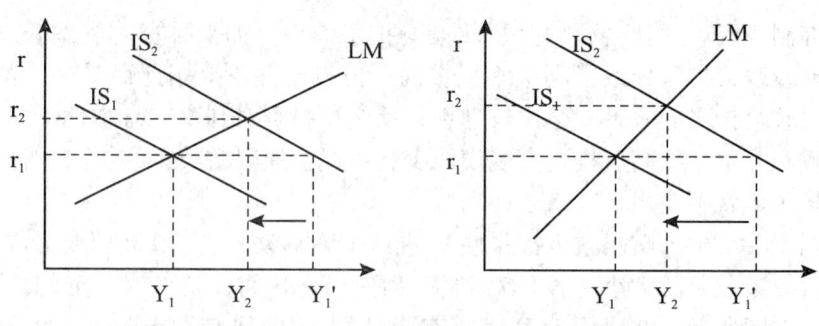

图 15-2　LM 曲线斜率对财政政策调控效应的影响

总之,财政政策的效果受 IS 与 LM 曲线斜率的影响,在 IS 曲线陡峭或者 LM 曲线平缓时,财政政策调控效应明显;而在 IS 曲线平缓或者 LM 曲线陡峭时,财政政策调控效应则不明显。

## 第三节　财政政策与货币政策的协调配合

### 一、财政政策与货币政策协调配合的必要性

财政政策和货币政策是政府调控经济运行的两大手段,在现实中,政府往往通过财政政策与货币政策两大手段的协调配合来调控经济运行。两者的协调配合首先是完全必要的,这是因为:

(1) 调控领域不同需要两者协调配合。财政政策调节收入分配格局,通过改变政府与私人部门的收入分配格局、政府自身的收入分配格局来影响需求;货币政策调节货币流通,通过改变流通中的货币量来影响需求。即对需求而言,财政与货币是两个不同的影响因素,政府要实现均衡社会总供求的调节目标,仅仅依靠财政手段从分配领域进行调节是不够的,还必须通过货币政策从流通领域控制流通中的货币量,以有效调节社会总需求。银行信贷收支状况和财政分配的状况都会对社会总供求关系产生深刻影响,比如财政政策可以扩张需求,也可以紧缩需求,还可以维持既定的需求状况,而货币政策也同样具有上述功能,只是两者作用领域存在差异。如果财政政策在分配领域扩张需求,而货币政策在信贷领域紧缩需求,或者财政政策在分配领域紧缩需求,而货币政策在信贷领域扩张需求,即两者不是协调配合,而是相互拆台,则政府就不可能实现扩张或紧缩需求

的总量调控目标，因而财政政策和货币政策作用领域的差异表明两者必须协调配合。

(2) 功能的差异需要两者的协调配合。货币政策是通过调节货币供应量来影响总需求的，中央银行推行货币政策所依靠的政策手段都是影响货币供应的总量的，而需求就表现为有货币支付能力需求，所以货币政策对总量的调节功能较强，但货币政策几乎不能影响货币供给的结构。因为银行信贷资金是追求盈利的，其在带动资源配置方面要体现市场原则的基本要求，政府不能指望银行信贷资金能直接按照政府宏观调控的目标投入预期收益率低的产业。如果真有银行信贷资金做到了这一点，则其背后往往有财政的支持。所以，货币政策调节结构的功能较弱。而财政政策则不同，其可通过收入结构和支出结构的调整可有效调节经济结构。这固然是由于手段的优越性。财政政策手段比货币政策手段在调节对象的选择上要容易得多，因为财政是政府从事的经济行为，其本身不以盈利为目标，而是直接追求社会福利最大化，所以财政政策在结构调节方面优势明显。当然，这并不是说财政政策不能调节经济总量。财政政策通过增收减支或减收增支，即通过收支总量对比关系的调整，的确可对社会总需求产生深刻影响，但相对于货币政策，其作用的效果并不明显。因为社会总需求按主体不同大致可分为政府需求、企业需求和家庭需求三个组成部分。政府对总需求的调节是通过改变自身的需求，以及通过改变自身需求来影响非政府需求来实现的。这表明，政府推行财政政策调节总需求，要取得明显效果就要求政府需求应在总需求中占有足够大的份额。如果做不到这一点，则政府推行财政政策调节总量效果就不会理想。这就可解释为什么在传统计划经济体制下，财政政策调节总量可取得理想效果。因为在计划体制下，财政收支占整个经济货币收支的大部分，正是在这样的前提下，人们说财政收支平衡是国民经济综合平衡的关键。但是在市场经济体制下，由于市场取代计划在资源配置中发挥基础作用，所以财政收支开始在整个经济货币收支中占的比重下滑。由此而带来的结果必然是财政对经济总量调节功能的弱化，与此同时，银行信贷部门的地位却日益重要。整个经济中的货币收支相当大的一部分是通过银行信贷渠道形成的，所以，货币政策通过调节货币供应量，控制信贷规模，就可以对经济总量产生明显的调节作用。既然财政政策和货币政策的功能客观上存在差异，货币政策的功能强在调节经济的总量，而弱于对经济结构的调节；财政政策的功能强于对经济结构的调节，而弱于对经济总量的调节，因此两者需要协调配合、取长补短，以全面完成宏观调控经济的任务。

(3) 功能的局限需要两者的协调配合。无论财政政策还是货币政策在调节社会总供求关系方面都存在一定的功能上的局限。比如财政政策要实现紧缩需求的目标,就需增收减支,但政府增收减支操作起来并非易如反掌。因为增收通常会遭到纳税人的抵制,而且要调整税法,操作起来较为烦琐,而减支则会受支出刚性的制约,实施起来也会遇到一定困难,而且,如果支出项目的刚性过于明显,则减支就几乎是不可能的事情;反之,财政政策如果要实现扩张需求的目标,就需减收增支,这固然不会遭到纳税人的抵制,而且会受到资金使用单位的欢迎,但减收增支所带来的巨额赤字却会加重政府的债务负担,长远看,这可能给经济造成负面影响。显然,财政政策在实现调控目标方面存在功能的局限。而政府推行货币政策,通过对一定时期货币供给量的控制来影响社会需求,也同样受诸多因素的制约。比如,在实行"紧"的货币政策时,银根的收缩程度要受到已经形成的信贷规模及投资规模的制约,力度过强会引起资金短缺,进而使流通受阻、经济萧条;反之,在实行"松"的货币政策时要受到现实经济结构状况和资源可利用程度的制约,力度把握不好会影响信贷资金的使用效果。可见,两者功能的局限清楚表明,无论财政政策,还是货币政策,两者都不是威力无边的,片面夸大一种政策的功能而贬低另一种政策,企图通过运用一种政策就可完成宏观调控任务、实现调控目标的想法是不现实的,在实践上则是有害的。

(4)财政资金和信贷资金的相互联系要求两者协调配合。财政资金和信贷资金是形成社会需求的两大渠道。两者在资金来源和运用上都存在十分密切的联系,首先,两者在资金来源方面的联系表现在:其一,银行代理国家金库业务,财政性存款是信贷资金的重要来源。其二,国家政策性银行的资本金来源于国家财政拨款。其三,银行收益的一部分要上缴财政。按现行制度的规定,中国人民银行实现的利润全部上缴中央财政,而发生的亏损则由中央财政拨款;而商业银行则应依法履行纳税义务,因而银行收益的一部分要以税利形式转化为财政收入。其四,当财政收不抵支时,向商业银行发债是弥补赤字的常用方法。从理论上讲,向中央银行透支以弥补赤字的方法仍然存在,并且是财政、货币双松政策的内容之一。其次,两者在资金运用方面的联系表现在:其一,财政资金和信贷资金都是固定资产投资的资金来源,尽管两者的资金投向不同,但都形成一定时期的固定资产投资需求。其二,虽然银行是我国企业流动资金供应部门,但企业的税负水平,以及国有企业的利润分配比例直接影响企业留利水平及其对流动资金的自我补充能力,显然流动资产投资需求也受财政、信贷的双重影响,这意味着政府无论是要调节固定资产投资需求,还是要调节流动资产投资需求,都必须重视财政资金和信贷资金在形成投资需求方面的内在联系。再次,财政资金和信贷资金都是消费的资金来源。财政资金中用于消费性的支出占支出总量的相当部分，政府公共经济部门的个人消费和社会消费大都是通过财政分配获取资金的，所以财政对消费的影响是举足轻重的，但随着银行消费信贷业务的开展和人们消费观念的转变，信贷部门对消费的影响也越来越明显，因而政府要有效调节消费需求，也必须依靠财政、信贷两大手段。总之，财政、信贷资金在来源上和运用上的密切联系表明财政政策和货币政策需要协调配合。

## 二、财政政策与货币政策协调配合的模式

从总量调节的角度讲，财政政策有扩张性、紧缩性和均衡性三种类型，而货币政策也有扩张性、紧缩性和均衡性三种类型。所以两者可能的搭配组合模式共有九种，而其中常用的模式，也可说最具代表性的模式有以下四种。

### （一）紧的财政政策和紧的货币政策相搭配的模式

紧的财政政策和紧的货币政策相搭配的模式通常称为"双紧"模式。政府推行这种政策模式，一方面需要财政增收减支，形成盈余；另一方面需要银行信贷部门收紧银根，缩小信贷规模以减少货币供应量。显然，"双紧"政策模式的推行，可使政府有效紧缩需求，使社会总需求增长慢于社会总供给增长，使经济增长速度放慢。因此，其一般在社会总供给严重不足而总需求过旺，经济过热，通货膨胀率较高的条件下使用。由于"双紧"政策对总需求的抑制往往会引起社会总供给的减少，因而政府推行"双紧"政策必须注意时机的选择和力度的控制，以防引起生产的急剧滑坡和经济萎缩，使社会总供求的均衡建立在资源不能得到充分利用的基础上。

### （二）松的财政政策和松的货币政策相搭配的模式

松的财政政策和松的货币政策相搭配的模式通常称为"双松"模式。政府推行这种政策模式，一方面需要财政减收增支，形成赤字；另一方面需要银行信贷部门放松银根，扩大信贷规模以增加货币供应量。显然，"双松"模式的推行可使政府有效扩张需求，使社会总需求的增长快于社会总供给增长，使经济增长速度加快。因此，其一般在社会总供给过剩而总需求不足，经济衰退，通货紧缩的条件下使用。由于"双松"政策对总需求的扩张在引起总供给增加的同时，也存在使社会总需求超过潜在总供给的风险，因而政府推行"双松"政策必须注意时机的选择和力度的控制，以防引起经济过热和通货膨胀。

### (三) 中性的财政政策和中性的货币政策相搭配的模式

中性的财政政策和中性的货币政策相搭配的模式是财政收支保持大致平衡，且货币供应量与经济增长速度大体一致的配合模式。显然，这种政策模式的推行，可使社会总需求与社会总供给保持大体同步增长，使既定的社会总供求关系得以维持。因此，其一般在社会总供求关系大体平衡，且资源基本得到充分利用的条件下采用。由于社会总供求关系常常不能在资源得到充分利用条件下实现均衡，因而这种模式相对来说并不经常运用。

### (四) 财政政策和货币政策一松一紧的搭配模式

财政政策和货币政策一松一紧的搭配模式包括紧财政、松货币和紧货币、松财政两种形式。由于在这种模式下财政政策和货币政策对总需求调节的方向相反，因而不管政府具体采用哪种形式，对总需求的影响都是中性的，即采用这种模式不会对总供求关系产生大的调节作用。但由于货币政策对投资需求的调节作用较强，而财政政策对消费需求的调节作用较强，因而一松一紧的政策搭配模式，可在保持供求总量对比关系的条件下，对供求结构产生明显的调节作用。比如，在社会总供求大致平衡，而投资需求过旺、消费需求不足时，政府通过紧的货币政策可有效紧缩投资需求，通过松的财政政策可有效扩张消费需求，而在投资需求不足、消费需求过旺时，政府通过松的货币政策可有效扩张投资需求，通过紧的财政政策可有效紧缩消费需求。显然一松一紧的政策搭配组合模式的作用主要体现为可实现宏观调控的结构目标。至于在调节过程中谁紧谁松，政府应根据供求矛盾的具体表现，结合财政政策和货币政策各自的功能优势来相机确定。当然，调节时机的选择和力度的控制仍然是政府必须注意的问题。

## 第四节 我国的财政政策实践

新中国成立以来，我国的财政政策实践大致可分为三个阶段，每个阶段由于宏观经济形势不同，所以政府宏观经济管理部门采取了不同的财政政策。虽然受多种因素的影响我国财政政策的制定、推行也有失误，但总体来看，三个阶段的财政政策的推行都是和当时的宏观经济背景相适应的，对推动我国经济发展、谋求社会稳定、实现政府职能、保障人民生活发挥了重要作用。

# 第十五章 财政政策

## 一、1978年以前传统体制下的我国财政政策实践

### (一) 1978年以前传统体制下的经济运行状况

1978年以前我国推行的是高度集中的计划经济体制。社会资源主要通过国家指令性计划进行配置。一个企业生产什么、生产多少、如何生产、生产出来的产品如何销售都纳入统一的计划渠道。一个家庭消费什么、消费多少、如何消费事实上也纳入了国家计划管理的轨道。为保证计划在资源配置中发挥主导作用，国家在收入分配上实行向政府倾斜的政策。在农村通过"工农产品剪刀差"使农业的剩余向城市转移，在城市压低工资水平、压低利率、压低折旧率来保证工业较高的利润率，并最终通过政府和企业的"统收统支"来保证政府财政在国民收入分配中的主导地位。就政府间财政分配关系而言，计划体制下集权的财政体制使地方政府并不掌握真正的财政自主权。

由于权力高度集中，严重抑制了地方政府、企业、工人、农民的积极性，所以当时的经济增长一是靠政治动员来提高有关经济主体的积极性；二是靠增加投资、提高积累率来实现，因而经济增长带有明显的政府主导特征。这种经济增长模式短期看取得了较为理想的绩效，这一是由于民主革命胜利后，广大工人、农民翻身当家做主人所产生的豪迈热情；二是因为计划体制推行初期，宏观经济管理部门制定国民经济发展计划还面临计划体制推行前遗留下来的相对比较合理的能反映资源相对稀缺程度的价格体系，因而计划的制订相对比较合理，能取得相对理想的效果，但长期看经济增长绩效很差。这是因为长期使广大劳动者的收入保持较低水平，物质生活条件长期难以改善，会最终导致其劳动热情下降；另外随着时间的推移，计划价格越来越不能反映资源的相对稀缺程度，从而使经济发展计划的制订越来越脱离实际，并最终导致经济增长率下降。

### (二) 1978年以前传统体制下财政政策的运作

由于传统体制下国民收入分配格局向政府倾斜，保持了很高的财政收入占国民收入的比重，企业、家庭支配的收入都有着固定用途，可自由支配的资金基本掌在政府财政手中，所以在当时的背景下，财政平衡就成为实现整个国民经济综合平衡的关键。只要财政收支平衡了，整个经济的总量平衡也就实现了。因此，在传统体制下，政府推行财政政策历来强调实现财政收支平衡的重要性，而且历史事实证明，在财政收支基本平衡的年份，多为经济平稳发展的年份；而财

政收支失衡的年份则往往伴随着经济的大起大落。如果按照现在的政策划分标准，计划体制下政府推行的基本是均衡性的财政政策，强调财政收支要保持平衡，其目的是通过财政收支的平衡来实现经济的总量平衡。这是有其客观必然性的。在当时的背景下，如果财政收支失衡，出现大量赤字，则政府就很难有回旋余地。因为在收入分配已向政府倾斜的条件下，发内债不具备条件，企业和家庭都没有能力购买；发外债受国际环境的影响也很困难，所以大量的赤字所导致的结果就是货币的超经济发行，由此会导致严重的通货膨胀。当然，在传统体制下，政府推行均衡性的财政政策虽然有其必然性，但并不意味着政府每个财政年度都能实现财政平衡，由于种种因素的制约，在传统体制下，也有财政收支失衡的年份，但这多为政府财政面临难以克服的困难所致，并且失衡的财政收支往往带来了严重的社会经济后果，这从反面说明了传统体制下推行均衡性财政政策的重要性。

## 二、1979～1997年的我国财政政策实践

### （一）1979～1997年我国的经济运行状况

改革开放以来，国家在指令性计划的基础上逐步加入了指导性计划，在国家计划定价的基础上逐步引入市场价格，对一些不太重要的产品的价格实行市场调节，市场在资源配置中的作用逐渐得到了重视和体现。

在收入分配上，政府通过提高农副产品收购价格、提高工人工资水平以及通过"利改税"改变了原来高度集中的收入分配格局，企业、个人在收入分配中所占比例、份额加大。在政府间财政关系处理上，这一时期推行了财政"包干"体制，中央和地方由"一灶吃饭"改为"分灶吃饭"，地方政府相对独立的财政利益开始得到体现，所谓的分级财政逐步确立和发展起来。

由于实行了分权改革，地方政府、企业投资的积极性大大提高，投资需求高涨，而居民可支配收入的增加使其长期被压抑的消费需求也开始释放出来，因此这个时期，国家宏观经济运行的态势表现为总需求过旺，超过总供给，投资品、消费品供给都相当紧张。

### （二）1979～1997年我国财政政策的运作

由于这个时期宏观经济运行以"短缺"为特征，物价上涨压力大，因此，从应然的角度讲政府应推行适度从紧的财政政策。但是，我国选择的改革模式是渐

进式的，为了尽可能减小改革的阻力，政府采取了"帕累托增进标准"来选择改革策略和路径，尽可能在不减少一些人利益的情况下去增加另一些人的利益，这意味着政府要承受改革的成本。因此，在这一时期，政府财政面临巨大的支出压力，尽管在指导思想上强调财政收支平衡的重要性，甚至要追求财政盈余以紧缩需求，但客观上却基本呈现连年赤字的格局。这意味着，事实上这一时期政府推行的财政政策是相对扩张的。

## 三、1998年以来的我国财政政策实践

### （一）1998年以来的经济运行状况

1998年亚洲金融危机爆发，我国的对外出口受到严重影响，由此导致宏观经济格局发生了明显变化，在此之前的"短缺经济"开始被"盈余经济"所替代。社会总供给开始大于总需求，卖方市场开始向买方市场转变。这表明随着我国经济体制转轨目标的逐步完成，市场体制的优势开始充分发挥出来，各个经济主体为了利己必须在市场机制这只"看不见的手"的作用下而利他，由此导致社会总供给大量增加，整个宏观经济呈现供大于求的格局。虽然受多种因素的影响，社会总供求对比关系也有波动，间或出现需求过旺的情况，但基本格局却没有发生大的变化，特别是2011年美国次贷危机引发国际金融危机后，需求不足更是成为影响我国经济增长的重要因素。在这样的宏观经济背景下，政府宏观经济管理部门必须采取新的财政政策来予以应对。

### （二）1998年以来的财政政策的运作

1998年以来的财政政策以"积极财政政策"为基调，间或随着宏观经济形势的变化推行过稳健的财政政策。所谓的积极财政政策，其本质是扩张性的财政政策。只是由于国情差别，我国的积极财政政策和西方扩张性财政政策在扩张手段的选择和运用上呈现出了个性差别而已。1998年亚洲金融危机以后推行的积极财政政策以增加政府支出为基本特征。因为当时政府税收收入占GDP的比重仍然明显偏低，税收分配的地位还亟待强化，所以在当时并不具备减税的条件。自1998～2003年，扩张性的积极财政政策对于抵御亚洲金融危机的冲击、扩张社会需求、保持社会经济持续稳定协调发展功不可没，但随着2003年中国国民经济走出由相对低迷向稳定高涨的拐点，宏观经济政策的调整和转型就成为十分必要的事情了，于是中央调整了财政政策，由积极财政政策转为稳健的财政政

策。其主要政策内容可以概括为"控制赤字、调整结构、推进改革、增收节支"十六个字,即从总量上看,稳健的财政政策意味着财政政策的实施对宏观经济的影响既不扩张也不紧缩;从结构上看,财政上实行"有保有控",要通过一定的政策手段一方面促进短缺部门的发展,另一方面要控制那些过热行业的发展,以减少经济增长的结构性扭曲。稳健财政政策一直推行到 2008 年上半年。2008 年年初,中央把防止经济增长由偏快转为过热、防止价格由结构性上涨演变为明显通货膨胀作为当年宏观调控的首要任务,仍然推行稳健的财政政策及适度从紧的货币政策,以"双防"为特征。但进入 2008 年下半年,全球金融危机逐渐将实体经济拖向衰退,中国出口需求加速萎缩。于是 2008 年 7 月,中央提出宏观经济政策从"双防"转向"一保一控",即保持经济平稳较快发展、控制物价过快上涨。但在世界金融危机日趋严峻、我国经济遭受冲击日益显现的背景下,我国财政政策于 2008 年年底重新转向了积极财政政策。为应对需求不足,此次政府推行的积极财政政策采取了"双管齐下"的手段,一方面大规模增加政府支出,另一方面则大规模减税,即在一方面通过增加支出扩张政府需求的同时,另一方面通过减收大力刺激非政府部门需求的扩张,由此来扩张社会总需求。不过和西方国家相比,此时的积极财政政策仍然具有我国的个性特征。因为西方国家以私有制为基础,所以其扩张政府支出时虽然也进行大规模的政府投资,但受投资领域的制约,其投资性支出所占比例相对还是要小,政府对私人的转移支付所占比重相对要高,其更强调发挥私人部门经济在推动经济增长方面的力量和作用,另外,西方国家在推行扩张性财政政策时,比我国更重视减税的作用。

1998 年以来推行的财政政策以"积极"为基调,这意味着政府为弥补财政赤字需要发行大量公债。与传统计划体制相比,此时政府发债的余地已很大,由于收入分配已向私人部门倾斜,居民、企业储蓄存款余额连年大幅增长,所以政府发债不仅不会影响私人的投资和消费,而且还为私人手中的闲置资金提供了增值机会。政府只要注意控制债务规模、防范债务风险,积极财政政策的推行总体看应该说效果较为理想,而且从发展的角度看未来很可能是我国财政政策在相当长一段时期的基本政策模式。

## 本章主要名词概念

财政政策　财政乘数　财政手段　国际收支　总量政策　结构政策
相机抉择政策　自动调节政策　货币政策　财政政策产出效应
财政政策挤出效应

# 第十五章 财政政策

## 本章小结

1. 财政政策通常是指政府通过调节财政收支来影响经济运行从而实现政府调节目标和意图的手段、措施、规定及做法的总称。财政政策的目标从总体上讲就是实现社会总需求和社会总供给之间的平衡，具体可分为优化资源配置、稳定经济增长、公平收入分配和实现国际收支平衡四大目标。财政政策手段是指财政政策所采取的政策工具及其操作方式，包括税收、国债、财政补贴以及预算支出等多种手段。

2. 财政政策可以按照不同的标准进行分类，按照财政政策要实现的具体目标的不同，财政政策可分为总量政策和结构政策；按照财政政策的作用机制不同，可将财政政策分为自动调节的财政政策和相机抉择的财政政策；按照财政政策调节层次的差异，可将其分为宏观财政政策、中观财政政策和微观财政政策；按照财政政策所依靠的手段的不同，可将其分为税收政策、国债政策、预算支出政策和财政补贴政策等类型。

3. 在经济总量平衡公式中，财政收支是影响社会总供求平衡的重要因素。要保持社会总供求的平衡，财政收支要根据私人经济部门的收支对比关系相机抉择。

4. 财政政策和货币政策两者调节领域的差异、功能的差异、功能的局限以及财政资金与信贷资金的联系表明两者有必要协调配合。从总量的角度考察，财政政策与货币政策有九种搭配组合模式。

## 本章习题

1. 试用经济总量平衡公式说明财政收支如何调节社会总供求关系。
2. 简述财政政策的目标。
3. 简述财政政策的类型。
4. 简述财政政策手段有哪些，如何运用。
5. 财政政策和货币政策为什么要协调配合？如何协调配合？